中國經典名言大全

◉ 李永田　編著

商務印書館

本書繁體字版由北京天則求實圖書有限公司授權出版發行

中國經典名言大全

編　　著：李永田
責任編輯：謝江艷
封面設計：張　毅
出　　版：商務印書館（香港）有限公司
　　　　　香港筲箕灣耀興道 3 號東滙廣場 8 樓
　　　　　http://www.commercialpress.com.hk
發　　行：香港聯合書刊物流有限公司
　　　　　香港新界大埔汀麗路 36 號中華商務印刷大廈 3 字樓
印　　刷：中華商務彩色印刷有限公司
　　　　　香港新界大埔汀麗路 36 號中華商務印刷大廈
版　　次：2016 年 2 月第 4 次印刷
　　　　　© 2014 商務印書館（香港）有限公司
　　　　　ISBN 978 962 07 4442 6
　　　　　Printed in Hong Kong

前　言

　　"諸子百家"是先秦至漢初各學術流派的總稱。春秋戰國時期，各諸侯國出於爭霸和生存的需要，極力網羅人才，尋找富國強兵的良方。這極大地推動了這一時期學術思想的發展與繁榮，產生了許多學術流派。各家都著書立說，招徒授道，宣講自己的思想觀點，同時遊說於諸侯列國之間，並着力去影響政治，形成了"百家爭鳴"的局面。當時主要的學術流派有儒家、道家、法家、墨家、兵家、名家、陰陽家、縱橫家、雜家、農家、小說家等等。《諸子略》一書著錄各家著作"凡諸子百八十九家，四千三百二十四篇"。

　　諸子百家學術觀點紛呈，其思想在當時來說非常激進，是中國哲學思想的寶庫。在中國思想史上，像先秦"百家爭鳴"這樣的文化奇觀確實是前無古人後無來者的，以至於後世數千年人們研究諸子、運用諸子，卻無法超越他們。直到今天，諸子的思想仍然給我們以智慧的啟迪。

　　諸如孔子、孟子、老子、莊子、韓非子、荀子等先賢聖哲們對宇宙自然的體悟，對人生世界的深刻認識，對治理國家的獨到見解，對人倫天理的創造性的理解和闡述，等等，是智慧的結晶。他們的思想對後世產生了巨大的影響，他們的作品備受人們推崇，已成為歷數千年而不衰的人類經典。書中大量的聖人先賢們的格言警句、妙語佳言更是精華中的精華，是人類思想、文化與智慧的瑰寶。然而，"諸子百家"之著述浩如煙海，且良莠不齊，文字艱深，閱讀起來費時費力。因此，我們去其雜蕪，取其精華，選取這些經典中的名句精華，並加以本義和鑒賞，集成《中國經典名言大全》。讀者可以比較輕鬆地理解這些經典名句的微言大義，同時對各家主張有一大致了解。

學術上所講的"諸子百家"一般都是指先秦時期和漢初出現的學術流派及其著作，所以我們只收錄西漢以前的諸子及其作品。有的諸子著作作者有爭議，甚至被認為是後人之假託；然而，原作者所著也好，假託也好，這些作品卻都是經過時間檢驗、被大家公認的傳世之作。因此，我們暫存異議，只要是西漢之前的作品（包括部分西漢的作品）就收入其中。

本書未收儒家的《論語》和《孟子》，而收錄《孔子家語》和《孔子集語》，這兩部書收錄了孔子等的名言，有關孔孟的思想精華也包括在其中了。

本書選取名句本着以下原則：

一、體現原書主要觀點和思想內容的關鍵性的句子；

二、為今天人們所廣為引用的、大家耳熟能詳的句子；

三、富含人生、社會哲理的句子。

總之，盡量選取有代表意義的名句，選取對人生和事業有警醒意義的名句。

為了更好地幫助讀者理解名句，我們對經典著作都加了介紹文字。所選名句根據經典出處來分類。這樣分類的原因：一是因為每一經典的內容相對獨立，以書分類相當於按內容給這些名句歸類，可方便查找學習；二是將每本書的精華名句抽取出來，放在一起，更集中地體現了原書的內容，有利於讀者了解原書的概貌，有利於系統了解原作者的思想。

名句大都分原句、本義和今解三部分。原句後邊註明名句所在篇章。本義是難字註解以及原句釋義，對簡單易懂的句子則不作註解和釋義。今解是編撰者個人對原句的理解，僅供讀者閱讀時參考。

目　錄

道 家

墨 家

雜 家

兵 家

儒家

水唯善下方成海
山不矜高自極天
聖人胸中有大道
得失成敗在其中

《孔子家語》

　　《孔子家語》的編纂者是三國時魏國的王肅。王肅字子雍，東海（今山東郯城）人。做過黃門侍郎、散騎常侍、常侍領秘書監崇文觀祭酒、廣平太守，中領軍加散騎常侍，封邑 2,200 戶。

　　王肅的生年不詳，死於 256 年較確切。他繼承家學，對儒家經典《尚書》、《詩經》、《論語》、《春秋左氏傳》、《易》等有較深入的研究。《孔子家語》是王肅不滿於經學大師鄭玄對孔子的論述而假託孔子第 22 世孫孔猛所傳家書而作。此書是有關孔子生平事跡的資料彙編，書中大部分內容來源於《春秋左氏傳》、《國語》、《荀子》、《晏子春秋》、《呂氏春秋》、《韓詩外傳》、《大戴禮記》、《史記》、《説苑》、《新序》等有關孔子的記載。王肅把那些散見的資料搜集在一起。雖然在加工的過程中，王肅對其中的一部分內容進行了移花接木，甚至有不少杜撰的內容，但書中的大部分內容是可靠的。通過《孔子家語》我們可以發現孔子不僅崇尚仁義道德，而且有着複雜的思想和多種性格特點，是聖人與凡人的統一體。孔子對自己的才學和信念充滿自信，但卻時時流露出英雄失落的悲哀；執着於理想的同時不可避免地發生動搖；嚴肅地對待人生又流露出睿智的天才般的幽默；闡述政治理想的同時又流露出書生的迂腐與天真；兼濟天下的同時也獨善其身，顯示出無私與自私的雜糅；雖對世態有清醒的認識，但並未給自己找到一條遊刃有餘的穿行之路。對我們了解孔子凡人的一面有重要意義。

路無拾遺。

——《相魯第一》

本義 遺失在道路上的東西沒有人拾取而據為己有。

今解 這是社會狀態的一種理想境界。是對孔子做地方官之後移風易俗，教化百姓的讚美。路不拾遺，夜不閉戶，説明社會治理得相當好，也是儒家一直推崇的一種美好的社會狀況。只有聖人治天下，天下才能達到這樣的理想境界。要想做到路不拾遺，不光要國家富裕，老百姓安居樂業，還要求老百姓都懂禮法。這也是孔子王道、仁政思想的體現。

有文事者必有武備，有武事者必有文備。

——《相魯第一》

本義 舉行和平盟會一定要有武裝力量作其後盾；而進行軍事活動，也一定要在宣傳、思想、策略方面作準備。

今解 和平是建立在強大的軍事實力基礎上的。如若沒有厚實而堅強的國防軍事力量是不能夠實現真正的和平的，因為"落後就要捱打"，自古而然。同時，如果不得已捲入戰爭，使用武力，那麼一定不能單純靠武力取勝，一定要作武力之外的準備。這是外交上的一條重要原則。這裏孔子實際上是強調治國必須文武兼備，文武並用。可見，孔子並不愚腐，其權變思想於此可見一斑。

家不藏甲，邑無百雉之城。

——《相魯第一》

本義 雉：古代計算城牆面積的單位，長三丈、高一丈為一雉。卿大夫的家中不能私藏兵器鎧甲，封地裏不能建築一百雉規模的都城。

今解 臣下私家地位的上升必然危及國君的地位，可見孔子有見微知著的政治家的洞察力。中國唐代的藩鎮割據就屬於這種情況，形成尾大不掉，國君無法控制的政治局面。國君害怕諸侯、臣下實力強大，給國家造成危害，因此有這樣的要求。

君子禍至不懼，福至不喜。

——《始誅第二》

今解 君子重內心的修養，不為外物所役使，"不以物喜，不以己悲"，常常保持一顆平靜的心，成熟地應付着繁複的社會人生。正如後來人們所推崇的魏晉風度那樣喜怒不形於色。有豐富生活歷練和修養的人，才能達到此種精神境界。

夫婦別，男女親，君臣信。三者正，則庶物從之。
——《大婚解第四》

本義 信：講信義。庶物：一般的事情。夫婦之間講尊卑，男女之間講親情，君臣之間講信義，這三件事情做好了，那麼其他許多事就做好了。

今解 孔子的哲學是以人為本的哲學，他把人際關係的處理放了重要地位。認為君臣、夫婦、男女之間的關係處理好了，其他的事便很容易處理了。然而，他對夫婦關係尊卑的界定卻給中國社會帶來了甚為消極的影響，男尊女卑的不合理觀念深入國人內心。導致後世重視男性公民的發展權，認為男性在幹事業中有突出的優勢，而過分誇大女性的局限性。這是其負面的作用。

仁人不過乎物，孝子不過乎親。
——《大婚解第四》

本義 仁人不能逾越事物的自然規律，孝子不能逾越血緣親情的秩序。

今解 順物是道家老莊學派的觀點，在這裏，孔子也極為推崇。由此可見，此條規律具有普遍性。任何人在規律面前都不能逞強，否則就會受到懲罰，聖人也不例外。"孝"是孔子之"禮"中一項重要內容，以至於後來"孝"成為評價一個人的重要標準。

儒有席上之珍以待聘，夙夜強學以待問，懷忠信以待舉，力行以待取。
——《儒行解第五》

本義 夙：早晨。儒者如席上的珍品以等待別人的聘用，不分晝夜努力學習以等待別人的請教，心懷忠誠信義以等待別人的舉薦，勤勞做事以等待別人的重用。

今解 儒士應以積極入世的姿態面對社會。他們自己為兼濟天下作了充分的準備：加強學識，躬行仁義，竭心盡力為天下蒼生謀。可見在孔子的時代就給儒士規定了基本的規範，一直影響到後代的知識分子。正因為儒士把兼濟天下作為畢生的理想加以追求，所以當理想不能實現時，他們便痛感歲月蹉跎，功業無成。屈原、李白、杜甫、白居易、陸游、辛棄疾……大抵都是如此。

同己不與，異己不非。 　　　　　　　——《儒行解第五》

本義　與自己觀點相同的不結為幫派，與自己觀點不合的也不加以詆毀。

今解　大多數的人願意與和自己觀點相同的人靠近，而不願意與和自己觀點不合的人交往，叫做"道不同則不相與謀"。這本很正常，但不要做得過分。那就是孔子所反對的結成幫派，或加以詆毀，這兩種行為都不是正人君子所為的。

富貴不足以益，貧賤不足以損。 　　　　——《五儀解第七》

本義　益：增加。

今解　在儒家看來，真正的士人君子，富貴不能給他增加甚麼，貧賤也不能減少甚麼。即"富貴不能淫，貧賤不能移"。他們追求的是"達則兼濟天下"的偉大理想，為了理想的實現，耐得住寂寞，也守得住清貧。他們以自己完滿的高潔人格，特立獨行地處於社會紛爭之中，稱得上是社會的政治精英。

夫君者，舟也；庶人者，水也。
水所以載舟，亦所以覆舟。 　　　　　——《五儀解第七》

今解　君與民的關係是水與舟的關係，水可以用來載舟，亦可以使舟覆沒。這是中國 2,000 多年的古代王朝逐漸證明了的真理。任何君主若一意孤行，不考慮民生疾苦，不考慮民生意願，那麼民眾把他推翻也是理所應當的。秦始皇幻想自己的王朝可以千萬世地繼續下去，所以他傾盡民力大興土木，以至民不聊生，僅二世之後便宣告亡國。隋煬帝奢侈腐化，率領群臣長途旅遊，所過之地，耗盡民力，因而隋王朝短命而亡。歷史的經驗與教訓，後人當記取。

故弓調而後求勁焉，馬服而後求良
焉，士必慤而後求智慧者焉。 　　　　——《五儀解第七》

本義　慤（què）：誠實，謹慎。射箭必須先調好弓弦才能要求箭射出後有力；駕馭馬匹，必先讓牠拉上車後才能要求牠的腳力；用人，先要求他誠實謹慎後再要求他聰明能幹。

今解 儒家崇尚人的內在道德修養，在用人上講先德後才。一個人只有在道德上具備一定的條件，然後才可以談能力。這在中國人的意識裏，是較普遍的一種價值觀念。但這樣選拔出的人才往往是守成型的，缺乏創造力。曹操"唯才是舉"，雖表現出用人原則上的功利目的，卻帶有一定程度的突破性。

夫君子成人之善，不成人之惡。 ——《五儀解第七》

本義 君子喜歡促成別人的善行而不促成別人的惡行。

今解 大千世界，善善惡惡，誰也不能逃出善惡這一最基本的衡量是非的標準。只有一心向善才能義正嚴辭地拒絕惡的侵入，這也是儒家對人的道德修養方面的要求。

夫好諫者思其君，食美者念其親。 ——《致思第八》

本義 喜歡勸諫的人總是想着國君，吃到好東西的人總會想到他的親人。

今解 "忠君"與"孝親"是儒家思想中的兩個重要內容。儒士把君主作為實現自己理想的穩定後盾而加以尊崇，忠言直諫是他們最偉大的使命，即使面臨被處死的危險也在所不辭。孝順父母，在任何時候都應想到父母的恩情，尤其是當兒女吃到精美食物，享受生活的富裕時，更應記掛父母。這也是儒士的為人準則。

道雖貴，必有時而後重，有勢而後行。 ——《致思第八》

本義 道，雖然很重要，但必須等待一定的時機才會被人看重，有了一定的有利條件才能實現。

今解 孔子告訴我們，一個人的成功，光靠自我努力是不夠的，還必須善於等待時機。俗語所謂"機遇與實力之和等於成功"。生不逢時，即使是賢明的堯舜也會被埋沒。充滿紛擾的社會生活給了我們機遇，同時也給了我們挑戰，我們必須善於抓住機遇，迎接挑戰。

樹欲靜而風不停，子欲養而親不待。 ——《致思第八》

今解 樹想要靜靜挺立，風卻吹個不停，兒子想要孝敬父母，父母卻早早死去。這種人間憾事，誰也無法挽回。在中國這個講倫理的國度裏，若沒有為父母盡孝心，心中的不安自然非同一般。由此告誡人們，孝順父母並不是哪一天心血來潮的事，而應該是在平日裏隨時隨刻地去孝順。

君子不可以不學，其容不可以不飾。 ——《致思第八》

今解 君子當學是世所公認的，就好像人應該注重自己的容貌一樣。君子在注重學識的同時應多注意修飾自己的外表形象，這是很重要的。一個人的成功是多方面的因素促成的，可能由於你的儀表堂堂，風度翩翩，你便多了一次選擇的機會；也可能由於你不修邊幅而被拒之於成功的大門之外。因為世俗的"以貌取人"也還是有一定市場的。

與人交，推其長者，違其短者，故能久也。 ——《致思第八》

本義 推：推許，看重。違：避開。跟人交往，要看重他的長處，避開他的短處，這樣才能長久地交往下去。

今解 學習他人的長處，看到別人的優點，與人真誠交往，友誼則可天長地久。人無完人，在具備優點的同時，每個人都有缺點，與人交往，當迴避他的缺點。當你原諒了他人的缺點之時，不光自己會心底無私天地寬，他人也會從你的寬容中體會到真心誠意的愛的溫暖，友誼當然也會地久天長。

君子少思其長則務學，老思其死則務教，有思其窮則務施。 ——《三恕第九》

今解 稱得上是君子的，若年幼時考慮長大後的問題就要致力於學習，年紀大了考慮死後的問題就要致力於對兒孫的教導，富有時想到窮困的處境就要致力於施捨。每個人都當有憂患意識，因為"月有陰晴圓缺，人有旦夕禍福"，人們當"未雨綢繆"，勿臨渴掘井。

審其所從之謂孝，之謂貞矣。 　　　　——《三恕第九》

本義 能明白應該服從的才去服從，這才叫孝，即貞孝。

今解 孔子反對愚孝。父母作為長輩，其教導應該虛心聽，但不一定取。對則取之，不對則置之一旁。一味尊從父母的意見，不見得可成為一個真正的孝子。

奮於言者華，奮於行者伐。 　　　　——《三恕第九》

本義 誇誇其談的人華而不實，喜歡表現辦事能力的人常常自吹自擂。

今解 誇誇其談的人顯露於外的恰恰是他的無知，自吹自擂的人也正反映了自己的淺薄。"桃李不言，下自成蹊"，自古而然。是金子總會發光，發光之後就會為人所覺察。所以不必為自己所取得一點小小的成功而沾沾自喜，炫耀於人。

丹漆不文，白玉不雕。 　　　　——《好生第十》

本義 丹漆：朱漆。文：色彩，花紋。這裏指文飾。朱漆不必藉助別的顏色就已經很鮮艷了，白玉不必經過雕琢則自己已成珍寶。

今解 這裏揭示了一個自然美的問題。天生麗質的東西往往不用費盡心思去文飾，去雕琢。在我們日常生活中，應把自然美作為美的最高境界加以推崇。經過雕飾之後的美已有了人工的斧鑿之痕。世界上真正好的東西是用不着去刻意雕飾的。

狎甚則相簡，莊甚則不親。是故君子之狎足以交歡，其莊足以成禮。 　　　　——《好生第十》

本義 狎（xiá）：親近而不莊重。簡：怠慢，倨傲。莊：莊重，嚴肅。與別人太親近，別人就會怠慢你；對別人太嚴肅，別人就不會親近你。所以君子的親近程度足以和人愉快地交往，嚴肅程度足以保持人們對他的禮貌。

今解 君子在別人的眼裏是隨和的，也是值得尊敬的。這是由於君子在交友原則上能夠把握一個度。適當地與人保持距離，卻又不拒人於千里之外，既不會使人由於看透了你而厭煩你，也不會使人感到你不好接近而疏遠你。

君子有三患：未之聞，患不得聞；既得聞之，患弗得學；既得學之，患弗能行。

本義 君子有三種擔憂：沒有聽説某種東西的時候，擔憂沒有聽説了以後，擔憂沒有機會學習；有了機會學習，又擔憂不能付諸行動。

今解 君子博學並講求學以致用，所以君子的憂患意識特別重，且並非無病呻吟。在漫長的中國古代社會，許多知識分子為了實現"達則兼濟天下"的理想，皓首窮經，唯恐疏漏。然而，君主的朝陰暮雨，世事的紛繁複雜，又常使他們陷入理想與現實矛盾的苦悶彷徨中，最終白首無成。屈原的品行可與日月爭光，卻慍於群小，終歸為淚灑清泉；李白"仰天大笑出門去"，渴望建功立業的豪情是振奮人心的，最終也只是供奉翰林，與倡優無異。

君子而強氣則不得其死，小人而強氣則刑戮薦蓁。

本義 強氣：桀驁不馴，意氣用事。刑戮：殺生。薦蓁：接連到來。君子如果意氣用事，性格桀驁不馴，那麼就會不得好死；小人如果意氣用事，桀驁不馴，那麼就會招來接連不斷的殺身之禍。

今解 看來孔子反對意氣用事，反對性格上的桀驁不馴。中國人忍辱負重的美德概源於此。直至後世，在國人的意識裏，依然把"能忍"作為成事的一個重要條件。能忍一時之辱，則會成就大業。蘇軾也曾在《留侯論》中說過"忍則勝，不忍則敗"。但凡事有一利則有一弊，勤勤懇懇，兢兢業業於自己的工作崗位，但缺乏應有的活力和創新精神。"老黃牛"的毅力當然需要，同時，初生牛犢不怕虎的闖勁兒也不可缺乏。

富貴者送人以財，仁者送人以言。

本義 富貴的人拿錢財送人，而講仁義的人以良言送人。

今解 "君子之交淡如水"，真正的至交是不能用錢財來衡量的。富貴之人富有財富可以施之於人，但錢買不來真正的友誼。仁人講求仁義，將帶有哲理性的金玉良言送給朋友，則可使朋友終身受用。生活中，也許我們周圍充斥着太多以金錢包裹出來的各種朋友，但真正能使你的靈魂得以洗滌與淨化的朋友又有幾個呢？願我們每個人都能用誠心去尋找。

明鏡所以察形，往古者所以知今。　　——《觀周第十一》

本義　明亮的鏡子可以用來觀察形貌，過去之事可以用來了解現在。

今解　歷史是一面鏡子。列寧曾經說過："忘記過去就等於背叛。"以古鑒今，過去的經驗和教訓可以作為我們現在作出決策的依據，可使我們少走彎路。孔子教導我們不應忘記過去，不應背叛歷史。今天的我們當然不能置之不理。了解中國漫長而苦難的過去，面對今天，我們會心裏有底，感到踏實而有把握。

無多言，多言多敗；無多事，多事多患。　　——《觀周第十一》

本義　不要多說話，多說話則可能導致失敗；不要多生事，多生事可能會遭遇禍害。

今解　孔子的言論是帶有極深社會閱歷的老成之言。因為他深刻地意識到了禍從口出，沉默是金的道理。的確，一個人的言論也許是無心而出，可聽者有意，說不定在甚麼時候就會招來禍患。"人言可畏"，如果有誰能夠真正做到"發言玄遠，口不臧否人物"，自然他會省卻許多不必要的麻煩。但是，我們當說時還得說，我們不去說那些帶有太強主觀色彩的話語，我們當說一些對社會人事發展有利的話語。孔子的老成帶有保守性，也具有偏頗的一面。

智莫難於知人。　　——《弟子行第十二》

本義　沒有比了解他人更需要智慧的了。

今解　人是最複雜最難於了解的，有時連自己都不一定能真正理解自己，更何況他人乎？大千世界，紛繁蕪雜，身處其間的任何個體需帶有各種人格面具，才能遊刃有餘地對付一切。所以，若想真正了解一個人，必然要透過這層層的帶有表面現象的人格面具，用深邃的眼光去探求其本質。俗語所謂"知人知面難知心"，一個人內在的心靈常常遊移不定且掩藏極深，所以，了解人是一門最富有智慧的學問。

臣語其朝廷行事，不論其私家之際也。

——《賢君第十三》

本義 我說的是他在朝廷上做的事，不涉及他私人家庭生活。

今解 評價一個人當抓住其主要方面加以評析，私生活畢竟是次要方面。而世俗之人恰恰與之相反，為把一個人置於死地，抓住其中一兩件私生活小事，樂此不疲地大加討論，直至最後以道德上無傷大雅的小毛病而全面否定了這個人才罷休，可惡之極。

不修其中而修其外者，不亦反乎？

——《賢君第十三》

本義 不修飾內心而修飾外表的人，不是違反常理了嗎？

今解 評價人不能光靠外表，真正注重的應該是由內心的修養而達到美的境界。那些以貌取人，注重外表的美是淺層次的審美。其實，人也如一本書，有內涵的人，就像哲理深刻的名著，雖然初看上去，沒有甚麼，但讀深了，就會覺得韻味無窮；而那些沒有內涵的人恰如流行的地攤小說，往往經不起推敲，時間久了，味同嚼蠟。

愛人者則人愛之，惡人者則人惡之。

——《賢君第十三》

本義 喜歡別人的人，別人也喜歡他；厭惡別人的人，別人也同樣厭惡他。

今解 這是孔子"恕"的觀念的發揮，即推己及人。世界上沒有無緣無故的愛，也沒有無緣無故的恨。當你得到了別人的愛之時，你不會大吃一驚，一定會找到理由，或是你身上的可愛之處吸引了他，或你對他曾付出過愛。相反，當你得到了別人的憎惡時，你也不必難過，應找找原因。也許是你身上確有煩人的一面，也許是你對他人曾經做出過越禮的舉動。"種瓜得瓜，種豆得豆"，你應當具備極強的心理素質去應付生活中的酸甜苦辣。

此事非難，唯欲行之云耳。 ——《辨政第十四》

本義 這些事不難，只要想做就可以做到。

今解 世上無難事，只怕有心人。再困難的事，只要一心一意地去做，最後的結局定會令人滿意。尤其青年人，一定要有"初生牛犢不怕虎"的闖勁兒和冒險精神，因為當今社會不會欣賞坐等機遇的人。積極地投身於社會生活中去，不要等待，也不用猶豫。

治官莫若平，臨財莫如廉。 ——《辨政第十四》

本義 平：公平。廉：廉潔。管理官員再沒有比公平更好的方法了，面對錢財再沒有比廉潔更好的態度了。

今解 "治官"是對官員的治理，要採取"公平"的方法。其實，處理人際關係的一個重要原則也是"公平"。平等地對待每一個人，這樣大家就不會有意見。"臨財"即面對錢財，我們當有一顆"廉潔"之心，摒棄貪慾，以平和的心態對待得失，除去物慾私心的纏繞，這樣人生也將不再是那樣沉重，充滿苦痛。

反本修邇，君子之道也。 ——《六本第十五》

本義 反：同"返"。邇：近。返回到事物的根本，從近處做起，這是君子為人處世的根本途徑。

今解 儒家主張"正心誠意"，主張"修身齊家治國平天下"，強調為人處世由小到大，由近及遠，反對好高騖遠，不切實際，其中的深味值得體會。"千里之行始於足下"，"不積小流無以成江海，不積跬步無以至千里"。我們當踏踏實實地走好人生的每一步，來建構我們無悔的生命。那些不切實際的幻想，不從基層做起的狂妄之行是最要不得的，最後將使你一事無成。

良藥苦口利於病，忠言逆耳利於行。 ——《六本第十五》

今解 這句至理名言我們不會感到陌生，富有哲理性，富有啟迪性，每一個人都會在理智上承認它的合理性：好藥吃起來雖然很苦卻能治病，忠心的話聽起來不舒服卻對人的行為有好處。但是，實際生活中，由於人的虛偽性，人們在很大程度上並不能豁達地去接受別人的批評和指正。國君荒淫誤國而不自知，有隨聲附和的人臣，有忠言直諫的人臣，而君主恰恰喜歡的是阿諛奉承與隨聲附和，因為它聽起來好聽，令人賞心，但這卻於事無補，甚至大有害處。

君子當功受賞。

——《六本第十五》

本義 君子因為有了功德才能接受國君的賞賜。而且接受的賞賜應與功勞相當。

今解 功成受賞，天經地義。言外之意，無功不受祿。有多少功勞，接受多少賞賜。然而，逐利之徒，唯利是圖，抓住一切機會去佔有，把本不屬自己的那份也違心地據為己有。這些人當以孔子之言為鑒。古代特立獨行的君子大多追求"當功受賞"的人格範式。他們把建功立業作為衡量人生價值的重要準則，如果"功不成，名不就"，即使賜給他們良田萬頃，對他們來說也無多大價值。

君子慎其所從。以長者之慮，則有全身之階；隨小者之戇，而有危亡之敗也。

——《六本第十五》

本義 從：跟從。這裏指所跟從的人。階：憑藉。戇 (zhuàng)：癡，傻，愚蠢。君子對待他所跟從的人要謹慎。考慮跟從年紀大的人，就有了保全自己的憑藉；跟從愚昧無知的年輕人，就可能有滅亡的危險。

今解 宋代袁采於《袁氏世範》中曾經說過"老成之言更事多"，老人有豐富的閱歷，多聽老人的話，一個人會在通向成功的大道上少走彎路。年輕人精力充沛，血氣方剛，也往往易於衝動，一念之間鑄下大錯。所以，我們當尊重老人，多向他們請教學習，這是一種人生的智慧。

與善人居，如入芝蘭之室，久而不聞其香，即與之化矣；與不善人居，如入鮑魚之肆，久而不聞其臭，亦與之化矣。

——《六本第十五》

今解 "近朱者赤，近墨者黑"，這也即墨子形容人容易受習染的觀點。

君子當謹慎地選擇他的朋友和生存環境。"孟母三遷"的故事，給了我們生動具體的例子。與善人相處，就像進入了有香草的屋子裏，時間長了，就聞不到香氣，自己完全消融在其中，與之融化而不覺。與惡人相處，就像進入鹹魚舖子，時間久了，也聞不到臭味，消融其中，同樣與之融化而不覺。我們何不選擇善人而與之同化呢？

君子居必擇處，遊必擇方，仕必擇君。

——《六本第十五》

本義 君子居住一定要選擇地方，出遊一定要選擇方向，做官一定要選擇國君。

今解 "君子擇善而從之"。孔子告訴我們選擇環境、選擇朋友與選擇事業的重要性。紛紜塵事，誰也無法說得清其中的繁雜，只有用清醒的頭腦加以選擇，才不至於身陷困境。

中人之情也，有餘則侈，不足則儉，無禁則淫，無度則逸，從慾則敗，是故鞭撲之子不從父之教，刑戮之民不從君之令。

——《六本第十五》

本義 中人：中等人。鞭撲：鞭打。刑戮：刑罰。一般人的情況是這樣的：財物有餘，就會浪費；財物不足，就會節儉；沒有限制，就會淫亂；沒有節制，就會放縱；從心所隨，就會失敗。所以被鞭打的兒子往往是不聽從父親的教化，被殺戮的老百姓往往是因為不服從君主的命令。

今解 為人處世當把握一個"度"。這是孔子"中庸"思想的核心之處。"過猶不及"，凡事不要過分。

巧而好度必攻，勇而好問必勝，智而好謀必成。

——《六本第十五》

本義 聰明且喜歡思考的人一定可以攻堅；勇敢且又喜歡提問的人一定會勝利；有智慧且好謀劃的人一定可以成功。

今解　孔子告訴我們怎樣才能攻堅、取勝和成功。勤於思考，不恥下問，善於謀劃，再加上你的聰明機警，定會立於競爭中的不敗之地。大凡成功的智者，總是忙於思考，勤於謀慮。

凡事預則立，不預則廢。

——《哀公問政第十七》

本義　預：事先準備。廢：失敗。大凡做事有了準備就能做成，沒有準備就做不成。

今解　這句至理名言意在告訴人們事先準備的重要性。因為"月有陰晴圓缺，人有旦夕禍福"，應未雨綢繆，勿臨渴掘井。要達到以上要求，必然事先有個安排和打算，然後定規劃，做計劃，使人力、物力、財力達到最佳程度的組合，這樣才有可能辦成一件事情。

鳥窮則啄，獸窮則攫，人窮則詐，馬窮則佚。自古及今，未有窮其下而能無危者也。

——《顏回第十八》

本義　鳥在走投無路時會用嘴亂啄東西，野獸逼急了會用爪子亂抓，人若是陷入困境就會變得狡猾奸詐，馬跑得精疲力竭就會散失。從古到今，沒有一個君王使他的臣民陷入困境而自己沒有危險的。

今解　任何事情的發展都不能超過某一個"度"，否則物極必反，向相反的方向轉化時，好事可能變為壞事。孔子以鳥、獸、人、馬的例子作註腳，意在使國君明白：應當善待百姓，不使自己的臣民陷入水深火熱的困境中。百姓若水，君主若舟，水能載舟，亦能覆舟，歷史的教訓是有深刻的借鑒意義的，它可以使人避免重蹈覆轍。

愛近仁，度近智，為己不重，為人不輕，君子也夫。

——《顏回第十八》

本義　關心愛護他人接近仁愛，凡事先深思熟慮後再做，可稱得上是一個智者，對自己關心不夠，對別人則能夠體貼愛護，這樣的人可稱為君子。

今解　孔子哲學的核心是"仁"，要求愛人。人與人若都能夠彼此關心，相互照顧，那麼社會將會減少許多人為的紛爭和仇怨。他認為真正的君子關心他人勝過關心自己，"先天下之憂而憂，後天下之樂而樂"，對人奉獻的要多而自己索取的要少。這是君子的一種共同的美德。

言人之惡，非所以美己；言人之枉，非所以正己。故君子攻其惡，無攻人之惡。

——《顏回第十八》

本義 枉：行為不正。攻其惡：攻擊自己的缺點。議論別人的缺點並不能因此而美化自己；議論別人行為不正，並不能由此而使自己行為端正。所以真正的君子只批評自己的缺點，而不攻擊別人的缺點。

今解 不要光看到別人的缺點，更不要在看到別人的缺點之後，像發現新大陸那樣驚喜地到處傳揚，殊不知，那正是淺薄與無知的表現。議論別人的短處，議論別人的缺點與過錯，倘自己不引以為戒，只是作為"小辮子"來抓的話，於自己是沒有任何好處的。倒不如多關注一下別人的優點，多向人家學習。我們最恨搬弄是非和嚼舌根的小人，諷他人之短，隱自己之短，無聊之極。

彼婦人之口，可以出走；彼婦人之謂，可以死敗，優哉遊哉，聊以卒歲。

——《子路初見第十九》

本義 那些婦人的嘴可以讓人四處逃奔，那些婦人的要求可以讓人死亡失敗。我還是悠閒自得地過我的生活，安度我的餘生吧。

今解 婦女在漫長的中國古代社會是被歧視的對象，大約從孔子時代就已奠定了其基本基調。她們被視為禍水，因為她們常常以美色迷惑男子，使為政者不顧政事，整日沉湎於酒色之中而不自拔。這純粹是男子霸權觀念的一種表現：沉湎於聲色是他們自己意志不堅定的結果，怎能怪罪於女流之輩？君主一旦身死國滅，總結歷史教訓之時，往往給無辜的婦女們加上一頂沉重的罪惡的帽子，公平嗎？楊玉環吊死馬嵬驛，多少有點兒可憐與無辜。

以容取人，則失之子羽；以辭取人，則失之宰予。

——《子路初見第十九》

本義 若憑容貌來選擇人才，那麼在子羽身上就會有失誤；若憑話語來選擇人才，在宰予身上會出現失誤。

今解 以貌取人雖然在理智上大家都一致認為是一種淺薄的做法，可在現實生活中，人們往往犯以貌取人的錯誤。以言語取人也是愚蠢的做法，因為紛然雜亂的社會生活中心口不一的人太多了，只聽其言不觀其行，上當受騙，那也只能怪自己天真。所以，孔子教導我們，認識一個人當透過外貌、語言等表面現象，深入到本質中去。實在是"知人知面難知心"啊！

君子長人之才，小人抑人而取勝焉。

——《子路初見第十九》

本義 君子總是崇尚別人的才幹，而小人則總是以壓制別人的方式來使自己取勝。

今解 君子有德，可以虛心向他人學習，推崇他人的才幹，所以君子在不斷的學習中，逐漸地增長着自己的才能。相反，小人無德，因別人有才而生嫉妒之心，根本無暇去學習他人的長處，越這樣，越成為小人。且小人在競爭中不擇手段，為了自己高升，不惜壓制別人。嫉妒之心是人的大敵，它能使人變得狹隘，世人當摒棄嫉妒之心，以廣闊的胸懷對待人事和自我的人生。

終日言，無遺己之憂；終日行，不遺己之患。

——《子路初見第十九》

本義 每天說話卻不給自己留下後顧之憂；每天做事，也不給自己留下任何隱患。

今解 語言和行動是一個人在社會中生存，用以表現自己的兩把利器，用語言表現自己的思想，用行動來證明自己的思想。而社會生活中矛盾重重，欲消除矛盾簡直不可能。而大多數矛盾的產生是由於人們之間觀點不同，語言不合而造成的。尤其在黨派紛爭中，一句話，一件事都可能招來殺身之禍。阮籍"發言玄遠，口不臧否人物"是為了全身遠禍，較為明智。而稽康在矛盾中由於不注意言語行動而得罪統治者，直至被以"不孝"的罪名殺害。

居下而無憂者，則思不遠；處身而常逸者，則志不廣。

——《在厄第二十》

本義 地位低而無所憂慮的人，他一定想得不遠；安身立命喜歡貪圖安逸的人，他的志向，一定不遠大。

今解 人當有憂患意識。應當"居安思危"，以嚴肅認真的態度對待社會和人生。可生活中太多的人卻以追求"吃喝玩樂"作為最終目的，不考慮將來，也不立大志。當然，人活着不能光有憂患意識，也應當享受人生，但享受人生不僅僅是過安逸的生活，對高遠理想的追求也同樣是享受人生的一種方式。

受人施者常畏人，與人者常驕人。

——《在厄第二十》

本義 接受了別人的施捨常常害怕別人，給別人施捨的人常常看不起別人。

今解 俗語所謂"拿人手短，吃人嘴短"。拿了別人的東西或吃了別人的食物，常常有一種受制於人的感覺。而給別人施捨，常常表現出盛氣凌人的氣勢。所以，有骨氣的窮人為了捍衛自己的人格尊嚴而不食"嗟來之食"。陶淵明為了維護自己高潔的人格品德而"不為五斗米折腰向鄉里小兒"。更有伯夷、叔齊由於"恥食周粟"而餓死於首陽山。

故君子蒞民，不臨以高，不導以遠，不責民之所不為，不強民之所不能。

——《入官第二十一》

本義 君子治國不在高高的位置上坐視，不引導百姓去做那些虛妄的事，不要求百姓去做他們不願意做的事，也不強迫百姓去做他們不能做到的事。

今解 得民心者得天下，失民心者失天下，自古而然。孔子教導為官者當有一顆包容至大的心靈，全面體察百姓生活，真正做到能夠理解他們。秦始皇大興土木耗盡民力，又迫使民眾歷經艱辛去修長城，這是對民力的肆意踐踏。當然民眾不會擁戴他，致使秦朝二世而亡，儘管秦始皇並不算一個無能之輩。

君不困不成王，烈士不困行不彰。　　——《困誓第二十二》

本義 君主不遭受困厄就不能成就王業，懷有雄心壯志而又重義輕生的勇士不遭受危難，他的行為就不足以彰顯。

今解 "天將降大任於斯人也，必先苦其心志，勞其筋骨，餓其體膚，行弗亂其所為。"孟子的這種樂觀精神亦源出於孔子的自信。確實，人在成就一番大業之前，必先吃盡苦頭，體驗到人生的各種艱難困苦。俗語有云：失敗乃成功之母。一次次的失敗一次次地磨煉人的意志，使人走向成熟，並變得堅強。經歷是一筆財富，當你有豐富的人生閱歷時，你會為它驕傲。

不觀高崖，何以知顛墜之患；不臨深泉，何以知沒溺之患；不觀巨海，何以知風波之患。　　——《困誓第二十二》

本義 不觀看高高的懸崖，怎麼能知道從崖頂墜落的災禍？不靠近深淵，怎麼能知道溺水的禍患？不觀望巨大的海洋，怎麼能明白險浪巨波的災禍？

今解 孔子注重親身經歷與體驗，即實踐。只有你身臨其境地經歷了某事，你才會有刻骨銘心的感覺。人們都說山崖高入雲霄，都說碧水深淵一望無際，但百聞不如一見，只有你以自己的身心全面投入一回，你才會領略其中的奧秘。比如愛情，人們都說它神秘，帶有酸酸的痛苦，帶有甜甜的憂愁，但光聽人講，畢竟只是隔靴搔癢，只有你親身去愛一次，你才能完全懂得其中的酸甜苦辣。

過失，人情莫不有焉。過而改之，是為不過。　　——《執轡第二十五》

本義 人要犯錯誤，這是作為人所必有的情況。犯了錯誤能夠加以改正的話，這個過失將不再是過失。

今解 "金無足赤，人無完人"，世上沒有十全十美的人，因而人就免不了犯錯誤。犯錯誤本身並不可怕，可怕的是犯了錯誤之後不去自覺地改正。若能虛心接受批評指正，竭心盡力改正自己的錯誤，將會贏得別人的讚賞。作為國君，不讓他犯錯誤也是不現實的，但犯了錯誤該怎樣對待，卻是一種帝王的治國之術。有些帝王，能虛心承認並接受諫議，如唐太宗李世民。有些帝王卻礙於情面，不肯承認自己的錯誤，不聽從臣子的規諫，如殘暴的商紂王。

女子者，順男子之教而長其理者也。是故無專制之義，而有三從之道：幼從父兄，既嫁從夫，夫死從子，言無再醮之端。

——《本命解第二十六》

本義 再醮 (jiào)：特指女子改嫁。女子，順從男子的訓導，並擴大男子的各種慾望，因此她沒有獨立自主，自作主張的道理，卻有"三從"的責任和應遵守的婦道：小時候在家順從父親和哥哥，嫁人以後順從丈夫，丈夫死後聽從兒子。一句話，絕沒有再行改嫁的理由。

今解 "三從四德"給女性套上了沉重的枷鎖，使她們的人性在壓抑中被扭曲。"嫁雞隨雞，嫁狗隨狗"，沒有自作主張的道理，也沒有發表言論的自由和權利。孔子給婦女的權利與自由實在太少了，這種觀念一直影響了中國漫長的古代社會，甚至在今人的意識裏，依然存在這種觀念。

女子者，教令不出閨門，事在拱酒食而已。

——《本命解第二十六》

本義 婦女接受教育的地方不超出內室之門，所做之事也僅僅在於端酒上菜而已。

今解 "女子無才便是德"，她們不用在外接受教育，只在家中讀些《烈女傳》等便可，最重要的是學會針線紡織，學會順從，學會侍奉公婆和丈夫的為妻之道。她們在家中所做之事僅在於生兒育女，傳宗接代，端酒上菜而已。女性的獨立意識在男權觀念影響下逐漸淡化，以至於今天的許多新女性，她們甘願做丈夫的犧牲品，為發展丈夫的事業而荒廢自己的學業。我們當然不反對為愛付出，但堅決不能將自己的獨立性也一併付出，那將是可悲的。

女有三不去者：謂有所取無所歸，與共更三年之喪，先貧賤後富貴。

——《本命解第二十六》

本義 有三種女子不能休：娶來時有家而後無家可歸的；為公婆服孝三年的；先貧賤而後富貴的。

今解 中國古代女性地位低下，男子若有不滿意之處，便可將妻子休回娘家，以示解除婚姻關係，根本不必考慮女方的意見。但孔子又給休妻規定了幾項附加條件，帶有一定的人道主義色彩。無家可歸的女子不能休，為公婆守孝三年的不能休，先貧後富的糟糠之妻不能休。

天無私覆，地無私載，日月無私照。　——《論禮第二十七》

本義 天覆蓋萬物沒有偏私，地承載萬物沒有偏私，日月普照天下沒有偏私。

今解 孔子要求君王在實行仁政時，應無私地對待下民，使他們能夠做到像天覆地載、日月普照那樣公平合理。這是為政的一個極高的標準。畢竟，人非草木，人也非天地日月，要做到無私地對待萬物，均衡合理地對待人事，需要作出艱苦的努力。君王若想達此境界，便須以"禮"為準繩，嚴格地規範自己。可惜，歷代王朝像這樣的賢聖君王太少了。他們其中的大部分連最基本的採納好的建議都不能很好做到，更不用說無私地對待一切了。

張而不弛，文武弗能；弛而不張，文武弗為；一張一弛，文武之道也。

——《觀鄉射第二十八》

本義 張：弓上弦叫張。弛：弓卸弦叫弛。文：指周文王。武：指周武王。只有緊張而沒有鬆弛，文王和武王都做不到。只有鬆弛而沒有緊張，文王和武王又都不這樣做。有鬆弛有緊張才是文王和武王治理天下的辦法。

今解 文王與武王治理天下的根本之法是緊張與鬆弛相結合，由此孔子為帝王治國提供了一個極為可行的辦法。這種方法對於任何個體的生存與發展都有其適用性。生活對每一個有憂患意識的人來說都是嚴酷的，但我們不能整天投身於奮鬥之中，我們需要適當的放鬆和休息，使疲憊的身心得到調諧。只去奮鬥而沒有學會消遣，對生存個體來說是殘酷的；只會消遣而不去奮鬥和創造，最終只能坐吃山空，無補於事。

萬物本乎天，人本乎祖。 ——《郊問第二十九》

本義 世間萬物都依靠上天而生，而世人又從祖先那裏繁衍發展而來。

今解 在中國文化中，人既崇拜天又崇拜祖先。所以天人合一的觀念佔據了中國哲學中的一席重要地位。天是最高的哲學真宰，皇帝才配得上做天的兒子。由於天是一個不可以完全描述的本體，所以向下便尊重人的祖先。祖先崇拜的觀念由此產生。祭祖是中國民間各大家族的一項重要活動。皇帝家族更不用說。

刑罰之源，生於嗜慾不節。 ——《五刑解第三十》

本義 刑罰產生的源頭是人們對於慾望不加以節制的緣故。

今解 朱熹認為"慾乃萬惡之源"，主張"存天理，滅人慾"。慾望實在是一個可怕的東西，它能使人性變得醜陋。有的人為了滿足慾望而去投機鑽營，甚至去偷去搶。有的人為了美色之慾而與人爭風吃醋，以至於殘害他人。俗語所謂"慾壑難填"，佔有金子之後就想去擁有鑽石，越貪越不滿足。所以，我們應當以正確的態度對待金錢名位，以積極的態度去對待生活，不要一味地去滿足私慾，那畢竟太淺薄了。

刑不上大夫，禮不下庶人。 ——《五刑解第三十》

本義 先王制定法律制度，刑罰不加到官員身上，禮不下到平民身上。

今解 孔子認為官員犯罪不能使用刑罰，這叫刑不上大夫。同樣孔子也認為平民忙於農事及其他的事而不能充分學習禮儀之事，不能要求他們有完備的禮儀，這叫禮不下庶人。體現了孔子對官員和平民的寬容思想。但後人沿用之時，卻使"刑不上大夫"的思想發生了變異，導致了官本位思想的產生。其實，法律面前人人平等，君子犯法當與庶民同罪，這才符合科學的法制觀念。

聖人之治化也，必刑政相參焉。 ——《刑政第三十一》

本義　聖人治理天下，是刑罰政令和道德教化的結合。

今解　孔子認為桀紂之世，喜用酷刑；成康之世，明德慎罰，這兩種方法需相結合才能使國家長治久安，偏重任何一方都會不符合實際。用今天的眼光來看，孔子看問題是全面而深刻的。社會是複雜的，人心也是複雜的，善惡相兼，魚龍混雜，用單一的方法加以治理的話，不能照顧全面。我們既講法制又講民主，我們的法制是建立在民主基礎上的法制，我們的民主是建立在法制基礎上的民主。

用器不中度不粥於市。 ——《刑政第三十一》

本義　粥（yù）：通鬻，賣。市：市場。使用的器物質量不合乎規定的，不准在集市上出賣。

今解　在孔子的時代，不重視商業的發展，但已注意到了質量的重要性。若質量不合格在市場上銷售，被認為是違犯法律的。今天的人們當為自己而羞愧。商品的質量問題是困擾人們購買物品的一大障礙。

人不獨親其親，不獨子其子，老有所終，壯有所用，矜寡孤疾皆有所養。 ——《禮運第三十二》

本義　終：指安享天年。用：被任用，即施展才能。矜（guān）：通"鰥"，老而無妻者。寡：指老而無夫者。孤：幼而無父者。有所養：有人供養。

今解　孔子注重"恕"的觀念——推己及人。他認為人們不應只敬奉自己的雙親，不應只撫養自己的子女，應使社會上的老人都能安享天年；使社會上的青壯年都能施展自己的才華；使鰥夫、寡婦、孤兒和殘疾人都有人供養。這同時也是孔子社會大同的美好理想。人們共同勞動，互助互愛，沒有剝削，沒有壓迫，人與人之間充滿憐愛。這雖然美好，但卻純屬天真的幻想。

天生時，地生財，人其父生而師教之。

——《禮運第三十二》

本義 天有四季之時，地有珠玉之財，而人的身體是父母生養，知識才能則是老師教給的。

今解 父母給了我們身體，而老師卻給了我們知識。孔子自己以身作則甘當人師本身說明了他對教師的重視。父母給了我們生的權利，但老師卻給了我們脫離其他動物的頭腦。人類發展，教育已被提上了重要日程，社會越來越重視教育。"百年大計，教育為本"；"十年樹木，百年樹人"。這一句句發人深省的話告訴我們，教育是多麼重要。

何謂人情？喜、怒、哀、懼、愛、惡、慾七者，弗學而能。

——《禮運第三十二》

本義 甚麼是人情？喜、怒、哀、懼、愛、惡、慾這七情不用刻意去學就會懂得。

今解 人生而具有七情六慾，這是與生俱來不學而能的。所以，我們應該理解日常生活中人們七情的流露。魏晉時代，提倡名士風流，名士們注重"喜怒不形於色"，若有喜色或怒氣表現於面部，則不配進入名流之中。阮籍聞母去世，仍與友下棋，不動聲色，朋友走後，一聲哀號，吐血數斗，何必如此！

飲食男女，人之大慾存焉；死亡貧苦，人之大惡存焉。

——《禮運第三十二》

本義 人們最強烈的慾望存在於飲食和男女性愛之中；人們最厭惡的，存在於死亡和貧困之中。

今解 生的慾望和性的慾望是人和動物都有的，這是自然界的普遍規律。但人又和動物有本質的不同，人有理性，可以控制自己的行為。雖然生是重要的，有時卻可為了其他更重要的東西而放棄生命；雖然有強烈的性慾，大多時候的大多數人可將自己控制得異常清醒。曾經一度，西方禁慾主義流行，認為人類的罪惡正在於淫慾無度，為了贖罪，壓抑本能。這種思想不符合人的自然規律。殊不知，當正常的生理慾求得不到滿足的話，人就會變態。

禮之於人，猶酒之有蘗也，君子以厚，小人以薄。

——《禮運第三十二》

本義 蘗（niè）：釀酒的麴。

今解 孔子重禮，禮對於人來說，就像酒麴對於酒一樣。酒麴薄，酒也薄；酒麴厚，酒也厚。即禮義厚重，人就會成為君子；禮義輕薄，人就會成為小人。禮是治理國家的重要手段，因為孔子認為它是取法於天道的，禮的作用是巨大的。

孔子有所謬然思焉，有所然羍高望而遠眺。

——《辯樂解第三十五》

本義 謬然：即穆然，深思的樣子。羍（gāo）然：高遠的樣子。孔子莊嚴肅穆地深思，有心曠神怡、志向高遠的神態。

今解 孔子時常教導弟子把學和思結合起來："學而不思則罔，思而不學則殆。"這句話講的就是思考時的樣子。

過而能改，其進矣乎。

——《辯樂解第三十五》

本義 有了過錯能夠改正，是有了進步的表現。

今解 "人非聖賢，孰能無過"，沒有過錯的人在世間根本找不到。犯錯誤本身並不可怕，可怕的是犯了錯誤而不自覺，或者自覺了之後又不肯改正，在孔子看來，錯誤之後能改正是進步的表現。可見，他是不迴避錯誤的。

夫昔者君子比德於玉，溫潤而澤，仁也。

——《問玉第三十六》

本義 從前有德行的人把德行比作玉，玉溫和柔潤而有光澤，仁者的德性。

今解 孔子把君子比於玉石，此為比德之説。此後中國的文學中有了比德意識。把文人的品格與自然界的松、菊、玉石等聯繫起來，找到其相似之處，以此來象徵中國文人的高潔品格。因此文人的鮮明形象得以在讀者心中確立。左思"鬱鬱澗底松"，以松自比，將自己堅強的個性顯露無遺。劉禹錫《孤石》，將自己的個性與孤石的個性加以比照，突出自己的特徵。《紅樓夢》中有許多詩詞曲賦足以代表人物的性格，"好風憑借力，送我上青雲"是薛寶釵人格的寫照。

丈夫居世，富貴不能有益於物，
處貧賤之地，而不能屈節以求伸，
則不足以論乎人之域矣。

——《屈節解第三十七》

本義 大丈夫生存於世，身雖富貴卻不能以道濟物，身居貧賤之地卻不能暫時委屈自己以求得志，就不能達到人們所説的大丈夫的境界。

今解 大丈夫處世當兼濟天下，若處於不得志的地位，也當積極地、樂觀地對待逆境，以待日後的飛黃騰達。如果沒有在困難中奮進的勇氣，如果沒有為天下蒼生謀利益的胸襟，則不配稱為大丈夫。這也就是所謂的大丈夫"能屈能伸"，處於逆境，能屈身以待來日；處於順境，能進身以施展才華。總之，人生在世，當以積極的態度對待生活。否則就不算是真正的人。

美言傷信，慎言哉！

——《屈節解第三十七》

本義 巧説令辭會傷害人的誠信，不可不謹慎地使用語言啊！

今解 老子曾經説過"美言不信，信言不美"。雖然稍嫌絕對，但也有一定的合理之處。華麗的言辭在很大程度上是失真的言詞，所以歷代君王都嚴格杜絕諂媚之臣，他們日日向皇帝進言，所進之言雖然聽起來很順耳，但對於君王的發展來説是不利的，因為他們的最終目的是為了求寵，蔽君王耳目視聽，最終使君王變作"親小人，遠賢臣"的暴君。日常生活也有所謂"忠言逆耳"的説法，真正的忠言有時聽起來是很不順耳的。

吾未見好德如好色者也。

——《七十二弟子解第三十八》

本義 我沒見到喜愛美好品德像喜好美色那樣的人。

今解 孔子以注重人的品德和行為而著名，但"愛美之心人皆有之"，"慾"本身又是人之七情之一，是與生俱來的，所以"好色"在日常生活中是並不罕見的。而品德行為是通過外在於人的本性的"禮"來規範的。由於是外在規範，所以它的施行要比發自內心的"本性"的顯露要被動得多。因而，好色者總要比好德者多。然而，人類卻總是要走向文明的，這也是不容置疑的。

守道不如守官。 ——《正論解第四十一》

本義 遵循道不如遵循職責。

今解 孔子在政治上提倡"君君、臣臣、父父、子子"，強調"在其位，謀其政"，即在甚麼位置上，便遵守甚麼樣的規定和職責，這樣，人守其職，社會才會安定。

言之無文，行之不遠。 ——《正論解第四十一》

本義 語言沒有文采，就不能流傳久遠。

今解 孔子主張"文質彬彬，然後君子"。在文章的寫作上要求內容美和形式美的統一。這裏正暗合了他對語言美的要求。如果語言不美，不管內容有多麼正確，終歸由於不吸引人而不能流傳久遠。縱觀那些有生命力的文學作品，除了內容感人之外，形式美也是極為重要的一部分因素。《離騷》、《史記》、唐詩、宋詞、元曲、明清小說……其感人的思想內容和藝術魅力將是後人永遠可以汲取的精華和養分。

古者有志，克己復禮為仁，信善哉！ ——《正論解第四十一》

本義 古人有記載說，克制自己恢復禮儀，這就是仁，說得真好啊！

今解 用"禮"來克制情慾，以達到"仁"的境界，這是孔子積極用世的主要方法。孔子這種思想的形成也是有其深刻的社會歷史根源的，當時社會禮崩樂壞，諸侯爭霸，君王大肆掠奪之後極盡揮霍之能事，縱慾無度。孔子想以他的學說來改變社會。孔子的初衷是美好的，但後來被歷代統治者所利用，使"禮教"成為束縛民眾的工具。他們打着這個幌子，幹盡雞鳴狗盜之事。所以有魏晉名士"越名教而任自然"的社會風氣流行。

為政者不賞私勞，不罰私怨。 ——《正論解第四十一》

本義 執政的人不能獎賞對自己有功勞的人，不能處罰對自己有怨恨的人。

今解 為政者當以天下為己任，他的所作所為關係着國家的利益和前途，他的一言一行必是大公無私的。任何的私人恩怨對他來説幾乎化為零。因為他不能帶着私人情感去管理天下，去威懾百姓。對他有恩的人，他也不能對其隨便行賞或委以重任。對他有怨的人，他同樣不能簡單而粗暴地對其懲處。

吾聞忠言以損怨，不聞立威以防怨。 ——《正論解第四十一》

本義 我聽説用忠言來消減怨恨，沒有聽説用人為的威嚴來杜絕怨恨。

今解 "怨恨"是百姓對於國君為政的褒貶損益的看法，尤其是對其中的過失的不滿和議論。國君面對如此局面，當給國民以相當的言論自由，並對百姓的意見擇善而行，聞過而改，這樣積怨會漸漸消除。若國君聽了百姓的議論之後下令防民之口，杜絕民眾的議論，以自身的權力和威嚴來控制百姓的思想，這是一種極不明智的舉動。殊不知"防民之口，甚於防水"，一旦河水積聚過多，必然造成河堤決口，後果將不堪設想。為政者當以此為戒。

夫火烈民望而畏之，故鮮死焉。水濡弱，民狎而玩之，則多死焉。 ——《正論解第四十一》

本義 濡：柔順，柔弱。狎（xiá）：不莊重。烈火勢猛，人們一看就害怕，所以人們很少死於火；水性柔弱，往往使人對它放鬆警惕，而去玩弄它，結果死於水中的人就多。

今解 這是日常生活帶給人們的悖論。俗語常謂"淹死的都是會水的"。不會水的人壓根兒不敢去涉及水，何談被水淹死？也即人們往往在看似平易的小事上栽跟頭，那些引起足夠重視的重大決策，由於謹慎對待，失敗受挫的可能性倒相對小些。所以，這則言論告誡我們，世上有諸多潛在的矛盾和危險因素，任何時候在任何問題上都要多長幾個心眼兒。

鳥則擇木，木豈能擇鳥乎？　　　——《正論解第四十一》

本義　鳥可以選擇樹木，哪有樹木選擇鳥的？

今解　這是孔子懷才不遇的慨歎。士人君子受不受重用，根本不取決於自己的選擇，而完全取決於統治者好惡。因此，形成了後代知識分子極強的依附意識，他們依附於統治階層來實現自己的理想，缺乏人格上的獨立性，往往在價值選擇上造成心理矛盾，由矛盾而生悲哀，由悲哀而生強烈的憂憤和憂患意識。

古之士者，國有道則盡忠以輔之，國無道則退身以避之。　　——《正論解第四十一》

本義　古代有才智的人，國家政治清明就極力去輔佐，國家政治黑暗就躲開。

今解　“邦有道則仕，邦無道則隱”，“窮則獨善其身，達則兼濟天下”，這是儒家學派處理出世與入世矛盾的基本準則。古代文人在此原則影響下，強烈的功名慾和出世理想受挫之後，往往就將自己隱蔽起來，求得心理平衡。這幾乎成為中國古代文人的典型範式。陶淵明歷經三仕三隱之後，徹底回歸田園。李白供奉翰林，自感無由實現理想，便走出官場，四處漫遊。

損人自益，身之不祥。　　　　——《正論解第四十一》

本義　損人利己，自身就不會吉利。

今解　為了維護自己的利益，不惜損害他人的利益，這種人是最可恥的。武安侯田蚡以“莫須有”的罪名殺害了竇嬰和灌夫之後，日日夢鬼，不久去世，其心理承受能力早已不能承受自身的罪惡。王熙鳳臨死之前恍惚中看到尤二姐來到她的窗前，其實這也正是她心中有愧的表現。做人應當堂堂正正，問心無愧，即使自己的利益受到某種程度的損害，也會由於心靈暢快而備感舒適。相反，作惡多自然會有報應。

喪亡，與其哀不足而禮有餘，不若禮不足而哀有餘。

——《曲禮子貢問第四十二》

本義 舉辦喪事，與其缺少哀痛而禮儀完備，倒不如缺少禮儀而多些哀悼之情。

今解 居喪，是為顯示生者對死者的哀悼和懷念之情。如果光講禮儀的完備，那就有了捨本逐末之嫌。阮籍是個很有意思的人，其母去世，居喪其間他大吃二喝，人們把他視為不孝子，可他吃喝之後，吐血數斗，其深沉的哀痛之情已到了無以復加的地步。時至後世，仍有一些人，父母在世時，不給應有的吃喝日用之物，不給應有的關心。父母死後，卻鋪張浪費地講求喪禮的排場，向周圍人炫耀其孝心，殊不知真正的孝子是從不向人張揚的。

好外者，士死之；好內者，女死之。

——《曲禮子夏問第四十三》

本義 我聽說喜好在外結交朋友的人，士人君子願意為他而死；好女色的人，女人願意為他而死。

今解 "士為知己者死，女為悅己者容"，自古而然。中國古代一向歧視婦女，所以重友情要比重愛情更受人推崇。劉備視妻子如衣服、兄弟如手足，他認為衣服破還可換，手足斷不可續。所以關羽、張飛皆為其盡忠效死。柳永喜與女子結交，皇帝賜他一句話："且去填詞"，堵塞了他的仕進之路，他死去後眾妓弔柳七。重友誼受人推崇，重愛情也值得讚美。無所謂此高彼低。

《荀子》

　　《荀子》的作者是荀況。荀況，戰國末期趙國人，生卒年不詳，約活動於公元前 298–238 年間，他先後遊歷過齊、秦、趙、楚，曾在齊國稷下講學，三次做"祭酒"，以後又做過楚國的蘭陵令，晚年在蘭陵著書，死於蘭陵。

　　戰國時期是中國古代政治制度的確立時期，隨着經濟的進一步發展，以及長期以來不斷發生的兼併戰爭，結束諸侯割據的政治局面、建立一個全國統一的中央集權的政權，已成為當時社會的迫切要求。荀況的《荀子》反映了當時由軍功等途徑上升而來的那一階層在政治上、經濟上實現統一集權的進步要求。他對春秋戰國以來的各派學說都進行了研究，並加以總結，批判與吸收相結合，提出了一套完整的思想理論。《荀子》一書現存三十二篇，是研究荀況思想的主要材料，同時也是研究先秦各派學說的重要資料。

　　在政治理論上，荀況反覆強調建立"令行禁止"、"天下為一"的中央集權的統治秩序；推崇禮教和法制是統一天下的重要手段。荀況對儒家學派的"禮"加以繼承、吸收和改造，使之服從並服務於中國古代政治制度的需要。他指出要使"禮"成為維護古代社會等級制的各種規範的工具。主張改變當時諸侯並至、各自為政的割據局面，確立最高統治者——"王"的統治地位。重視法制的思想是荀子從前期法家那裏吸收來的，認為統治者必須有嚴明的法度，做到"信賞必罰"，從而鞏固中央集權的統治秩序。荀況雖屬儒家學派，但卻強烈地批判了當時孟軻等人所鼓吹的言必稱"三代"，盲目崇拜先人的不正確思想。他明確提出要"法後王"、"以近知遠"，要從現實出發去考察歷史。

　　在自然觀上，荀況提出"明於天人之分"。他認為天是無意志的自然界，有自己的運行規則，與社會的治亂、國家的興亡無關。自然的天不因人的意志而改變其運行的常規，同時它也不主宰人事。人事的興衰更替變化只能從社會本身去找原因。而統治者"政令不明"、"本事不理"、"禮義不修"等才是亂世的最根本原因。

因此，他十分重視人為的努力，與"死生有命"、"富貴在天"的命運論有截然的不同，也與命運不可捉摸的消極無為思想有截然的不同。人如果順着自然的規律去行動，天地萬物最終會被人類所利用，即"人定勝天"。

在認識論上，荀子提出"形具而神生"的觀點。認為人的精神活動是依賴於物質形體的。並堅信世界是可知的："凡以知，人之性也；可以知，物之理也"，人具有認識客觀事物的能力，客觀事物也能夠為人所知。對於認識過程來説，他認為認識首先從感觀與外物接觸開始，經過"心"的思考、檢驗以後才能獲得正確的認識。認識客觀事物當克服"蔽於一曲而暗於大理"的片面性的錯誤，而克服片面性的方法就是"虛壹而靜"。人的認識，包括道德觀念都是後天形成的，而且人性本惡，在社會生活中當貫徹"化性起偽"的原則，使人性向好的和善的方面發展，具體來講，就是給予人一定的教化。

荀況的思想有着巨大的進步意義，他大膽創新的精神影響了後來的王充、柳宗元等。但無論怎樣，他是站在統治階層一方的，有所謂"君子以德，小人以力；力者，德之役也"的歧視民眾的思想，對他的思想我們當客觀地加以分析。

學不可以已。
——《勸學篇》

今解 知識的海洋是無窮的，而人的生命是有限的，怎樣以有限隨無窮，只能不斷地學習。無論在任何方面，我們都應努力，堅決地超過前人，這是歷史發展的總趨勢，更是人類追求進步的美好願望。

青，取之於藍，而青於藍；冰，
水為之，而寒於水。
——《勸學篇》

今解 "青出於藍而勝於藍"已成為人們經常引用的名言佳句，事物總是向前發展的，人也是一代更比一代強。這大概也是亙古不變的真理。

君子博學而日參省乎己，則知明
而行無過矣。
——《勸學篇》

本義 參：檢驗。省（xǐng）：考察。知：同智。君子學習淵博的知識，並且能經常注意檢驗考察自己的行為，那麼他就會變得聰明，而行動上也就不會犯錯誤了。

今解 淵博的學識加之謹慎從事，不斷地反省自己，那麼錯誤會逐漸減少。荀子鼓勵人博學，這是一種極為進步的思想意識。今天，人們更加意識到具有淵博學識的重要性，社會在發展，人類在進步，只有不間斷地學習，才不至於為社會所淘汰。

不登高山，不知天之高也；不臨
深溪，不知地之厚也。
——《勸學篇》

今解 只有親身體驗了的東西，才能更深刻地感受它。這句話道出了體驗的重要性。沒吃過苦的人，不知甜的暢快；沒經歷過人生磨煉的人，不知人生的酸甜苦辣。天真的孩童只懂得餓了需吃飯，睏了需睡覺，而飽經滄桑的老人卻對人生多了幾分沉重的咀嚼與回味。沒有體會到愛情苦澀的人，總在幻想着花前月下的卿卿我我，而真正從愛情的煉獄中走出的男男女女，卻只有"欲說還休，欲說還休，卻道天涼好個秋"的慨歎。

君子居必擇鄉，遊必就士，所以防邪僻而近中正也。

—《勸學篇》

本義 遊：外出交遊。中正：恰當正確的東西。君子定居時一定要選擇好地方，外出必須和有學問有道德的人交往，這是為了防止受邪惡的人影響，而接近於正道。

今解 環境之於人的成長和發育有重要的影響，生於書香門第之家，自然被其熏染而具有文化氣息；生於農民家庭，也因其感染而具有農民的特點。

言有招禍也，行有招辱也，君子慎其所立乎。

—《勸學篇》

本義 說話有時會招來禍害，做事情有時會引來恥辱，君子須謹慎地對待自己的行動和立足。

今解 阮籍"發言玄遠，口不臧否人物"，得以在司馬氏羽翼豐滿的亂世苟且偷生，而全其天年；嵇康性格耿直，以自己的行動顯示了與司馬氏的不合作，而被以"莫須有"的不孝之罪殺害。一正一反，足以說明君子處世當謹言慎行。人人應當記取的是於紛繁複雜的社會矛盾中遊刃有餘地穿行，必須要該說的再去說，該做的再去做，否則不僅是自討苦吃，也是自取滅亡。

不積跬步，無以至千里；不積小流，無以成江海。

—《勸學篇》

本義 跬（kuǐ）：舉足一次為跬，舉足兩次為步，故半步為"跬"。

今解 積半步足以成就千里之途，小小的溪流匯聚而成江海，人類當以自身的堅韌去追求偉大的成功。愚公帶領子孫移山，人們讚美的是他的毅力。

鍥而捨之，朽木不折；鍥而不捨，金石可鏤。

—《勸學篇》

本義 如果停止雕刻的話，連朽木都不能使它折斷。如果堅持不停地雕刻，那麼再硬的金石也可雕出花紋。

今解 中國人崇尚頑強的毅力，像老黃牛一樣於自己的事業上兢兢業業，並堅信最後的成功定會到來。這是我們民族的美德。

無冥冥之志者，無昭昭之明，無惛惛之事者，無赫赫之功。
　　　　　　　　　　　　　　　　　　　　——《勸學篇》

本義 冥冥：幽暗。這裏比喻埋頭苦幹。昭昭：顯著。惛惛（hūn）：與冥冥意同。沒有刻苦鑽研精神的人，在學業上就沒有顯著的成績；沒有刻苦鑽研精神的人，在事業上就不能取得巨大的成就。

今解 機遇只垂青那些有準備的人。任何人的成功都是建立在刻苦付出的基礎上的。天上不會掉餡餅，整天耽於幻想的人，終歸一事無成。我們當置身於艱難的奮鬥之中，才會有收穫的喜悅。

非我而當者，吾師也；是我而當者，吾友也；諂諛我者，吾賊也。
　　　　　　　　　　　　　　　　　　　　——《修身篇》

本義 非：否定，批評。是：肯定，推崇。賊：害。那些嚴厲批評我而恰當的人，是我的老師；那些熱切肯定我而恰當的人，是我的朋友；阿諛奉承我的人，我卻認為他是我的敵人。

今解 日常生活經驗告訴我們，一個人若希望發展和進步，最需要的莫過於別人給予批評和幫助，其次需要的是對過去成績的肯定，而言過其實的諂媚大概是不需要的。即使是忠言逆耳，我們也當以清醒頭腦去接納它。諂媚之言雖順耳好聽，但終究是糖衣炮彈，一旦被沾染，將是危險的。我們需要在不斷發現錯誤和改正錯誤中獲得自身的發展。

良農不為水旱不耕，良賈不為折閱不市，士君子不為貧窮怠乎道。
　　　　　　　　　　　　　　　　　　　　——《修身篇》

本義 折閱：虧損。市：指做買賣。怠乎道：不嚴格遵守正道。好的農民不因為缺水地旱而不耕田；好的商人不因為賠本而不做買賣；士人君子不因為貧窮而悖離於正道。

今解 農民以耕田為業，商人以做生意為業，而士人君子修養自身是最根本的人生準則。既然三種人各自選擇了自己的生活道路，那麼在遇到困難時，絕不能放棄自己的選擇。尤其作為一個真正的君子，要能耐得住清貧，真正做到孟子所謂"貧賤不能移"。只要能夠執着於心中的理想，物質上的艱難困苦往往可以忽略不計。顏回能夠"一簞食，一瓢飲，身在陋巷"，只因其能自得其樂於人格理想之中。

道雖邇，不行不至；事雖小，不為不成。 ——《修身篇》

本義 邇（ěr）：近。路途雖然並不遙遠，但如果不走的話也不會到達目的地；事情雖然很小，很容易做成，但如果不去做的話也不會成功。

今解 世上無難事，只怕有心人。若無心而為，再簡單的事恐怕也不會成功。

凡人之患，偏傷之也。見其可欲也，則不慮其可惡也者；見其可利也，則不顧其可害也者，是以動則必陷，為則必辱，是偏傷之患也。 ——《不苟篇》

本義 患：禍患。偏：局部，片面。偏傷之也：片面性造成的危害。大凡人的禍患，都是由於片面造成的。當見到自己想要的東西時，不會想到自己不想要的東西也會出現；當看到對自己有利的事情時，考慮不到對自己有害的事情也會存在。由此而行事必然會陷於困窘和屈辱的地步，這都是由於自己考慮問題片面造成的。

今解 荀子的思維方式是科學的，他告誡人們考慮問題應當全面。當你身處逆境時，要看到美好前景的出現；當你身處順境時，也要看到其走向衰敗的可能。正如老子所言的"禍兮，福之所倚；福兮，禍之所伏"一樣。在日常生活中，正是由於人們思考問題的片面與淺薄，人們往往容易鑽牛角尖，同時也易於在災難面前束手無策。

盜名不如盜貨。 ——《不苟篇》

本義 沽名釣譽，欺世盜名還不如盜竊財物。

今解 盜竊財物本身已是一種罪惡，而欺世盜名要比它更可惡。荀子強烈地抨擊那些沽名釣譽之徒，他們生存於世間必是社會的一大公害。賈寶玉極其厭惡混跡於官場的賈雨村之流，認為他們是沽名釣譽之徒。他們除了削尖腦袋向上鑽之外，不再顧及人間的禮儀廉恥。他們極有野心，希望得到的不僅僅是世間的財物，更希望得到傳揚後世的令名。

與人善言，暖於布帛；傷人以言，深於矛戟。

——《榮辱篇》

本義 和人用善言交談，比給人布帛更使人感到溫暖；以惡言傷害別人，比用矛戟傷害別人更屬害。

今解 人與人之間的感情在很大程度上是用言語來維繫的。說話交談可以增進彼此的情感，也可以摧毀早已建立起來的友誼的大廈。懂得了這些，在平時，我們當注意自己的言談舉止。尤其當人處在激動狀態之時，很容易說一些不該說的話，而恰恰是這句不該說出的話，給別人的心靈造成創傷，有的可用漫長的時間去彌補和修復，而有的恐怕一生都不會補回來的。

自知者不怨人，知命者不怨天；怨人者窮，怨天者無志。

——《榮辱篇》

本義 有自知之明的人不怪怨別人，懂得人偶然會碰上不幸的事，所以也不怪怨天。喜歡怪怨別人的人總是困窮而缺少辦法，喜歡責怪天的人是沒有志氣的人。

今解 人生在世會碰上許多不愉快之事，我們應當“不怨天尤人”地坦然面對。只要自己努力地付出過，爭取過，如果結局依然不盡如人意，那麼也沒有必要為此耿耿於懷。“存在的就是合理的”，任何事物都有它存在的理由，任何結局的出現都有它的緣由。得到了，我們高興；失去了，我們也不要過分悲傷。

短綆不可以汲深井之泉，知不幾者不可與及聖人之言。

——《榮辱篇》

本義 綆（gěng）：繩子。汲（jí）：打水。不幾：不近，相差很遠。短繩子

不可用以汲取深井中的水，智慧見識相差很遠的人不能和他談論聖
人的話。

今解　荀子告訴人們談話當看對象。不同的對象應使用不同的言語。與孩
童交談，當以嬉笑之語；與老人交談，當以尊敬坦誠之語；與同齡
人交談，須平等相待。但主要的是與笨人不能坐而論道。

形相雖惡而心術善，無害為君子也；
形相雖善而心術惡，無害為小人也。 ——《非相篇》

本義　形相：人的容貌，體態。心術：心地，思想方法。

今解　以貌取人是最為愚蠢的用人之道。雖然愛美之心人皆有之，然而表
裏不一的人充斥於社會的各個角落，為了不至於被心術不正的人所
害，我們在用人原則上還必須採取“重心不重貌”的原則。中國古
代戲劇，演員一上台，觀眾便知他是好人還是壞人，是正面角色還
是反派角色，因為中國戲劇有臉譜化的特徵，但真正的生活與藝術
還是不同的。

人有三不祥：幼而不肯事長，賤而
不肯事貴，不肖而不肯事賢。 ——《非相篇》

今解　荀子認為幼當事長，賤當事貴，不賢當事賢者。其中有正確的因素
也有不正確的因素。幼當事長，這在中國社會是被認可了的倫理
規範。而賤當事貴則明顯帶有統治階層的思想意識，為甚麼貧窮
的農民就應當侍奉靠剝削富裕起來的貴族？人生而平等，為甚麼有
的人必須為他人勞作？不賢的人應當侍奉賢人，這有一定的合理
性，賢者在德行修養上有值得稱道之處，不賢者可加以學習並充實
自己。

人之所以為人者，非特以二足而
無毛也，以其有辨也。 ——《非相篇》

本義　辨：指人與人之間上下、貴賤、長幼、親疏的等級區分。

今解　荀子深刻地意識到人與動物之間的最重要區別不是形體上的區別，
即不是因為人有二隻腳而身上沒有毛，他認為人和動物的最顯著區

別是人有上下、貴賤、父子、君臣等的劃分。從科學的角度講，人與動物之所以有區別，是因為人有思維。在思維的支配下，用語言進行交流，用禮儀來規範社會秩序，形成了複雜的人類社會。而動物則永遠由於沒有思維而處於被人類支配的地位。

以近知遠，以一知萬，以微知明。 ——《非相篇》

本義 微：細小，微弱。明：明顯，廣大。

今解 通過近的而了解遠的，通過一個小部分而知道大部分，通過細微的而知廣大的。這是一種重要的認識方法，需要人類進行客觀的判斷和推理，"見一葉而知天下秋，嘗一臠肉而知一鼎之餚"。

君子之度己則以繩，接人則用枻。 ——《非相篇》

本義 枻（yì）：同"楫"，船槳，可以用來接引人上船，這裏有引導之意。君子在要求自己時用規範的政治、道德禮儀標準，在對待別人時則注重引導且要寬容。

今解 嚴格要求自己而寬容地對待別人，則是荀子教給人們的一種重要處世原則。這也就是我們今天依然沿用的"嚴於律己，寬以待人"的作風。只有嚴格要求自己，在目標的追求上才不會放鬆，人才能在不斷奮進中獲得成功。而對待別人，我們需要寬容，既能肯定他的優點也能善待他的缺點，加以引導，使他向好的方向發展。所以，能在社會中立於不敗之地的人往往是那些可以寬容地善待別人的人，心胸狹窄沒有包容心的人永遠不會成功。

人主不務得道而廣有其勢，是其所以危也。 ——《仲尼篇》

本義 君子不致力於掌握治國之道，而只求擁有很大的權勢，這是他之所以危險的原因。

今解 荀子認為君主如果不致力於治理國家內部，只想擁有權勢，那麼國家很快就會滅亡。用最好的方法治理好國家內部是君主最明智的選擇，因為民眾才是歷史的創造者。

君子時詘則詘，時伸則伸也。 ——《仲尼篇》

本義 詘：通"屈"。君子處世能屈能伸，該屈時屈，該伸時伸。

今解 俗語所謂"大丈夫能屈能伸"。告誡人們應根據時代的情況而採取相應的行動。從孔子時代起，人們就懂得了"權"，即通變的重要性，荀子也慎重地提了出來。

言必當理，事必當務事然後君子之所長也。 ——《儒效篇》

本義 説話符合道理，做事做恰當的事情，這是君子的長處。

今解 語言與行動是人的主要存在形式。大凡有成就的人，在語言上是巨人，在行動上也絕不是矮子。語言出口符合道理，人們愛聽；舉止行為符合要求，人們贊成，這個人在群體中一定會成為出色的人才。

不聞不若聞之，聞之不若見之，見之不若知之，知之不若行之。 ——《效儒篇》

今解 聞、見、知、行是荀子學習過程的四個環節。而"行"即實踐是其最高境界。這與"學以致用"的理論相符合。我們所學習的內容最終歸宿是在實踐中使用它，並利用它而創造價值。荀子告訴人們學習有不同的境界，聞、見、知層層遞進，但最高境界是行。

朝無幸位，民無幸生。 ——《富國篇》

本義 朝廷裏沒有靠僥倖得到職位的官吏，百姓中沒有不務正業卻能僥倖生存的人。

今解 荀子要求各個生存的個體為了生存都當盡自己最大的努力創造價值，朝廷裏沒有無能之輩空佔其位，而民間沒有懶惰之徒僥倖混日。這是清明政治下的清明景象。然而，歷來的古代王朝又有幾代能夠不徇私情而任人唯賢呢？如果能如此的話，中國的古代王朝也不會出現那麼多的宦官與外戚交替專權的混亂。

為人主上者有不美不飾之不足以一民也，不富不厚之不足以管下也，不威不強之不足以禁暴勝悍也。

——《富國篇》

本義 禁暴勝悍：禁止強暴，戰勝兇殘。一：統一。

今解 荀子看到了美飾、富厚、威強的重要性，也即看到了強大經濟後盾的重要性。經濟落後，國家貧窮，民心就會混亂而難以統一，強暴兇殘的暴力行為也難以制止。經濟落後本身使一切行動變得都沒有了說服力。所以，管理國家之最根本點是發展生產力，把經濟搞上去。國家落後不僅難以服本國人心，而且別國也敢於發兵侵略，此之謂"落後就要捱打"。歷史的教訓不得不記取。由此看出，荀子確實是一個務實的思想家。

明主必謹養其和，節其流，開其源，而時斟酌焉。

——《富國篇》

本義 所以賢明的君主必須謹慎地順應時節的變化，節約開支，發展生產，並時時慎重地考慮這些問題。

今解 中國歷史上一直是個重視農業的國家，稱為農業大國。一向"重農抑末"，所以在荀子的經濟思想裏也首先是發展農業，順應農時。更可貴的是他提出了"開源節流"的重要思想，即必須多方尋求發展的機緣，且要節約開支。其實，任何事業的發展都要本着這樣的思想。

善擇者制人，不善擇者人制之。

——《王霸篇》

本義 擇：選擇治國方略。善於選擇治國方略的君主可以統治別人，而不善於選擇治國方略的君主只能被別人統治。

今解 如何才能成就大業、安邦定國是古代君主最關心的問題，因而也是有頭腦的智者經常思考的問題。荀子作為他所處時代的智者認為君主稱霸的主要原則是善於應用治國原則。如果國家安寧，社會發展，經濟繁榮，自然有他國來臣服。

天行有常，不為堯存，不為桀亡。

——《天論篇》

本義 自然界有它的運行規則，不因為堯的治世而存在，也不因為桀紂的亂世而滅亡。

今解 "天"在荀子哲學裏，不帶有任何神秘性，而是指按一定規律運行的自然界。自然界的運行與人類社會的運行沒有對應關係，所以不論社會處於堯的盛世，還是處於桀紂暴虐的亂世，自然依然循自身的規律運行。荀子的看法是科學的，不像有人曾把天當作有意志的人格神來加以崇拜，並且認為天可主宰人世的一切，天與人有某種契合和感應。

大巧在所不為，大智在所不慮。

——《天論篇》

本義 大巧之人不去做那種不能做的事情，大智之人不去考慮那種不能考慮的問題。

今解 有所想就有所不想，有所做就有所不做，有所選擇就有所捨棄。不能做的事情而固執己見去做，不能想的事情而要浪費精力去想，都是徒勞無用的。人生又是那麼短暫，如果把時間耗費在不可能成功的徒勞上，那是不明智之舉。現實地考慮問題，現實地在可能的範圍內行事，踏實地幹自己的事，才是正確的人生，我們堅決反對好高騖遠。

天不為人之惡寒也輟冬，地不為人之惡遼遠也輟廣，君子不為小人之匈匈也輟行。

——《天論篇》

本義 匈匈：洶洶，形容聲音雜亂，吵鬧的樣子。

今解 冬之奇寒、地之遼遠都是自然界的客觀存在，它們不以人的好惡而改變自己。而君子特立獨行於社會中堅持自己的理想，也不因為小人的聒噪而放棄自我。人應當有生活的一貫原則，在這個一貫原則支配下再有所變通，如此才能成就長久的目標。否則，東風大隨東風，西風大隨西風，最終由於立場不堅定而造成自我價值的缺失。

在天者莫明於日月，在地者莫明於水火，在物者莫明於珠玉，在人者莫明於禮義。

——《天論篇》

今解 用自然現象的比附來説明禮義之於人的重要性。儒家把禮義用作維護社會秩序的準繩。在他們看來，如果缺失禮義，父不父，君不君，臣不臣，子不子，社會就會一片混亂，從而使君主地位不保而身死國滅。所以歷代君王都把維護禮義作為重要的治國原則加以提倡。

凡人之患，蔽於一曲而暗於大理。

——《解蔽篇》

本義 蔽：蒙蔽。一曲：局部，部分，指認識上的片面性。大理：全面的根本道理。大凡人的弊端，在於被局部的東西所蒙蔽而不通於全面的根本道理。

今解 囿於片面性，人就不可能全面地看問題，以至於造成決策上的失誤。一國之君，身肩天下，應有全面分析問題的能力；而人類社會中的生存個體，也應全面把握問題，否則容易心胸狹窄，愛鑽牛角尖，無補於事，反而壞了大方向。著名的"盲人摸象"的故事意在用形象的寓言暗示人們認識事物應當把握全局。

人心譬如盤水，正錯而勿動，則湛濁在下，而清明在上，則足以見鬚眉而察理也。

——《解蔽篇》

本義 錯：通"措"，放置。湛：通"沉"。理：指肌膚的紋理。

今解 人當懷有一顆正直之心，然後才可公平合理地看待事物，從而不至於蔽於邪惡。荀子把人心比作盤水，必正置而勿動，然後可以由鬚眉到紋理照察全人，也即只有用一顆正直之心去照察萬物，萬物之理才能明晰地昭示於人前。

名無固宜，約之以命，約定俗成謂之宜，異於約則謂之不宜。名無固實，約之以命實，約定俗成謂之實名。

——《正名篇》

本義 宜：適宜。

今解 名字稱謂本身無所謂適宜，也無所謂有無實質性內容，它只是一個符號而已。只有等到約定俗成之後才能看出它是不是適宜，是不是有實質性內容。比如人稱為人，而牛稱為牛，開始時人也可稱作牛，牛也可稱作人，意義並不發生變化，但一旦約定俗成之後，"人"便有了它的實質性內涵，而"牛"也有了牠的實質性內涵，不再是單純的符號。這時，如果稱人為牛，稱牛為人就會鬧出大笑話。

凡人莫不從其所可而去其所不可。 ——《正名篇》

本義 大凡為人，都跟從他所贊成的，而離開他所反對的。

今解 "蘿蔔白菜各有所愛"這句俗語道出了有所偏愛是人的本性，人都願意同與自己持相同觀點的人為伍，而遠離與自己觀點不同的人。"道不同不相與謀"，人總要去尋求志同道合者。正如荀子所舉之例：有人很想去南方，所以不管路途有多麼遙遠和艱辛，他也能到達；即使北方很近又極易到達，他也不去。

心憂恐則口銜芻豢而不知其味，耳聽鐘鼓而不知其聲，目視黼黻而不知其狀，輕暖平簟而體不知其安。 ——《正名篇》

本義 黼黻（fǔ fú）：古代禮服和器皿上常見的兩種花紋。輕暖：比較舒服的衣服。平：蓆名。簟：竹蓆。

今解 芻豢、鐘鼓、黼黻、輕暖、平簟是舒適安逸的享樂之物，卻口不知其味，耳不知其聲，目不知其狀，體不知其安。為甚麼呢？只因為內心憂慌恐懼，而不能專注於享樂。這個道理意在告訴人們為人首先要求得心安理得，然後才能去享受生活。如果壞事做絕，即使有錢有勢也不會幸福。

人之性惡，其善者偽也。 ——《性惡篇》

本義 偽：人為教化。人性本來是惡的，表現出善的一面是人為教化的結果。

今解 荀子主張"人性惡"而孟子主張"人性善"，兩者的觀點表面上對立，實質上是"一致而百慮，殊途而同歸"的。荀子的人性是指人

生而具有的食、色等自然慾求，這種自然慾求本身是"惡"的，須
經社會人倫教化；而孟子的"善"是人的本性有為善的可能，即人
的本性中有"仁"、"義"、"禮"、"智"、"信"等善端。由此可見，
二人的觀點並不相矛盾。執着於"性善"與"性惡"的論爭似乎並
沒有多大意義，因為論爭的概念本身不統一。

不知其子視其友，不知其君視其左右。 ——《性惡篇》

本義 不了解他的兒子，看看他兒子結交的朋友就可以了；不了解他的君
主，則看看君主身邊的輔佐之臣就可以了。

今解 "物以類聚，人以群分"，具有相同政治觀點、文學觀點和日常生活
方式等的人往往結成團體，形成各種派別的團體。"竹林七賢"以
詩酒為念，自任放達，不拘禮法，形成了他們獨特的生活方式。由
此觀之，想了解一個人，先了解他的生活圈子和他所結交的朋友，
不失為一種明智之舉。然而，隨着人類文明的演進，人們都帶上了
各種人格面具，可以和各種類型的人成為朋友，這無疑是對古人經
驗的挑戰。

用國者，得百姓之力者富，得百姓 之死者強，得百姓之譽者榮。 ——《王霸篇》

本義 力：力量。死：拼死效力。譽：稱讚。榮：有名望。

今解 治國之道在於得民心，"得民心者得天下，失民心者失天下"，人心
向背是儒家治國之道的重要內容，孟子有言"民為貴，君為輕"，
顯示出了對百姓力量的重視。荀子更以具體而詳盡的內容加以闡
述"得民心"的好處：可使國富、國強，最終使君主的令名傳揚於
天下。然而，不管智者怎樣出謀劃策，也不管御用文人怎樣日月獻
納、朝夕諷諫，一大部分君王依然不能夠從實踐上以行動向百姓顯
示他的開明，令人遺憾之至！

法不能獨立，類不能自行，得其 人則存，失其人則亡。 ——《君道篇》

本義 類：處理某一類事情的條例。所以法不能自己獨立發生作用，條例

也不能自行得以推廣，有了善於治理國家的人，法令和條例就會發生作用，否則是無用的。

今解 荀子務實的政治哲學中有法家思想。他重視法的推行，而推行法令和條例必須有適當的人選，如果沒有人去執行，再完美的法律和條例也是一紙空文。

古之人其取人有道，其用人有法。 ——《君道篇》

今解 如何做好君王重在用人，而用人必有法，取人須有道，這才會招來賢士。劉備三顧茅廬，費盡心力得到了賢臣諸葛亮，是他作為君王對賢才的渴慕與真誠感動了諸葛亮。而劉備為君的成功之處也正在於他取人有道，用人有法，對臣下給以信任。

川淵深而魚鱉歸之，山林茂而禽獸歸之，刑政平而百姓歸之，禮義備而君子歸之。 ——《致士篇》

本義 川淵：泛指江河湖泊。刑政平：法令政治合理。

今解 川淵深、山林茂用於比附刑政平、禮義備的清明之世。在這樣一種政治環境中，天下的仁人志士都願意歸附之並為之效力。君王周圍有士君子竭心盡力地輔佐，那麼國家很快會走向強盛。若天下有識之士或遁隱，或逃離，君王周圍被群小所圍，蔽耳目之聰明，再強大的國家也會走向衰敗。荀子意在告誡統治者"致士"的重要性。

賞不欲僭，刑不欲濫。賞僭則利及小人，刑濫則害及君子。 ——《致士篇》

本義 僭（jiàn）：超越法度，指過分。濫：濫用，也是指過分。賞賜與刑罰都不能過分濫用，若賞賜過分就會被小人從中得利，刑罰過分要危害君子。

今解 賞賜與刑罰是治理天下的重要方法，論功行賞可以鼓勵人們的上進心，依罪施罰可以懲治腐敗，給人們以警示。倘若濫用賞賜，那麼賞賜便不再具有鼓勵的作用；倘若濫用刑罰，民眾就會怨聲載道，刑罰也不再具有警示的作用。賞罰無度是君子為政的一大忌諱。

用兵攻戰之本在乎壹民。　　　　　——《議兵篇》

本義　壹民：使民心一致。

今解　孟子曰：“天時不如地利，地利不如人和。”用兵打仗關鍵在於民心向背。若廣大軍民同仇敵愾，為共同的目標浴血拼搏，此所謂義戰，最後定能取得勝利。

知莫大乎棄疑，行莫大乎無過，
事莫大乎無悔。　　　　　　　　——《議兵篇》

本義　知：智慧。棄疑：不用沒有把握的人和計策。無過：無過失。

今解　這句話是荀子對用兵打仗的看法，要求為將者做到使用兵力、設計戰略無失誤。其實，這句話同樣適用於我們的日常生活。我們往往在做事時容易犯錯誤，且犯錯誤之後又容易後悔。這是智謀不足的表現。

不殺老弱，不獵禾稼，服者不禽，
格者不捨，奔命者不獲。　　　　——《議兵篇》

本義　獵：通躐（liè），踐踏。服者：不戰而退的敵人。禽：通“擒”，捉拿。格者：抵抗的人。捨：放棄。奔命者：來投誠的敵人。不獲：不當俘虜看待。

今解　古時爭戰不歇，以至於統治階層周圍的效命之臣，為了幫助君王取得戰爭的勝利，不僅僅從戰略策略上反覆思慮，且對戰爭環境也有精熟的研究。戰爭中，百姓流離失所，無家可歸，老弱病殘轉死溝壑，禾苗被踐踏，顆粒無收，這是民眾最不希望看到的。同時，對待敵兵也應有不同的態度，若已投降就應對他們採取寬容的態度。

堅甲利兵不足以為勝，高城深池
不足以為固，嚴令繁刑不足以為
威，由其道則行，不由其道則廢。　——《議兵篇》

本義　由：遵循。廢：廢止。

今解 荀子在用兵中講仁義之道，遵循仁義之道則終歸於勝，不遵循仁義之道則終歸於敗。堅甲利兵，高城深池並不是取勝的決定性條件。意在告訴人們，堅甲利兵並不可怕，高城深池並不能阻擋敵人，關鍵在於國人的民心向背，即團結起來共同應戰。其實，最難攻克的往往是人的精神力量。

惡之者眾則危。 ——《正論篇》

本義 憎恨君主的人多了，君主的統治就危險了。

今解 豈只君主被多人憎恨則身危。其實，任何人若被多人所厭惡，那麼他的生存環境對他來說是險惡的。一個人的成功可能有多個因素造就，但人際關係和諧，受人愛戴，被多人所賞識則在成功的整體中佔很大的比例。

可以有奪人國，不可以有奪人天下；可以有竊國，不可以有竊天下也。 ——《正論篇》

今解 得民心者才能得天下，因而倘若誰想得天下，誰就得以聖人的仁德來取得民心。所以荀子認為可以用強力奪取別人的國家，但是不可能用強力奪取別人的天下，因為民心的取得不是靠強迫的，而是靠逐步感化的；同樣荀子也認為可以用不正當的手段篡奪政權，但是不可能用不正當的手段得到天下的人心。王莽依靠外戚把握朝綱的機會竊取西漢政權，卻短命而亡，其中深刻的道理不言而喻。

淺不足與測深，愚不足與謀知，坎井之蛙不可與語東海之樂。 ——《正論篇》

本義 坎井：壞井。淺的東西不足以用來測量深的東西，愚蠢的人不足以參與智謀活動，廢井裏的青蛙是不能與之談論東海裏的樂趣的。

今解 《史記》鴻門宴一節中有言曰：“豎子不足與謀。”這是范增罵項羽的話，意即太過愚蠢的人是不能與之共謀大業的。人和人雖然都有七竅，但有的人卻極為淺薄，像井底之蛙一樣，鼠目寸光而不自覺，整天揚揚得意。對待這種人，我們一笑了之，不必太過計較，不必用太多心去理會他。

人生而有慾，欲而不得，則不能無求，求而無度量分界，則不能不爭。

——《禮論篇》

今解 慾乃萬惡之源。寒而欲衣，飢而欲食，這是人的自然慾求。但人的慾求並不止於飽足，飽足之後要求美厚，美厚之餘又要求更高，永遠沒有滿足的時候。每個人都如此，因而也便構成了整個人類社會的整體追求，追求中不免產生矛盾，由矛盾而至於爭鬥，所以社會也就處於一個充滿爭戰殺伐的狀態之中，人類當清醒地認識到這一點。

天地合而萬物生，陰陽接而變化起，性偽合而天下治。

——《禮論篇》

本義 性：指原始的、本然的東西。偽：指外表的妝飾美。

今解 古人認為天地和合而產生萬物，萬物之中有陰陽，陰陽和合而產生變化，似乎已成為公理。因而荀子以這個公認的道理來比附性偽和合的重要性。性在荀子看來是指人的自然本性，而偽則是禮樂教化，通過禮樂教化來改變人的本性，使其向善的方向發展，從而使社會得以治理，"化性起偽"是荀子對待"性惡"的主要手段。

人主無賢，如瞽無相何倀倀！

——《成相篇》

本義 瞽（gǔ）：盲人。相：扶持盲者的人。倀倀（chāng）：迷茫，無所適從的樣子。

今解 盲人沒有扶持的人是很危險的，舊有詩句云："盲人騎瞎馬，夜半臨深池。"用來形容一種險象環生的境域。人主如果沒有賢相作為股肱之臣而加以輔佐的話，那麼他與盲人的遭遇便相似了。中國有長達 2,000 年之久的古代社會，在這個漫漫長夜裏，多少得失興亡構成了中國歷史的特色，從而也總結出許多君臣治國的基本經驗，其中君臣遇合攜手治國的事實屢見不鮮，而其反面事例也非常多。

樂者，聖人之所樂也，而可以善民心，其感人深，其移風易俗易，故先王導之以禮樂而民和睦。

——《樂論篇》

> **今解** 荀子認為音樂的社會作用在於感動人心和移風易俗，從而使百姓和睦相處，這是對前期儒家思想的繼承和進一步具體化。琵琶女一曲《琵琶曲》使白居易青衫因淚而濕，並產生"同是天涯淪落人，相逢何必曾相識"的共鳴感，音樂之深入心靈可見一斑。

民有好惡之情而無喜怒之應，則亂。

——《樂論篇》

> **今解** 人有鬱積當找一個適當的機會和方式加以宣泄，一吐為快之後才有利於身心健康，若一味憋於心中，日久則會生病。同樣民眾對君王的統治有自己的好惡之情卻無由發泄，似乎平靜得連基本的喜怒之應都沒有，這種情況是危險的，"不在沉默中爆發就在沉默中滅亡"，無論是爆發還是滅亡都是統治階層所不願看到的。為了避免此種悲劇的發生，還是讓民眾找機會發泄，荀子認為最好的手段當首推音樂。

故君子耳不聽淫聲，目不視女色，口不出惡言。

——《樂論篇》

> **今解** 我們常常聽說某某人是正人君子，大概這個人是符合於大眾的倫理要求的。那就是行為正直，為人善良，忠厚老實，更重要的是不貪錢財，不慕女色，不出狂言。這種思想已固定為中國人的一種集體意識，中國人尤其懼言美色，接近美色比接近錢財更令人瞧不起。

君子以鐘鼓道志，以琴瑟樂心。動以干戚，飾以羽旄，從以簫管。故其清明像天，其廣大像地，其俯仰周旋有似於四時。

——《樂論篇》

> **今解** 君子用鐘鼓琴瑟等音樂來引導志向、陶冶性情。音樂的聲音清脆明澈像天一樣，而其內涵和意韻像地一樣遼闊廣遠，其中曲折委婉的

變化像春夏秋冬四季交替一樣。可見音樂是以它所具有的特質隨順人的心意，並與人的情感相契合，而達到感動人心、藉以教化的社會作用。使人變得像天一樣清明，像地一樣廣遠，像四時變化那樣隨順自然。

為之無益於成也，求之無益於得也，憂戚之無益於幾也，則廣焉能棄之矣！

——《解蔽篇》

本義 廣：通"曠"，遠。對那些即使是做了也不會成功，追求了也不可能得到，憂慮也無益於解決的事，就應當遠遠地將它拋棄掉。

今解 人有諸多痛苦，而造成痛苦的根源就是心中不能擺脫那些已經完全絕望的事。明明知道，某種事情本身錯了已無可挽回，再絞盡腦汁思考也無補於事，任何辦法已不能奏效，卻依然不能放下心頭的疑慮。此時荀子教人遠遠地把它們拋棄。殊不知，說起來容易，在道理上也正確，然而，真正瀟灑地甩一甩頭的又有幾人呢？紅塵滾滾，癡癡情深，真正參透其中奧秘又能解除蒙蔽的人實在是太少了，因為我們畢竟都是凡人。

知者之言也，慮之易知也，行之易安也，持之易立也。

——《正名篇》

本義 安：安適，妥當。聰明人的言論，加以考慮很容易理解，實行起來很容易做得妥當，堅持它很容易站得住腳。

今解 智者之言，是對社會人生超前的全面的深刻的領悟和把握。所以，大部分人多以學習智者之言來安身立命，這樣做是為了避免在人生的旅途上觸礁。聖人燈塔般的智慧之言可以引導我們的航船駛向正確的航程。我們不盲目崇拜，但我們也絕不會自大地唯我獨尊，我們應披沙揀金般拾取聖人的智慧。

慾雖不可盡，可以近盡也；慾雖不可去，求可節也。

——《正名篇》

本義 盡：滿足。慾望雖然沒有盡頭，不可滿足，卻可接近於滿足；慾望雖然不可去掉，但卻可以對它加以節制。

今解　慾壑難填，慾望是一個無底洞，永遠不可能得到滿足，這是擺在人類面前的一個客觀事實，但人類不能就此而聽之任之。不能滿足，則求大體滿足；不能無慾，則加以節制。人若能節制自己的慾望，就會變得灑脫，心胸也會變得寬廣與豁達，在豁達的人生態度中，就會找到最有價值的人生終極目標。

凡人之取也，所欲未嘗粹而來也；
其去也，所欲未嘗粹而往也。

——《正名篇》

本義　粹：純粹，完全。大凡人想得到某種東西，但不一定能完全得到；大凡人想去掉的東西，他也不一定能夠去掉。

今解　人們在日常生活中常常有不盡如人意的地方，想得到的東西，整日魂牽夢繞，卻終歸無法得到；而自己極為討厭的東西，總在眼前晃來晃去。這些矛盾，尷尬地充斥於生活的邊邊角角，使人心煩意亂，有時簡直令人痛不欲生。該如何求得解脫呢？那只有你自己知道，而且也只有你自己才能最終說服自己。

水行者表深，使人無陷，治民者
表亂，使人無失。

——《大略篇》

本義　水行者：涉水者。表：標示。表亂，標示出治與亂的界限。過河的人要事先標示出水的深度，使人不至於陷入深水而溺死；統治民眾的人先要標示出治世與亂世的界限，使民眾不至於違法。

今解　為政者當制定一系列治國的標準和所要達到的目標，給民眾規定一系列規章制度，使他們經常注意自己的行為。這樣，二者相互配合，共同致力於國家的繁榮和社會的穩定。荀子思想中有鮮明的法家思想，他對法律是非常重視的。

為人臣下者，有諫而無訕，有亡
而無疾，有怨而無怒。

——《大略篇》

本義　訕（shàn）：譭謗、譏笑。

今解　儒家有中庸之道，荀子依然繼承了下來，為人臣下當"諫而無訕"、

"亡而無疾"、"怨而無怒"。以真誠正直之言去勸諫君王向好的方向努力，卻不能譭謗、譏笑。同時，看到朝廷之上君王所犯的錯誤，可以有怨氣但不能有怒氣。荀子的思想當然是君權至上的。

不富無以養民情，不教無以理民性。 ——《大略篇》

本義 養民情：調養百姓的感情。理民性：改造百姓的本性。

今解 荀子重視發展經濟和發展教育，雖然他主張教育是用來施教化以改造人的本性之惡，但拋開他的"性本惡"，我們依然值得肯定其偉大之處。經濟是基礎，只有經濟搞上去了，政治、思想、文化等才能相應發展。而教育又是發展經濟的一個重要的環節，"百年大計，教育為本"，荀子在 2,000 年之前就已意識到了。

義勝利者為治世，利克義者為亂世。 ——《大略篇》

今解 義利之辨是中國古代哲學的一個重要命題。儒家重義輕利，有"君子喻於義，小人喻於利"之說。所以，在中國古代，天子不言利害，諸侯不言多少，大夫不言得喪，士人君子不談錢，被視為最高潔的人格表現。其實，他們的行為多少有些迂腐和虛偽，"利"是社會發展的客觀存在，羞言"利"只是一種消極的迴避，關鍵是我們用正確的態度對待"利"，使它在社會生活中不會產生消極的影響。正視"利"本身存在的客觀性。誰如果想迴避它，純粹是不能正確對待現實的錯誤表現。

人之於文學也，猶玉之於琢磨也。 ——《大略篇》

今解 荀子在這裏是強調文學的教化作用。文學能夠潛移默化地影響人，使人性趨向於善。他還說：像子贛、季路本來都是一般的人，但由於他們接受文學的熏陶，懂得了禮義，最終成為天下的有德之人。

君子能為可貴，不能使人必貴己；
能為可用，不能使人必用己。 ——《大略篇》

本義 君子能使自己品德高尚，但不能一定使人尊重自己；能夠具備被別人任用的才能，卻不能一定使人任用自己。

今解 一個人的成功除了自身具備主觀條件以外，還必須具備客觀條件。客觀條件本身並不是人自身可以駕馭的，所以在對待成功這個問題上，我們應該實事求是。我們盡自己最大的努力向好的方向邁進，倘若自己有才能且沒有成功，也不必氣餒，"盡人力，聽天命"，以坦然的心態面對成敗得失、榮辱是非，你會發現自己其實很堅強。

從道不從君，從義不從父。

——《子道篇》

本義 從：聽從。

今解 自古有所謂對君要忠，對父母要孝的禮儀規範。但忠不是愚忠，唯君是從；孝也不是愚孝，唯父母是從。而應分別對待，若君的行為不合乎道的標準，則自己要歸之於道，而不歸之於君；若父母的教誨也不符合義的標準，則歸之於義，而不歸之於父母。可惜後來的君臣關係並沒有沿着荀子的意願發展下去，大多數的臣子對君命極力迎合，唯君命是從，甚至在外打仗，遠離朝廷，"將在外君命有所不受"的原則也被拋棄，君王成為養在深宮的總指揮，豈不滑稽。

君子正身以俟，欲來者不距，欲去者不止。

——《法行篇》

本義 俟（sì）：等待。距：同"拒"。止：阻止。

今解 可以看出，當時私學的盛行。一個名師，則可招致四方學士，其中魚龍混雜，賢否相參，來者不拒。老師以自身品行的高潔教育學生，使所有的學生都向好的方向發展。

《新 書》

　　《新書》的作者是賈誼。西漢文帝、武帝時有兩大儒生：董子和賈子。賈子就是賈誼，賈誼生活在漢室初期，他精通經業並通達治體。

　　《漢書・藝文志》載賈誼《新書》共有 58 篇，分為 10 卷。《新書》通乎天人精微之蘊，窮乎歷代治亂之政，洞乎萬物榮悴之情，究乎禮樂行政之端，貫通乎仁義道德之原。其奇偉、深長如江河激盪而不能探測它的端涯，如風霆變化而尋不到它的軌跡，如雲霞舒捲出沒、霧靄千姿百態而不能描摩。

　　即使如此，賈誼仍是一個不得志的儒生，在他的作品中他悲憤地抒發了自己鬱悶之情。

仁義不施而攻守之勢異也。 ——《過秦上》

今解 秦國據有崤山和函谷關之堅固，又擁有雍州之地，蒙恬北築長城，國威大振，卻二世而亡，何也？不施仁義。由於仁義不施造就了最終身死國滅，為天下笑的慘局。賈誼極力反對嚴刑峻法，他認為，仁義之政是壓倒一切的最根本的武器。但是，儒生的見解不免有迂腐的一面，其實，治國在於仁政與刑罰的結合，忽視了任何一個方面，都將是不完善的。

夫寒者利短褐，而飢者甘糟糠，天下囂囂新主之資也。 ——《過秦中》

今解 處於寒冷中的人，給他一件破舊的短布衣，他也會感激涕零；處於飢餓中的人，給他難以下嚥的糟糠，他也會感到香甜而為之潸然淚下。所以，在民眾處於飢寒交迫之時而有新主能拯其於水深火熱之中，是民眾翹首期盼的。也即天下大亂之時，正是英主顯其仁德的最佳時機，此時他最容易成就自己的事業。

前事之不忘，後事之師也。 ——《過秦中》

今解 經驗教訓像老師一樣，指導人們在行為過程中少犯錯誤。"前車之鑒"當永遠記取，重蹈覆轍是愚蠢者的表現。中國歷史上每一個王朝都從前代王朝總結出治國的方案，然後使新王朝得以延續。也正由於此，中國的古代王朝才得以延續長達 2,000 年之久。

臣聞大都疑國，大臣疑主，亂之媒也。 ——《大都》

今解 大都疑國，則國亂；大臣疑主，則主危。這兩者都是造成國亂的重要原因。大都在國家中佔有重要地位，它可能是國家的政治、經濟、文化中心，若不服從中央政權的管轄，便易形成藩鎮割據，最後直至尾大不掉，難以控制。大臣是君主的股肱，一旦對君主失卻了信任，國家便會陷入離亂。

海內之勢如身之使臂，臂之使指，莫不從制。

——《五美》

今解　臂是身的一部分，指是臂的一部分，臂服從於身，指服從於臂。賈誼以此作比，指出天下都當統一於中央集權。使國家統一，民眾才會安定。可見，任何時候，穩定都是勝過一切的為政之要。而使國家穩定的關鍵就在於中央能夠如臂使指一樣控制全國各地。

仁義恩厚此人主之芒刃也，權勢法則此人主之斧斤也。

——《制不定》

今解　仁義恩厚與權勢法則，猶如斧斤有刃利於砍伐。可見，"內聖外王"是儒家理想的實質。儒家的謀略要比任何一家都高明，尤其是它在使用權勢法制時，仍然高唱仁義道德，在收買人心方面的手段是高明的。我們不能輕看此種思想。溫情脈脈的面紗下隱藏着殺伐的利器，這是為政者慣於使用的手段。

善不可謂小而無益，不善不可謂小而無傷。

——《審微》

今解　"勿以善小而不為，勿以惡小而為之"，這是古人對我們的告誡。善雖小，積小則可成大，最終成就自己的美德；惡雖小，積小則也可成大，最終成就自己的惡行。在日常生活中，由於小惡不禁，養成大惡的教訓非常多，走向牢獄的盜竊犯往往是從拿了別人的一絲一線開始的。

欲投鼠而忌器。

——《階級》

今解　"投鼠忌器"已成為一個成語典故而被沿用了下來。意即想要幹某事卻囿於種種疑慮而終不敢為。諷刺那些辦事不乾脆利落的人。他們每每在事情的關鍵時刻，總是"前怕狼後怕虎"，心存疑慮而不能成事。其實，處於世間的人在其短短的人生歷程中，當有大膽的冒險精神去嘗試人生的酸甜苦辣，即使失敗了，也可體驗到失敗中所隱含的那種痛快淋漓的痛。成功了，我們仰天大笑；失敗了，我們失聲痛哭。並不是所有的人都能做到這一點。

若夫經制不定，是猶渡江河無維楫，中流而遇風波也，船必覆矣。

——《俗激》

今解 經國大業中的禮儀制度如果不完善，猶如船渡河而沒有楫，中途遇見風浪必然導致覆滅。中國古代社會的第一個強有力的政權是秦始皇建立的秦朝，他制定了一系列較為完善的政治體制，推行了一系列卓有成效的改革，因而在短時間內走向強盛。卻由於不注意人心向背，不考慮民眾的實際情況，於對待民眾的問題上沒有形成一套獨特的方略，因而在短時間內又很快走向覆滅。

飢寒切於民之肌膚，欲其無為奸邪盜賊，不可得也。

——《孳產子》

今解 飢寒交迫之民多則天下亂。這幾乎是古代社會的一個公理，所以賢明的君主，在其為政之時，總是把解決民眾的溫飽問題作為頭等重要的大事來抓。陳勝、吳廣本是貧苦的農家子弟，無奈，生活對他們來說太殘酷了，不僅吃飯穿衣不能奢求飽足與溫暖，竟連生存下去的權利也幾乎要被剝奪，此時，若再想讓他們做一個天子的順民，幾乎是不可能的，他們揭竿而起也是順理成章的事。

強者戰智，王者戰義，帝者戰德。

——《匈奴》

今解 智、德、義是儒家學派所崇尚的王道思想，他們主張以仁義德行來取得天下，不贊成以武力相征伐。尤其在對待少數民族的政策上，更應如此，因而舜舞於羽而南蠻服，那是廣施恩德的結果。

且世人不以肉為心則已，若以肉為心，人之心可知也。

——《淮難》

今解 人心都是肉長的，所以人類的情感是相通的，可"以己之情度人之情"。在日常生活中，我們須貫徹"己所不欲，勿施於人"的處世原則。若違背了這個原則，無異自釀苦酒而自飲。

君仁臣忠，父慈子孝，兄愛弟敬，
夫和妻柔，姑慈婦聽，禮之至也。
— 《禮》

本義　姑：婆婆，丈夫的母親。婦：指兒媳。

今解　君臣、父子、兄弟、夫妻、姑婦是人際關係中重要的幾對範疇，儒家思想認為做到這些禮的要求，就算是做到了禮的最高要求。

知善而弗行謂之不明，知惡而弗改必受天殃；
天有常德必與有德，天有常災必與奪民時。
— 《大政上》

今解　賈誼認為人的災與福完全來源於自己的所作所為。明明知道是可以做的好事不去做，明明知道是做了壞事卻不加以改正，災禍的降臨也是顯而易見的。這就告誡人們，誰都可以自主地掌握自己的命運，用自己的行為去創造美好的未來。這種樂觀主義的人生觀給人以奮鬥的信心和勇氣，同時也給人提供了向善的精神動力。

自古至於今，與民為仇者，有遲
有速而民必勝之。
— 《大政上》

今解　民猶水，君猶舟，水能載舟，亦能覆舟。與民結仇，是君最不明智的選擇，或遲或早，他必將受到民眾的反抗，民眾必將處於勝者的地位。

故有不能求士之君，而無不可得之士，
故有不能治民之吏，而無不可治之民。
故君明而吏賢矣，吏賢而民治矣。
— 《大政下》

今解　君、吏、民三者的關係是極為複雜微妙的，君明吏賢則民治，君愚吏酷則民亂。

天下者，難得而易失也，難常而易亡也。
— 《修政語上》

今解　"得民心者得天下，失民心者失天下"，若想得天下，先須得民心，民心難得而易失。由此可推，天下難得而易失，難以維持長久而易於敗亡，歷代古代王朝的更迭就是例證。每一個王朝在其初始之時，是充滿活力的，但最終都走向衰敗的結局。為政者應當以此為鑒。

《孔子集語》

　　《孔子集語》是清代孫星衍所纂輯。孫星衍字伯淵。孔子的仁政以及其他思想除了有六經傳世外，仍有許多人輯錄其言論，傳述其微言大義，用以導揚儒風。纂輯成書的有：梁武帝《孔子正言》20卷，王勃《次論語》10卷，而這些都沒有流傳下來。存下來的有揚簡《先聖大訓》10卷，薛據《孔子集語》2卷，蔣士達《論語外篇》20卷。其中以薛書最顯，但薛據的《孔子集語》也不免有所遺漏。

　　因此，清代的孫星衍在引疾歸田之後，歎惜儒書的闕失遺漏，於是博覽群籍，區分異同，增多薛據《孔子集語》六、七倍，而仍給它冠以《孔子集語》的書名，用以表明作書的緣由。

　　孫星衍輯錄那些在《易‧十翼》、《禮‧小戴記》、《春秋左氏傳》、《孝經》、《論語》、《孟子》中舉世誦習卻沒有載入《孔子家語》的內容，同時也輯錄那些未載於《史記‧孔子世家》及其他群經傳註的內容，都明言出處，並對篇卷或疑文脫句酌加按語，並把一事而彼此互見的事件放在一起互相驗證。初稿既成之後，其友嚴可均等又稍加增益闕疑，得以成為14篇。其14篇如下：

　　《勸學第一》、《孝本第二》、《五性第三》、《六藝第四》、《主德第五》、《臣術第六》、《交道第七》、《論人第八》、《論政第九》、《博物第十》、《事譜第十一》、《雜事第十二》、《遺讖第十三》、《寓言第十四》。

　　其中亦有不少關於儒家學派的至理名言。

夫知為人子然後可以為人父，
知為人臣然後可以為人君，知
事人然後能使人。
———《孝本二》

今解 為君為父，在表面看來是件瀟灑輕鬆之事，可仔細琢磨起來，它要比為臣為子更難。為君者將全部國家重擔肩於一身，日夜為國家的興衰際遇所困，得不到一刻喘息的機會。為父者集全家重擔於一身，上有老，下有小，若有懈怠，可能會使父母捱餓，妻兒受凍，因此他承受着巨大的心理壓力。話說回來，為君為父也要了解和愛護臣和子，否則當不好君父。

明王有三懼，一曰處尊位而
恐不聞其過，二曰得志而恐
驕，三曰聞天下之至道而恐
不能行。
———《主德第五》

今解 人非聖賢，孰能無過？過則改之，不為過也。所以，聖賢總是廣開言路，接納諷諫，以此來匡正自己的過失。若像桀紂止謗，那麼"防民之口，甚於防水"，最終的危險結局誰也無法收拾。這是明王應堅決迴避的一個大忌。同時"謙受益，滿招損"，人在任何時候都不能驕傲從事，否則自討苦吃。這是明王的第二大忌。胸有大志卻無由施展，最終落了個白首無成，這是明王的第三大忌。

魚失水則死，水失魚猶為水也。
———《主德第五》

本義 猶：還，仍。

今解 這是一句至理名言，讓每一個為政者不寒而慄，有了自知之明；讓每一個為政者明白，君王不是普照萬物的太陽，沒有了他，地球依然運行，社會依然發展。無形之中，給他們日益膨脹的私慾和驕縱之心以扼制性的打擊。君王失去民眾，將不再擁有一呼百應的權威效應；民眾失去君王，在某種程度上說來，絲毫不影響大局。孰輕孰重，作為治理國家的智者心中應該有數。

順愛不懈可以使百姓，強暴不忠不可以使一人；一心可以事百君，三心不可以事一君。

——《臣術第六》

今解 下忠君，上愛民，則可使上下和悅，國家得以長治久安。倘若下對上不盡忠，口是心非，暗中找機會謀害君王，三心二意，最終不僅使君王慘遭禍亂，同時也危及臣下自身；上對下不極盡撫恤憐愛之能事，使民眾處於水深火熱之中而不顧，那麼最終民亂君危。

貧而如富，其知足而無慾也；賤而如貴，其讓而有禮也；無勇而威，其恭敬而不失於人也。終身無患難，其擇言而出之也。

——《交道第七》

今解 不追求富貴，不追求威嚴，而能自得其樂於貧賤之中，這是儒家人格理想中的聖人。他們不僅身無患難，且能一生處於心平氣和的坦然狀態。這對後世有極為重要的啟迪意義：身處複雜世俗之中，人們往往被燈紅酒綠、紙醉金迷的物質生活所誘惑，不能以一顆超然之心對待生活，因而也往往備感痛苦。理想與現實的矛盾，付出與收穫的矛盾，外在行為與內在觀念的矛盾，都造成了我們分裂而痛苦的雙重人格，戴上沉重的人格面具，與世周旋，不能自拔。

星之昭昭，不若月之曀曀，小事之成不若大事之廢。

——《論人第八》

本義 曀（yì）：天色陰沉而多風。曀曀，陰晦的樣子。

今解 星星不管有多麼明亮，終歸也比不了月亮，即使月是昏暗的。在小事上的成功有時不如在大事上的失敗。因為小小的成功不僅無益於知識經驗的積累，還有助於滋長驕傲情緒，在這個意義說來，它是有其潛在的弊端的；相反，大事上的失敗，會使你從失敗的經歷中體會到更多的酸甜苦辣，總結出更多的人生經驗，在某種程度上說，失敗是積累經驗的過程，是一種潛在的成功。但這句話的主要意思是說，人幹事情起點要高，寧可幹不成，也要謀大事。小事成功了，意義也不大。

先觀其言而揆其行，雖有奸軌之人無以逃其情矣。

—《論人第八》

本義　揆（kuí）：測度，度量。

今解　聽其言而觀其行是了解一個人的最好方法，兩者缺一不可，缺少任何一個方面都將是不全面的。只聽其言，可能被誇誇其談所迷惑；只觀其行，對他思維方式和思想狀況的了解是膚淺的，畢竟"言為心聲"，即使他所說的有時是口是心非，但透過表面仍能把握其本質。古人的金玉良言，我們須牢記在心，把它作為生活的一條規則來加以應用，也許會少走很多彎路。

散之本教而待之刑辟，猶決其牢而發以毒矢也。

—《論政第九》

本義　散：鬆散，放鬆。

今解　自孔子以來的儒家，都把仁義禮智的教化作為基本的思想，而反對嚴刑酷法。如果對百姓事先不進行仁義為本的教育和感化，等他們違犯社會法規之後，用刑罰加以懲治，是不人道的，猶如打開羊圈用毒箭射羊一樣殘忍。仁政與法制相結合才是完美而明智的。

政在附近而來遠。

—《論政第九》

本義　附：使……依附。

今解　儒家認為最完美的政治在於使近處之民歸附，遠方之民臣服。遠近之民紛至沓來，爭相依歸，意味着國君在為政上的成功。而這個成功是施以仁政，關心民生的結果。武力雖然強大，有征服他國的威力，但是武力征伐的結果，是表面上的歸順，骨子裏卻早已埋下了復仇的種子。越王勾踐傾其所有，以身親侍吳王夫差，是屈服於吳王的兵力，他"臥薪嘗膽"的舉動足以證明他內心的不服。

不通於論者難於言治，道不同者不相與謀。

—《論政第九》

今解　"道不同不相與謀"是今人常用的至理名言。"志不同，道不合"則已失去了兩者之間進一步來往的可能。

匿人之善者，是謂蔽賢也；
揚人之惡者，是謂小人也。 ——《論政第九》

今解 "匿人之善，揚人之惡"是很大一部分人的劣根性。他們心胸狹窄，思維保守，唯恐別人超過自己。一旦發現別人比自己有更多的優點則視若仇敵，把對方作為不可忍受的眼中釘來看待，必欲除之而後快。當這種嫉妒心發展到無法控制時，則會去加害別人。嫉妒心是人之大敵。

伐樹而引其本，千枝萬葉莫能弗從也。 ——《論政第九》

今解 砍伐樹木砍伐主幹，那麼千枝萬葉都會隨之而來，不用費心再去砍伐。這是日常生活中一個極其平常的道理，意在說明我們幹任何事當抓住事物的本質，紛繁複雜的現象世界就會被我們所把握。古人的睿智頭腦令人佩服。

大德不逾閑，小德出入可也。 ——《事譜第十一上》

本義 閑：木欄，範圍。

今解 儒家有嚴格的禮儀規範，形成了其學派所特有的至為完美的大德，因而在規定人的行為方式上有極嚴格的原則。但我們不能認為這個學派迂腐，保守，沒有變通。相反，它是原則性和靈活性的統一。在大問題上須嚴格按原則來，在小問題上，在不影響大局的前提下，可稍有出入與變通。

物盛而衰，樂極而悲，日中而移，
月盈而方。是故聰明睿智守之以
愚，多聞博辯守之以陋，武力毅勇
守之以畏，富貴廣大守之以儉，德
施天下守之以讓。 ——《事譜第十一上》

今解 為了避免樂極生悲，人一定要謹慎從事，切不可驕傲自大。尤其在順境之中，要防止栽跟頭，人不能以任何優勢為資本去胡作非為。相反，人永遠要把謹言慎行和行為端正當作立身處世的原則。

以人之所不能聽説人，譬以太牢
享野獸，以九韶樂飛鳥也。

——《寓言第十四下》

本義 太牢：古代帝王、諸侯祭祀社稷時，牛、羊、豕三牲全備叫“太牢”。

今解 用別人不愛聽的話來規勸人，就好比把祭祀的太牢送給野獸享用，把美妙的九韶之樂奏給飛鳥欣賞一樣，都是徒勞無用的。今人有成語“對牛彈琴”與之意思相同。告誡人們説話辦事當看對象，當方法對頭，才能達到目的。否則，不僅目的不能達到，反倒南轅北轍，適得其反，這是任何人都不願意看到的結果。

《新 語》

　　《新語》的作者是西漢陸賈。王充在《論衡·書解》中寫道："高祖既得天下，馬上之計未敗，陸賈造《新語》，高祖粗納採。呂氏橫逆，劉氏將傾，非陸賈之策，帝室不寧。蓋才知無不能，在所遭遇；遇亂則知有功，有起則以其才著書者也。"可見，陸賈之於漢家有"定天下，安社稷"之功，然而陸賈位不過太中大夫。

　　《新語》在《漢書·藝文志》中未著錄，而《諸子略》有陸賈23篇，《新語》當在其中。今存《新語》12篇，是從陸賈23篇中刪去兵家之文的所餘。可見，陸賈在兵法上也有一定的研究。縱觀《新語》12篇，乃當時辯士之作也。

　　從現存12篇《新語》來看，其思想也並非純粹屬於儒家，陸賈之學概出於荀子。他在《術事篇》中寫道："書不必起於仲尼之門。"並且認為制事之道"因事而權行"，主張因事制宜。書中有許多處可以印證《荀子》的思想，這裏我們不作贅述。

　　《新語》12篇分別為：《道基篇》、《術事篇》、《輔政篇》、《無為篇》、《辨惑篇》、《慎微篇》、《資質篇》、《至德篇》、《懷慮篇》、《本行篇》、《明誡篇》、《思務篇》。

行之於親近而疏遠悦，修之於閨門之內而名譽馳於外。故仁無隱而不著，無幽而不彰者。

——《道基篇》

今解 "仁"之説是儒家思想的核心內容之一，而這種"仁"之境界的修養則是從"修身"開始的，由"修身"而"齊家"、"治國"、"平天下"。可見自我修養的重要性，它是實現儒士理想價值的基礎。如果一個人以"仁義"行之於父母親近，那麼他的這種德行一定會彰顯於外。一個人如果做了仁德之事，即使是不出門，名聲也會彰顯於外、流播後世的。

德盛者威廣，力盛者驕眾。

——《道基篇》

本義 以德行顯盛的，他的威力可波及很廣；以強力顯盛的，加在民眾頭上的則是驕橫。

今解 治理天下最重要的是施以仁義之德，這樣它的善政可以澤及百姓而流傳很廣。倘若以武力來治理天下，雖一時可見功效，然而並不是長久之計，因為給人民當牛作馬的，人民把他舉得很高；騎在人民頭上作威作福的，人民把他摔得粉碎。齊桓公由於推崇德行，所以能取得霸主地位，秦二世崇尚刑罰，逆歷史潮流而動，秦朝終究短命而亡。

書不必起仲尼之門，藥不必出扁鵲之方，合之者善，可以為法，因世而權行。

——《術事篇》

本義 真正的好書不一定要出自孔子之門，真正的良藥也不一定出自扁鵲的藥方，只要與具體情況相合就是好的，可以拿來作為解決問題的方法。要根據當世之情況來決定行為方式。

今解 陸賈反對一味尊古的教條主義做法。他認為只要是好書，不管是不是出自像孔子那樣的聖人之手，都能拿來為我所用；只要是好藥，即使不是扁鵲所開之藥，也無妨其用。現世的法令只要有利於安邦治國，即使不合先王之法也無傷大雅。並且，任何事物都是向前發展的，任何人的行為必須時時權變以適應環境的變化。先王之法雖

好，它畢竟只是適應當時時代，世易時移之後不一定依然具有當時
的魅力和效力。

**夫居高者自處不可以不安，履危
者任杖不可以不固。自處不安則
墜，任杖不固則仆。是以聖人居
高處上，則以仁義為巢；乘危履
傾，則以聖賢為杖，故高而不墜，
危而不仆。**

——《輔政篇》

今解　君王之位高且危，若希望高而安，必須採取一定的措施。陸賈認為
要以仁義為本，以聖賢為輔。即君王以仁義之德作為自己的立國之
本，同時任用賢良之才作為自己的輔助，國家一定會走向繁榮富
強。堯舜之世以仁義為本，以稷、契為輔，國家大治，功垂後世；
秦朝以刑罰為本，以李斯、趙高為輔，國家很快走向顛仆，孰優孰
劣，不言而喻。

智者之所短，不如愚者之所長。

——《輔政篇》

今解　陸賈意在告訴我們"尺有所短，寸有所長"。任何事業的成功不只
是少數能者的功勞，即使英雄也不行，而是各方面力量聚合的結
果，是各方面發揮所長的合力作用的結果。所以，我們在用人上一
定要用人之所長。智者雖有大智慧，也並不是十全十美，愚者雖
笨，也有其優點長處，看問題要全面。

道莫大於無為，行莫大於謹敬。

——《無為篇》

今解　最完美的治國之道在於無為，卻又能無不為。君子之行一定要謹
小慎微，這是陸賈給予統治者的忠實告誡。舜治天下，彈五弦之
琴，歌南風之詩，寂寂地好像並沒有治國之意，天下卻大治。秦
始皇雖以法治國，修長城以充實邊防，遠交近攻，威震天下，天
下卻很快離他而去。就行為而言，最善最好的行為莫過於謹慎嚴
肅地從事。

君子直道而行，知必屈辱而不避也。 ——《辨惑篇》

今解 明明知道要遭受屈辱卻並不迴避。不苟合而取悅於當世，按照自己一貫的主張正道直行，這才是真正的君子。屈原盡職盡責地勸説楚懷王並與群小鬥爭，其行為"與日月爭光可也"，最終無以容身，投汨羅江而死。伍子胥直言勸説吳王夫差當提防越國，夫差反賜死他。

道因權而立，德因勢而行，不在其位者，則無以齊其政，不操其柄者，則無以制其剛。 ——《慎微篇》

本義 剛："罰"字形近之誤。

今解 王道政治根據權變而設立，仁義德行也因勢才能推行。不在其位，不謀其政，不掌握權力之柄，則不能對任何人施罰。這是法家思想的一部分內容，陸賈向君王進諫為政之道，並不是一味恪守儒家之道，而是有所權變的。

建大功於天下者，必先修於閨門之內；垂大名於萬世者，必先行之於纖微之事。 ——《慎微篇》

今解 《慎微篇》是陸賈談論謹行的篇目，即聖人謹小慎微，動不失時，以建大功。立大業之前必先修身。伊尹曾居住在有莘之野，修道德於草廬之下，親自耕作；曾子在家孝事父母，知寒問暖以薄粥度日。二人卻為後人所稱道。伊尹克夏立商，誅逆征暴，除天下之害，使海內治，百姓寧，建大功於天下。曾子因德美而名垂於後世。真可謂修之於內而著之於外，行之於小而顯之於大。對我們今天也有啟示，從小事做起，從基礎做起，然後才有可能成就大業。

殺身以避難則非計也，懷道而避世則不忠也。 ——《慎微篇》

今解 殺身避難、懷道避世在陸賈看來都不是有識之士所應做的。拿殺身避難來說，身陷困境，走投無路，內心脆弱，無力面對困境，則選擇死亡。其實，選擇死亡是弱者的行為，是一種最簡單的逃避行為。"懷道避世"更為濟蒼生的君子所不齒。意即有卓絕的治國方略而不貢獻於當世，為了自己的安全而全身遠禍，遁跡山林，這同樣是弱者的哲學，為強者所不取。

質美者以通為貴，才良者以顯為能。 ——《資質篇》

本義 通：與"達"同義。

今解 良才美質，只有通達顯耀於人前，才具有它本身的價值，否則，雖具良才美質，但不彰顯於人，等同於無有。長松文梓、梗楠豫章是天下的名木，卻偏偏生在了嵬崔之山、幽冥之溪，商人不能到達，工匠也無由窺見，最終只能老死枯朽，與枯楊無異。人也同樣如此，有超凡的治國之才，卻不被重用，與庸才無異。

為威不強還自亡，立法不明還自傷。 ——《至德篇》

今解 樹立威信時，要使這種威勢強大；在制定法令時要嚴明，在施行法令時要嚴格，鐵面無私。這樣才能立身、治國。

治外者必調內，平遠者必正近。 ——《懷慮篇》

今解 搞好內部穩定是每一個為政者都懂的道理，因為一個王朝的滅亡往往是由於內部混亂所造成的。穩定是戰勝一切外部敵人的保障。

人之好色，非脂粉所能飾；大怒
之威，非氣力所能行也。 ——《本行篇》

今解 人的容顏美麗漂亮，並不是單一的脂粉粉飾的結果；人的威嚴也不是靠氣力大而體現出來的。人的美麗是由於本身天生麗質，即使不施脂粉，也同樣光彩照人。人的威嚴是由於他立身行為人所推崇。陸賈意在告誡君王當行仁政，這樣百姓才會發自真心地擁戴君王。倘若以嚴刑酷法來建立自己的威望，那將是搬起石頭砸自己的腳，於事無補而且自食其果。

君子篤於義而薄於利，敏於行而慎於言。

——《本行篇》

今解 孔子云：“不義而富且貴，於我如浮雲。”後世儒士一直重義而輕利。作為君子，尤其作為君王的臣下，當注意自己的一言一行，一舉一動。言行既要符合道義，又要講求策略。

持天地之政，操四海之綱，屈申不可以失法，動作不可以離度，謬誤出口，則亂及萬里之外。

——《明誠篇》

今解 古代君王肩負着興國建邦的大業，所以他的一言一行都極為重要，有道是“君無戲言”。一個錯誤政令的出台，馬上會波及到萬里之外，造成天下大亂。陸賈認為君王更應該以身作則地遵守法度：屈申不可以失法，動作不可以離度。這樣治理百姓才有説服力。

事或見一利而喪萬機，取一福而致百禍。

——《思務篇》

今解 得失存亡是日常生活中的常見之事，人們總是希望得和存，而害怕失和亡。殊不知“有得必有失，有存必有亡”，既然得失與存亡是相對而存在的，我們所要把握的關鍵就是以盡可能少的“失”換取最大限度的“得”。因此，有些事雖然有利可圖但君子有所不為，因為他在考慮得失之輕重。這樣不至於造成得其一而失其十。不明智的人往往容易在這個問題上犯錯誤。

善惡不空作，禍福不濫生，唯心之所向，志之所行而已矣。

——《思務篇》

今解 為善為惡都會導致其應有的結果。禍福也不是隨意產生的，而是由人自己造成的。我們不相信“惡有惡報，善有善報”的宿命論觀點，但我們堅信“種瓜得瓜，種豆得豆”，豆苗地裏絕對不會結出西瓜來的。因此，人要想功成名就，一世無禍，就必須自己處處謹慎，勤奮刻苦。反之，不立德修身，凡事靠投機取巧，甚至胡作非為而想得到好的結果，是不可能的。

《鹽鐵論》

公元前 206 年，劉邦在秦末農民大起義的基礎上建立了西漢王朝。漢武帝繼位以後，採取一系列措施來鞏固中央集權的大一統帝國。在政治上採取"推恩法"；經濟上，頒發了算緡和告緡令，實行統一鑄錢、鹽鐵官營、均輸、平準和酒類專賣等政策。漢武帝死後，漢昭帝始元六年（公元前 81 年）二月在京城長安召開的鹽鐵會議，是針對漢武帝改革政策的一場大論戰。而《鹽鐵論》是在漢宣帝時根據鹽鐵會議的記錄寫成的。

《鹽鐵論》的作者桓寬，字次公，汝南（今河南汝南縣）人。他致力於儒家著作《公羊春秋》的研究，是一位儒生。漢宣帝時被推舉為郎（皇帝的侍從官），以後曾任廬江太守丞。他寫《鹽鐵論》的目的，據《漢書》記載，"欲以究治亂，成一家之法焉"。可見，他是希望用儒家的理論來改變當時偏重於法家的政策。《鹽鐵論》全書共 60 篇，第 1 至第 41 篇寫的是鹽鐵會議上的辯論，相當於會議發言紀要；第 42 至第 59 篇，寫的是儒法雙方對"未盡事項"的討論；第 60 篇是作者的後序。書中出現的人物：法家方面是大夫（即御使大夫桑弘羊）、御使（御使大夫的下屬）和傾向法家的丞相史（丞相的下屬）；儒家方面是 60 多個賢良儒生，其中有丞相田千秋。從《鹽鐵論》全書來看，其內容上有明顯的儒家思想傾向，但法家思想也折射出強烈的光輝。

文繁則質衰，末盛則本虧。 ——《本議篇》

本義　文：外表的裝飾。質：實質，本質，內容等。

今解　孔子曾經説過："文勝質則史，質勝文則野，文質彬彬，然後君子。"要求達到內容與文飾的平衡。過分強調文飾與修辭，內容就會受掩蔽而顯得柔弱無力，也即形式重於內容，其實就是捨本逐末。六朝駢文重形式，注重駢偶，在內容上卻單薄無力，所以其生命力並不長久。六朝宮體詩，內容一味描摩婦女的容止、服飾、體態等，極為無聊，用辭華麗奢靡，這種文學作品並不受人歡迎。

古者尚力務本而種樹繁，躬耕趨時而衣食足。雖累凶年而人不病也。故衣食者民之本，稼穡者民之務也。 ——《力耕篇》

今解　古中國一直提倡農業而反對工商業的發展，"重農抑末"的思想延續到後世。他們認為天下之本是耕織，即男耕女織，這樣衣食可足。衣食足則知榮辱，民眾就會安居樂業。

聖賢治家非一寶，富國非一道。 ——《力耕篇》

本義　寶：妙法。道：方法，途徑。聖賢之人治家並非只有一種妙法，富國也並非只有一種途徑。

今解　興家富國須用多種途徑，意即多方面發展，不能靠單一產業。

耕不強者無以充虛，織不強者無以掩形。 ——《力耕篇》

本義　虛：指飢餓。形：指形體。

今解　農工商業應同時發展，齊頭並進。但農業是立國之本，民眾只有解決了衣食問題才會去考慮其他問題。食可滿足民眾飽足之慾，衣可滿足民眾溫暖之慾。倘男不耕，女不織，衣食無着，民眾就難以生存下去。

**不違農時，穀不可勝食。蠶麻以
時，布帛不可勝衣也。斧斤以時
入，材木不可勝用。田漁以時，
魚肉不可勝食。**

——《通有篇》

> **今解** 此句本是孟子語，《鹽鐵論》以此為論據，代表儒家崇尚農業，以
> 農為本的思想。在他們看來，只要不違農時，不佔用紡紗織布的時
> 間，適時地砍伐樹木，適時地打獵捕魚，民眾就可以吃飽穿暖過上
> 安定幸福的生活。

**古者市朝而無刀幣，各以其所有
易其所無，抱布貿絲而已。後世
即有龜貝金錢交施之也，幣數變
而民滋偽。**

——《錯幣篇》

> **今解** 儒家認為，古時候市場上不用錢幣，用自己所有的換取自己所無
> 的，比如用布換絲。後來才有龜甲、貝殼、銅錢在市場上使用，錢
> 的多次改變使人們越來越弄虛作假。他們把人們的虛偽奸詐歸於錢
> 幣的屢次更換使用，這是不能接受新事物的愚妄之辭。錢幣的使用
> 促進交換的發展，從而也使商品經濟得以發展，帶來了人類的進
> 步，使人類從此擺脫了以物易物的低層次交換水平。試想假如我們
> 總是背着米去換油鹽醬醋茶的話，生活將會是甚麼樣子？

**淑好之人，戚施之所妒也。賢知
之士，闒茸之所惡也。**

——《非鞅篇》

> **本義** 淑：美好。戚施：相貌醜陋駝背的人。闒茸 (tà róng)：本指小門，
> 小草，這裏指猥瑣無能的人。
>
> **今解** 嫉賢妒能是人的一大罪惡。那些有才能、有德行的人往往被群小所
> 妒，甚至被小人殘害至死。上官大夫在頃襄王面前一再詆毀屈原，
> 使屈原無由實現自己的抱負，空懷壯志自投汨羅江而死。歷史上這
> 種小人殘害忠良的事屢見不鮮，人類當以此來警醒自己。人當胸懷
> 大志，以寬闊的胸懷體味人生，既能包容人的缺點也能以讚賞的目
> 光對待他人的優點，這樣也許就不會愧對人生。

縞素不能自分於緇墨，聖賢不能自理於亂世。

—— 《非鞅篇》

本義　縞素：白色的絲綢。緇墨：黑色的染料。白色的絲綢不能在黑色的染料中保持自己的潔白，有德行有才能的賢聖之人也不能在亂世中保持自己的安全。

今解　環境改變人、塑造人。如果一個人身在污泥中而能做到出污泥不染，是不易的。同樣，置身於亂世，即使是智者，也很難將自己的安身立命之事處理好。

臣罪莫重於弒君，子罪莫重於弒父。

—— 《晁錯篇》

本義　弒（shì）：臣殺君、子殺父母稱弒。

今解　"君君，臣臣，父父，子子"是儒家所推崇的倫理準則，封建時代，臣下圖謀反抗君主，兒子不聽父母的話，甚至去殺父母是最大逆不道的。

治大者不可以煩，煩則亂；治小者不可以怠，怠則廢。

—— 《刺複篇》

今解　辦理大事的人不可以繁雜，繁雜就會造成混亂；辦理小事的人不可懶惰，懶惰就會荒廢。管理大的事業要提綱挈領，辦一件小事則要勤謹。

無鞭策，雖造父不能調馴馬。無勢位，雖舜禹不能治萬民。

—— 《論儒篇》

本義　鞭策：馬鞭子。造父：傳說是古代善於趕車的人。馴馬：駕車的四匹馬。

今解　沒有馬鞭子，即使是最善於趕車的造父也不能使拉車的四匹馬協調用力；沒有權柄，即使舜禹也不能治理百姓，使天下歸於安寧。

明者因時而變，知者隨世而制。

—— 《憂邊篇》

今解　聰明的人隨着時間、情況的變化而改變策略，有智慧的人按照當時

的情況來制定策略。世界上萬事萬物都是在不停地變化着的，死守
祖宗之法，是不會成就事業的。

未有不能自足而能足人者也。未有不能自治而能治人者也。故善為人者能自為者也，善治人者能自治者也。

——《貪富篇》

今解 連自己還沒有滿足而去滿足別人是不可能的；連自己都管理不好而能管理好別人，也是不可能的。能幫助別人的人，一定首先能將自己的事情辦好。善於管理別人的人也一定能嚴格要求自己。大凡做事，必由己而及人。

香餌非不美也，魚龍聞而深藏，鸞鳳見而高逝者，知其害身也。

——《褒賢篇》

本義 鸞（luán）：傳說中的鳥。

今解 魚龍、鸞鳳代表品德高潔的賢聖之人。賢士通達明智，不盲目為了蠅頭小利而使自己陷於困境；追名逐利之徒往往被眼前利益所誘惑而看不到得利之後的巨大隱患。

扁鵲不能治不受針藥之疾，賢聖不能正不食諫諍之君。

——《相刺篇》

本義 食：不聽取，不接受。諫諍（zhèng）：直接指出別人的過錯。

今解 扁鵲醫術高明，但不能醫治不接受針灸藥物的病人，賢聖有治國才能，但在不聽勸諫的國君那裏他將手足無措。夏桀雖有關龍逢那樣的賢才依然身死國滅；商紂雖有微子、比干，商朝還是歸於滅亡。所以，不怕沒有由余、管仲的見解，就怕沒有齊桓公、秦穆公那樣的國君來聽取和採納。

觸死亡以干主之過者忠臣也，犯嚴顏以匡公卿之失者直士也。

——《刺相篇》

今解 冒着死亡的危險來勸諫君主過錯的人是忠臣，觸犯公卿尊嚴以達到

糾正公卿錯誤的人是正直的人。回想一下歷史上有多少忠臣和正直之士犯顏以諫，然後身被刑戮，其俠骨幽香至今仍存留於人們的心中。

説西施之美無益於容，道堯、舜之德無益於治。

—— 《遵道篇》

今解 只談論西施的美貌無益於增益自己的漂亮。只談論堯舜之德而無涉治國之策，無益於治國。這是沒有用處的。確實，一些空談仁義道德的儒家禮法之士，整天在稱頌着堯舜之世的昔日美好，卻從來不關心現實的社會該怎樣向好的方向發展。徒留誇誇其談於人世，倒不如現實地思考一下當世的社會人生，為社會的真正出路貢獻一份自己的智慧。

善養者不必芻豢也，善供服者不必錦繡也。以己之所有盡事其親，孝之至也。

—— 《孝養篇》

今解 子女只要傾其所有以一顆真誠之心去對待父母就是至孝，儘管吃的不一定是美食，穿的不一定是錦繡。其實這也是父母所要求的。他們並不希望從孩子那裏得到榮華富貴，只要子女有一顆孝心就滿足了。

國有賢士而不用，非士之過，有國者之恥。

—— 《國疾篇》

今解 治國必須用賢，這幾乎是天下之共識。用賢才為佐則國治，國無賢才則必遭離亂。劉備三請諸葛亮，則三分天下有其一。所以，好的國君主動去求人才，有賢才而不能用是國與治國者的恥辱。

矯枉者以直，救文者以質。

—— 《救匱篇》

本義 枉：彎曲。

今解 枉與直、文與質是相對立的兩對範疇，糾正彎曲必施之以直，改變過分文飾必施之以內容的充實，然後才能達到平衡的狀態。

懇言則辭淺而不入，深言則逆耳而失指。

——《箴石篇》

本義 指：旨。懇切的言辭說淺了，別人聽不進去，說深了別人感到刺耳而失去原有的意圖，最終達不到目的。

今解 忠言逆耳，人們都知道忠言可以勸人向善，但卻總不大願意坐下來耐心地去傾聽，因為這些話帶有指責，不大好聽。所以在勸人時，當注意"度"的把握，淺則達不到目的，猶如蜻蜓點水；深則又容易傷害別人的自尊。這就需要我們用各種方式方法，方式方法得當就會取得應有的效果。

馴馬不馴，御者之過也；百姓不治，有司之罪也。

——《疾貪篇》

本義 駕車的馬不馴服，是趕車人的過錯；百姓不聽從管教，是官吏的罪過。

今解 天下混亂，百姓不遵守社會秩序，這不是百姓不好，而是國家管理無方。正如人們所說的：沒有不好的兵，只有不好的將軍。

聖王以賢為寶，不以珠玉為寶。

——《崇禮篇》

今解 賢聖的君王總是特別注重搜求人才，總把賢才招之於自己的麾下，為自己效力。所以，賢才與珠玉相較而言，他更看重賢才，不惜以重金去聘請賢才。而那些貪得無厭的昏君，不懂得這些，親小人，遠賢臣，不久身死國滅，為天下笑。管仲離開魯國到了齊國，隨之齊國得霸而魯國因之削弱。伍子胥入吳輔助闔廬，吳軍破楚入郢。劉備正因為得到賢相諸葛亮，才在複雜的政治形勢下得以建蜀。

山有虎豹，葵藿為之不採；國有賢士，邊境為之不害也。

——《崇禮篇》

本義 原出自《春秋》，此為引文。

今解 國家有能臣賢相，他國就不敢來侵犯。

能言而不能行者，國之寶也；能行而不能言者，國之用也。

——《能言篇》

今解　每個人都不可能成為樣樣精通的通才，必是學有專長。有的人可能在理論上探討較深，而有的人則勇於實踐。鼓勵能言者努力出謀劃策，鼓勵能行者勇於踐行，二者緊密配合，必將有利於事業的發展。

餘梁肉者難為言隱約，處佚樂者難為言勤苦。

——《取下篇》

本義　隱約：指飢渴。

今解　酒足飯飽之人很難深刻了解飢渴之人的苦衷，奢靡享樂之人也很難明白勤懇耕耘的真諦。因而養尊處優之人從來不會懂得甚麼叫做艱難困苦。記得曾有這樣一個笑話，一個君王去考察民情，看到人們飢腸轆轆，便問他們為甚麼不吃飯，人們回答沒有糧食穀物，於是君王反問，那你們為甚麼不吃魚肉呢？養在深宮之中的君王根本不會體會到民眾的疾苦。倘若要真正懂得生活，須深刻體會生活中的苦痛。

偷安者後危，慮近者憂邇。

——《結和篇》

本義　邇：近。

今解　苟且偷安，不思進取，必自取滅亡。南唐後主李煜憑藉其地理優勢和先祖勵精圖治所創立的基業，整天狎妓飲酒，吟詩作畫，使"四十年來家國，三千里地山河"的豐饒之國很快走向滅亡，自己成為階下囚，過着整日以淚洗面的生活，直至被藥酒毒死。這也即先人所謂"人無遠慮則必有近憂"的訓誡。

地利不如人和，武力不如文德。

——《險固篇》

今解　在儒家思想的影響之下，中華民族不崇尚武力，主張以禮服人，以德服人，然後民心安順，便可在戰爭中取勝。孟子有言曰："天時不如地利，地利不如人和。"民心向背是主要因素。

順風而呼者易為氣，因時而行者易為力。　——《論功篇》

本義 順風呼喊的人，聲音容易傳得遠，順應時代潮流並見機行事的人容易在事業上取得成功。

今解 一個人的成功是諸多因素的合力促成的。但是順應時代潮流，能夠抓住時機行事則是成功所必不可少的條件。在中國歷史上，每一個改朝換代的關鍵時刻到來時，那些識時務者往往成為英雄，被稱為俊傑，成為引導時代潮流的中流砥柱。陳勝、吳廣大澤鄉揭竿而起成為秦末農民起義的先行者，應當稱作善於把握時機的智者。明末清軍能夠入關，人們把罪歸之於吳三桂，實在是冤枉，真正的原因還是在於清軍能夠把握時機。

法能刑人而不能使人廉，能殺人而不能使人仁。　——《申韓篇》

今解 儒家學派的賢良之士主張以仁治人，以仁治國，以上化下，民之從君若草之隨風。而不贊同以法治國。認為法制是強制使人服從的，並不能使人真正從心底裏去惡從善，即使殺頭，也仍然是外部強制。要想讓官吏、百姓廉潔向善，還要靠教化。

《新 序》

《新序》是西漢劉向所編撰的雜著類編。

劉向生於公元前 77 年，死於公元前 6 年，原名更生，字子政，今江蘇沛縣人，是西漢後期著名的經學家、目錄學家和文學家。他是漢朝宗室，楚元王劉交的四世孫，歷漢宣帝、漢元帝、漢成帝三朝。劉向在 20 歲時，因通識文理而入選做官，獻賦數篇之後，升為諫議大夫。後來由於獻神仙方術之書，試驗不靈，他以欺君之罪被捕入獄，因哥哥的援救，方才免於死罪。元帝時，劉向升為宗正，他直言敢諫，用陰陽災異推論時政得失，屢次上書彈劾宦官專權誤國，因而遭受迫害，免官家居多年。成帝時，任光祿大夫，後又任中壘校尉，後世因而也稱其為 “劉光祿”、“劉中壘”。成帝河平年間，他受詔領校中秘書，負責校勘整理皇家所藏先秦古籍及漢朝以來的圖書，編定篇目次第，並撰寫 “敘錄”，後又將所有 “敘錄” 彙編成《別錄》一書。《別錄》是中國最早的一部目錄學專著。劉向還有《說苑》、《列女傳》、《五經通義》及辭賦 33 篇至今流傳。

《新序》是劉向領校中秘書時編撰的雜著。《新序》成書於陽朔四年，共 30 篇；但今存此書有所散失，僅存 10 卷即 10 篇。

《新序》是一部供帝王閱覽的政治歷史故事方面的類書。從記載禹舜到秦漢史傳的各種古籍中選擇了可供參資的言論事跡，寫成短文，編成故事。

《新序》的編撰思想主要是儒家的政治思想和倫理道德觀念，大致以儒家仁政為主，而雜以王霸大略。這與當時的社會政治背景有極大的關係，劉向身為漢室宗親，深切關懷着漢王朝的命運，並對當時的社會矛盾有着清醒的認識。

《新序》的政治觀點，首先是民本思想，其次是輕徭薄賦，第三是禁慾伐奢，第四是辨別賢佞忠奸，第五是尊賢禮士，第六是強調勸諫。其中保存了不少含有豐富政治經驗和生活經驗的典故和名言，至今對後人仍有其教益。

外舉不避仇讎，內舉不迴親戚，可謂至公矣。 ——《雜事篇》

本義 推薦族外人，不迴避仇人；推薦族裏人，不迴避自己的親屬，可稱得上真正的公正。

今解 這句講的是祁奚舉賢的故事。祁奚唯賢是舉，只要有才能，不管是族外的仇人，還是族內自己的兒子，都加以舉薦。一般人舉薦人才，是不會舉薦自己的仇人的。或者為了體現自己的大公無私，往往不輕易推舉自己的兒子，怕引起別人的疑惑。其實這都有失偏頗，不算是最大公無私的。

市之無虎明矣，三人言而成虎。 ——《雜事篇》

今解 集市上沒有老虎是很明瞭的事情，然而三個人都說有虎，就變成真有老虎了。可見，謠言惑眾的嚴重性。它可使是非顛倒，黑白錯亂。作為君王，當注意並嚴厲杜絕讒臣的謠言與誹謗。春秋戰國時的魏王由於聽信讒言，終於再沒有召見大夫龐恭；楚懷王聽從鄭袖等人的讒言而流放屈原。歷史上這類教訓簡直數不勝數。我們當用自己的頭腦去分析事物的真相，而不能被某幾個人的語言所蒙蔽以至於不能明察秋毫。

狐假虎威。 ——《雜事篇》

今解 狐狸與老虎同行，獸見狀都逃走，老虎以為百獸害怕狐狸，其實老虎不知百獸害怕的正是牠自己。後世以狐假虎威來比喻依仗別人的勢力作威作福，即仗勢欺人。劉向用這個寓言故事意在勸告君王應當時時對自己身邊的人保持高度的警惕，小人亂臣一旦藉助君王的權力，足可亂國。

路人反裘而負芻也，將愛其毛，不知其裏盡，毛無所恃也。 ——《雜事篇》

本義 反裘：毛從外，反穿皮襖。芻（chú）：柴草。恃（shì）：依靠、依賴。

今解　路上有人反穿皮襖背負柴草，為了保護皮衣的毛。但他不知"皮之不存，毛將焉附"這個道理。劉向意在告誡君王"下不安者上不可居"的治國之道，君王必須愛護臣民才能擁有自己的威信。若民眾紛紛揭竿而起，反對君王，君王的統治也將難以維持。

千金買骨。

——《雜事篇》

今解　古之人君有以千金求千里馬者，三年不得。侍臣對君王說，我願意為王求之。三月以後，他購得了千里馬的一堆白骨。君王大怒，侍臣解釋說："天下人如果知道君王這麼看重千里馬，不久將會有許多千里馬不求而至。"果然，不久天下人紛紛帶千里馬來賣給國王。這個故事意在說明君王當不惜重金求取賢才，賢才至則國家治。戰國時，燕昭王由於善於招引賢士，得到了鄒衍、樂毅等名臣的輔佐，燕國不久殷實富強。

常思困隘之時，必不驕矣。

——《雜事篇》

今解　經常想到窮困窘迫的時候，就一定不會驕縱了。齊桓公與管仲、鮑叔牙、甯戚一起飲酒，齊桓公臉上露出驕矜與得意之色。鮑叔牙舉着酒杯說，願我君不會忘記出奔莒國的事情。桓公此時恍然大悟，謙虛地接受了鮑叔牙的批評。謙虛使人進步，驕傲使人落後。當你躺在驕傲的搖籃裏得意之時，也許身邊早已伏下隱患。越王勾踐"臥薪嘗膽"就是為了不忘被侮辱的經歷，以膽的苦味來警醒自己去爭取勝利。

政之不平而吏苛，乃甚於虎狼矣。

——《雜事篇》

今解　"苛政猛於虎"是孔子對古代社會殘酷吏制的概括。劉向用以勸戒君王，對民眾減輕賦稅，體恤民情，嚴懲酷吏。任何人的忍耐力都是有限度的，民眾在被苛政壓得喘不過氣來的時候，也會奮起反抗。每一次改朝換代之際的農民大起義就是農民不堪重負而尋求出路的結果。中國的古代統治者對這一點深有體悟，所以王朝建立之初，在政策的實施上總是很寬緩，提倡與民休息，這是明智的舉措。

尺有所短，寸有所長。

——《雜事篇》

今解 此句闡釋事物各有優勢，人們當取其長處，捨其短處。正如驊騮騄驥是天下的駿馬，但是讓牠們與狸貓一起在釜竈之間賽跑，牠們的速度未必能超過狸貓；黃鵠白鶴，一飛千里，但是讓牠們與燕子、蝙蝠一起在堂屋走廊下比賽飛翔，牠們的輕便未必能超過燕子、蝙蝠。辟閭、巨闕是天下銳利的寶劍，擊石穿石而刃不斷，但用它們來取出鑽進眼中的灰沙，其便利未必能超過稻稈。

後生可畏，安知來者之不如今。

——《雜事篇》

本義 後生：後輩。

今解 “後生可畏”昭示着人類的不斷進步，讚歎新生的一代勝過父輩和祖輩。

君子以其不受國為義，以其不殺為仁。

——《節士篇》

今解 吳公子季札三次讓國，最後隱居延陵。劉向用這個故事向君王闡釋仁義之道。後一句是勸諫君王不要嗜好殺戮，當以仁德治天下。

輔君安國，非為身也；救急除害，非為名也；功成而受賞，是賣勇也。

——《節士篇》

今解 不為己，不為名，功成不受賞，這是儒家宣揚的理想人格的最高境界。其實，這種思想表面聽來高尚純潔若白璧無瑕，從骨子裏透視，卻既不現實又違反人性。付出之後就應有所回報，這樣的人生才有真正的意義。因為人是現實中的人，誰也不可能拽着自己的頭髮離開地球，誰都是與人間煙火為伴的。倘人的一生總在付出而沒有回報，衣衫襤褸，食不果腹，請問，這樣的人還有沒有繼續付出的勇氣和力量？所以，儒家的高潔並不是都值得讚美。

吾以嗜魚，故不受魚；受魚失祿，無以食魚；不受得祿，終身食魚。

——《節士篇》

今解 正因為喜歡吃魚才不能接受饋贈的魚。接受了饋贈的魚，就要失去祿位，就不能再憑祿位吃魚，而不接受饋贈的魚，就能保持祿位而終身吃到魚，這個有趣的悖論對後世有重要的啟迪意義。那些喜歡得到賄賂的人一定要認清"受魚"與"得祿"的輕重優劣，不要見到一點兒蠅頭小利便忘乎所以，其實這是很危險的。人生中頗多險惡，稍不留心，可能就要翻船。為了不使自己有被人推翻的理由，勸君廉潔自律。

養志者忘身，身且不愛，孰能累之？ ——《節士篇》

今解 儒家賢良正直之士注重內在的個人修養，這種修養稱為養志。推崇"一簞食，一瓢飲，身在陋巷，人也不堪其憂，回也不改其樂"的安貧樂道思想。因而也不像道家那樣"貴生"和"愛身"。既然"身"已忘，還有甚麼物累呢？也正由於此，中國古代的文人視安貧守節為崇高的道德表現。

君子詘乎不知己，而信乎知己者。 ——《節士篇》

本義 詘（qū）：冤屈。

今解 君子在不了解、不理解自己的人那裏受些委曲是可以理解的，是沒有甚麼了不起的。因為別人不了解你。但君子能在知己那裏得到信任和理解。

察實者不留聲，觀行者不幾辭。 ——《節士篇》

本義 幾：注意。辭：言辭。觀察人的實際，不能停留在名聲上；觀察人的行為，不用注意他的言辭。

今解 了解一個人最重要的是看他的所作所為。別人的吹噓和自我的標榜都不是可靠的。日常生活中，在沒有具體了解某一個人的所作所為之前，聽從別人的評論和這個人自己的表白，就對他投以信任的人很多，結果受騙上當，痛心疾首，悔之已晚。

予唯不食嗟來之食，以至於此也。 ——《節士篇》

本義 嗟：喊叫，呼喝。

今解 "嗟來之食"已成為一個常用的典故，比喻侮辱性的施捨。而有骨氣的人寧可餓死，也不吃喊叫着施捨給自己的食物，正是應了"餓死是小，失節是大"的古語。

欲富者，務廣其地；欲強者，務富其民；欲王者，務博其德。三資者備，而王隨之矣。

——《善謀篇》

今解 要想使國家富庶，必須擴大它的土地；要想使國家強大，就必須使它的百姓富足；要想建立王業，必須廣施恩德。如具備這三個條件，王業也就隨之建立起來。這對後世有一定的啟示：只有努力發展經濟，才能使國家長治久安。經濟是基礎，一個國家的發展首先是經濟的發展，而要使經濟發展就必須使百姓先富起來。要想做到這些，又需治國者有愛民之德。

《説苑》

　　《説苑》的作者是西漢劉向，關於劉向的生平事跡已在《新序》中作了介紹，此處不再贅述。

　　《説苑》是劉向輯錄西漢皇室和民間藏書中的歷史資料，加以選擇、分類，整理成雜著類編。《説苑》共 20 卷，依次為《君道篇》、《臣術篇》、《建本篇》、《立節篇》、《貴德篇》、《復恩篇》、《政理篇》、《尊賢篇》、《正諫篇》、《敬慎篇》、《善説篇》、《奉使篇》、《權謀篇》、《至公篇》、《指武篇》、《談叢篇》、《雜言篇》、《辨物篇》、《修文篇》、《反質篇》。

　　劉向在《説苑》中集中纂輯了先秦至漢初的有關遺文軼事，雜引前人之言論，並用大量史實加以證明。這些事例一般都能在典籍中找到。

百姓有罪，在予一人。

——《君道篇》

本義 原出自《尚書》。予：我。百姓如果有了錯誤，責任全在我一人。

今解 為君之道重在寬容地對民眾施以仁政，若百姓在仁政之下依然犯罪，那麼君主的政策定有瑕疵，應認真反省。禹出門看見一個罪犯，他下車問清所犯罪行之後便哭了起來，他認為堯舜時代的百姓都以堯舜的仁愛之心為心，如今在夏禹自己的時代，百姓卻以各自的私心為心。他的痛心其實是對自己政策的痛心，並不是僅僅為了一個罪犯。君主的賢明正是從不斷發現自己的錯誤並改正錯誤的行動中體現出來的。

國有三不祥：夫有賢而不知，一不祥也；知而不用，二不祥也；用而不任，三不祥也。

——《君道篇》

今解 治理國家不是君王一個人的智力所能奏效的，需要各方面的力量團結起來，群策群力，方能使國家穩定，社會安康。這就存在一個選賢任能的問題。國有賢才而不知，知有賢才而不用，任用了卻又不委以重任，都無益於國家的發展，因而是不祥的。劉備三顧茅廬的故事感動着一代又一代的中國人，其求賢若渴的心情和行為足以讓後人引為楷模。

君好之，則臣服之；君嗜之，則臣食之。

——《君道篇》

今解 凡是君主喜愛的衣服式樣，大臣們就去穿；凡是君主喜愛吃的食物，大臣們也喜歡吃。說明國家的邪正全在於君王的引導。上樑正，下樑亦正；上樑不正，下樑必歪。

舜之事父也，索而使之，未嘗不在側；求而殺之，未嘗可得。小箠則待，大箠則走，以逃暴怒也。

——《建本篇》

本義 箠（chuí）：木杖。

今解　儒家學派在談到孝道時，往往以舜作為榜樣：守候於父母的身旁，當父母需要時可立刻到來；若父母輕打，則默默忍受，若重打有生命危險的話就應逃離。因為父親的兒子也是天子的臣民，如果被打死，則會陷父母於不義，使父母犯罪，從而自己也是不孝的。

少而好學，如日出之陽；壯而好學，如日中之光；老而好學，如炳燭之明。 ——《建本篇》

今解　少年愛好學習，如同初升太陽的光輝；壯年愛好學習，如同中午太陽的光輝；老年愛好學習，如同點燃蠟燭的光輝。點燃蠟燭來照亮道路，總比摸黑走路要安全。可見，人當活到老，學到老，學無止境。

君子不可以不學。 ——《建本篇》

今解　人生有涯而知識無涯，如何以有涯隨無涯，只有靠學習。孔子的時代，人們就懂得了學習的重要性，何況今之人呢？

君人者，以百姓為天。百姓與之則安，輔之則強；非之則危，背之則亡。 ——《建本篇》

今解　這是劉向民本思想的典型體現。他認為統治民眾的君主應把百姓當作天。如果百姓擁護他，統治就安定，輔佐他，國家就強大；如果百姓反對他，統治就危險，背棄他，國家就滅亡。這種認識是相當正確的，民眾才是歷史真正的創造者，誰擁有民心，誰就會擁有天下。

食其食者死其事，受其祿者畢其能。 ——《立節篇》

本義　吃他的飯，就要為他的事去死；接受他的奉祿，就要為他使出全部的能力。

今解　接受君王的俸祿就要為君王效力，即使付出生命也在所不辭，這是古代忠君思想的重要體現。燕太子丹為刺秦王，派荊軻前往，皆白衣冠送之，而荊軻本人卻心態坦然，神情自若，因為他認為這是為君盡忠效力的機會到來了，即使死在秦庭上，對他來說也沒有遺憾。他的自我價值已實現。

愛其人者，兼屋上之烏；憎其人者，惡其餘胥。

——《貴德篇》

本義 餘胥：籬笆。

今解 喜愛一個人，同時會喜歡他屋上的烏鴉；憎恨一個人時，連他家的籬笆都覺得討厭。這就是後世"愛屋及烏"成語的由來。正由於此種心理的存在，許多君王寵愛某個妃子的同時，也寵愛妃子的家人，造成外戚專權的黑暗局面。如唐玄宗李隆基寵愛楊貴妃，使奸臣楊國忠當道。

吾不能以春風風人，吾不能以夏雨雨人，吾窮必矣！

——《貴德篇》

本義 我不能像春風那樣溫暖人心，也不能像夏天的雨水那樣滋潤人的心田，所以我將來窮困是一定的呀！

今解 人與人之間是需要愛與被愛的，若想得到愛，你就必須付出愛，像春風一樣溫暖人心，像夏雨一樣滋潤人心，然後你就會得到同等程度的愛的回報。在你陷入困境之後，有許多沐浴了你的愛之光輝的人會伸出援助之手，幫你擺脫困境。相反，那些自私的，不肯付出愛的人，他得到的愛也很少。世界上沒有無緣無故的愛，當你用滿腔熱忱去愛某一個人時，對方會真誠地感謝你，即使他當初並不曾愛過你，但你感動了他，這是你的成功。

巧詐不如拙誠。

——《貴德篇》

本義 機巧詭詐不如笨拙誠實。

今解 機巧詐偽之人善於察顏觀色，見風使舵，因而善於見機行事，很容易在事業上取得成功。但日久天長，他總將機巧顯耀於人前，事事都要表現出他的能幹與靈巧，且內心從沒有過真誠，那麼人們會越來越討厭他的虛偽，因而也越來越沒有人願意接近他。相反，真誠的人，即使他在處理人際關係時稍嫌笨拙，但至誠的心會使人們原諒他的缺點，並接納他的性格。總之，再巧妙的騙術也會被人識破，而誠實都能長久。

國君蔽士，無所取忠臣；大夫蔽遊，無所取忠友。

——《復恩篇》

本義 國君無視士人就得不到忠臣；大夫無視出遊交際，就得不到忠實的朋友。

今解 禮賢下士可得忠臣；友誼是靠多方交際建立的。平時多留心於人才，人才就會在君王身邊匯聚；一般人在交際中以誠信的原則重視友情，便會得到許多忠實的至交好友。

有陰德者，必有陽報也。

——《復恩篇》

本義 平時積德的人一定會得到報答。

今解 暗暗對人施以仁德，那麼終究會得到回報，這就是以春風風人，以夏雨雨人的結果。日常生活中人與人之間是需要仁愛的，儘管當初施以德的這份愛是不經意的，是不求回報的，但說不定在甚麼時候，回報就會出現。我們雖然不能肯定"善有善報"，但是我們堅信受人滴水之恩，當以湧泉報之是人類共同的良知。

利出者福反，怨往者禍來。

——《復恩篇》

本義 把好處給人，福氣就會到來；把怨恨留給別人，禍患就會到來。

今解 付出也是一種幸福，如果能給人帶來幸福，付出本身就變得意義無窮。在某種程度上說來，付出比獲得更令人愉快。由此，我們盡量要把好處帶給他人，切忌將怨恨留給他人。結怨是處理人際關係時的一種極不明智的選擇，因為人與人之間的心靈紐帶是脆弱的，一旦破壞後很難修復，甚至永遠也不會再修復，心靈的創傷在體驗過之後，那種劇痛很難消除。道理很簡單，你給別人好處，別人就會回報你；你和別人結怨，別人就會來害你。

耳聞之，不如目見之；目見之，不如足踐之；足踐之，不如手辨之。

——《政理篇》

本義 耳朵聽到的，不如眼睛看到的，眼睛看到的，不如自己經歷過的，經歷過的，不如自己親手做過的。

今解 凡事親身經歷過，親自嘗試過才能知道究竟是怎麼回事，體會才會深刻。

懸牛首於門而賣馬肉也。

——《政理篇》

今解 今人習語"掛羊頭賣狗肉"是對"懸牛首於門而賣馬肉"的改造，意思沒有改變，意即明的一套，暗的一套，表面現象與實質內容不相符合。善於搞權術的人往往以這種行為來達到自己的目的。

太山不辭壤石，江海不逆小流，所以成大也。

——《尊賢篇》

本義 太山：即泰山。一說指大山。

今解 高山不拋棄塵壤石塊，江河不拒絕細小流水，所以才使它們變得廣大。劉向以此告誡君王當以小及大。這對我們今天依然有啟迪意義。任何人都必須有做基礎工作的勇氣和心理準備，任何大事業都是建立在小事的基礎上的。同時，人虛懷若谷，善於聽取別人的意見，才能使自己變得更加智慧。

士不中間而見，女無媒而嫁，君子不行也。

——《尊賢篇》

本義 士人不經過中間人介紹就相見，姑娘沒有媒人介紹就出嫁，都是君子所不為的。

今解 "父母之命，媒妁之言"是儒家學派給待嫁女子規定的行為規範，嚴格地禁止她們通過自由戀愛而爭取婚姻自主。張生和崔鶯鶯的愛情故事為甚麼能夠吸引林黛玉呢？大概林黛玉正處在了愛而不得的尷尬境地，甚至連大膽表白愛的權力也沒有，她想通過張、

崔二人的愛情經歷來撫慰自己。在今天看來，讀書人不能直接
推銷自己，女子不能自由戀愛，確是落後觀念，是儒家思想中的
糟粕。

**園中有樹，其上有蟬。蟬高居悲鳴飲
露，不知螳螂在其後也；螳螂委身曲
跗欲取蟬而不知黃雀在其傍也；黃雀
延頸欲啄螳螂而不知彈丸在其下也。
此三者皆務欲得其前利，而不顧其後
之有患也。**

——《正諫篇》

本義　彈：彈弓。丸：彈子。

今解　這就是有名的"螳螂捕蟬，黃雀在後"典故的由來。諷刺那些只見
眼前之利而不顧後患的淺見之人。同時也暗示出了一個險惡的社會
環境，後世往往用來形容宦海風波險惡，人人自危的苦況。

**有生者不諱死，有國者不諱亡。
諱死者不可以得生，諱亡者不可
以得存。**

——《正諫篇》

本義　諱：忌諱，避諱。

今解　生死存亡是人生和社會的普遍規律，即使忌諱亡國，該亡時也會
亡；即使忌諱死，該死時也會死。應當現實而客觀地對待生死存
亡，盡自己最大的努力使生得以更長地延續，使國可以更久地繁
榮。"盡人力，聽天命"的心態恐怕不失為一種健康的心態。任何
對死亡的逃避都是愚者和弱者的表現。

聖賢之君皆有益友，無偷樂之臣。

——《正諫篇》

今解　聖賢的君王把自己的臣子當作益友，所以遠離苟且貪樂的臣子，故
而也沒有苟且偷樂之臣。齊景公夜間飲酒高興，想和大臣共用歡
樂，轉了三家，受到不同的接待。誠心治國的文臣武將晏嬰和司馬
穰苴，嚴辭拒絕，幸臣梁丘據欣然迎合。但齊景公治國靠忠臣，享
樂找倖臣，被認為不是聖賢之君。

一沐而三握髮，一食而三吐哺。

—— 《敬慎篇》

本義 洗一次頭就多次地握着散開的頭髮去見客，吃一次飯就多次吐掉嘴裏的食物去接待客人。

今解 這句話是用來形容周公接待來訪士人很多，連安安閒閒吃頓飯的時間都沒有。而且也表明他禮賢下士，對所來訪者都很敬重。曹操《短歌行》曰："周公吐哺，天下歸心。"周公這樣日理萬機地處理着國家大事，使天下民心歸附。這對歷代為政者都有有益的啟迪。

身已貴而驕人者，民去之；位已高而擅權者，君惡之；祿已厚而不知足者，患處之。

—— 《敬慎篇》

今解 身份顯貴以後驕傲地對待他人，老百姓就會疏遠他；地位升高以後獨攬大權的人，國君就會厭惡他；俸祿優厚以後不知滿足的人，禍患就會落在他的頭上。所以，儒家講求地位越高越要謙卑，官職越大而越要謹小慎微，俸祿優厚而越要慎重，不貪婪索取。甚至主張"功成身退"。因為權高震主不是一件好事，它會引起君王的疑慮。宋太祖"杯酒釋兵權"不就是為了削弱功臣之權嗎？

酒入者舌出，舌出者言失，言失者身棄。

—— 《敬慎篇》

今解 "酒"自古以來受到人們的青睞，因而在中國也形成了獨特的酒文化。但酒除了助興與娛樂以外，酒後失言，失言而惹禍卻是其弊端。應當注意酒後失言，因而惹禍。不獨古人如此，今人亦如此，明智之人當小心從事。

上士可以託邑，中士可以託辭，下士可以託財。

—— 《善説篇》

今解 上士、中士、下士是儒家學派給士人所分的等級。可以將整個國家託付給他而沒有篡權的危險，且能盡忠竭力報效君王是上士，諸葛亮當之無愧；可以將語言託付給他卻絲毫沒有泄露，是中士；可以將錢財託付給他而分文不少，是下士。中士和下士在歷史上是很多的，不勝枚舉，但忠信之上士卻是難得的君子。

焚林而田，得獸雖多，而明年無復也；乾澤而漁，得魚雖多，而明年無復也。

——《權謀篇》

今解 "涸澤而漁"、"焚林而獵"是兩種極為愚蠢的打獵捕魚方式，使可再生的資源變為不可再生資源，猶如"殺雞取卵"一樣。劉向用此寓言重在說明做任何事情都要留有餘地，不能把事做絕。這給我們後人以深刻的啟迪：吃不吃留肚的，走不走留路的。因為山不轉水轉，說不定哪天你又走到了老地方。

《詩》、《書》之不習，禮樂之不修，是丘之過也。若似陽虎，則非丘之罪也，命也夫！

——《雜言篇》

今解 這是孔子所說的一段話。由於外貌相似，孔子被認作陽虎而受到包圍。孔子的學生子路氣得要動武，孔子讓子路一起隨着他唱歌，並指出長得與陽虎相似，那是人力不可控制的命運所致，既然在命運面前無能為力還不如坦然對之。同時這也是孔子給後人的啟示：有些事情通過努力可以爭取到，有些事情卻即使你用盡心思也不可能成功。此時，大可不必懊惱憂傷，"盡人力，聽天命"，只要自己努力了就不後悔，至於成功還是失敗，沒有必要太過執着。

以管窺天，以錐刺地；所窺者甚大，所見者甚小。

——《辨物篇》

本義 用竹管窺天，以錐子刺地，所要窺視的物體是那樣大，而所見到的物體又是那樣小。

今解 "以管窺天，以錐刺地"被後世沿用，比喻目光短淺，只懂一些雕蟲小技，只明白一些小的道理，真正的大道理卻蔽於見識之短淺而不能明白。

法家

治國之法
王霸之學
一匡天下
九合諸侯

《韓非子》

韓非（約公元前 280 – 前 233 年），戰國末期韓國的貴族，是先秦法家最重要的代表人物，也是法家思想的集大成者。他的生平事跡主要見於《史記·老子韓非列傳》，而《史記》中《秦始皇本紀》、《韓世家》以及《戰國策·秦策》、《論衡》對韓非也有所記載。根據史料及後代學者的考證，我們對韓非可大致作以下描述：韓非早年即喜愛刑名法術之學，曾與李斯一道受業於荀子。在動盪不安的戰國時代，他渴望韓國能國富兵強，多次上書建議韓王進行政治改革，但一直不被採納。於是他發奮著書，作《孤憤》、《五蠹》、《內外儲說》、《說林》、《說難》等 10 餘萬言。秦王嬴政讀了他所著《孤憤》、《五蠹》等篇後，對他極為欣賞，說："嗟呼！寡人得見此人與之遊，死不恨矣！"為了得到韓非，秦王出兵伐韓。韓王被迫讓韓非出使秦國。韓非到秦後，勸說秦王存韓伐趙，秦王沒有聽從他的勸說，也沒有重用韓非。李斯雖曾與韓非同學，但卻嫉恨韓非才能在己之上，與姚賈聯手讒害韓非，秦王輕信讒言將韓非下獄。韓非入秦次年被迫服毒自盡，死時年僅 40 餘歲。

韓非的思想體現在《韓非子》一書中。《韓非子》舊稱《韓子》，宋以後，學者尊稱唐代大文學家韓愈為韓子，為避免混淆，遂改為《韓非子》。《韓非子》共計 55 篇，從內容上看，並非出自韓非一人之手，有韓非後學所作，也有縱橫家的遊說詞混入其中，但大部分為韓非本人所作，是不必置疑的。

以法治國，是韓非思想學說的核心。他對於法的論述大體上用的是商鞅的觀點，就是明法令，設刑賞以獎勵耕戰，獎勵耕戰以富國強兵。韓非認為重農則能轉貧為富，重戰則能轉弱為強，因此他主張重農尚武，認為這才是富國強兵的根本。在《五蠹》中，他抨擊了當時社會"無耕之勞而有富之實、無戰之危而有貴之尊"的惡劣風氣，告誡君主不要"忘兵弱地荒之禍"。他主張"以為得富、以事致貴"（《六反》），讓百姓積極發展生產，努力建立戰功，保障國家的財源與兵源，以形成"無事則國富，有事則兵強"的局面，為實現"超五帝、侔三王”(《五蠹》)的帝王大業奠定基礎,同時為鞏固新興的政治制度和勝利完成統一大業服務。韓非在積極鼓勵耕戰的同時,堅決主張排斥和打擊商工之民。他把商工之民視為蛀蝕國家的蠹蟲。認為商工之民所從事的活動是農業生產的“末作”,主張“困末作而利本事”(《奸劫弒臣》)。這一強本抑末的政策,在當時確曾起過保護和發展小農經濟的作用,但它也嚴重阻礙了各地區物產的交流和商品經濟的發展。

韓非一方面鼓勵耕戰,另一方面又要求大力加強思想文化專制統治。他主張用“法”去統一人們的思想和言行,提出“一民之軌,莫如法”(《有度》),“言行不軌於法令者必禁”(《問辯》)。他特別把鬥爭的鋒芒指向了儒家,認為儒家通過“私學”“誦先王之書”,評論和反對政府的法令,其目的就是“以疑當世之法,而貳人主之心”(《五蠹》)。所以他堅決主張剷除儒家。為了確立“法治”和法家的權威,他進一步提出“明主之國,無書簡之文,以法為教;無先王之語,以吏為師”(《五蠹》)。韓非的這一主張為後來秦始皇焚書坑儒提供了理論基礎。

建立一個統一的君主集權的國家,是韓非的政治理想。在《揚權》篇中,他指出,統一的君主集權要做到“事在四方,要在中央。聖人執要,四方來效”。可以看出,韓非所主張的這種君主集權,是把一切權力集中於君主一人,君主對臣民有生殺予奪的權力,他可以制定法令,甚至以言代法,君主的權力是神聖不可侵犯的。韓非主張確立君尊臣卑的嚴格的等級制度,認為“君臣之利異”,“故臣利立而主利滅”(《內儲說》),所以他主張必須打擊和限制權臣勢力。他的這種主張對於維護國家統一,加強中央集權是有好處的。但也會使統治階層內部矛盾激化,引起爭權奪利的鬥爭。

韓非認為賞罰分明是國富兵強的有力措施。君主要做到有功必賞,有罪必罰,頒佈明確的賞罰法令。君主要把賞罰大權牢牢地控制在自己手裏,絕不可為臣下所篡奪。韓非繼承了荀子“性惡論”的思想,並將其發揮擴大,以此作為君主施行賞罰的思想根據。韓非深刻地認識到人與人之間以勢力相交,互相利用的關係,説:“彼民之所以為我用者,非以吾愛之為我用者也,以吾勢之為我用者也。”(《外儲說右下》)。韓非認為,讓天下臣子百姓都能畏刑貪賞,才能使之竭盡全力為君效命,這樣有利於加強中央集權的專制統治。韓非這種有功必賞、有罪必罰的觀點對當時社會改革是有積極作用的。

非其士民不能死也，上不能故也。言賞則不與，言罰則不行，賞罰不信，故士民不死也。

——《初見秦》

本義 死：指為君主而死。故：原因。信：講信用。有功必賞，有過必罰，才能取得士民信任，才能讓士民為君主效死。

今解 賞罰分明是法家思想的一個重要方面。在社會動盪、戰亂頻仍的戰國時代，一些具有實力的諸侯國逐漸崛起，不斷發動戰爭，攻城略地，甚至吞併弱小國家。要想在諸侯紛爭中立於不敗之地，只有實行富國強兵的政策。法家適應這一時代要求，要求君主必須做到有功必賞，有罪必罰。他們利用人們趨利避害、求賞遠罰的心理，認為只有建立明確的賞罰制度，才能充分調動士民為君主效死的積極性，才能戰無不勝，攻無不克，使國家在戰爭中取得主動地位。

君子難言也。至言忤於耳而倒於心，非聖賢莫能聽，願大王熟察之也。

——《難言》

本義 忤：逆。君子難於向君主說話，至理之言不順於耳，聽了心裏也不舒服，不是聖賢是不會聽取的。

今解 韓非對臣子向君主說話之難深有感觸。俗語說："伴君如伴虎。"可見臣子侍奉君主實非易事。同君主說話更要處處小心，稍有不慎也許就要招致殺身之禍。韓非在《難言》裏列舉了種種"難言"之處：言辭華麗不行；老實坦誠不行；談吐恢宏不行；言語寡少不行；說得有文采不行；說得質樸也不行。真是讓人左右為難，不知如何開口是好。歷史上更有許多暴君，對忠言直諫的人大開殺戒。忠言逆耳，所以高高在上的君主很少能有聽從諫言的。韓非此言，就是希望君主對臣下的言辭能細察詳審，擇善而從。

愛臣太親，必危其身；人臣太貴，必易主位。

——《愛臣》

本義 易：變換。人主過於親愛臣下，就會危及自身；臣下過於顯貴，就會篡奪君主的地位。

今解 韓非繼承了荀子"性惡論"思想，認為人都是自私自利的，人與人

之間永遠存在利益衝突。君主和臣下的關係也是如此，所謂"臣盡
死力以與君市，君重爵祿以與臣市"，在他看來君和臣就是互相利
用的關係。君主寵愛臣子不可太過，否則使臣子的地位過於尊貴就
會危害到君主地位的穩固。在戰國時代，臣弒君的現象屢見不鮮，
還有許多權臣把持國家政權，使君主處於名存實亡的境地。韓非觀
察到這些現象，建議君主應該限制臣子的權力，把權力集中於君主
一身，這與法家集權的思想是一致的。

臣不赦死，不宥刑。赦死宥刑，是謂威淫，社稷將危，國家偏威。

——《愛臣》

本義　宥：寬容，饒恕。淫：消散。偏威：君威消散，臣威增強，所以說
　　　　是偏威。君主不應赦免死罪，不放寬刑罰，否則就會減少君主的威
　　　　勢。這樣國家就會有危險，造成偏威的情況。

今解　法家的一個重要主張就是嚴刑峻法。他們要求君主制定嚴格的法
　　　　律，有罪必罰。絕不可赦免死罪，也不能寬緩刑罰。他們的目的就
　　　　是要百姓畏懼嚴刑酷法，從而能更好地聽命於君主。如果君主不嚴
　　　　刑峻法，那麼就體現不出君主的威勢。法家極其重視君主的威嚴，
　　　　認為如果君主造不成威勢，不但不會讓百姓俯首貼耳，還會使臣下
　　　　權力膨脹，造成國家權力集中於權臣的"偏威"情況，這將嚴重威
　　　　脅君位的鞏固。所以韓非主張嚴刑峻法，認為這樣才是為治之道。

明君之道，使智者盡其慮，而君因以斷事，故君不窮於智；賢者敕其材，君因而任之，故君不窮於能；有功則君有其賢，有過則臣任其罪，故君不窮於名。

——《主道》

本義　敕：整頓、整治。使智者全部獻出他們的思慮，君主按照他們的思
　　　　慮來決定事情，君主在智慮上就無窮無盡。讓賢者表現出他們的才
　　　　能，君主按才能任用他們，君主在才能上就無窮無盡。

今解　這是韓非提出的明主馭臣的道術。就是要充分利用賢者和智者的才
　　　　能和智慧，並且要把功勞據為己有，把過錯推委於人。君主並不
　　　　一定具備特殊才能，重要的是要善於用人。法家重視"權術"的利

用，君主要充分利用權謀才能駕馭臣民，讓臣下貢獻出他們的聰明才智。君主要做的是利用臣下的智慧才能，斟酌利弊，權衡得失，綜合臣下的諫議，然後作出自己的決斷。事情成功君主顯名，不成功則歸罪於臣下。受益的永遠都是君主。韓非認為只有這樣，才是明君之道。

群臣陳其言，君以其言授其事，事以責其功。功當其事，事當其言則賞；功不當其事，事不當其言則誅。明君之道，臣不得陳言而不當。

——《主道》

本義 誅：懲罰。群臣各自陳說自己的言論，君主按他們的言論委派他們事情。這些事情都要求成功。事情做成功了，就獎勵，不成功，就懲罰。臣下不得說話不當，這是明主治國之道。

今解 賞罰分明是法家思想的一個重要內容。嚴明賞罰是君主駕馭臣民的一個重要措施。法家主張君主要按照臣下的言論來授與其職事，君主鼓勵臣下發表意見和看法，議論得當則能得到君主的任用。臣下為君主做事必須兢兢業業、竭盡全力，如果事情失敗，就會受到嚴厲懲罰。法家要求人充分展示自己的才能以求任用。君主利用臣下的才智，有功必賞，激勵臣下展示自己的才華，為國效力。同時君主對失職的臣下嚴厲懲罰，這種賞罰制度的運用就是要臣民盡忠於主上，也是法家的一種治國策略。

賞偷則功臣墮其業，赦罰則奸臣易為非。是故誠有功則疏賤必賞，誠有過則雖近愛必誅。近愛必誅，則疏賤者不怠，而近愛者不驕也。

——《主道》

本義 偷：苟且、忽視。君主忽視獎賞，則功臣會玩忽職守，赦免懲罰則奸臣會為非作歹。因此，確實立下功勞則疏賤的人也一定要獎賞；確實犯下過錯，則親近的人也一定要懲罰。

今解 此句還是說君主必須做到賞罰分明。有功必賞，有過必罰，才能使功臣更加克盡職責，使奸臣害怕刑罰而不敢為惡。韓非還特別強調，要做到賞罰分明，就必須無論親疏貴賤一視同仁。疏賤者有功必賞，近愛者有過必罰，這樣才能使所有臣民竭盡全力盡忠於主上。階層台韓非賞罰嚴明的措施，能使下層民眾獲得躋身上層社會的機會，同時有效打擊世襲爵位的貴族，對發展當時經濟是有積極意義的。這種賞罰嚴明所體現出的平等思想也有一定的進步意義。

國無常強，無常弱。奉法者強則國強，奉法者弱則國弱。

——《有度》

本義　國家的強弱不是一成不變的，關鍵是看執法者在執法時是剛強還是軟弱。

今解　韓非特別強調"法"對於國富兵強的重要作用。在他那個時代，法律並不像今天由國家的立法機關制定，反映民眾的願望和要求，那時的法律由君主等少數統治者制定，完全是用來鎮壓民眾、維護君主統治的工具。執法者當然也就是少數的統治者。他們的話具有和法律一樣的效力，法律不過是他們手中的工具。所以，韓非強調執法者必須鐵面無私，堅決執法，毫不留情，加強以法治國的力度，國家才能常強不弱。

當今之時，能去私曲就公法者，民安而國治；能去私行行公法者，則兵強而敵弱。

——《有度》

本義　私曲：自私而枉法。在現在這個社會，能去除自私枉法行為的人，能使百姓安居而國家太平；能夠去除自私的行為而按照公法辦事的人，就會使國家軍隊強大而削弱敵人的力量。

今解　戰國時代崇尚武力征伐，尤其在韓非所處的戰國末年，秦國勢力強大，大有吞併六國的趨勢。韓非指出要想國富兵強，執法者就必須去除個人私慾，秉公執法。因為在韓非看來，國家能否強大關鍵是實不實行法治，他力主以嚴刑峻法治國，而法治是否嚴取決於上層執法者是否能去除私心，以剛正不阿的態度來執法。在韓非的時代往往是權大於法，執法者必須嚴格按公法行事，才能體現出法治的作用，實現國富兵強的目的。

若以譽進能，則臣離上而下比周；若以黨舉官，則民務交而不求用於法。

——《有度》

本義 比周：結私黨。君主不能憑誇譽之詞而選擇賢才，也不能提拔有黨派關係的官吏，否則就會造成不良後果。

今解 選擇官吏是至關重要的事情，君主在這方面必須謹慎從事。不能因為別人對他有誇譽之詞就重用他，那樣臣子們就會疏遠君主而結私黨，以便通過權臣的推薦而獲得高官。也不能因為私交而提拔官吏，那樣就會使百姓都務求結交權貴，而不是謀求通過正當的合法途徑而獲得任用。如何用人是統治者必須面臨的問題，用人得當，就會國富兵強；用人不當，就會國破家亡。韓非指出的兩點，切中時弊，君主應該避免這樣的做法。

法不阿貴，繩不撓曲。法之所加，智者弗能辭，勇者弗敢爭。

——《有度》

本義 阿：曲從。法律不會因為權貴而有所改變，就如同拉直的繩子沒有彎曲，不論智者還是勇者，觸犯法律都會受到制裁。

今解 這句話道出了法制的一個重要原則，就是法律面前人人平等。由此我們對產生於兩千年前的法家思想不能不表示歎服。階層儒家講刑不上大夫，到漢代還有"千金之子，不死於市"的說法。可是韓非卻以他特有的魄力，提出法律必須公正嚴明，王子犯法與民同罪，這在當時是難能可貴的，也可看出韓非主張推行法治要堅決和徹底。

天有大命，人有大命。

——《揚權》

本義 命：道理，規律。這句是說自然界有大道理，人類社會中也有大道理，即規律。

今解 探討天人規律是先秦諸子的一個共同課題。法家是一種治世學說，但他們也對天人關係有自己的看法。天行有常，這一點早已為我們的先民所認識。在法家看來，與天體運行有自己的規律一樣，人類社會也有自身規律。先秦諸子在社會發生巨大變革的時代紛紛提出自己的學說，力求按照自己的觀點來改造社會，以韓非為代表的法家提倡法治，認為這樣才能適應社會發展規律，實現國富兵強，以使國家長治久安。

事在四方，要在中央；聖人執要，四方來效。

——《揚權》

本義　四方：指臣民。中央：指君主。聖人：指君主。要：指君權。效：效力。這句是說要加強中央集權，把權力集中於君主，以統治百姓。

今解　這是韓非對中央集權的君主專制國家理論的闡述。主旨就是要把國家權力集中於君主一身，讓四方臣民都為君主效勞。這一理論是法家思想的精髓。秦始皇統一中國後，在政治體制上採用的就是韓非這種中央集權制。在秦以後的中國古代王朝，全都是建立在這種體制之上的，歷代對中央集權都有進一步的發展，到明清時期，中央集權的君主專制制度得到空前發展，直到 1911 年，孫中山領導辛亥革命才推翻了這種統治中國達千餘年的中央集權的古代專制制度。

以賞者賞，以刑者刑，因其所為，各自以成。善惡必及，孰敢不信。

——《揚權》

本義　該賞的就賞，該罰的就罰，一切賞罰都依照着群臣的行為而定，是各人自己造成的後果。既然善必有善報，惡必有惡報，那麼誰敢不誠實呢？

今解　這句話還是講要賞罰分明。統治者以法治國，一切按照法律條文辦事，臣民的行為必須納入法制軌道。善行得到獎賞，惡行得到懲罰，不同的行為會產生不同的後果。這就促使臣民必須對自己的行為負責，時刻想到自己的行為可能帶來的後果，這樣就能使臣民就賞遠罰。以法治國能使臣民誠實不欺，有利於國家的安定團結。

行小忠則大忠之賊也，顧小利則大利之殘也。

——《十過》

本義　賊：害。殘：壞。小忠有害於大忠，小利有害於大利。

今解　為人君者最忌諱以小恩小惠來籠絡臣民，《論語》說：“無見小利，見小利則大事不成。”君主治國應該以法為綱，對臣民有功必賞，有過必罰。把臣民的行為納入嚴格的獎懲制度之中，以使臣民奮勇爭先，立功受賞。如果人主只用小恩小惠來籠絡人，看重眼前小利，就會給臣民造成投機取巧的機會，務求小恩小惠，而缺乏為國立功的決心。這樣是不利於國家的發展的。

大臣執柄獨斷而上弗知收，是人主不明也。

—— 《孤憤》

本義 國家權力落入大臣手中，是君主喪國之兆。

今解 韓非最重視的就是君主集權，他在文章中反覆陳說君主專權的重要性。這一點也是韓非通過對當時社會的觀察，通過對歷史經驗的總結而得出的結論。春秋戰國時期，眾多的國家都是因為大臣專權而使君主失去君位或是導致國家的滅亡。三家分晉，就是晉國三位大夫專權，最後分晉而建立了韓、魏、趙三個國家。魯國國君軟弱，政權也長期控制在季孫、叔孫、孟孫三家手中，造成國勢衰落。韓非深知大臣專權造成的危害，因此力勸君主限制大臣權力，而集權力於君主一人。

與死人同病者，不可醫也；與亡國同事者，不可存也。

—— 《孤憤》

本義 用比喻的方式說明實行與已亡之國同樣的政策，那麼國家遲早會滅亡。

今解 在韓非的文章裏我們可以看出他最善於總結歷史經驗，最善於進行深入細緻的觀察和分析。一個國家的滅亡，必然有它內在的原因。身為人君者應該從他國的滅亡中總結經驗教訓。漢朝建立後，統治者吸取秦亡的教訓，減輕賦稅，讓民眾休養生息，在幾十年內就實現了國富兵強。韓非也告誡統治者要從他國滅亡中吸取教訓，切不可走亡國之路。

萬乘之患，大臣太重；千乘之患，左右太信：此人主之所公患也。

—— 《孤憤》

本義 為人君者不可讓大臣權勢過重，也不可過於輕信左右。

今解 韓非指出為人君者所犯的通病就是過於寵信大臣，致使大臣權柄過重，臣強則君弱，大臣把持重權，對君主地位的鞏固是十分不利的。韓非在文章中反覆指出這一點，要求君主削奪臣下的權力，把權力集中於君主一人。君和臣的關係，在韓非看來不能過於信任和親密。韓非所建立的法家學說，就是告訴君主如何駕馭臣民。對親近大臣，君主更要運用權術機謀加以嚴格控制，才能保證君主統治地位的穩固，使國家長治久安。

事以密成，語以泄敗。
——《孤憤》

本義 事情因為機密而成功，因為語言泄漏而失敗。

今解 在戰國時期複雜的政治形勢下，生存鬥爭極為激烈，社會上充滿了權謀機詐，人與人也是勾心鬥角。在這樣殘酷的鬥爭環境下，要想做成大事就必須謹慎而周密。有許多大事都敗在說話不慎上。俗話說“說者無心，聽者有意”，“禍從口出”。說話不慎而泄漏機密，不但大事辦不成，往往還會禍及自身。所以韓非告誡人們，要想辦成大事，就必須高度警惕，而且要嚴防因為語言不當而泄密。

凡説之難：在知所説之心，可以吾説當之。
——《説難》

本義 所説：指被説者。當：迎合。凡是遊説的困難，在於説者知道君主的心理，因而拿出君主愛聽的話來迎合他。

今解 一個成功的遊説者首先必須是一個了解他人心理的人。戰國是遊説之士異常活躍的時代，他們以言辭遊説君主，分析形勢，闡説利害，出謀劃策，以求被君主任用。蘇秦就是一個成功的遊説之士。他最初遊説秦王，雖然説了一套長篇大論，但並沒有抓住秦王心理，結果不被任用。後又遊説趙王，抓住趙王抗秦保國的心理，提出“合縱”策略，被趙王採納，促成了山東六國聯合抗秦局面的形成，他也因而得到重用。遊説者必須抓住君主心理，迎合君主喜好，才能遊説成功。

凡説之務，在知飾所説之所矜而滅其所恥。
——《説難》

本義 遊説者最需要的事，在於如何粉飾被説者所自豪之事，而別除他所羞恥之事。

今解　遊説也是門藝術，除了雄辯的口才之外，還要講究方式和技巧。最
基本的一點就是要投君主之所好。人在一定程度上都有虛榮心，一
國之主具有無上的權威，他更喜歡別人的讚譽之辭。遊説者應該抓
住君主的心理，多説一些令他感到自豪的事情。這樣君主在心理上
就會對遊説者產生好感，為接受遊説者的觀點和策略奠定了基礎。
遊説者在此基礎上發揮雄辯的特長，就有希望實現遊説目的。對於
君主視為恥辱的事情，遊説者必須避免觸及，這是遊説者所必須注
意的。

龍之為蟲也，柔可狎而騎也，然其喉下有逆鱗徑尺，若人有嬰之者則必殺人。人主亦有逆鱗，説者能無嬰人主之逆鱗，則幾矣！

——《説難》

本義　狎：親近。嬰：觸。這是一個著名的比喻。韓非用不可觸龍之逆鱗
來比喻説明遊説者必須察明人主的愛憎，否則，一旦觸怒人主，便
可招致殺身之禍。

今解　在君主專制的社會裏，君主具有生殺予奪的大權。遊説君主如同走
鋼絲一樣，是一件十分危險的事情。遊説者事先要對當時的政治形
勢、君主的好惡愛憎進行深入的研究和分析。他的遊説之辭不但要
有理有據，切中要害，以滔滔不絕的辯詞打動君主，更要注意避免
觸及人主所厭恨的事情，不要揭他的傷疤。那樣會傷害他的尊嚴，
有損他的威嚴，如同觸動龍的逆鱗一樣，引起君主的憎惡，就會危
及遊説者自身的安全。

主用術則大臣不得擅斷，近習不敢賣重；官行法則浮萌趨於耕農，而遊士危於戰陣。

——《和氏》

本義　近習：君主身邊的大臣。賣重：指君主身邊的人貪圖私利，泄漏
君主的秘密。浮萌：遊民。此句是説用法治國才能讓臣民務於實
事。

今解　統治者必須用法治國。大臣專權獨斷對君主危害最大，歷史上許多

國家被專權的大臣竊取了政權，所以君主必須用法術來制止這種情況的出現。君主實行法治，不徇私情，公正嚴明，那麼他身邊的人也不敢憑藉君威而作威作福。法家提倡農耕，農民專心從事耕作，依法有賞。戰士行軍打仗，立下軍功，依法也有賞。這樣就能使臣民的行為合乎法度，既發展了經濟，又提高了戰鬥力，國家就會強大起來。

國有擅主之臣，則群下不得盡其智力以陳其忠，百官之吏不得奉法以致其功矣。

——《奸劫弒臣》

本義　擅主：把君主的權力集中在自己手裏。大臣專權，就會使臣民偏離正軌，用其他的手段求仕求功。

今解　君主必須把權力牢牢掌握在自己手中，如果大臣握有重權，那麼百官就會趨炎附勢，賄賂權臣以求任用。而不把心思用在為君主盡忠，通過正當途徑立功受賞上面。君主被權臣蒙蔽，正常的仕進之路被堵塞，臣民就會爭相討好於權臣。忠信不得任用，立功也不得任用，所以只好依附於權貴之門，以求升官受賞。這樣權臣的勢力就會越來越大，他們營私舞弊，貪贓枉法，在社會上會造成不良的風氣。這樣下去，君主的統治又怎麼會鞏固呢？所以韓非反覆強調削除擅權之臣，才能使君主地位更加鞏固。

聖人者，審於是非之實，察於治亂之情也。

——《奸劫弒臣》

本義　聖人：指君主。審：明察。英明的君主，對於是非治亂的實際情況，應該明察詳審。

今解　人主對於如何治國必須心中有數，他必須清楚孰是孰非，必須知道國家治亂的根本原因。君主由於自身的特殊地位，容易被蒙蔽欺騙。臣下為了自身利益，只報喜不報憂，專揀君主愛聽的說，君主居深宮之內，缺乏調查研究，聽信臣下的虛妄之詞，很容易不辨是非，混淆黑白。歷史上昏庸無能的君主往往如此。而明君則會審察是非之實，分析研究國家治亂的原因，保持清醒頭腦，以求治理好國家。這樣的君主稱得上是聖明之君。

嚴刑重罰者，民之所惡也，而國之所以治也；哀憐百姓，輕刑罰者，民之所喜，而國之所以危也。

——《奸劫弒臣》

本義 本句闡明嚴刑重罰是治國之道。

今解 嚴刑重罰的思想基礎是荀子主張的"性惡論"。認為人性本來就是邪惡的，人都是自私而貪鄙的，所以法家提出要用嚴刑重罰來規範百姓的行為。嚴刑重罰雖然被百姓所厭惡，但它卻能有效地維持社會秩序，百姓會因為懼怕刑罰而不敢作奸犯科。這與儒家提倡的以"仁義"為治的思想正好相反。孔孟都認為人性本善，只要人們都按照仁義行事，社會就會變成太平盛世。而法家更注重實際，商鞅、吳起等人的變法，確實使秦楚等國家憑藉"法治"而強大起來了。

善為主者，明賞設利以勸之，使民以功賞而不以仁義賜；嚴刑重罰以禁之，使民以罪誅而不以愛惠免。

——《奸劫弒臣》

本義 嚴明賞罰才是為人君之道。

今解 要想成為一個好君主，就必須制定嚴明的法律制度。論功行賞，就能調動臣民建功立業的積極性；嚴刑重罰，就能使臣民減少作奸犯科的行為。在法家看來，人與人之間總要發生利害衝突，君主與臣民由於利益上的完全對立更是一種水火不相容的衝突關係。君主要用獎賞來勸民立功，為自己服務，又要用嚴刑重罰來制止臣民的犯罪行為。以法治國，才能使百姓積極立功而遠離罪罰。

木之折也必通蠹，牆之壞也必通隙，然木雖蠹，無疾風不折；牆雖隙，無大雨不壞。萬乘之主有能服術行法，以為亡徵之君風雨者，其兼天下不難矣。

——《亡徵》

本義 蠹：蛀蟲。亡徵：有滅亡的徵兆。用比喻的方式說明大國之君若能以法治國，則能統一天下。

今解 韓非以他敏銳的觀察，深刻的分析，在《亡徵》篇中列出了四十七條導致亡國的原因，條條中肯，可讓為人君者引以為戒。大國君主如果能以法術治國，使國家強大起來，那麼出兵討伐那些有亡國之兆的國家，就會如同疾風暴雨，摧枯拉朽，完成一統天下的大業。秦穆公任用商鞅，廢除舊制，以法治國，使秦國逐漸強大起來，為以後秦滅六國奠定了基礎。秦王嬴政也推崇法術，所以秦建國後採納了韓非的思想，以法治國。

徭役少則民安，民安則下無重權，下無重權則權勢滅，權勢滅則德在上矣。 ——《備內》

本義 説明必須減輕徭役負擔，讓百姓安居樂業。百姓安樂，各級官吏的權威就少了。各級官吏不藉權威作威作福，民眾就會感激君主。

今解 國家徭役繁多，各級官吏藉徵發徭役之機，加重自己的權力。強取豪奪，魚肉百姓，使百姓生活更加困苦，所以韓非主張減少徭役，使百姓能安居樂業，又能削弱各級官吏的權力。各級官吏沒有機會運用權勢，就會減少貪污腐敗的機會，有利於民眾生活的安定。民眾過上了安樂富足的生活，當然要感謝君主。君主獲取了民心，百姓甘心為君主陷陣殺敵，國家的軍事力量也就強大起來了。因此，減輕徭役削弱官吏權力，是實現國富兵強的一個重要手段。

人主釋法而以臣備臣，則相愛者比周而相譽，相憎者朋黨而相非。 ——《南面》

本義 備：防備。比周：結私黨。人主如果不以法治國，而是用一部分大臣來防備另一部分大臣，那麼就會讓百官結私黨，互相攻擊，造成吏治混亂的局面。

今解 人主應該以法治國，用法律來約束臣民的行為。君主和大臣之間不是骨肉之親，所以難免有利益上的衝突。人主應該了解群臣的行為，但是不可用身邊的親信之臣去監督其他大臣的行為，這樣容易讓大臣們結成私黨。關係密切、利益相一致的人結成私黨，互相稱譽、互相提拔，對其他黨派的人加以抨擊和陷害。如此群臣不把精力用在本職工作上，不思為君主盡忠，只想通過黨派關係以求任用，造成不良的社會風氣，對國家的發展是沒有好處的。

人主使人臣言者必知其端以責其實，不言者必問其取捨以為之責，則人臣莫敢妄言矣，又不敢默然矣，言默皆有責也。

——《南面》

本義　端：指事件的詳細情況。取捨：指同意或否定。人主要求臣下說話必須負責任，以避免臣下以浮詞欺主。不發表言論的，也要問清他對事情的看法。使他無法逃避責任。

今解　人臣對君主的詢問一般有兩種態度：一種是誇誇其談，如果他真正了解事情的根由和實情，發表看法是可以的，但有許多大臣不顧實情，對所說的話全不負責。君主對這種人應該要他對所說的話負責任。另一種是一問三不知，用沉默寡言來逃避責任。對這種人君主必須問清他對事情的看法。只有讓群臣把向君主提供解決問題的方案作為自己應盡的責任，那麼群臣就不會言語失實，也不會沉默不語了。

古之無變，常之毋易，在常古之可與不可。

——《南面》

本義　古訓常規是否可以改變，要根據實際情況決定。

今解　有許多人思想頑固，死守古訓，開口閉口"祖宗之法不可改變"。其實古訓常法並非不可改變，而關鍵是要看它們適不適合現今的情況。古訓常法畢竟是古人對他那個時代經驗教訓的總結，對當時社會的發展會產生積極作用。但社會發展變化了，對於古訓就要加以分析，看它是否還適應當今社會的情況。有價值的可以繼續運用，不適應當今情況的，就應予以拋棄。古訓可資借鑒，但絕不能生搬硬套，而應該根據具體情況作具體分析。韓非這種態度是正確的，可取的。

恃鬼神者慢於法，恃諸侯者危其國。

——《飾邪》

本義　慢：鬆懈。治國以法，不能依靠鬼神迷信，也不要依附於大國。

今解　先秦諸子雖然敬天，但一般不迷信於鬼神。《論語》記載"子不語：怪、力、亂、神"，荀子也主張"人定勝天"。韓非指出君主如果依恃鬼神而忽視法治，就有亡國的危險。以法治國是強國的根本。君主不能因為國小力薄而依附於大國，尋求大國的保護。大國總是有吞併小國之心，以保護為名，強取勒索，干涉小國內政，一步步地就會滅掉小國。所以人君不可做大國的附庸。只要以法治國，小國也會強大起來，就不懼怕外敵入侵了。

用賞過者失民，用刑過者民不畏。有賞不足以勸，有刑不足以禁，則國雖大必危。

——《飾邪》

本義　勸：指鼓勵人立功。君主不可濫施賞罰，否則會讓臣民鬆弛懈怠或是加強反抗心理。這樣即使大國也會有危險。

今解　人君不可獎賞無度，也不可濫施刑罰。賞罰要有一個尺度。輕易受賞，民眾就不會謀求建立大功，賞也就起不到勸勉的作用了。濫施刑罰，就會激起民眾的反抗心理，容易導致集體的反抗行為。賞罰失去一定標準，就會給國家帶來嚴重的危害。所以明君治國都有嚴格的賞罰標準，而秦始皇秦二世等君主，一味施行嚴刑酷法，致使民不聊生。農民起義的烈火最終燒遍天下，埋葬了這個短命王朝。賈誼總結秦亡教訓說"仁義不施，而攻守之勢異也"，是很有見地的。

小知不可使謀事，小忠不可使主法。

——《飾邪》

本義　小知小忠的人，眼光短淺，愚蠢鄙俗不可任以大事。

今解　擔當大事的人必須深謀遠慮，如同井底之蛙一樣的小智小慧，是成不了大事業的。三國時的馬謖就是個很好的例子，他雖然極有才學，但狂妄自負，見識並不深遠。街亭之戰，他屯兵山上，被敵人切斷水源，導致街亭失守，諸葛亮深悔用錯了人。晉楚鄢陵之戰時，楚國司馬子反口渴，手下一個叫豎陽谷的人給他一壺酒，子反喝個大醉，惹怒楚屬王，戰後被斬殺。豎陽谷就是那種"小忠"之人，他獻酒雖是出於忠心，但卻害了子反的性命。

君以計畜臣，臣以計事君。君
臣之交，計也：害身而利國，
臣弗為也；害國而利臣，君不
為也。臣之情，害身無利；君
之情，害國無親。君臣也者，
以計合者也。

——《飾邪》

本義　計：計謀。害身無利：有害於自身的就是不利。害國無親：有害於
國家的就不是親信。

今解　這是韓非對君臣關係的闡述。在韓非看來，君和臣就是互相利用的
關係。君運用權術來駕馭臣，讓臣盡可能地為自己服務；臣也是用
權謀來與君相處，目的是盡可能獲取利益。韓非認為人都是自利
的，君主和臣為了自身利益必然存在着矛盾和鬥爭，彼此必然要互
相提防、互相算計。韓非的學説，其實質就是為君主提供了一套治
國之術，實用價值很高。

和氏之璧不飾以五彩，隋侯之珠
不飾以銀黃，其質至美，物不足
以飾之。夫物之待飾而後行者，
其質不美也。

——《解老》

本義　和氏璧、隋侯珠都是古代有名的寶物。黃：黃金。本質美則不必修
飾。過於修飾的東西，本質不美。

今解　韓非重本質，輕文飾。認為本質至美之物如和氏璧、隋侯珠不需要
外物的修飾，一樣被人奉為至寶。而專務於外在修飾的東西，其本
質則不美，是以外在修飾而取悦於人。這與儒家所説“文質彬彬，
然後君子”有所不同，儒家講究文質並重。對於文質的不同觀念，
是與其思想學説一致的。法家學説是最務實的治世學説，所以他們
只重事物的本質。儒家講禮義，所以儒家強調文質並重。

禮者，忠信之薄也，而亂之首乎！　　　——《解老》

本義　禮是忠信簡薄的表現，是禍亂的根源。

今解　在法家看來“禮”是表面的、虛飾的東西，人與人過分注重禮，就

會滋生虛偽矯飾之心。人和人不以誠相待，而用繁文縟節來掩飾自己的私心，那麼忠實誠信等美德也就自然被削弱了。社會上每個人都十分注重禮節，那麼人的行為稍一越禮，便會招致責難和攻擊。人與人之間要求以禮相交往，如果有人不慎忽視了禮節，也會招致怨恨。這都是因為禮而產生的禍亂。法家不提倡以禮為治，他們重視以法治國，嚴明賞罰，認為這才是治國之道。

眾人之所以欲成功而反為敗者，生於不知道理，而不肯問智而聽能。

——《解老》

本義 生於：出於、由於。智：智者。能：能人。不知道理而又不能虛心請教，是普通人失敗的原因。

今解 要想做成一件事情，首先要了解這件事情，對它作深入的分析研究，掌握它的內在規律。人非生而知之，成功要靠後天的學習才能獲得。而在這之中，虛心向人請教又是至關重要的。請教別人，則能學到別人有益的經驗，獲得別人的指導。孔子也很注重後天學習，說"敏而好學，不恥下問"。虛心向人學習是取得成功的重要條件，不善於向人學習的人很難獲取成功，韓非的話，對我們也有借鑒意義。

智士儉用其財則家富，聖人愛寶其神則精盛，人君重戰其卒則民眾，民眾則國廣，是以舉之曰："儉故能廣。"

——《解老》

本義 重戰其卒：指憐惜作戰士兵。舉：總結。

今解 所謂儉並不意味着吝嗇。它有節省的意思，但更多的是愛惜。勤儉持家，則會積累財富，使家業興旺。民眾是國家的根本，民眾多，則國家的力量就會強大。在農業社會，人口多，則可以開墾更多的土地，生產更多的糧食，使國家富強起來，君主切不可窮兵黷武，那樣就會減少人口。所以君主要愛惜士卒，不輕易發動戰爭，讓民眾發展生產，繁衍生息，國家也就會因之強大起來。以儉持家則家富；以儉治國，則國強。這是人君應該謹守的原則。

雖有堯之智而無眾人之助，大功不立；有烏獲之勁而不得人助，不能自舉；有賁、育之強而無法術，不得長勝。

——《觀行》

本義 烏獲、賁、育：都是古代有勇力的人。

今解 沒有人能獨自成功。要想成功就必須藉助別人的力量，獲得別人的幫助。君主要想成就大業就必須善於任用臣下，商湯任用伊尹滅亡了夏桀，文王任用姜尚消滅了商紂王，齊桓公任用管仲成就了霸業。君主是否善於用人，是他能否成就大業的關鍵。得到有才能的人就要用法術來駕馭，才能讓人才最大限度地為君主盡忠。

因可勢，求易道，故用力寡而功名立。

——《觀行》

本義 勢：形勢。道：方法。憑藉已有的形勢，尋求易行的方法，就可以用力少而功名立。

今解 君主必須有睿智的頭腦，他要對各國政治形勢瞭如指掌，進行深入的分析研究。他要善於利用已具備的條件，進行決策。俗語說"雖有機謀，不如乘勢"。周文王勢力強大，但他並沒有急於攻打商王朝，而是一方面積聚力量，一方面等待時機。商紂王昏庸暴虐，致使民怨沸騰，伐紂時機成熟，武王一舉攻入鎬京，滅亡了商朝。這就是善於乘勢。問題的解決可能有多種方法，君主要善於用最簡單易行、切實有效的方法來處理問題。具備以上兩點，君主就可以收到事半功倍的效果。

時有滿虛，事有利害，物有生死，人主為三者發喜怒之色，則金石之士離心焉。

——《觀行》

本義 時有滿虛：時機是由條件構成的，條件有充足具備的，也有不充足具備的。金石之士：指對君主忠心耿耿的人。

今解 身為人主要具有虛懷若谷的大度精神，還要善於洞察事理，明白事物的發展規律。時機成熟與否，會影響事物的發展。聰明人善於把握時機，利用時機，如果不待時機成熟便要強攻硬上，那麼就是逆理而行，甚麼事情也成功不了。每一件事情都有利與害兩個方面，求利的同時也避免不了受害。因為利害總是聯繫在一起的。任何事物都有發生、發展、滅亡的過程，這也是不以人力為轉移的。所以人主應該寬容地對待這一切，否則就會失去人心。

賞罰隨是非，禍福隨善惡，死生隨法度，有賢不肖而無愛惡，有愚智而無非譽，有尺寸而無意度，有信而無詐。

——《安危》

今解 這是韓非為人主提出的七條"安術"，即使國家安定的七條原則。主旨就是要人主去除私心，客觀公正地處理一切事物。賞罰的目的是懲惡揚善，但必須依是非而行，不可濫施。社會上每個人都應對自己的行為負責，行善會得福，作惡會遭受報應。嚴格執行法律，有罪該殺，絕不留情。對賢者與不肖之人一視同仁，不因自己的愛憎而產生偏見。愚者和智者任其自然，不進行詆毀或讚譽。對待事物要實事求是，不可妄加猜測。語言誠信，不欺騙人。人主做到這幾點，就能使社會安定，國家強盛。

使天下皆極智慧於儀表，盡力於權衡，以動則勝，以靜則安。

——《安危》

本義 儀表、權衡：都指法術。以法治國，則無往而不利。

今解 人的本性都是願意立功受賞，而害怕法律制裁。人主治國，必須建立一套嚴明的賞罰制度，並用法律形式固定下來。立下軍功可以封爵受賞，而且按殺敵多少來決定爵位高低，就會激勵戰士奮勇作戰。臨陣脫逃的依法處斬，戰士就能抱必勝決心。有了這樣嚴明的賞罰制度，軍隊戰鬥力可大大提高，與敵國作戰，就能克敵制勝。開墾土地，生產糧食，國家也依法予以獎賞，使民眾都務於農耕，國家的經濟實力就會大大提高，民眾就會過上安樂穩定的生活。

奔車之上無仲尼，覆舟之下無伯夷。

——《安危》

本義 奔車、覆舟：指危亂之國。仲尼：即孔子。伯夷：是歷史上有名的賢者。

今解 這句話是說在政治昏暗，社會動亂的國家，人們都不愛惜生命，捨生求利，為非作歹，所以也就沒有像孔子、伯夷那樣能堅守節操的賢者了。在混亂的社會狀態下，良好的道德秩序被破壞，人們失去了道德原則，沒有正確的價值觀念，貪婪、自私、殘忍、冷酷的一面就會充分暴露出來。人與人之間沒有仁義可講，完全是虛偽狡詐的鬥爭關係，社會越混亂，人心越險惡，好人會成為受害者，那麼誰還要做好人呢？人逢盛世，也是人生一大幸福。

安危在是非，不在於強弱；存亡在虛實，不在於眾寡。

——《安危》

本義 國家安危取決於政策是否得當，不在於強弱；存亡取決於國力虛實，而不在於人數多少。

今解 人主往往認為只要人口眾多，國家強大，就會穩坐江山。其實強大並不是國家鞏固的唯一條件，很多大國君主喪失政權或為他國所滅。總結原因，關鍵在於國家政策是否得當，在於國家內部的虛實情況。政策得當，民眾安居樂業，百官盡職盡責，上下相安，社會穩定，國家會保持安定穩固的局面。政策不當，官吏結黨營私，欺壓百姓，社會混亂，國家也就無法穩固。有些國家雖然看似強大，但它內部空虛，缺乏實力，國家也不會長治久安。

聖王之立法也，其賞足以勸善，其威足以勝暴，其備足以必完。

——《守道》

本義 備：即設備的東西，在這裏指所立的法。其備足以必完：是說聖王所立的法足可以保證政治完善。

今解 法是治國的根本，關係到國家的強盛與否。法律的制定必須慎重而周詳。法律是全國民眾行為的準繩，它必須有足夠的力度，讓民眾做了好事可以得到足夠的獎賞，做了壞事就要受到嚴厲的懲罰。有足夠豐厚的獎賞，民眾就能積極建立功業，以求重賞。對於犯罪的人依法給予嚴懲，民眾就能因為懼怕法律，而不去做犯罪的事。賞和罰都用法律加以嚴格規定，就能達到懲惡揚善的目的。

> 勞苦不撫循，憂悲不哀憐，喜則
> 譽小人，賢不肖俱賞，怒則毀君
> 子，使伯夷與盜蹠俱辱，故臣有
> 叛主。
>
> ——《用人》

本義　撫循：安撫。盜蹠：古代大盜。人主不體恤百姓，是非不分，就會
引起臣民叛亂。

今解　君主要愛惜民眾，要是非分明，而不輕易表露喜怒。越國被吳國打
敗後，越王勾踐臥薪嘗膽，與民同甘共苦，最終贏得民心，使民眾
有了誓死復仇的決心，出兵吳國，以一當十，一舉滅掉吳國。唐代
魏征說，君和臣的關係就像水與舟一樣，"水可載舟，亦可覆舟"。
為人君者必須愛撫臣民，是非分明，賞罰得當，不使人無功受賞，
也不能有罪不罰，親賢臣，遠小人。這樣才能使臣民為主盡忠，使
君主的統治得以鞏固。

> 當今之世，為人主忠計者，必無使
> 燕王悅魯人，無使近世慕賢於古，
> 無思越人以救中國溺者。如此，則
> 上下親，內功立，外名成。
>
> ——《用人》

本義　忠計：盡忠考慮。溺者：溺於水的人。

今解　君主必須有實事求是的務實精神，好高騖遠、厚古薄今都是不可取
的。民眾是國家的基礎，君主要對本國民眾施恩加愛，以求獲得民
心。不可親信外國臣子，也不可羨慕古人，因為古人雖好，但已經
成為過去。君主要想治理好國家，就必須找到當代的賢才，不可
用古人的標準來衡量現今的人才。充分重視人才，讓人才發揮出作
用，應是君主首先考慮的。國家安危取決於國家是否強大，不可藉
助於外國勢力維持統治。做到這幾點，就能使君臣相互敬重，民眾
和睦。

> 明君之所以立功成名者四：一曰天
> 時，二曰人心，三曰技能，四曰勢位。
>
> ——《功名》

本義　明君能夠立功成名的條件有四：一是得天時，二是得人心，三是利

用他人的技能，四是造成個人的威勢。

今解 這四條是立功成名的條件，其中包括孟子所說的天時和人和。天時是客觀條件，君主要善於掌握時機，做事不違背自然規律。人心向背是君主能否成就功名的關鍵，聰明君主必須採取有利於民眾的措施，減輕徭役賦稅，不窮兵黷武，以此獲得民眾的支援，這是明君建功立業最重要的條件。君主還要善於任用有才能的人，讓他們發揮所長，為國家服務。君主還要造成威勢，君威不可侵犯，讓臣民服從於自己的領導。具備這四點，君主就有希望立功成名了。

太山不立好惡，故能成其高；江海不擇小助，故能成其富。故大人寄形於天地而萬物備，歷心於山海而國家富。

——《大體》

本義 大人：指君主。

今解 韓非十分推崇老子思想，寫了《解老》、《喻老》兩篇文章闡述老子思想。在他的學說中也糅合了一部分道家思想。他改變了老莊思想遁世的主旨，而把老莊思想闡發為一種治世之術。太山因為沒有好惡，不擇土石，所以高大；江海吸納小溪，所以浩瀚。他要求君主向太山和江海學習，學習它們容納一切的氣度，廣納人才，廣積財富，國家就會富裕強大。

觀聽不參則誠不聞，聽有門戶則臣壅塞。

——《內儲說上七術》

本義 君主觀行聽言，如果不從多方面參考比較取得徵驗，就相信，則誠實的言行不會上達。權臣當路，進諫必須通過他，有如經過門戶，就會堵塞大臣的進諫。

今解 兼聽則明，偏聽則失。人君一人高高在上，無時不需要聽取臣下的言論見解。群臣各進其言，這些言論難免具有片面性，一些察顏觀色，阿諛奉承的小人為了一己私利，常常要在君主面前中傷譭謗他人。君主必須多方面聽取意見，慎重考慮，仔細權衡，再作結論。大臣掌握重權，群臣就不會考慮為君主盡忠，而是要通過他來獲取官位。這些權臣對忠臣處處排擠打擊，忠臣即使想上書進諫，也不得機會，君主被當權的大臣蒙蔽視聽，就會直接危害到君主地位的鞏固。

愛多者則法不立，威寡者則下侵上。
是以刑罰不必則禁令不行。

——《內儲說上七術》

本義 不必：不能施行。愛多者仁慈必多，故法難以建立；威寡者威嚴必少，故臣下犯上。不堅決施行刑罰，則法律禁令也得不到施行。

今解 君主必須以法治國，不能過分施以仁愛，若對於犯了過錯的人憐憫同情，法外開恩，不予懲罰或減輕懲罰，那樣法律的嚴肅性就得不到體現，法律就不會成為人人遵守的準則。君主集大權於一身，對臣下有升降陟黜、生殺予奪的權力，君主必須有絕對威嚴，把權力牢牢控制在自己手裏，君威不可侵犯，讓臣下懷有畏懼尊崇的心理，就不會造成因為君主軟弱而大權落入臣下手中，出現君主地位岌岌可危的狀況。

賞譽薄而謾者下不用，賞譽厚而
信者下輕死。

——《內儲說上七術》

本義 豐厚的獎賞，極高的榮譽能讓民為國效忠。

今解 俗話說"重賞之下，必有勇夫"，喜愛榮譽和獎賞是人的本性，君主應充分利用這一點，加大獎賞的力度，調動民眾建功立業的積極性，讓民眾為國盡忠。吳起做魏國西河太守時，想要剷除秦國的一個小哨所，但又不足以動用太多軍隊。於是他想出一個主意：在城北門放一根轅木，下令誰能把它扛到南門則有重賞。人們不信，只有一人抱着試試看的態度做了，果然獲得重賞。之後吳起下令："明日有能先攻佔哨所的人封為大夫。"第二天，人們爭相攻打哨所，一舉攻下。這就是重賞的效果。

權勢不可以借人，上失其一，臣
以為百。故臣得借則力多，力多
則內外為用，內外為用則人主壅。

——《內儲說下六微》

本義 內外為用：指一國的掌權大臣被外國收買，為外國服務。壅：閉塞。

今解 君主必須把國家權力控制在自己手中。大臣各盡職守，君主不能給親信大臣過多權力。君主給大臣一分權力，大臣就會利用它發揮出一百倍的作用。有些君主喜好安逸享樂，不理政事，把權力下放給大臣。這樣大臣專權，在國內，結黨營私，群臣的任用罷免由其一人做主，群臣依附於他的周圍，而不把君主放在眼裏。而敵國利用重金厚禮收買這樣的權臣，權臣得了好處，泄露國家機密，偏向外國。太宰嚭、令尹子蘭等就是這一類人物。

君臣之利異，故人臣莫忠，故臣利立而主利滅。

——《內儲説下六微》

今解 韓非的學説基礎是荀子的"性惡論"，也就是他認為人的本性是險惡的，人都是自私自利的。君臣各自利益不同，利益上的差別使君和臣之間不可避免地要產生矛盾鬥爭。所以韓非認為"臣利立而主利滅"，韓非的認識雖有一定道理，但也過於片面。君臣之間雖然有矛盾，但這種矛盾並非不可調和，在一定基礎上君臣之間有共同的利益。例如維護國家鞏固，使國家不被外敵滅亡這一點上，君和臣都不想國破家亡，在那一時刻，他們的利益是一致的。

挾夫相為則責望，自為則事行。

——《外儲説左上》

本義 相：助。望：怨。老抱着靠他人幫助我的心理，那麼就會對他人責怪和怨望。如果自己靠自己來幹活，那麼事情都能進行。

今解 俗語説：求人不如求己。一個人最怕具有依賴心理，遇到問題不敢獨自解決，總是期望別人幫助自己，一旦得不到別人的幫助，就會對人家產生怨恨，這是一種極不可取的態度。一個人要想生存於社會，就必須具有獨立精神，培養個人能力。遇事要考慮如何獨立解決，養成善於思考的習慣，鍛煉分析問題的能力。一個具有卓越能力，具有獨立人格的人，才能被社會承認，受到大家尊重。

利之所在民歸之，名之所彰士死之。

——《外儲説左上》

本義 彰：顯著。

今解 趨利愛名，是人的願望。人主必須思考如何充分利用這一點。戰國時期土地廣大，人口稀少，誰能吸引民眾開墾土地，誰的生產就能發展起來，國家也就會強大。有些君主，為了個人窮奢極慾的享樂，不斷加重賦稅。百姓由於不堪重負，便會逃往他國。君主如果能減輕賦稅讓利於民，民眾生活有了保障，民眾就樂意為君主效勞，還可以吸引他國的人來發展生產。立下軍功便封爵受賞，戰士便會不顧自身奮勇殺敵。民眾務於農業生產，戰士英勇作戰，也就能國富兵強，所向無敵。

小信成則大信立，故明主積於信。賞罰不信，則禁令不行。

——《外儲説左上》

本義 積：積累。禁令：指法令。

今解 君主的信譽是由小事積累起來的。賞罰都必須兌現，否則法令不會得到施行。晉文公攻打原城，只令士卒帶十日糧，十天還沒有攻下原城，便下令退兵。有人報告説，城裏人再有三天就投降了。勸文公再打三天，文公説：「我已經説了只打十天，不退兵，是不講信義。」於是撤兵而去。原城人聽説文公如此守信，就主動投降，衛國人聽説文公如此守信，就主動歸附。晉文公就是因為守信而取得了成功，可見守信是何等重要。

良藥苦於口，而智者勸而飲之，知其入而已己疾也。忠言拂於耳，而明主聽之，知其可以致功也。

——《外儲説左上》

本義 已：指去除。致功：收到功效。

今解 孔子説：「良藥苦口利於病，忠言逆耳利於行。」君主執掌一國大權，具有至高無上的權威。所以有些君主專愛聽誇譽讚美之辭，一些善於溜鬚拍馬、阿諛奉承的奸臣投其所好，用花言巧語蒙蔽君主，君主切不可上這些人的當。忠臣的諫言指出君主缺點，切中要害，這些話可能並不中聽，但它能幫助君主改正錯誤，這些話就如同一劑良藥，雖然入口苦澀，但能治癒疾病。人主多聽取忠言，對治理國家是有極大的好處的。

人主聽説不應之以度，而説其辯，不度以功，譽其行而不入關，此人主所以長欺，而説者所以長養也。

—— 《外儲説左上》

本義 第一、三"説"字讀為 shuì，第二"説"字讀為 yuè，即悅。入關：合法度。

今解 戰國崇尚遊説，也是遊説之士大行的時代。説者在君主面前分析形勢，指陳利害，發表自己的見解，提出治國應敵之策，華言麗辭，雄辯滔滔，大有讓人不可不信，不可不服的氣概。人主必須保持一顆清醒頭腦，對説者的建議分辨取捨，不可為表面的華麗動聽而迷惑。正如孔子所説："聽其言而觀其行。"人主要多留意辯士的行為，看其所作所為是否合乎法度，對於行為不軌、朝秦暮楚的説士予以清除。這樣人君不致被蒙蔽，辯士也不會得以實行他的欺詐之術。

知治之人不得行其方術，故國亂而主危。

—— 《外儲説左上》

本義 方術：指治國之道。

今解 君主能否知人善用是國家興亡的重要條件。楚國的子玉是一個殘忍無情，剛愎自用的人，楚王任命他為令尹，帶兵與晉國作戰，子玉在城濮之戰中，輕敵冒進，導致了戰爭的失敗。君主將重任託付給大臣，必須慎重從事，對他要全面了解，正確評價他的能力。趙王輕信了趙括，致使長平之戰全軍覆沒。君主應引以為戒。有才能的人得不到重用，掌權的都是平庸無能之輩，國家又如何能治理好？君主地位又如何得到鞏固呢？所以身為君主，必須知人善任。

戰士怠於行陣者，則兵弱也；農夫惰於田者，則國貧也。兵弱於敵，國貧於內，而不亡者，未之有也。

—— 《外儲説左上》

本義 行陣：指行軍打仗。

今解 耕戰為本是法家的一貫主張。儒者、遊説之士、工商之民在法家看來都是應該鄙棄的職業，把他們視為國家的蠹蟲。人主如果對這些人不加限制，那麼就會嚴重危害國家安全，影響經濟的發展。法家主張把農民都固定在田地上，讓農民從事農業生產，且成績突出的給予獎勵。在農業社會，農業生產發展的好壞，直接關係到國家經濟的富強與否。在戰國時代，軍隊是否強大，戰士是否能勇於作戰，也關係到國家存亡。所以韓非提醒統治者，切不可忽視耕戰。

有術之主，信賞以盡能，必罰以禁邪，必得所利。 ——《外儲說左下》

今解 賞罰嚴明在法家看來是立國的根本。人們的求利心理促使他們為了獲得獎賞而施展才能，盡職盡責；避害的心理使他們為了避免受到懲罰而不去做奸邪惡毒、違法亂紀的事情。賞罰在很大程度上能引導人們的行為，使人們的行為符合國家利益，對於國家的富強安定具有很大的意義。但是一些君主是非不明，不能嚴格執行賞罰，就會使民眾懈怠疏忽，不求賞，也不懼罰，這樣國家就會陷入危險境地。所以君主只有嚴明賞罰才能使國家長治久安。

勢不足以化則除之。 ——《外儲說右上》

本義 勢：指用賞和譽來作勸勉的力量，用罰和毀來作禁止的力量。化：指教化群臣。除：指剷除。

今解 在法家看來，君臣就是以利相交的，臣竭盡所能為君服務，以求俸祿獎賞。君要運用權術來控制臣，使之既能忠心耿耿為自己服務，又不危害到自身的利益。厚賞重罰是君主統治臣民的法寶。凡是有功於國家，符合君主利益的行為都會得到獎賞；凡是為非作歹，危害君主統治的人都應該嚴懲。有些大臣自以為重權在握，置君主賞罰於不顧，輕君犯上，甚至有篡權奪位的野心。對於這樣的大臣，君主必須予以剷除。

明主之道，在申子之勸獨斷也。 ——《外儲說右上》

本義 獨斷：即專權。

今解 申子説："獨斷者可為天下主。"也就是説人君要想成就大業，一統天下，就必須專權獨斷。戰國時期，社會政治變化莫測，很多國家被他國滅亡，很多國家的君主被臣下篡權奪位。韓非對當時的政治現象作了深入的分析，指出君主要想使統治地位鞏固，就必須專權獨斷，把國家權力緊緊地控制在自己手中，如果權力下放到大臣手中，大臣就會利用權力結黨營私，蒙上欺下，造成臣威重，君威輕的情況，這會嚴重危害君主統治，所以韓非指出，明主治國，務求專權獨斷。

術之不行，有故。不殺其狗則酒酸。夫國亦有狗，且左右皆社鼠也。

——《外儲説右上》

本義 術：指治國之術。猛狗迎人而咬，使賣酒人的酒壞到酸了也賣不出去。奸臣蔽主，使君主不能任用有道之士，這樣，奸臣就是國家的猛狗了，並且君的左右之人都像老鼠一樣貪食國家俸祿。

今解 韓非用了一個巧妙形象的比喻來説明君主必須剷除當權的奸臣，否則甚麼樣的治國之術也不會得到貫徹執行。奸臣當權就會令群臣懼怕他的威勢而不敢向君主進諫忠言，使君主蔽塞視聽。群臣依附於權臣之門，不為君主效忠，君主的統治地位就會被嚴重動搖。君主的左右親信，未必都是為君主盡忠之人，他們想的只是如何升官加爵，獲得更多的個人私利，這些人就好像是蛀蝕社稷的老鼠。君主對奸臣和小人如同對待猛狗和老鼠一樣，不可不防。

國者，君之車也，勢者，君之馬也。夫不處勢以禁誅擅愛之臣，而必德厚而與天下齊行以爭民，是皆不乘君之車，不因馬之利，釋車而下走者也。

——《外儲説右上》

今解 韓非把國家比喻成馬車，把君主的威勢比喻成馬，以説明君主必須以威勢治國。君主大權獨攬，在臣民面前樹立起絕對的威嚴，才會使自身地位鞏固，國家安定。如果大臣擁有重權，令從己出，施予百姓恩惠，就會讓百姓對大臣感恩戴德。齊國大臣田成子很得民心，受到民眾愛戴，民眾甚至作歌歌頌他，引起齊國國君的恐慌。民眾之所以敬大臣而遠君主，就是因為君主沒有利用好手中權力，沒有獲取民心。君主要想治好國家就必須運用威勢，贏得臣民愛戴。

明主畜臣，令臣不得不利君之祿，不得無服上之名。夫利君之祿，服上之名，焉得不服？

——《外儲說右上》

本義　畜：養。利君之祿：是說大臣們貪求君主的俸祿來生活。之名：是說大臣們借用君主的榮名來行動。

今解　一國的君主必須具有絕對的威嚴。他要把群臣牢牢控制在自己手中，讓群臣只能靠國家俸祿來生活。俸祿的多少由君主依照官銜來定，群臣在經濟上對君主有較強的依賴性。臣下的榮譽稱號也由君主親自賜予，使群臣要想獲得高官顯名就必須為君主盡忠。利祿功名是人們追求的對象，君主利用人們這種心理，以利祿功名為釣餌，勸勉群臣竭盡全力施展才能，文官殫精竭慮於國家事務，武將捨生忘死於戰鬥，君主也就可以高枕無憂了。

賞罰共則禁令不行。

——《外儲說右下》

本義　賞罰的權力，如果君和臣共同來掌握，那麼禁令就行不通。

今解　韓非反覆提醒君主切不可讓大臣握有重權。君和臣共同執掌權柄，群臣便無所適從，甚至趨附權臣門下，造成臣威重、君威輕的不利局面。古人王良、造父是天下最善駕馭馬車的人，但是如果讓王良執鞭在左邊趕車，造父執鞭在右邊趕車，馬就會不知該如何行走才對。說的就是君主和大臣不能共同掌權的道理。君主必須把國家權力集中在自己手裏，重大事件親自決策，才能造成不可侵犯的君威，讓全國民眾臣服於己。

治強生於法，弱亂生於阿。

——《外儲說右下》

本義　阿：邪曲。指以私愛而枉法。

今解　法是立國的根本。國家要想強大就必須有一套適合國情的法律制度，法律對社會上所有的人都具有約束力，它是全民的行為準則。

法律的執行必須嚴肅而公正。讓民眾懾於法的威嚴而不敢為非作歹，而為國家做出貢獻的要依法予以獎賞，讓法律真正起到勸善懲惡的作用。依法治國，國家就會強大。但是在君主專制社會裏，法是由君主制定的，維護的是統治者利益，枉法的現象是不可避免的。如果君主缺乏原則，法律無法嚴明執行，那麼國家就有危亡喪亂的危險。

明主者，鑒於外也，而外事不得不成。

—— 《外儲説右下》

本義 明主要借鑒於外國的政事，然而對於外事借鑒不適當，還是不會成功。

今解 君主要向外國借鑒學習，學習外國的先進經驗，把外國好的東西吸取過來為我所用。這必須具有博大寬廣的胸襟和氣度，因為君主都認為自己是神聖不可侵犯的，唯我獨尊，怎麼能學習外國的經驗呢？但韓非思想並不狹隘，他指出明主必須學習借鑒他國的經驗，而且要有選擇、有鑒別地學習。明主不但要學習他國先進的東西，對於外國的政治教訓，諸如亡國篡位等事情更要加以認真研究，以避免重蹈他人覆轍。

聞有吏雖亂而有獨善之民，不聞有亂民而有獨治之吏，故明主治吏不治民。

—— 《外儲説右下》

本義 有了執法之吏，他們雖然有時也亂法，然而以法治國的民總是好的，但是如果民眾作亂，官吏再好，也無法治理。

今解 官吏是否能奉公守法，廉潔公正，關係到民眾是否能安居樂業，國家是否能富強穩定的大局。所以君主必須加強官吏的管理和教育。過去的官都稱父母官，也就是要像民之父母一樣關心愛護百姓，為百姓排憂解難，才能受到百姓的擁戴。譬如救火，官吏一人持水去救，是撲不滅火的，官吏調動起百姓，讓百姓去救，就能把火撲滅。官吏是否能調動百姓，與官吏是否受百姓擁護是直接相關的。如果國家吏治混亂，官吏魚肉百姓，引起百姓的反抗，那麼國家就有滅亡的危險。

因事之理，則不勞而成。 ——《外儲説右下》

本義 因：因循、遵守。遵照規律做事，事情就能做成功。

今解 萬事萬物都有自己的規律。日月運行，四季更替，是自然界的規律；春種秋收，治亂興廢，是人類社會的規律。天文學家觀察天象，要尋求規律；匠人運斤斫輪也要尋求規律。規律蘊含於萬事萬物之中，人類的一切生產活動都要探尋和遵守規律。研究分析事物的規律，按照規律辦事就能成功。盲目行動，逆規律而行，那麼甚麼事情也辦不成。規律能指導人們的實踐活動，所以韓非說：“因事之理，則不勞而成。”

欲利而身，先利而君；欲富而家，先富而國。 ——《外儲説右下》

本義 而：即爾，你。

今解 在君主專制社會裏，一切權力掌握在君主手裏，臣民也被君主視為私有。大臣依附於君主，因為他的官職俸祿都是君主分封的，他要想獲得利益，就必須更好地為君主效勞，為君主做出的貢獻越大，君主給他的好處就越多。中國人傳統上就以國家利益為重，國家是天下人的大家，大家不富，小家如何能富？人們應該以建設國家為己任，國家貧窮，小家不會富裕；國家富強了，小家當然也就會富起來。這種先國後家的精神歷代相傳，成為中華民族的優秀品質。

恃人不如自恃，人之為己，不如己之自為。 ——《外儲説右下》

本義 恃：依靠。

今解 人必須有獨立的精神。凡事依賴他人，不是長久之計，會引起許多麻煩，所以不如自己親自解決。依靠自己的能力解決問題，無求於人，不欠人情。這樣，普通百姓可以堂堂正正地做人；高官大吏可以剛正不阿，奉公守法。魯國宰相公儀休喜愛吃魚，國人都爭相買魚獻給他，但公儀休從不接受。他弟弟問他：“你既然愛吃魚，為甚麼不接受別人的饋贈？”公儀休說：“我吃了別人的魚，就會徇情枉法，替人説話。這樣，我的宰相地位也會被剝奪，怎如我當宰相，每天自己買魚吃，這樣才會常有魚吃。"說的也就是這個道理。

人主不可佯愛人，不可佯憎人。佯憎佯愛之徵現，則諛者因資而毀譽之，雖有明主不能復收，而況於以誠借人也。

—— 《外儲說右下》

今解 君主是國家的核心人物，受萬人矚目。君主行事要處處穩重，切不可輕浮草率。韓非主張君主要造出神秘氣氛，不能讓臣民猜度到他的行為想法。君主不可輕易表現自己的觀點，君主的話金口玉言，是萬民法則，對社會風氣會產生極大的影響。君主愛憎情感的表達應該是真實而恰當的，他對臣子的褒貶可能決定臣子的前途，人們都依君主的愛憎而愛憎。君主不真實的愛憎會造成極其嚴重的後果。

聖人不親細民，明主不躬小事。

—— 《外儲說右下》

本義 細民：平民百姓。躬：親自處理。聖人：指君主。

今解 中國有一句很傳統的話叫"事必躬親"。意思是說居於上位的人要親自處理每一件事。這被看成是盡職盡責的表現。但韓非告誡君主不要親近普通百姓，不要親自處理小事。這一主張也有它的道理。普通百姓千千萬萬，君主不可能每一個都要安撫。全國每天發生的事情也不可計數，君主不可能每一件都親自處理。君主的任務是選拔優秀人才，任命稱職官員，讓官吏各司其職，各盡其責。君主所起的應該是統籌決策的作用，做好這方面的工作，才是一個好君主。

國者，君之車也；勢者，君之馬也。無術以御之，身雖勞猶不免亂；有術以御之，身處佚樂之地，又致帝王之功也。

—— 《外儲說右下》

本義 佚：同逸。

今解 國家好比君主的馬車，威勢好比君主的馬，君主就是駕車的人。一個好的車夫必須深諳駕車的方法，君主如何運用勢和術是國家治亂的關鍵。君主是國家的主宰者，擁有至高無上的權力，他要在國內造成不可動搖的威勢，把國家權力牢牢控制在自己手裏，這是君主地位鞏固的保障。君主要用權術來駕馭群臣，賞罰兼施，恩威並重，讓群臣毫無保留地為自己盡忠。恰當地運用術勢，君主就能身處安樂，駕好國家這套馬車，創下豐功偉績。

聖人之為法也，所以平不夷，矯不直也。

—— 《外儲說右下》

本義　聖人：指君主。夷：平。矯：矯正。

今解　法律規定的是民眾的行為準則。它的目的是剷除邪惡，制止犯罪，對於危害社會、為非作歹、侵犯他人利益的人給予制裁和懲罰。在儒家理想的社會裏，人人都安分守己，品德高尚，社會興盛太平，沒有為非作歹的惡徒，聖人以德化民，不需要法的制裁。但這畢竟是一種理想社會，現實社會中，人們追求私利，時常暴露出惡劣的本質。所以韓非主張施用嚴刑峻法，讓百姓的行為完全合乎法律規範，國家才能治理得井井有條，繁榮昌盛。

人主以其清潔也進之，以其不適左右也退之，以其公正也譽之，以其不聽從也廢之，民懼，中立而不知所由，此聖人之所為泣也。

—— 《外儲說右下》

本義　清潔：指廉潔。適左右：與君主左右的人相處融洽。不聽從：指不聽君主的話。

今解　人主掌握國家大權，他的行為要有一定的準則，不可盲目草率。用人得當與否關係到國家命運，所以君主用人一定要謹慎從事。對於擔任國家重要部門職務的官員，君主要認真考察，選賢任能，切不可因為親信的褒貶而改變主意。親信常常都是妒賢嫉能的人，他們的話不能輕信。君主的話具有很強的威力，他稱譽臣下的公正，就是勸勉官吏都要公正行事，如果因為小事便廢除臣下，民眾就會對君主的話失去信心。長此以往，君主就會喪失民心，那麼哭泣的只能是他自己了。

明主之道：設民所欲以求其功，故為爵祿以勸之；設民所惡以禁其奸，故為刑罰以威之。

——《難一》

本義　設：設置。

今解　民眾都喜歡爵祿而懼怕刑罰，君主利用人們這一心理，以爵祿為獎賞，鼓勵人們立功，人們立的功越多，當然對國家就越有利。以刑罰作為威懾，人們厭惡受到刑罰，所以就不去做為非作歹的事。君主依照人們的愛惡心理設置賞罰制度，並用法律形式固定下來，讓人們爭相立功受賞。農夫多開墾田地收穫糧食有賞；戰士奮勇殺敵，斬殺敵人越多越有賞。對於那些犯罪的人，依法嚴懲，就可以減少民眾的犯罪行為。賞罰運用得當，就會國富兵強。

臣盡死力以與君市，君垂爵祿以與臣市，君臣之際，非父子之親也，計數之所出也。

——《難一》

本義　市：即做買賣。計數之所出：計算所付出的數目，說明君臣之間是一種買賣關係。

今解　在韓非看來，君和臣沒有父子那樣的血緣關係，他們之間就是一種以利相交的關係。君主需要臣下的輔助，讓臣下出謀劃策，殺敵衛國，盡死力以效忠君主；而臣下貪圖君主的爵祿獎賞，為了獲得這些東西，就必須捨生忘死，竭盡全力為君主服務。君和臣就是這麼一種買賣關係。所以法家主張嚴刑酷法，刻薄寡恩，這一套思想為秦始皇所利用，但他沒有掌握好原則，暴虐過度，使秦朝歷二世便分崩離析了。

君有道，則臣盡力而奸不生；無道，則臣上塞主明而下成私。

——《難一》

本義　君主有治國之術，那麼臣就竭力為君服務，不會發生奸惡的事情；君主沒有治國之術，臣就會蔽塞君主的視聽，結成私黨。

今解　君主能否駕馭群臣關係到國家的安定與否。君主要想把群臣控制在自己手裏，讓群臣唯君命是從，就要採用權術機謀，製造出不容侵犯的君威，信賞必罰，不輕信讒言，重用有才能的人，對作奸犯科的人予以嚴厲懲罰，獎勵耕戰。君主的措施得當，群臣就會竭盡全力效忠君主，而不敢為非作歹、營私舞弊。君主治國的措施不得當，讓群臣有隙可乘，奸臣當道，結黨營私，賢臣遭受迫害，國家政治昏暗，民不聊生，那麼，國家遲早都會滅亡。

明主之道：一人不兼官，一官不兼事；卑賤不待尊貴而進論，大臣不因左右而見。

—— 《難一》

本義 一人不兼任多職，一個職務不兼管多事；卑賤的人不需要通過權貴向君主進言論，大臣不需要通過君主的左右親信才能見到君主。這才是明主的治國之術。

今解 君主專制有許多常見的弊病。例如，一人身兼數職；一個職位管許多事務；地位低下的人要通過權貴才能向君主進言；大臣要通過君主身邊的信臣才能見到君主等等。韓非指出君主要想治理好國家，就必須防止這些現象的發生。一人身兼數職，造成權力集中於少數大臣手中，就不利於國家的安定。權貴當道，身份低卑的人要通過他才能向君主進言，就會堵塞民眾的進諫之路。君主身邊的人藉君主權威而飛揚跋扈，群臣就無法向君主進言。所以君主必須杜絕此類現象的出現。

緩刑罰行寬惠，是利奸邪而害善人也，此非所以為治也。

—— 《難二》

今解 儒家講究"為政以仁"。認為君主實行仁義，以德化民，才能治理好國家。孔子說："遠人不服，則修禮樂以來之。既來之，則安之。"儒家認為仁義是人生來就有的本心，所以只要人人按仁義行事，社會就安定了。法家與儒家的觀點完全相反，他們認為人都是自私自利的，所以只有用嚴刑酷法才能禁止人們為非作歹，人們懼怕嚴酷的法律，就不敢有非法的行為，如果君主減緩刑罰，人們不畏懼受罰，就會為所欲為，那樣國家是治理不好的。

賞無功則民偷倖而望於上。不誅過則民不懲而易為非，此亂之本也。

—《難二》

本義 偷倖：僥倖。

今解 有功必賞，有過必罰是治國之道。如果無功受賞，人們都希望甚麼也不做就得到君主的賞賜。如果有過不罰，人們就更容易犯過錯。這樣就會導致國家危亂。齊桓公喝醉酒後，丟了帽子，覺得很羞恥，三天不上朝，管仲勸他說："你為甚麼不用推行善政來雪恥呢？"於是開倉救濟貧民，把輕罪的人釋放出監獄，贏得了百姓擁戴。但是在法家看來，齊桓公的做法就是賞無功而且不誅過，這是君主治國的一個大忌。

官職所以任賢也，爵祿所以賞功也，設官職陳爵祿，而士自至，君人者奚其勞哉。

—《難二》

本義 君人者：指君主。

今解 君主常常抱怨人才難求，其實人才並非難求，關鍵是君主是否重用人才，給予人才應有的官職爵祿。齊桓公任用管仲，九合諸侯，一匡天下，使桓公成就霸業。設想如果桓公為前嫌而殺了管仲，或是把管仲囚禁獄中不把國家政事託付給他，那麼無論管仲有多大的才能也不會發揮作用了。所以君主往往不是遇不到人才，而是不重用人才。如果君主能像燕昭王一樣設黃金台，那麼天下賢才一樣競相歸附，何愁不能國富兵強呢？

人主使人，必以度量準之，以刑名參之；以刑名收臣，以度量準下，此不可釋也。

—《難二》

本義 度量：指法度。刑名：刑罰和名譽。

今解 君主要以權術來駕馭群臣，刑名是君主最常用的統治手段。臣下光有華言麗辭不行，還必須兌現他的承諾，完成自己的職責。為君主立功，君主就予以獎賞，加官晉爵，給他極高的榮譽。如果臣下對君主一片花言巧語，沒有實際工作能力，完不成他的分內工作，君主就要依法嚴懲，使其他大臣也不敢疏忽本職工作。君主嚴格按照法律來衡量臣下貢獻大小，有功則賞，有過則罰，刑名並用，才能治理好國家。

好利惡害，人之所有也。賞厚而信，人輕敵矣；刑重而必，人不北矣。 ——《難二》

本義 人之所有：就是人的本能願望。北：潰敗。

今解 人的本性都是好利惡害的，君主應利用人的這一本能願望，實行厚賞嚴刑的政策。俗話說：重賞之下，必有勇夫。君主真的能按照斬殺敵人的數目來賞賜，那麼戰士就會在戰場上捨生忘死、奮勇殺敵。立下戰功的將軍可以加官晉爵，那麼將軍們就會殫精竭慮去作戰。官兵一心，就會贏得戰爭。厚賞的同時，還必須嚴罰。對於敢於臨陣脫逃的士兵，格殺勿論；對於指揮不利的將軍也要嚴懲。有了這些嚴格的賞罰制度，軍隊就會戰無不勝了。

物之所謂難者，必借人成勢，而勿使侵害己。 ——《難三》

本義 物：事情。

今解 君主要想成就大業就必須善於利用群臣的力量。君主要知人善用，籠絡一批有才能的人為己所用。漢高祖劉邦就十分善於用人，他本是秦朝的一個小小亭長，在秦末農民戰爭中逐漸發展起了自己的勢力。他把蕭何、張良、韓信等人拉攏過來，為其出謀劃策，又有樊噲、灌嬰、彭越等一批武將為其衝鋒陷陣，最終打敗項羽建立了漢王朝。劉邦建國之後，為了不使異姓王侯危害自己的統治，大開殺戒，把建國功臣殺得所剩無幾。劉邦可以說是充分利用了韓非的這一套法家思想。

法敗而政亂，以亂政治敗民，未見其可也。且民有倍心者，君上之明有所不及也。 ——《難三》

本義 倍心：背叛的想法。

今解 法是治國之綱。一切政治活動和民眾的行為都要符合法律的規範。如果統治者不嚴格執法，法制混亂，民眾不依法行事，國家也不依法進行政治活動，那麼就會使國家政治混亂，民眾投機取巧，作奸犯科。以亂政治敗民，社會就會動盪不安。所以，君主必須以法治國，嚴格執行法律，才能使國家安定。社會動盪民眾就會產生反叛的心理，君主高高在上，被臣下所蒙蔽，對民眾的情緒無法了解，等到民眾風起雲湧進行反抗的時候，他才醒悟，但已為時晚矣。

明君見小奸於微，故民無大謀；行小誅於細，故民無大亂。

——《難三》

本義 誅：懲罰。

今解 君主由於所處的特殊地位，最難做到的就是明察秋毫。任何事情都是由小到大，逐漸發展而成的。君主如果能防微杜漸，把隱患扼殺於未發之前，那樣就有利於社會的安定。但是君主由於不能親自體察民情，大臣為了個人利益蒙蔽君主視聽，使君主無法了解百姓細微的動向。法治不嚴，民眾沒有約束力，就容易有不軌行為，造成社會的不安定。所以君主必須從小事抓起，小的過錯也給予懲罰，就能防止大錯的出現。

明君不自舉臣，臣相進也；不自賢功，功相徇也。論之於任，試之於事，課之於功，故群臣公正而無私，不隱賢，不進不孝。

——《難三》

本義 徇：從。課：考核。

今解 君主要想治理好國家，必須有賢臣輔佐。為君主舉薦賢才，是大臣的職責。鮑叔牙勸齊桓公任用管仲，管仲勵精圖治，使齊國強大起來，成為春秋五霸之一。君主任用大臣，對大臣是否稱職一定要嚴加考核，看大臣是否把工作完成得圓滿。君主任用大臣就是要求大臣為國立功，對於不能盡職盡責的大臣，君主要予以罷免。在君主嚴格的要求下，群臣就會忠於職守，公正無私，為君主舉薦賢才，而不敢推薦平庸無能的人。

知下明則禁於微，禁於微則奸無積，
奸無積則無比周，無比周則公私分，
公私分則朋黨散，朋黨散則無外障距
內比周之患。

——《難三》

本義 比周：結私黨。外障距內：指朋黨控制權力、蔽塞君主視聽。距：
同拒。

今解 君主對臣下的所作所為必須明察秋毫，不能有絲毫的疏忽大意。君
主要從小事抓起，對於小過失要及時懲處，絕不能姑息養奸。君主
善於防微杜漸，群臣的行為就不敢不合乎法度。因為懼怕君主的威
嚴，群臣就不敢結黨營私，互相攀附。對不稱職的大臣，君主給
予相應的懲罰和罷免，使群臣兢兢業業，恪盡職守，唯君主之命是
聽。沒有朋黨互相祖護，群臣就不敢欺騙君主，君主就能全面了解
國家的實際情況。

下眾而上寡，寡不勝眾者，言君不足
以遍知臣也，故因人以知人。是以形
體不勞而事治，智慮不用而奸得。

——《難三》

今解 儒家思想雖然自漢以後被奉為統治思想，要求人人都合乎儒家的行
為規範。但是歷代統治者為了加強統治，在廣泛地運用着法家思
想。君主一人不可能了解臣民的所有情況，所以君主要注重任用左
右親信，讓他們監督群臣的活動，及時向君主通風報信。自漢朝以
後，常常出現宦官專權的情況，就是因為君主過分信任宦官，讓他
們做君主的耳目，使宦官權力日漸擴大，以致控制政權。明代東
廠、西廠、錦衣衞等特務機構也都是君主用以監視群臣的，其實質
都是法家思想的體現。

好惡在所見，臣下之飾奸物以
愚其君必也。明主不能燭遠
奸，見隱微，而待以觀侍行，
定賞罰，不亦弊乎。

——《難三》

本義 君主不能看透臣下的遠奸和隱微，而以觀看表面現象的方法來對待

他們，又由此來定賞罰，怎能不失敗呢？

今解 君主不可輕易顯示自己的好惡，奸臣了解了君主的好惡，就處處投君主所好，以此來欺騙君主。君主要時刻保持清醒頭腦，分辨臣下的言論是真是假。君主處於國家的核心地位，對於遠離身邊的人和事，君主也不可放鬆警惕。而要想有可靠的消息來源，君主就必須有一批為自己效忠的親信，充當君主的耳目。根據大臣所做的功績進行獎賞，避免被虛假的表面現象所蒙蔽，這些是一個明君所必須具備的能力。

法者，編著之圖籍，設之於官府，而佈之於百姓者也。術者，藏之於胸中以偶萬端，而潛御群臣者也。

——《難三》

本義 編著之圖籍：記載於書籍。偶：遇。偶萬端：應付各種事務。

今解 這是韓非關於法術的論述。法是書面條文，由官府掌握，而又必須讓百姓了解。術是君主暗藏於胸中的東西，君主用術來處理各種事件，用術來駕馭群臣，使之為己服務。法家是一種實用的統治思想，法術是法家思想的核心。法家和儒家都有要實現國家富強，社會穩定的目的。儒家反對暴力，提倡用仁義治國，而法家則力勸君主要嚴刑酷法，加強對民眾的控制。君主不可太講仁義，而要運用權謀權術來駕馭臣民。

法莫如顯，而術不欲見。是以明主言法，則境內卑賤莫不聞之也；用術，則親愛近習莫之得聞也。

——《難三》

本義 親愛近習：指君主身邊的親信。

今解 法和術是君主治國的法寶。它們一明一暗，一外一內，都是君主進行統治的有利武器。法律是全國民眾都必須遵守的準則，君主制定法律就是要加強對民眾的控制，懲治犯罪分子。法律要以條文的形式向全國民眾頒佈，君主要加強法治的宣傳，讓法律獲得神聖不可侵犯的地位。術是君主暗中運用的，用來統治臣民的方法。君主所運用的術，應是絕對保密的，切不可讓他人窺破機密。君主的權謀深藏不露，臣下就得誠惶誠恐，唯君主是從。

臣之忠詐，在君所行也。君嚴而明
則群臣忠，君懦而暗則群臣詐。知
微之謂明，無赦之謂嚴。

——《難四》

本義 暗：昏庸。

今解 在韓非看來君臣之間沒有仁義可言，完全是互相利用的關係。臣的忠詐與否不取決於臣的個人品格，因為法家認為人人都有追求利益的心理，只要一有機會，人的惡劣的本性就會暴露出來。君主要極盡其所能來控制群臣，明察秋毫，對於大臣有過則罰，絕不姑息養奸。大臣畏懼君主的威嚴，不敢有違法亂紀的行為，恪盡職守，為君主效忠。如果君主昏庸無能，大臣見有機可乘，就會欺君罔上，為非作歹。所以說臣的忠詐是取決於君主強硬與否，這一點為人君者不可不知。

夫勢者，名一而變無數者也。吾
所為言勢者，言人之所設也。

——《難勢》

本義 "勢"的名稱只有一個，但它的道理是變化無數的，我所說的"勢"是人為造成的勢。

今解 "勢"是慎到提出的觀點，慎到是早期的法家人物，他主張人主要以勢治國。儒家反對慎到以勢治國的觀點。韓非在《難勢》篇中駁斥了儒家的觀點。儒家認為君主應以"仁"治國，"勢"是君主所天然具備的。因此，堯舜有治勢而桀紂有亂勢。韓非指出勢並不是天然具有的，它是君主一手製造出來的，是建立在君主的地位和權威的基礎上的。君主只有造成有利於自己的威勢才能把國家治理好。因此，"勢"也是人主進行統治的一種工具。

明主之國，令者，言最貴者也；法
者，事最適者也。言無二貴，法不
兩適，故言行不軌於法令者必禁。

——《問辯》

本義 "令"是言中最貴重的東西，"法"是事中最適當的東西。軌於法令：是說依法令而言行。

今解 法令是臣民言行的標準。凡是合乎法令的言行都是好的，凡是違反法令的言行都是應該禁止的。君主要以法令為依據來判斷群臣的言行得當與否，群臣懼怕法令的威嚴，就不敢胡亂向君主發表議論。君主採用大臣的言論，還要看它的功效如何。君主以法治國，群臣就會謹言慎行，而避免那些沒有價值的爭論。韓非的這一觀點與孔子"聽其言而觀其行"有相似之處。這是韓非在《問辯》篇所闡述的主旨。

術者，因任而授官，循名而責實，操殺生之柄，課群臣之能者也，此人主之所執也。

——《定法》

本義 任：能力。循：按照。課：試。術，是依照人們的才能來給予他們合適的官職，按照他們所說的話來要求他們的實功，掌握着生殺的權柄，考察群臣的才能。

今解 這是韓非對"術"的論述。"術"最早是由法家前期的代表人物申不害提出來的。"術"是君主用來駕馭群臣的方法，它與穩固君主的地位是緊密聯繫的。君主對群臣操生殺予奪之權，要求群臣說到必須做到，嚴格考察群臣是否稱職，這些都是"術"的具體運用。君主把"術"控制在自己手裏，秘而不宣，目的就是讓群臣恪盡職守，為自己效忠。

法者，憲令著於官府，賞罰必於民心，賞存乎慎法，而罰加乎奸令者也，此臣之所師也。

——《定法》

本義 憲令：指法律。慎法：指謹慎地按照法律辦事的人。奸令：指擾亂法令的人。此臣之所師也：這是群臣所取法的東西。

今解 這是韓非關於"法"的論述。法律必須以條文的形式保存於官府。法律是由國家制定的，由官府向民眾頒佈。法律是民眾的行為準則，所以民眾必須了解法律的內容。法律的作用在於懲惡揚善，所以賞罰必須合乎民心。有功於國家的人，一定給予獎賞；犯了罪的人，一定給予懲罰。這樣才能保證法的嚴肅性。群臣的行為也必須合乎法律規範。君主嚴格地依法獎懲群臣，所以法也是君主駕馭群臣的一項措施。

禁奸之法：太上禁其心，其次禁其言，其次禁其事。

——《説疑》

本義　太上：最好的策略。

今解　君要想鞏固自己的統治地位，就必須加強對臣民的控制，讓臣民不敢有任何作奸犯科的行為。那麼，如何才能禁止奸邪禍亂的發生呢？韓非認為最好的辦法就是加強思想控制，讓臣民在思想上沒有作惡的想法，從而一心為君主效忠。加強思想統治這一措施為以後歷代統治者所運用。秦建國後，焚書坑儒，開了中國思想專制的先河。韓非所説的"禁其言"也就是限制民眾的言論自由，這也是思想專制的一個方面。如清朝的文字獄，就是此種做法。

為人主者誠明於人之所言，則別賢不肖如黑白矣。

——《説疑》

本義　賢：指有才能的人。不肖：指沒有才能的人。別：區分。

今解　人主身居高位，具有生殺予奪的大權，群臣都竭力想從君主那裏取得利益。因此，不論忠良還是奸佞，不論有真才實學的，還是不學無術的，都想在君主面前表現自己，以求封官加爵。君主每天被各種言論所包圍，對群臣的言論，君主要用心加以識別，看他們所説的是否符合實情，看他們的建議是否具有可行性。君主頭腦清醒，不為臣下的華言麗辭所蒙蔽，聽其言還要觀其行，求其功，那麼，臣下的賢與不肖就能黑白分明了。

聖王明君，內舉不避親，外舉不避仇，是在焉，從而舉之，非在焉，從而罰之。是以賢良遂進而奸邪並退，故一舉而能服諸侯。

——《説疑》

本義　內舉、外舉：任用親戚，任用外人。

今解　君主能否治理好天下，用人得當與否是一個重要條件。在古代嚴重的宗法家族觀念的影響下，君主用人常常任用自己的內親外戚，但這些人並不一定真的具有才能，無法勝任官職，會造成嚴重後果。所以韓非主張任人唯賢，不管是身份卑微的人還是曾經與自己做過對的

人，只要他有真才實學，願意為君主效勞，君主就予以重用。奸邪之
人看到君主具有知人之明，也就不敢上前了。國家因此會強大起來。

群臣居則修身，動則任力，非上之令不敢擅作疾言誣事，此聖王之所以牧臣下也。

——《說疑》

本義　任力：盡力於職事。

今解　韓非反覆強調君主要善於駕馭群臣。大臣都是自私自利的，不可能
全心全意為君主效勞，君主必須使用權術通過各種手段來控制大
臣。群臣為了得到君主的獎賞，為了避免懲罰，就會忠心耿耿地為
君主服務。如果群臣平時能夠加強品德修養，盡職盡責地完成君主
交給的任務，唯君主之命是從，不敢誣陷他人，那麼，君主就能夠
把群臣控制在自己手裏，讓群臣為自己盡忠，為國家效力。主是明
主，臣是忠臣，國家也就會強大起來。

內寵並后，外寵貳政，枝子配嫡，大臣擬主，亂之道也。

——《說疑》

本義　內寵的妃與王后相比並；外寵的重臣擅政權，使君權不專，成了兩
屬政權；庶子和嫡子相匹配；大臣僭擬君主，都是亂道。

今解　這幾條導致國家亂亡的原因，是因為君主沒有把內外關係、嫡庶關
係、君臣關係理順。先秦諸子中，儒家是最重視人倫關係的，孔子反
覆強調"正名"，認為"名正則言順"。韓非在一定程度上接受儒家的
觀點，認為君主如果不把名分理順，讓偏妃與王后有同樣的尊榮，
會導致家庭內部的矛盾鬥爭；讓大臣專權，就會降低君主威信，削
弱君主統治力量；嫡庶通婚，更會造成姻戚關係的混亂，不利國家
穩定。這些都是君主應該極力避免的，否則就會導致國家危亂。

聖人之所以為治道者三：一曰利，二曰威，三曰名。夫利者所以得民也，威者所以行令也，名者上下之所同道也。

——《詭使》

本義　名：爵號。爵位封號是上下所共同追求的東西。

今解　法家提倡君主以"術"治國，利、威、名是君主所運用的"術"的
重要內容。所謂"利"就是君主給百姓的好處，包括減輕賦稅、徭
役、獎勵耕戰，平民百姓也可以立功受賞，加官晉爵。百姓為了獲
得這些好處，當然就會聽從君命，為國家盡力。君主要製造出極高
的威嚴，讓民眾感到君威不可侵犯，從而絕對服從於君主的命令。
君主設立各級官爵，為國立功的大臣可以加官晉爵，以此鼓勵群臣
恪盡職守，為國立功。利、威、名三種手段運用得當，君主就可以
收到治國平天下的功效。

**上無其道，則智者有私詞，賢者有
私意。上有私惠，下有私慾。聖智
成群，造言作辭，以非法令於上，
上不禁塞，又從而尊之，是教下不
聽上，不從法也。**
　　　　　　　　　　　　　　　　　　——《詭使》

今解　君主必須嚴格地以法治國。用小恩小惠籠絡人心只能使臣下的私
慾更加膨脹，讓臣下存僥倖心理，希望無功受賞，因此不會盡職
盡責建功立業。君主必須依法治國，獎懲分明，使群臣的行為合
乎法律的規範。在這句話裏，我們可以看出，韓非是反對不務耕
戰，以言辭遊說君主的賢智之人的。認為這些人隨意發表言論，
擾亂君主的法治，教唆百姓不守法律，君主對這些人是應該給予
嚴厲制裁的。

**父母之於子也，產男則相賀，產
女則殺之。此俱出父母之懷衽，
然男子受賀，女子殺之者，慮其
後便，計之長利也。**
　　　　　　　　　　　　　　　　　　——《六反》

本義　慮其後便：指父母考慮以後的利益。

今解　這一句話深刻地體現了韓非思想的功利目的。男子可以參加耕戰，
所以產男則相賀；女子將來要嫁做人妻，所以產女則殺之。這完全
是從利益大小來考慮問題，而沒有任何仁義道德可言。在韓非看
來，君主要想維護自己的統治地位，使自己的利益不受侵犯，就必
須駕馭好臣民，讓臣民服從自己的命令，為自己效忠。如果臣民獲

得過多利益，就會危害到君主的利益，所以君主對於臣民不能有任何仁愛之心，二者只能是利用和被利用的關係。

今學者之説人主也，皆去求利之心，出相愛之道，是求人主之過於父母之親也，此不熟於論恩詐而誣也，故明主不受也。

——《六反》

本義　學者：指遊説之士。誣：欺騙。此指被人主認為是欺騙的話。

今解　君主與臣下並不像父母與子女那樣具有血緣關係。因此，君主與臣下之間不存在恩愛仁義，他們是一種建立在具體利益基礎上的互相利用的關係。這一點，韓非在文章中向人主反覆申明。孔孟都是講以仁義為治，孟子更是以仁政遊説諸侯，認為君主只有施行仁政才能稱王天下。韓非對儒家的仁政思想嗤之以鼻，認為仁政只能讓國家更加混亂。君主只有以法治國，才能使國家強大起來。

霸王者，人主之大利也。人主挾大利以聽治，故其任官者當能，其賞罰無私。使士民明焉，盡力致死，則功伐可立而爵祿可致，爵祿至，而富貴之業成矣。

——《六反》

本義　聽治：指治國。功伐：功業。

今解　成就王霸事業，在君主來説，是最有利可圖的事，也是他的最大願望。君主為了實現這一目標，就必須奮發圖強，勵精圖治。君主採取相應的政治措施，任人唯賢，讓有才能的人擔當重任，可以把國家事務管理得更好。賞罰依法執行，不徇私情，讓士民明白立功便可受賞，要想取得爵祿就必參加耕戰，那麼就會讓遊民都盡力去耕田種地，讓士兵都奮不顧身，效命疆場。君主用加官封爵作為獎賞，使國家國富兵強，實現君主成就王霸事業的理想。

明主不養恩愛之心，而增威嚴之勢。

——《六反》

今解　春秋戰國是一個戰爭頻繁、社會發生巨大變革的時代。諸子各立門戶，各創學說，以求解決現實問題，提出自己的觀點和看法，對於其他學派的觀點予以駁斥。韓非所代表的法家就對當時的顯學儒家學說進行了反駁。這句話中的"恩愛之心"也就是儒家所提倡的以"仁義"為治的思想。韓非通過對社會現象深刻的觀察和分析，認為君主必須嚴格地以法治國，而仁義治國是不切合實際的。君主實行嚴刑峻法，令行禁止，才能駕馭臣民，治理好國家。

法之為道，前苦而長利；仁之為道，偷樂而後窮。

——《六反》

本義 偷樂：苟且作樂。

今解 這句話對比了以法治國與以仁治國的不同後果。在法家看來，法律雖然嚴厲苛刻，但只要人人遵守，從長遠來看是有利益的。仁義雖然可以讓百姓暫時生活安樂，但總有一天會遭受更多的痛苦。韓非舉例說："好比一個家庭如果能忍受飢寒，努力勞作，即使有戰爭饑荒，將來仍然可以過上好日子。如果這個家庭一味講仁義，貪求安樂，一旦遇到饑荒，就得出賣妻子兒女。"因此，法家主張拋棄仁義，以法治國。

欲治顯者其賞必厚矣，其惡亂甚者其罰必重矣。

——《六反》

本義 極其想治理好國家的人，一定會施行厚賞。極其厭惡混亂的人，一定會施行重罰。

今解 賞罰是治國的有效手段。君主如果想要治理好國家就必須充分運用這一手段。對於有功於國家的人，君主給予重賞，調動起人們建功立業的積極性。全國民眾為了獲得君主的獎賞，必然會努力為君主效勞。一個想要治理好國家的君主必然對擾亂破壞國家安定的人極其反感，因此，君主制定嚴刑峻法堅決打擊目無法紀的犯罪分子。君主賞罰嚴明，就會在全國形成求賞遠罰的社會風氣，國家會因此而興旺發達起來。

重罰者盜賊也，而悼懼者良民也；厚賞者，非獨賞功也，又勸一國。

——《六反》

本義 悼懼：悲痛恐懼。勸：鼓勵。

今解　重罰犯罪分子，不只是對其所犯罪行的懲罰，更重要的是對全國民眾都起到警戒的作用。把少數的犯罪分子當作反面教材，予以嚴厲懲罰，就能讓大多數人引起畏懼，不敢有任何違法亂紀的想法，嚴懲的是少數犯罪分子，獲益的是廣大的百姓。對於立功的人實施厚賞，其意義也不只是獎賞了少數立功的人。它可以鼓勵全國民眾都積極地去建功立業。所以，重罰厚賞並不是少數人的得與失問題，它對全國民眾都起警戒和勸導的作用，意義是極其深遠的。

凡人之生也，財用足則墮於用力，上治懦則肆於為非。

——《六反》

本義　墮：指懈怠。財用豐富，人們就不再用力去創造財富。君主治國不嚴，人們就敢於為非作歹。

今解　人們思想中都有不勞而獲，而又安逸享樂的想法。如果衣食豐足，財用有餘，人們就不會再像當初貧困時一樣努力勞動，而是滿足於現狀，不思進取。君主治國也是如此。如果君主仁義寬厚，不以嚴刑峻法治國，那麼，人們就不會畏懼刑罰，輕易地以身試法，幹出各種違法亂紀的事情。所以，君主治國不能有絲毫的放鬆懈怠，對於犯罪分子用嚴刑峻法予以堅決打擊。百姓懼怕君主的威嚴，懼怕嚴刑重罰，當然就不敢為非作歹了。

明主之治國也，適其時事以致財物，論其稅賦以均貧富，厚其爵祿以盡賢能，重其刑罰以禁奸邪，使民以力得富，以事致貴，以過受罪，以功致賞而不念慈惠之賜，此帝王之政也。

——《六反》

本義　致：收取。

今解　這句話講的是明主治國的策略。向人們收取財物，要按一定的時間進行，不可不分時令隨意索取。民眾貧富不同，國家收稅時要根據實際情況，區別對待。貧困的少收，富裕的多收，才能縮小貧富的差距，有利於社會的穩定。君主設立重賞，對為國立功的人封賞加爵，促使人們施展才能為國家做貢獻。加重刑罰，讓人們不敢有犯罪行為。君主賞罰嚴明，讓民眾不敢心存僥倖，希望無功受賞，有罪不罰。這才是明君治國收到的成效。

任人以事，存亡治亂之機也，無術以任人，無所任而不敗。

——《八說》

本義 機：關鍵。

今解 是否善於用人，是統治者事業成敗的關鍵。歷代都有因為知人善任而著名的人物。如商湯任用伊尹而滅亡了夏桀；文王、武王任用姜子牙而滅亡了商紂；秦穆公任用百里奚而國富兵強；至於大家所熟悉的長篇歷史小說《三國演義》裏，曹操、劉備、孫權都十分重視用人，曹操更是向天下發出"唯賢是舉"的號令。劉備從平民到帝王，更是與他任用諸葛亮、關、張、趙分不開的。韓非總結前代歷史經驗教訓，向君主指出用人是治亂存亡的關鍵。

察士然後能知之，不可以為令。夫民不盡察。賢者然後能行之，不可以為法，夫民不盡賢。

——《八說》

本義 必待明察之士才能知道的事理，不可據之以立法令，因為民眾不是每個人都是明察之士。

今解 韓非對法的功用已經有了很多論述，這句話是他對制定法律的看法。法律的制定有一個標準問題。這個標準應符合廣大民眾的實際情況。善於明察事理的人和賢者在社會上只佔一小部分，君主不能依照這些人的標準來制定法律，那樣就會脫離廣大民眾的實際情況。法律是民眾的行為準則，君主制定法律的時候，就必須從民眾的實際情況出發，這樣，制定出的法律才是客觀的，公正的，才能對全社會的人起到約束作用。

不作而養足，不仕而名顯，此私便也；息文學而明法度，塞私便而一功勞，此公利也。

——《八說》

本義 私便：指私利。文學：指提倡儒家思想的人。公利：指有利於國家。

今解 儒家提倡"世有道則仕，無道則退"，"達則兼善天下，窮則獨善其身"。伯夷、叔齊一類的隱士被儒家奉為楷模，給予極高的讚美。韓非對隱居而揚名的人物向來是不屑一顧的，認為他們"不作而養足，不仕而名顯"，竊取功名利祿，卻對社會沒有任何貢獻，只是獲得了個人私利。明主必須清除這一類人物，依法治國，按功勞大小進行獎賞，杜絕出現無功受賞的事情。使士民的行為都符合君主的利益，國家才能興旺強盛。

處多事之時，用寡事之器，非智者之備也；當大爭之世，而循揖讓之軌，非聖人之治也。

——《八說》

本義 寡事之器、揖讓之軌：都是指施行仁政。

今解 法家不像儒家那樣動輒稱三代之美、聖王之治。而是主張不拘泥於古人，時移世變，要根據實際情況來制定當代的政策。在韓非看來，戰國時代戰亂頻仍，是一個多事之秋，與上古民眾少而財用足的情況大不相同。在這樣一個時代推行仁政，是解決不了社會問題的，所以在這個時代是不會出現堯、舜、禹那樣的聖人的。當代君主所要做的就是依法治國，賞罰分明，駕馭好臣民百姓，使之為國家服務，這才是當代君主應採取的政策。

其臣有奸者必知，知者必誅。是以有道之主，不求清潔之吏，而務必知之術也。

——《八說》

本義 誅：懲罰。清潔之吏：指清正廉明的官吏。

今解 明主以術治國，了解臣下的言論和行為是術治的一個重要方面。大臣為君主服務，其目的是求得個人私利，為了追求私利，大臣在暗中會利用職權貪污受賄，營私舞弊。更有甚者，會勾結外敵，出賣國家秘密，以獲得更多的利益。明主必須調動各種手段，加強對大臣的監督，有了過錯及時給予相應的懲罰。大臣在嚴刑峻法面前，自然不敢任意而為。所以說讓大臣都自發地做到清正廉明是不可能的，只有加強法律規範，大臣才能成為清官。

明其法禁，察其謀計：法明則內無變亂之患，計得則外無死虜之禍。

——《八說》

本義　察：思考。死虜之禍：指與敵國交戰失敗。

今解　法術是君主治國的得力工具。法律是要求全國民眾都要遵守的準則，君主制定嚴格的法律，頒佈全國，讓全國民眾都知法、守法，懾於法律威嚴，不敢為非作歹。君主執行法律必須公正嚴明，不因慈愛仁厚而減輕刑罰。全國民眾的行為都符合法律要求，社會就會太平安寧了。身處亂世的君主更應該深諳權謀之術。各國交互侵擾，要想立於不敗之地，就須謀劃得當。君主運籌帷幄，深謀遠慮，不戰則已，戰則必勝，才不至於兵敗地削、喪權辱國。

書約而弟子辯，法省而民訟簡，是以聖人之書必著論，明主之法必詳事。

——《八說》

本義　約：簡約。訟簡：由於法簡約而民爭訟。著：明。

今解　韓非認為法律必須詳盡而完備。詳盡而完備的法律使社會上發生的各種問題都可以找到法律依據，依法解決，從而減少因為無法可依，或是對法律條文有不同的理解而產生的爭訟。韓非用了一個具體的比喻來說明法律詳盡而完備的重要性。他說，聖人著書因為過於簡約，所以引起弟子的辯論。如果聖人把觀點詳盡地闡述出來，那也就沒有因為理解不同而產生的辯論了。法律也是如此，所以法律的制定必須嚴密而周詳，減少漏洞，讓人無隙可乘。

治國是非，不以術斷而決於寵人，則臣下輕君而重於寵人矣。

——《八說》

本義　是非對錯，君主不親自決斷而聽從於寵臣，那麼臣下就輕君而重寵臣了。

今解　君主的威嚴來源於他神聖不可侵犯的君權。君主要牢牢控制住自己的權力，凡事親自決斷，以定善惡是非。如果君主把權力交給身邊寵臣，寵臣掌握判斷是非、生殺予奪的大權，那麼群臣就會依附於寵臣，而不思為君主效忠。韓非用兩個形象的比喻來說明這個問題。他說，酸甜苦辣，如果君主不親自品嚐，而由宰尹判斷，那麼廚師就會輕君而重宰尹；音樂的美惡，君主不用耳朵判斷，而聽由樂官裁斷，那麼，樂師就會輕君而重樂官了。說的正是這個道理。

明主之國，有貴臣，無重臣。貴臣者，爵尊而官大也；重臣者，言聽而力多者也。

——《八說》

本義 言聽而力多者也：指君主聽從重臣的話而使重臣權力擴大。

今解 明主以術治國。對於為國家做出重大貢獻的功臣加官晉爵，給予他極大的榮耀。這不僅是對功臣的獎賞，重要的是起到一種勸勉作用，讓臣民爭相為國立功。明主要扶持一些這樣的貴臣。重臣則是君主因為寵信而把大權交與他掌握，對他的話言聽計從，重臣掌有大權，作威作福，群臣懾於他的權力，不敢不從。重臣因此會產生野心，甚至做出殺君弒主的事來。所以，君主培養貴臣，而堅決防止重臣的出現。

凡治天下，必因人情。人情者有好惡，故賞罰可用，賞罰可用則禁令可立，而治道具矣。

——《八經》

本義 運用賞罰能讓人們遵守法律，人們遵守法律，國家就太平了。

今解 想要統治天下的君主對於人情必須有深刻入微的體察。人之性情，有好有惡。好賞惡罰是人共同的心理。君主要充分利用人們這一心理，把賞罰和法律制度結合在一起。對於行為合乎法律規範，盡職盡責，為國家做出貢獻的大臣有賞，對努力耕戰的平民百姓也依法有賞，人們為了追求君主的獎賞就需要嚴格守法。對於作奸犯科的人，君主依法予以嚴懲絕不留情，讓人們懾於法律威嚴而不敢為非作歹。把賞罰與法制相結合，是使國家安定的一個重要手段。

君執柄以處勢，故令行禁止。柄者，殺生之制也；勢者，勝眾之資也。

——《八經》

本義 柄：權柄。令行禁止：有令必行，有禁必止。制：指君權。資：資本、憑藉。

今解 國君擁有至高無上的君權。君權是國家權力的核心，君主握有君權，發號施令，生殺予奪，對全國民眾造成一種極大的威懾力量。這種威懾力量其實就是法家所說的"勢"。君主利用權力造成威勢，是君主把全國臣民緊緊控制在自己手中的關鍵。君主沒有威勢，臣民就容易輕君犯上，法令也無法徹底貫徹。民眾輕易滋事，造成國家混亂。君主只有形成極大的威勢，才能令行禁止，讓臣民服從於自己的統治。

明主行制也天，用人也鬼。天則不非，鬼則不困。

——《八經》

本義 行制：指揮使主權。天：指君主行制以多方面事物為治理對象，就像天對萬事萬物那樣。鬼：指神秘難測的君術。非：非議。困：窮困。

今解 明主行使君權具有絕對的威嚴。就像天時運行，對世間萬物都產生巨大的影響一樣；君主對全國民眾也有一種不可抗拒的力量，讓民眾唯君主是從，不敢有任何非議，就如同人們對上天只有崇敬而不敢詆毀一樣。法家強調君主要製造出一種神秘氣氛，不輕易拋頭露面，不輕易發表言論，讓人們感到神秘莫測。君主以"術"駕馭群臣，不讓群臣琢磨透自己的行為想法，群臣永遠感到君主神秘莫測，自然就會完全服從於君主的領導了。

力不敵眾，智不盡物，與其用一人，不如用一國。

——《八經》

本義 一人之力不能勝眾，一人之智不能盡知萬物。人君用一人之智力不如用一國之智力。

今解 這句話也是說君主要以術治國。君主一人的智慧和力量是極其有限的，一人之力遠沒有全國人的力量大，一人之智，遠沒有全國人的智慧多。所以，君主應該懂得如何運用全國民眾的力量和智慧。韓非的思想學說全都是讓君主學會如何治國的，以君主為中心，但也不是完全否定民眾的力量。韓非也認識到民眾的智慧力量是無窮無盡的，君主要想治理好國家，要想在戰亂中生存，就必須依賴於民眾的力量。

知臣主之異利王，以為同者劫，
與共事者殺。故明主審公私之分，
審利害之地，奸乃無所乘。 ——《八經》

本義　主與臣利益不同，認為利益相同，君主就有劫難，把權力分給臣下，君主就有被殺的危險。

今解　君和臣有各自不同的利益。君希望臣能竭力盡忠，臣則希望從君主那裏獲得更多的好處。君臣之間沒有血緣親情，他們的關係是建立在互相利用的基礎上的，君主必須明白這一點。如果君主認為君利和臣利是一致的，就會過分信任大臣，把權力下放給大臣。大臣握有重權，營私舞弊，以求獲取更多的個人私利，就會輕君犯上，甚至要弒君自立。所以，君主要嚴格區別君臣利益的異同，防止臣下為求個人私利而損害君主利益。

言會眾端，必揆之以地，謀之以
天，驗之以物，參之以人。四徵
者符，乃可以觀矣。 ——《八經》

本義　四徵：地利、天時、物理、人情。符合這四樣，就可以判斷是非善惡了。

今解　君主要通曉天時、地利、物理、人情。這四樣可以說是包含着世間一切事物。中國古人，最重視這四樣事物。《大學》裏講"格物致知"意思是人們只有推究物理，才能獲得廣泛的知識。孟子特強調天時、地利、人和的作用，他說"天時不如地利，地利不如人和"。韓非認為作為一個明君就必須對天、地、物、人有深刻的體察。依天時、地利、物理、人和來行事，那麼是非分明，善惡昭著，君主就能無往而不勝了。

為君者有賢智之名，有賞罰之實。
名實俱至，故福善必聞矣。 ——《八經》

今解　一國君主要使臣民百姓信服，既要有賢智之名，又要有賞罰之實。"賢"是一種道德標準，君主有較強的治國能力，用人得當，官吏廉潔，民眾生活安樂，國家富強，這就可以說是一位賢君。"智"

是要求君主聰明穎悟，處理事情果斷機敏。善於聽取他人意見，表現出大智大慧的特點。賢智是君主的名聲，有了這樣的名聲還要嚴明賞罰。大凡君主有賢智之名，人們就認為他寬厚仁慈，所以不務立功求賞，而想僥倖獲得君主恩賜。君主要嚴格執行有功則賞，有過必罰的政策。外有賢智之名，內有賞罰之實，才能治好國家。

言之為物也以多信；不然之物，十人云疑，百人然乎，千人不可解也。

——《八經》

本義　一種言論，如果多人相信，那麼大家就都相信。不正確的東西，十人表示懷疑，百人認為對，那麼一千人也會迷惑不解。

今解　這句話也就是"三人成虎"、"眾口鑠金"、"積毀銷骨"這一類意思。人們都有隨大流的心理，大家都認為是對的，那就沒有人做進一步的分析，看它是否正確。君主聽取言論必須謹慎小心。對於大家都同意的事情，也不可輕易相信，更不可據此作出輕率的決定。君主對他人的言論必須進行深入的分析考察，看它是否符合實情。用具體的事情給予檢驗，看能否收到功效。君主不以言論定賞罰而以功效定賞罰。促使臣下謹言慎行，克己奉公，為君主服務。

官之富重也，亂功之所生也。

——《八經》

本義　官吏積聚過多財富，是禍亂產生的原因。功：事情。

今解　官吏是國家的管理人員，他們行使法律、治理百姓。官吏是否廉潔，關係到民眾生產能否順利發展，社會是否穩定。在政治黑暗、社會混亂的時代，官吏橫行霸道，魚肉百姓，強徵暴斂，加重民眾的負擔，以擴充個人的財富。清代有民諺說"三年清知府，十萬雪花銀"。在政治黑暗的時代，官吏貪污賄賂之風盛行。反之，貪官污吏又加重了社會的混亂。真正廉明的官員，私人財產並不多，如果一個官員家私巨萬，那麼必是貪官無疑。君主應予嚴懲。

明主之道：臣不得以行義成榮，不得以家利為功，功名所生，必出於官法。

——《八經》

本義　家：指卿大夫的采地。家利：指利於家未必利於國。

今解 功名是大臣所追求的對象。君主給予大臣功名，要看大臣的行為是否符合國家法律，大臣是否為國家做出貢獻。有的大臣藉手中權力推行恩義，收買人心，以求獲取榮譽，君主對於這樣的大臣必須嚴懲不怠。因為在法家看來，君主應以法治國，仁義只能擾亂法律，對社會沒有甚麼好處。大臣的行為可能有利於私家利益，對國家不會產生好處，君主要區分開私利與公利，對這樣的大臣不能獎賞。大臣只有嚴格依國法行事，才能獲取功名。

聖人不期修古，不法常可，論世之事，因為之備。

——《五蠹》

本義 聖人：指君主。不期修古：指不要求修行先王的古道。常可：指舊制度。君主要依據歷史發展的實際情況進行改革，以適應新時代的要求。

今解 這是韓非的一句名言。表明韓非具有不拘泥於古制，勇於創新的改革精神。復古思想自孔孟起就一直在人們心中佔有很重要的地位，認為甚麼東西都是過去的好，祖宗留下的法則不可變更，所以在中國人的思想裏都有守舊的一面，而缺乏創新精神。韓非卻不拘泥於舊傳統，他要求君主要因時制宜、因地制宜、因事制宜，不必恪守古訓，按當今時代的要求來制定相應的政策，這是一種大膽的創新精神，為中國人的思想裏注入了新的活力。幾千年來，凡銳意改革的中國人都有韓非的這種精神。

宋人有耕者，田中有株，兔走觸株，折頸而死，因釋其耒而守株，冀復得兔，兔不可復得，而身為宋國笑。

——《五蠹》

本義 株：樹。走：跑。耒：農具。冀：希望。宋國：指宋國人。

今解 "守株待兔"是《韓非子》中一個著名的寓言故事，早已成為成語，被人們廣泛運用。韓非用這個故事來說明君主切不可拘泥於先王的政策而不知變通，否則就會像那個農夫一樣徒勞無功。韓非主張君主依當時的實際情況來制定國家政策，先王的政策雖好，但它是先王時代的產物，未必適應當前形勢的要求。所以，君主不可泥古不變，他可以學習先王政策中優秀的東西，但如果照搬先王的政策，那就會像"守株待兔"一樣，被人嘲笑。

聖人議多少，論薄厚為之政。故罰薄不為慈，誅嚴不為戾，稱俗而行也。故事因於世、而備適於事。

——《五蠹》

本義 君主根據財物多少，權勢輕重來制定政策。因此，上古君主輕刑薄罰是因為財貨多，民眾不爭，而不是仁慈。當今君主嚴刑重罰也不是暴戾，而是依世俗而行。所以，事情是依時代情形發生的，君主的政策也要適應當今的事情。

今解 這句話十分突出地表現了韓非的務實與改革精神。君主制定政策一定要根據當前的實際情況，考慮國家實力大小以及自己權勢的輕重。所以，君主不要怕施行嚴刑重法有暴戾之嫌，只要嚴刑重法適應當前情況，那就堅決實行。君主的政策是用來治理當代的民眾的，所以必須符合當代的實際情況。不顧實際，一味羨慕上古的仁義之世，運用先王法令不知變通，國家就有傾覆的危險。

上古競於道德，中世逐於智謀，當今爭於氣力。

——《五蠹》

今解 上古時期，民風淳樸，人們都致力於道德的修養。有德的人受到社會的尊重。上古政治，不用智謀，不修武力，而是用高尚的道德感化敵人，使之歸順。中古的人們沒有了上古的淳樸，他們講究智謀，力求以智勝人。到了當今之世，戰亂頻仍，世道混亂，人們早已不再修養自己的道德，中古時代的智謀也已退化為權謀機詐。當今之世，人們競相以武力征伐，誰的勢力大，誰就可以稱王稱霸。所以，君主必須根據當今之世的情況，採取相應的政策。

行仁義者非所譽，譽之則害功；工文學者非所用，用之則亂法。

——《五蠹》

本義 行仁義者：指儒家一類人物。

今解 韓非反對儒家，認為他們憑文學被君主錄用，行事則講仁義，會破壞君主的法律。因為儒家以仁孝為先，據說，魯國有人跟國君去打仗，三次從戰場上逃跑。人們問他為甚麼逃跑，他說："我家裏還有老父親，我如果戰死，就沒有人奉養他。"孔子聽說後，認為這人講孝道，就推舉他做官。韓非用這個例子說明儒家思想是有害君主統治的。俠士依恃劍術替人報仇，為人豢養。韓非認為俠士無視國家法律，君主也應禁止他們的活動。

國平養儒俠，難至用介士，所利非所用，所用非所利。是故服其事者簡其業，而遊學者日眾，是世之所以亂也。

—— 《五蠹》

本義 介士：士兵。簡：怠慢。遊學者：說客和學士。

今解 韓非認為真正為國家做出貢獻的，是從事於耕戰的人。但是君主在國家太平的時候不重視戰士，而給靠遊說和文學取悅君主的人加官封爵。一旦發生戰事，又要靠士兵來衝鋒陷陣，保家衛國。韓非指出君主重用的人卻不是給君主做出貢獻的人；給君主做出貢獻的人君主又不予重用。這就會讓從事具體工作的人懈怠於工作，而且想如何用花言巧語去騙取君主的爵祿。這樣一來，遊說之士和以文學干謁君主的人就會越來越多，長此以往，國家就有滅亡的危險。

明王治國之政，使其商工遊食之民少而名卑，以寡趣本務而趨末作。

—— 《五蠹》

本義 趣：趨。本務：指農務。末作：指工商業。明主治國的政策，使其國內商工遊食之民少而且名卑。因為國民務農的人數少，而走向工商業的人數多，故用"重農抑商"的政策來糾正它。

今解 中國古代漫長的農業社會中，一直對商業活動不夠重視。韓非認為工商之民是國家的蠹蟲之一。他們不從事勞作，靠買賣向農民漁利，比從事農業勞作的人獲利還多。這些人對社會造成不良影響，讓社會上的人都想通過商業活動不勞而獲，那麼人們就不願意從事於艱苦的農業生產，這對國家經濟的發展會產生極大的危害。所以韓非主張重農抑商，國君應採取政策鼓勵農耕，打擊工商之民。這樣才能使國家富強起來。

夫嚴家無悍虜，而慈母有敗子，吾以此知威勢之可以禁暴，而德厚之不足以止亂也。

——《顯學》

本義　虜：奴僕。

今解　戰國是一個崇尚武力的時代。一個國家要想生存下去，就必須有足夠強大的軍事力量。所以韓非力勸君主要努力發展軍事力量，國富兵強就可以通過戰爭讓其他國家臣服於己，而國家軟弱就只能臣服於他國。春秋五霸，就是依靠強大的經濟軍事力量成為諸侯霸主的。戰國七雄，也都是以武力征伐確立了自己的大國地位。在一個充滿暴力的時代，只有用強大的武力才能制止暴亂，仁義德厚在那樣的時代是發揮不了作用的。

王術不恃外之不亂也，恃其不可亂也。恃外不亂而治立者削，恃其不可亂而行法者興。

——《心度》

本義　王術：王者治國之術。外之不亂：外國不擾亂。治立：治理好國家。

今解　君主能否治理好國家，不在於敵國是否進行干擾，而在於國家是否強大，不受外敵干擾。君主治國一定要致力於發展國家的經濟軍事力量。衰弱則要受辱，落後就會捱打。只有國家強大起來，才能有足夠的力量抵禦外敵的侵略和干擾。如果君主只想不被外敵侵擾而保持國泰民安，那是完全錯誤的。

《商君書》

　　商鞅（約公元前 390 – 前 338 年）是戰國中期衛國人，原名公孫鞅，又叫衛鞅。後來在秦國變法有功，被秦孝公封於商，號商君，所以歷史上又稱他為商鞅。

　　商鞅一生中最重要的活動就是輔助秦孝公進行了變法。商鞅變法是鞏固古代政治制度的一場深刻變革。

　　商鞅變法的主要內容是：一、廢除井田制，允許土地自由買賣。二、廢除“世卿世祿”制度，建立按農戰功績授予官爵的新體制。三、廢除分封制，普遍建立郡縣制，加強中央集權。堅決實行法制，主張“刑無等級”。四、獎勵農戰，壓抑工商業。商鞅變法取得了顯著成功，秦國很快就由貧弱轉為富強。秦孝公死後，商鞅被秦國內部的反動勢力用“車裂”的酷刑殺害。

　　《商君書》是商鞅以後的法家學者輯錄的。原來有 29 篇，現存24 篇。它記載了商鞅變法的事跡，反映了商鞅的基本思想和政治主張。

有高人之行者，必見負於世；有獨知之慮者，必見驁於民。

——《更法篇》

本義　必：總是。見負：被譏笑指責。見驁：被誹謗，驁（ào），當作訾。

今解　凡是合乎世俗習慣的行為人們就表示認同；凡是不合乎世俗習慣的行為人們就予以嘲諷。這也就是俗話說的"槍打出頭鳥"。然而真正的英雄，真正能成就大事業的人，卻總是這種不合乎世俗的人，他們比一般人具有更敏銳的洞察力，他們能夠高瞻遠矚，看到一般人所看不到的問題。這樣的人行為和意識都是超前的，他們可能暫時不為世俗所理解，但是最終推動歷史發展、社會進步的無疑是這一類人物。

法者所以愛民也；禮者所以便事也。是以聖人苟可以強國，不法其故；苟可以利民，不循其禮。

——《更法篇》

本義　便事：使事情方便去做。苟：如果。故：指舊法制。循：遵循。

今解　在法家看來，君主制定法律的目的是懲惡揚善，所以法律對大多數民眾是有利的。"禮"指規矩制度。"禮"的設立，也是為了讓人們之間關係更加和諧。因此，"禮"也是對民眾有利的。君主治理國家，目的就是要強國利民，當舊的法律制度不適應當前需要的時候，君主就應該考慮如何變更舊制度。只要改變舊制度能有利於國家，有利於民眾，那麼君主就可以大膽地改革。變與不變，取決於是否有利於國家，是否有利於民，這是根本原則。

拘禮之人不足與言事，制法之人不足與論變。

——《更法篇》

本義　拘禮：為禮所拘。制法：為法律所限制。二者都是指拘泥於舊制度，不知變通的人。

今解　改革者必須是通權達變，善於變通的人。死抱住舊的制度不放，謹言慎行、不敢越雷池一步的人，永遠都是井底之蛙，滿足於方寸天地，不會有任何的作為。真正的改革者都具有開放的意識，大膽的創新精神。他們的思想遠比一般人要深刻得多，他們能觀察到舊制

度的種種弊端，不滿於這些弊端，所以要求變更舊制度。他們不會
為舊制度所限制，他們具有大膽的創新精神，具有大無畏的獻身精
神，這是一個改革者最優秀的品質。

治世不一道，便國不必法古。 ──《更法篇》

> **本義** 治理國家的方式不是只有一個，只要有利於國家就可以不必效法古
> 人。

> **今解** 這是商鞅變法革新的著名理論。當時有許多人死守古訓，認為先王
> 之法不可改變，國君只能依循舊制度來治理國家。商鞅指出時代不
> 同，治國之道也不同。伏羲、神農治理國家，對民眾只是實行教
> 化，而沒有誅殺之刑；黃帝、堯、舜只是誅殺罪大惡極的人；文
> 王、武王都是按時代需要而設立法制。商鞅指出，凡是有成就的君
> 主都能不拘泥舊制，法律制度依現實情況而定，只要利國利民，就
> 可以大膽變革。

無宿治，則邪官不及為私利於民，而
百官之情不相稽，則農有餘日。 ──《墾令篇》

> **本義** 宿：隔夜。宿治：隔夜辦理事情。指辦事拖拉積壓。不及：來不
> 及。為：求的意思。情：事情，指政事。稽：停留，阻塞。餘日：
> 指農民從事農業生產的時間。

> **今解** 反對"宿治"是商鞅的一個重要政治主張。他認為辦理政事要迅速
> 及時，絕對不能拖拉積壓。貪官污吏總是要敲詐民眾，從民眾那裏
> 榨取好處，國君行事迅速，就能有效地制止貪官污吏的勒索敲詐。
> 各級官吏的政事總是處理緩慢，積壓在一起，不及時處理。如果君
> 主以身作則，雷厲風行，下級官吏就不敢拖沓敷衍，從而提高辦事
> 效率。官吏不貪污腐敗，百姓的事情能及時得到處理，民眾就有更
> 多時間進行農業生產，所以"無宿治"是君主應該特別注意的問題。

無以外權爵任與官，則民不貴學
問，又不賤農。 ──《墾令篇》

> **本義** 外權：指別的諸侯國的勢力。爵任與官：封爵位，任官職。戰國時

期，諸侯國之間有互相推薦官吏的情況，説客也常藉一國的勢力在他國謀求官職。學問：指儒家的學説。

今解 戰國是遊説盛行的時代。很多儒生憑藉知識學問，以儒家"仁政"思想去遊説君主，以求封官加爵。商鞅認為這些人只是以言辭説人，沒有實際價值，對國家發展非但沒有好處，還會擾亂君主視聽。如果君主重用這類人物，就會加重遊説干謁的風氣，讓民眾不能安心於農業生產，想走捷徑取得功名富貴，這對國家是極其有害的。明主治國應以農業為本，讓民眾都參加到農業生產中去，多墾荒地，多產糧食，國家才會富強起來。

使商無得糴，農無得糶。農無得糶，則窳惰之農勉疾；商無得糴，則多歲不加樂。

——《墾令篇》

本義 糴：買糧食。糶：賣糧食。窳（yǔ 羽）：懶惰。勉疾：勤奮。多歲：豐收年。加樂：更加快樂。指商人在豐收年靠買賣糧食掙錢，生活享樂。

今解 重農輕商是法家的一個重要思想。商鞅特別反對糧食買賣，因為有一些農民不勤於耕種，而是搞其他的事情，賺了錢之後再去買糧食。尤其是一些有錢有勢的大家族，不從事農業生產，所吃的糧食不是出自自家土地而是向商人購買，這樣就會嚴重妨礙農業生產的發展。商人靠買賣糧食獲利豐厚，誘使許多人放棄農耕從事商業活動。有錢的大商人進行囤積居奇，豐收年頭大量收購糧食，饑荒時賣出，牟取暴利，對國家經濟造成極大影響。所以商鞅主張把以農為本、重農抑商作為國家基本政策。

廢逆旅，則奸偽、躁心、私交、疑農之民不行。逆旅之民無所於食，則必農，農則草必墾矣。

——《墾令篇》

本義 逆旅：旅店。躁心：指見異思遷的人。私交：私自與豪門權貴及諸侯各國勢力交往。疑農：指不安心農務的人。不行：不外出流動。草：指荒地。

今解 商鞅認識到發展農業生產是當務之急，所以他想盡一切措施讓不參加農業生產的人參加到農業生產當中去，讓已經從事農業生產的人心無雜念，專心致力於農耕。廢除旅店，也是商鞅促進農業生產發展的一個手段。然而用今天的眼光看來，這一措施顯得十分荒唐可笑。因為旅店雖然為外出的人提供方便，但並不是人們外出的原因。況且旅店不只為不務農耕的人提供方面，人們有事外出當然都是要住店的。由此，我們也可以看出商鞅政策中偏激的一面。

重刑而連其罪，則褊急之民不鬥，很剛之民不訟，怠惰之民不遊，費資之民不作，巧諛、惡心之民無變也。

——《墾令篇》

本義 連其罪：指連坐的法律。褊急：心胸狹隘、性情急躁。很：同"狠"。剛：蠻橫。怠惰之民：指遊說之人。費資之民：揮霍浪費的人。惡心：指心存不良的壞人。變：指欺騙。

今解 商鞅主張以嚴刑重罰治國，尤其是要採用連坐法。那麼甚麼是連坐法呢？商鞅為了控制民眾，在全國建立什伍制度，五家為伍，十家為什，互相監視告發。一家有罪，其他各家如果不告發，連帶有罪；如果告發，可以得賞。這就是所謂的連坐法。這是一種極其殘忍苛刻的法律，可見法家治國毫無仁義恩惠可言。秦始皇建國後，延用這種連坐制度，"殺人如恐不盡，刑人如恐不勝"，很快便走向了滅亡。

凡人主之所以勸民者，官爵也；國之所以興者，農戰也。

——《農戰篇》

本義 勸民：鼓勵民眾。

今解 農戰是商鞅變法的重要內容和根本政策。農，就是要廢除井田，鼓勵墾荒，發展農業生產。商鞅採取各種政策，讓農民全心全意地進行農業生產，因為農業生產發達與否，直接關係到國家是否富強。戰，就是發展軍事力量。在戰國時代，各諸侯國之間戰爭不斷，軍隊是否強大關係到國家的生死存亡。所以，商鞅採取措施，鼓勵士兵英勇作戰。農戰是國家的根本政策，只有為農戰作出貢獻的人，才能取得官爵。

善為國者，倉廩雖滿，不偷於農；
國大民眾，不淫於言，則民樸一。

——《農戰篇》

本義 倉廩：糧倉。偷：輕視，馬虎。淫：有過度、泛濫的意思。不淫於言，是說不讓遊說之士的言辭泛濫。樸一：樸實專一，指專一於農戰。

今解 農業生產是立國根本。農業生產的好壞關係到國家的強大與否，所以君主必須對農業生產高度重視。中國歷來就是農業社會，人們把從事於農耕看做是最本分的事，這與高度重視農耕的思想是有關係的。法家看到一個國家要想強大，就必須有糧食作保障，讓民眾安居樂業，民眾不愁吃穿，才能為國家效力。商鞅主張限制儒家一類的遊說之士，讓民心不旁顧，把精力都投入到農耕中去，從而保證農業生產的發展。

國待農戰而安，主待農戰而尊。

——《農戰篇》

今解 這句話反映了商鞅對農戰的高度重視。發展農業生產是商鞅的一貫主張，他認為只有農業生產搞好了，國家才會強大起來。為此，他採取種種措施，讓農民安心於農業生產，開墾土地，增產糧食，讓民眾有衣穿、有飯吃，國家有足夠的糧食儲備以預防災荒和戰爭，這樣國家才能安定富強。發展軍事力量也是君主不可忽視的工作。在各國互以武力征伐的形勢下，軍隊是否強大，關係到國家的安危與否。所以，君主治國必須以農戰為先。

聖人明君者，非能盡其萬物也，
知萬物之要也。故治國也，察要
而已矣。

《農戰篇》

本義 盡其萬物：對萬事萬物都了解。要：關鍵，綱要。

今解 一個人的認識能力總是有限的，即使是聖人明君也不可能對萬事萬物都有透徹的了解。君主治國也是如此，國家事務千頭萬緒，要做的工作可謂多如牛毛，君主即使日理萬機，也不可能把每項工作都做得盡善盡美。所以，一個懂得治國之術的君主，只親自過問國家最重要的事情。善於抓住關鍵問題，解決關係到社會發展、國家安危的重大問題，提綱挈領，以點帶面，才能把國家治理得井井有條，百業興旺。

治國者欲民之農也。國不農，則與諸侯爭權，不能自持也，則眾力不足也。

——《農戰篇》

本義 國不農：國家不務農業。自持：自保。眾：指民眾。

今解 商鞅最重視農業生產，他幫助秦孝公在秦國推行變法，採取了一系列有力的措施來發展農業生產。在以農業為主的社會裏，農業就是國家的基礎，農業生產的好壞直接關係到國家的強大與否。君主採取措施鼓勵民眾從事農業生產，民眾富足，糧食有餘，是國家強大的標誌。只有國家強大了，才能抵禦外敵入侵，保證國家主權和領土完整。

以強去強者弱，以弱去強者強。

——《去強篇》

本義 以強：用強民政策。君主採用儒家的"仁政"治國，就會讓貴族和儒生破壞法制，這就叫強民政策。去強：去除強民。以弱：弱民政策。採用使民眾頑固不守法的政策來去除強民，國家就削弱。採用使民眾淳樸守法的政策，來去除強民，國家就強盛。

今解 商鞅為了打擊貴族階層專政，維護新興階層利益，主張清除頑固不守法的強民。但是應該如何清除以貴族為代表的強民呢？商鞅認為君主如果採用儒家的"仁政"治國，就會放縱貴族和以遊說君主取得富貴的人，如此一來，非但不能去除強民，還會加重那些人的勢力。國君要想去除強民，必須採取弱民政策，也就是國家提倡耕戰，實行嚴刑厚賞就會使民眾變得淳樸守法。這就是弱民政策，用這樣的政策才能真正去除強民。

兵行敵所不敢行，強；事興敵所羞為，利。

——《去強篇》

本義 用兵敢打敵人不敢打的仗，國家才能強大；做敵人認為可恥的事情，就有利於國。

今解 商鞅不但是法家的代表人物，同時他還懂得軍事。商鞅的軍事思想主要就是以法治軍，嚴格按法令制度進行獎懲。讓士兵捨生忘死地與敵人交戰，因此，敢打敵人不敢打的仗。有了這樣強大的軍事力量，國家就會強盛起來。在各國普遍以仁義治國的時候，法家敢以嚴刑酷法治國，採用連坐告發、獎勵耕戰等為他國所不恥的措施，發展經濟，最終使國家強大起來，獲得長遠的利益。在商鞅看來，這是值得的。

國以善民治奸民者，必亂至削；國以奸民治善民者，必治至強。

——《去強篇》

本義 國家用治理善民的辦法來治理奸民，必定會混亂以至削弱；國家用治理奸民的辦法來治理善民，必定會太平強大。

今解 法家最反對以仁義治國，他們要求統治者不能有任何仁慈憐憫之心，嚴格以嚴刑重罰治國。社會上總是有善人惡人之分，如果統治者只看到善人做好事，制定的法律一定是寬緩不嚴的，用這樣的法律為治雖然善人可能更善，但那些奸邪的人因為刑罰輕而肆意為非作歹，擾亂社會秩序，國家會因此而削弱。君主制定法律必須對奸惡的人起到足夠的懲罰作用，使奸惡的人不敢違法，也就維護了善人的利益，國家會因此強大起來。

重罰輕賞，則上愛民，民死上；重賞輕罰，則上不愛民，民不死上。

——《去強篇》

本義 重罰：把刑罰放在主要地位。輕賞：不輕易給獎賞。民死上：民眾為君主而死。

今解 這句話是說賞和罰的主次關係。君主要把罰放在第一位，制定嚴格的法律，對臣民做到有過必罰，毫不留情。君主不能輕易獎賞，否則，臣民就會不務本職工作，而是想通過其他方式獲得君主的獎賞，這對國家的發展會造成不利影響。在商鞅看來，君主實行重罰輕賞的政策，是對民眾的愛護。讓民眾因為懼怕刑罰而不敢犯罪，就無牢獄之災。民眾為了獲得君主的獎賞，就要多墾田地、生產糧食，就要在戰場上英勇作戰，這就會實現君主富國強兵的目的。

治國能令貧者富，富者貧，則國多力，多力者王。

—— 《去強篇》

本義 國多力：國家力量充足。王：稱王。

今解 社會上總是有窮人和富人，這是不可避免的現象，但是如果貧富兩極分化過於嚴重，就會影響國家經濟的正常發展，給社會帶來不穩定因素。商鞅變法採取了許多措施讓貧窮的人從事農業生產，國家按墾荒數目和產糧多少予以獎賞。這樣就保證貧窮的人過上飽暖的生活。對於富人，國家允許他們用錢買官爵，藉此消耗他們的錢財，使他們的財富不會過於集中。商鞅變法，注意到社會財富的分配問題，反映出他深刻的經濟思想。

以日治者王，以夜治者強，以宿治者削。

—— 《去強篇》

本義 日治：當天的政事當天處理完。夜治：當天的政事夜間才處理完。宿治：當天的政事隔夜才處理完。削：削弱。

今解 商鞅特別重視官吏的辦事效率，認為辦事效率的高低直接關係到國家富強與否。在君主專制時代，沒有健全的社會機制，各級官吏都是代表君主統治民眾的，他們治理民眾，但民眾不能對他們提出任何意見。因此辦事拖沓是各級官吏的通病。商鞅強調當天的政事必須當天解決，不給下屬造成可乘之機，讓他們無法利用機會魚肉百姓。商鞅是一位具有務實精神的政治家，在二千年前就注意到辦事效率與治國的關係，不能不説有一種遠見卓識。

以刑去刑，國治；以刑致刑，國亂。

—— 《去強篇》

本義 以刑去刑：用刑罰消滅刑罰。以刑致刑：使用刑罰反而招致更多的刑罰。

今解 商鞅認為君主用重刑治國，民眾就會懼怕刑罰，從而不敢有為非作歹的事情，國家就會治理好；如果君主減輕刑罰，人們對刑罰沒有畏懼心理，就會輕易地以身試法，產生更多的犯罪行為，國家會因此而混亂。商鞅認識到"以刑去刑"和"以刑致刑"之間的辯證關係，這是他主張以嚴刑重罰治國的思想基礎。法家從來不講仁義恩

惠，認為儒家所提倡的"仁政"思想只會造成國家的混亂。而真正
要想成就大業的人，必須以嚴刑重罰治國。

欲強國，不知國十三數，地雖利，
民雖眾，國愈弱至削。
——《去強篇》

本義 十三數：指說明國內情況的十三個數字，即糧倉、府庫的數目，成
年男女的數目，老弱的數目，官吏的數目，商人的數目，馬牛、草
料的數目等。

今解 治國者必須了解國家的基本國情。商鞅認為君主對國家的這十三個
基本數字必須清楚，才能對國家的實際情況做到心中有數。從實際
情況出發，採取相應的政策，合理安排國政，才能把國家治理好。
由此我們可以看出商鞅的確是一位了不起的政治家，他的治國理論
具有很強的現實意義。即使在今天，了解國情、按國情制定政策，
也是各國都共同遵循的原則，而商鞅在他那個時代就有這樣的意
識，表現出他做為一個改革者的卓越識見。

過匿則民勝法，罪誅則法勝民。民勝
法，國亂；法勝民，兵強。
——《說民篇》

本義 過匿：隱瞞過錯。民勝法：指民眾不怕法律。法勝民：指法律對民
眾起到懲戒作用。

今解 以嚴刑重罰治國是法家的一貫主張。有過必罰，沒有任何寬容仁
厚，才能使民眾的行為合乎法律規範。如果君主以仁政治國，減輕
刑罰，民眾就不會對法律產生畏懼心理。民眾不畏懼法律，就會放
縱自己的行為，輕易做出違法亂紀的事情來。在社會上形成不重視
法律的風氣，對社會的穩定、國家的發展會造成不利影響。君主必
須加強法治，以嚴刑峻法治國，讓法律對民眾的行為產生足夠的威
懾力量，民眾遵紀守法，才能國富兵強。

民勇，則賞之以其所欲；民怯，
則刑之以其所惡。
——《說民篇》

本義 民眾勇敢，就把他們所要的東西賞賜他們；民眾膽怯，就用他們厭

惡的東西懲罰他們。

今解 在一個充滿了武力征伐的世界裏，君主最希望民眾勇敢，有一支捨生忘死、勇敢作戰的軍隊，才能不懼怕外敵的侵犯。這符合君主的利益，所以君主對勇敢的人給予獎賞。用物質刺激的手段，促使民眾不顧生命危險為君主效忠。怯懦的民眾不符合君主的利益，君主制定嚴厲的法律政策，對臨陣脫逃，在戰鬥中不勇敢的士兵給予嚴懲。怯懦的人懼怕法律的威嚴，在戰鬥中不敢貪生怕死，變得勇敢起來。賞罰並用，君主才能治理好國家。

刑生力，力生強，強生威，威生德，德生於刑。
—— 《説民篇》

本義 刑罰產生實力，實力能使國家強盛，國家強盛就有威力，威力產生道德，可見道德產生於刑罰。

今解 法家也講 "德"，但他們並不像儒家那樣認為德是天生的。商鞅認為德是在國富兵強、君主具有極大威勢的情況下，君主對民眾施以恩惠，這才是德的表現。可見德是在國勢強大的基礎上產生的，沒有強大的國勢，內憂外患，君主也就無法進行德治。國勢強大的根本措施就是以嚴刑重罰治國，嚴刑重罰迫使民眾竭盡全力為國效忠，國家力量會由此強大起來。所以説德產生的最終根源還是刑罰，這也是法家主張以刑罰治國的思想基礎。

世主之患，用兵者不量力，治草萊者不度地。
—— 《算地篇》

本義 世主：指國君。患：擔憂。萊：荒草。治草萊：墾荒。

今解 君主要想治理好國家就必須統籌兼顧，合理安排。用兵打仗，要根據國家實力來定，戰爭要消耗大量人力物力，必須有堅實的物質基礎作後盾。而國家要想具有雄厚的物質基礎，就必須積極發展生產，開墾荒地。有些地方地多人少，國君要遷移百姓，開發自然資源，使山林、沼澤、土地都得到充分利用，把生產發展起來。地少人多的地方，國君要採取措施，鼓勵民眾到別處去墾荒，發展生產。國家資源得到充分有效的利用，國家就會強大起來，為戰爭提供堅實的物質基礎。

私利塞於外，則民務屬於農，
屬於農則樸，樸則畏令。私賞
禁於下，則民力專於敵，專於
敵則勝。
　　　　　　　　　　　　　　　——《算地篇》

本義 私利：指在農戰以外得到的利益。塞：堵塞，杜絕。外：指農戰以外。私賞：指不以戰功而憑私情獎賞，下：臣下。專：專一。

今解 農戰是國家的根本政策，君主必須採取措施讓民眾致力於農戰。君主鼓勵民眾開墾荒地，發展農業生產，這是普通人獲得衣食豐足的唯一途徑。除此以外，君主不給民眾任何好處，讓民眾全心全意投入到農耕中，民風會由此淳樸起來。君主按戰功多少封官加爵，士兵如想獲取爵祿就必須勇敢作戰，殺敵立功，除此以外，君主沒有任何獎賞。君主杜絕"私利"和"私賞"就能讓民眾竭盡全力從事於農戰，這是實現國富兵強的有效途徑。

民愚，則知可以勝之；世知，則
力可以勝之。
　　　　　　　　　　　　　　　——《算地篇》

本義 愚：純樸。知：指國君的智慧。世知：世人有智慧。力：指刑罰等措施。

今解 君主治國，對民情必須有深刻的了解。民眾有樸實本分的，也有智巧奸詐的。對於不同的人，君主要採取不同的措施進行治理。純樸本分的人安於農業生產，國家制定獎勵政策，宏觀上進行控制，讓民眾努力開墾荒地，生產糧食。對於智巧奸詐、不守法紀的人，國家使用嚴刑重罰，給予嚴厲制裁，讓這些人懾於法律威嚴，不敢為非作歹。國家採取措施，把這些人也固定到土地上，讓他們進行農業生產。民眾不論愚智都從事農業生產，國家當然會強大起來。

聖人之為國也，觀俗立法則治，
察國事本則宜。
　　　　　　　　　　　　　　　——《算地篇》

本義 考察風俗建立法制才能治好國家。研究國情抓住根本才能制定得當的措施。

今解 國君對民情必須有深刻入微的體察，了解民眾的風俗習慣，制定相應的法律政策。法律得當，人們便於遵守，使法律發揮懲惡揚善的作用。考察國情，對國家各方面的情況心中有數，也是君主需要做好的事情。根據具體國情採取措施，使措施更有針對性，有利於問題的解決。所謂"事本"就是君主要致力於農戰，讓民眾把力量用到農戰上，這是國家強大的保證。"觀俗立法""察國事本"是商鞅重要的治國思想，從中可以看出他的務實精神。

聖人之為治也，刑人無國位，戮人無官任。

—— 《算地篇》

本義 刑、戮：指用刑罰來懲罰人。國位：爵位。官任：官職。

今解 君主必須嚴格以法治國。不管是甚麼人，任甚麼官職，犯了法都應受到制裁。過去所謂"刑不上大夫"的做法，在商鞅那裏是絕對行不通的。商鞅認為法律應是全國民眾行為的準則，大臣更應該是遵紀守法的楷模，為民眾樹立良好的榜樣。如果因為爵位官職就可免於懲罰，那就會使法律失去威嚴，增加人們違法亂紀的行為。這種"法律面前，人人平等"的思想，商鞅在二千年前就能提出來，的確是難能可貴的，對後世產生了極大影響。

聖人不法古，不修今。法古則後於時，修今則塞於勢。

—— 《開塞篇》

本義 法古：效法古代。修今，拘守現狀；修，當為"循"字。後於時：落後於時代。塞於勢：同發展的趨勢相隔絕，跟不上形勢。

今解 商鞅主張治國者不可盲目效法古人，也不可拘守現狀。古人治國之策是根據古人所處的時代特點制定的，它符合那個時代的要求，在那個時代能發揮作用。但時代變了，治國者應根據當前的實際情況，採取相應的對策。滿足於現狀和效法古人都是落後於時代、跟不上形勢發展需要的做法。所以，商鞅堅決主張變法革新，制定符合時代需要的法律制度，採取更有效的措施來治國。這是實現富國強兵的必由之路。

以刑治則民威，民威則無奸，無奸則民安其所樂；以義教則民縱，民縱則亂，亂則民傷其所惡。

——《開塞篇》

本義　威：同"畏"。畏懼、害怕。

今解　商鞅對比了施行法治與施行仁政的不同效果。以法治國，對敢於為非作歹的人嚴懲不貸，表面看來是不講情面，缺乏仁愛之心，但卻能讓民眾畏懼嚴刑重罰，從而遵紀守法，不敢有任何作奸犯科的行為。民眾安分守己，社會穩定，這是嚴刑重罰的效果。如果君主以仁義治國，民眾犯了錯誤，不給予應有的懲罰，民眾就會放縱自己的行為，胡作非為，導致社會的混亂。因此，商鞅主張以嚴刑重罰治國，而堅決反對把仁義作為治國的原則。

凡將立國，制度不可不察也，治法不可不慎也，國務不可不謹也，事本不可不專也。

——《開塞篇》

本義　凡是要建立一個國家，對於制度，不能不認真考慮；對於治國的法令，不能不慎重對待；對於國家政務，不能不嚴謹處理；對於根本大事，不能不集中專一。

今解　法家主張以法治國。舉凡國家的一切典章制度，都要用法律形式予以規定，讓人們有章可循，有規可守。君主制定嚴明而詳備的法律，作為全國民眾的行為規範。必須堅決執行"法律面前，人人平等"的原則，不管甚麼人，居多高的官職，只要觸犯法律，必須予以嚴屬制裁，這樣才能保證法律的尊嚴和威懾力。立國當以農為本，國家鼓勵民眾開墾荒地，生產糧食，既可使民眾豐衣足食，又能增強國力。以法治國、以農為本，是法家治國的重要原則。

明君不道卑、不長亂也。秉權而立，垂法而治，以得奸於上，而官無不賞罰斷，而器用有度。

——《一言篇》

本義　道：治國的方法。卑：低下。這裏指治國方法錯誤。長：助長。

秉：掌握。垂法：頒佈法令。器用：器物。度：尺度、標準。

今解 君主治國必須講求方法，應大權獨攬，以法治國。各級官吏是代表君主治理百姓的，君主對官吏的言行應瞭如指掌。官吏為了獲取私利便會貪贓枉法，營私舞弊，君主雖處上位，也要搞清楚官吏的情況，及時用法律予以嚴懲。各級官吏懾於君主威嚴，不得不秉公執法，不敢有違法亂紀的行為。君主以法律規範官吏的行為，使各級官吏嚴於克己，奉公守法，生活上也不得過於奢侈。這樣君主才能治理好國家。

地誠任，不患無財；民誠用，不畏強暴；德明教行，則能以民之有為己用矣。

——《錯法篇》

本義 誠：確實。任：利用。德：道德威望。教：教令。指國君的命令、法令。

今解 土地是民眾生產生活的基礎。國君採取措施讓民眾專心從事於農業生產，開墾荒地，生產糧食，讓土地發揮出最大作用，國家的財富就能不斷積累增多，國家才能富強起來。君主採取嚴明的賞罰措施，讓民眾為了獲取獎賞而努力耕戰，為國立功，減少作奸犯科的行為。君主樹立起道德威望，嚴格地以法治國，就能充分利用民眾的力量，實現國富兵強的目的。

凡戰法必本於政勝，則其民不爭，不爭則無以私意，以上為意。

——《戰法篇》

本義 戰法：戰爭的法則。本：根本。政勝：政治搞得好。以上為意：以國君的意志為意志。

今解 戰爭的勝負，取決於政治搞得好壞。這是商鞅對戰爭與政治關係的深刻認識。君主要想取得戰爭勝利，單純依靠軍事力量是辦不到的。軍事力量的強大與否，取決於國家實力的大小，只有國家經濟強大了，才能使軍事力量強大起來。君主採取措施發展經濟，以強大的經濟實力做後盾，軍事上才能取得主動權。為了使士卒勇敢作戰，君主就要採取嚴格的賞罰措施，厚賞重罰，讓士卒捨生忘死，效命疆場。只有國家政治搞好了，才能贏得戰爭勝利。

若兵敵強弱，將賢則勝，將不如則敗。

——《戰法篇》

本義 敵：勢均力敵。兵敵強弱：指敵我雙方兵力強弱相等。

今解 商鞅指出將領在戰爭中的作用。戰爭勝負常常由多種因素決定。其中主將是否有軍事才能是一個重要因素。主將在戰爭中從容不迫，指揮若定，採取有效的智謀策略，對戰爭中各種變化莫測的形勢做出及時而迅速的反應，這是取勝所應具備的軍事才能。歷史上大型戰役的勝負，都與主將的指揮才幹有關。春秋戰國時期複雜的軍事鬥爭更是造就了一批具有卓越才能的軍事家。這些人物在戰爭中發揮了重要作用。

強者必治，治者必強；富者必治，治者必富；強者必富，富者必強。

——《立本篇》

今解 這句話指出了"富"、"強"、"治"三者之間的關係。這三者之間不是孤立的，而是有着內在聯繫的。國君最希望富國強兵，要想實現這個願望就必須有強大的政治、經濟的力量。君主採取措施讓民眾努力發展生產，國家的經濟力量就會強大起來。民眾富裕了，國家才能保持穩定的局面。國家的穩定會促進經濟的發展。強大的軍事力量也是國家穩定的保證，國家繁榮興旺，又會使軍事力量更加強大。因此，君主治國以農戰為本，再發展軍事力量，就能國富兵強。

四戰之國貴守戰，負海之國貴攻戰。

——《兵守篇》

本義 四戰之國：四面受敵的國家。貴：注重。負海之國：背面靠海的國家。

今解 商鞅不但是一位勇於開拓的改革者，也是一位有着豐富鬥爭經驗的軍事家。他認為國家應該根據不同的地理條件、政治形勢採取相應的對外政策。四面與他國為鄰的國家，在對外政策上應以守為主。如果主動出擊，往往會造成腹背受敵的不利局勢。而背靠大海的國家可以利用有利的地理條件，主動出擊，擴充自己的力量。根據具體條件制定政策，是商鞅為政的主導原則。

重刑少賞，上愛民，民死賞；重賞輕刑，
上不愛民，民不死賞。

——《靳令篇》

本義 少賞：獎賞的途徑少，指只有從事農戰才能得到獎賞。民死賞：民眾肯為得到獎賞不惜生命。重賞：指獎賞的途徑多，不從事農戰也可以得到獎賞。

今解 商鞅認為嚴刑重罰是治國之道，對犯了錯誤的人給予嚴厲懲罰，就能減少社會上的犯罪行為。君主實行農戰政策，只對農戰有功的人給予獎賞，杜絕其他受獎途徑。民眾為了得到君主獎賞，竭盡全力從事於農戰，畏懼嚴刑重罰而不敢有任何奸邪行為，因此不受法律制裁。在商鞅看來，這是君主對民眾最大的關愛。相反君主如果減輕刑罰，民眾輕易犯罪，受懲罰的人就會多起來；不參加農戰也可以受賞，民眾就會多奸詐之心。這樣君主不是愛民，而是害民了。

國之所以治者三：一曰法，二曰
信，三曰權。法者，臣之所共操
也；信者，君臣之所共立也；權
者，君之所獨制也。

——《靳令篇》

本義 法：法令。信：信用。權：權力。操：執掌。立：樹立。獨制：單獨控制。

今解 “法”、“信”、“權”是君主用來治國的有利工具。法令是全國臣民都必須遵守的行為準則，君主利用法令懲惡揚善，維持正常的社會秩序，鼓勵民眾做好本職工作。信譽是實施法令的保證，君主和各級官吏必須嚴格執法，不徇私情，做到法律面前人人平等，從而樹立起君主的威信，讓民眾信任君主，才能做到令行禁止。君主要把國家權力牢牢控制在自己手中，大權旁落會危害君主地位的鞏固，這反映了商鞅中央集權的思想。

凡人臣之事君也，多以王所好事
君。君好法，則臣以法事君；君
好言，則臣以言事君。

——《靳令篇》

今解 人臣侍君，多是想藉君主的權勢獲取自身利益，所以多數臣子都善

於察顏觀色，阿諛奉承，投君主所好。君主的喜好、對事物的態度直接影響到臣子的言行。君主如果推行法治，以法治國，不徇私情，有過必罰，有功必賞，那麼大臣也都崇尚法治，嚴格執法，為君主盡忠。君主如果喜好空談，不務實事，那麼群臣都以華言麗辭、高談闊論來取悅君主，而不重本職工作。君臣都沉湎於空談之中，最終會害國害民。

今以故秦事敵，而使新民作本，兵雖百宿於外，竟內不失須臾之時，此富強兩成之效也。

——《徠民篇》

本義　以故秦事敵：讓原有的秦民從事對敵作戰。新民：指三晉歸順的民眾。作本：專務農耕。竟：同境。須臾：很短的時間。

今解　商鞅根據當時秦國的具體形勢，提出"徠民"政策，就是招徠民眾。商鞅看到秦國地多人少，而三晉地少人多的實際情況，總結過去秦國雖然屢次戰勝三晉，但是還不能兼併三晉的歷史經驗，提出獎勵三晉民眾移居秦國的"徠民"政策。用法律規定：三晉民眾來秦國定居就有地有房，三代免除徭役，不用參加戰爭。讓新來的民眾從事農耕，讓秦國原有的民眾從事戰爭，就可以解決糧食和兵源問題。這樣很快就可以收到國富兵強的功效。

聖人之為國也，壹賞、壹刑、壹教。

——《刑賞篇》

本義　聖人：指君主。壹：統一。壹教：用法家思想來統一民眾的思想。

今解　統一獎賞、統一刑罰、統一教化是商鞅的三大政治主張。統一獎賞，就是只獎賞在戰爭中立功的人，鼓勵士卒勇敢作戰，實現強兵的目的。統一刑罰，就是不管誰犯了罪都要受法律制裁，絕對不能徇情枉法。並且要實行輕罪重判和連坐法，達到"禁奸止過"的目的。統一教化就是要使法家思想成為全國的主導思想，反對儒家不切實際的說教，在全國實行思想專制。君主用這三樣來治國，就能使民眾養成參戰立功的風氣。

以戰去戰，雖戰可也；以殺去殺，雖殺可也；以刑去刑，雖重刑可也。

——《畫策篇》

本義 以戰去戰：用戰爭消滅戰爭。以殺去殺：用殺人制止殺人。以刑去刑：用刑罰去除刑罰。

今解 與儒家的仁政相反，法家充分認識到了暴力的巨大作用。在一個充滿戰爭殺伐的世界裏，正義如果想戰勝邪惡，就必須使用暴力手段，單純的仁義道德說教是發揮不了作用的。嚴刑重罰雖然表面看起來是刻薄寡恩，但它通過對犯罪分子的嚴厲懲罰，減少了犯罪行為，最終受益的還是廣大民眾。所以說武力和刑罰是君主治國必須使用的工具。

所謂富者，入多而出寡。衣服有制，飲食有節，則出寡矣。女事盡於內，男事盡於外，則入多矣。

——《畫策篇》

本義 女事：指紡織一類事情。男事：指農耕一類事。

今解 一個家庭要想生活富裕，就必須使收入多於支出。那麼如何增加收入呢？商鞅認為女子在家要努力紡織，多生產布疋，解決全家人的穿衣問題。男子在外面要努力耕田，生產糧食，既交納了賦稅又解決了全家人的吃飯問題。男女各司其職，各盡其能，就能增加家庭收入。日常家庭生活中，必須以節制為原則，吃穿用度不可奢侈浪費。量入為出，保持收入多於支出，可以有一定的積蓄以應付意外的變故。這是合理的持家原則。

聖人知必然之理，必為之時勢，故為必治之政，戰必勇之民，行必聽之命。

——《畫策篇》

本義 必然之理：事物發展的必然道理，指客觀規律。必為之時勢：必須怎樣做的時代形勢。

今解 君主必須了解事物發展的客觀規律。清楚當前國內國外的政治形勢，按客觀規律辦事，針對國內國外的政治形勢採取相應的政策。

這樣君主制定出的政策一定能夠促進國家經濟的發展，能夠壯大國家的軍事力量，從而實現國富兵強的目的。君主了解民眾的這一特點，採取厚賞重罰的政策，讓民眾勇於參加戰鬥。君主嚴格以法治國，實行嚴刑重罰的政策，讓民眾畏懼法律的威嚴，才能收到令行禁止的效果。

聖人見本然之政，知必然之理，故其制民也，如以高下制水，如以燥濕制火。

——《畫策篇》

本義 本然：本來如此。本然之政：指政治上的根本原則。以高下制水：利用地勢的高低控制水流。以燥濕制火：利用燃料的乾濕控制火勢。

今解 君主治國必須善於運用事物發展的必然規律，採取切實有效的政治措施。在商鞅看來，君主要想治理好國家，就必須制定嚴格的法律，堅決以法治國，用法律來規範全國民眾的行為，讓民眾畏懼法律的威嚴不敢有為非作歹的行為。君主要把農戰作為治國的根本原則，採取措施讓民眾積極開荒種糧，讓士卒勇於作戰，按戰功大小給予獎賞。君主措施得當，就能駕馭民眾，讓民眾竭盡全力為國效力。

政作民之所惡，民弱；政作民之所樂，民強。民弱國強，民強國弱。

——《弱民篇》

本義 政：指法令。法令針對民眾所厭惡的東西來制定，民眾就老實守法；法令針對民眾所喜愛的東西來制定，民眾就強硬不守法。民眾老實守法，國家就強；民眾強硬不守法，國家就弱。

今解 商鞅認為君主必須實行"弱民"政策，才能使國家富強。所謂"弱民"就是國家制定嚴酷的法律，實行輕罪重罰，讓民眾畏懼法律，從而使民眾老實淳樸、安分守己。民眾老實淳樸，就能把力量運用到發展生產上去，開墾荒地，多產糧食，國家會因而富強起來，這就是所說的民弱國強。如果國家法律不夠嚴厲，重罪輕罰，對民眾起不了威懾作用，那麼民眾就會強悍不守法，不從事耕戰，國家也就無法強大，所以說民強則國弱。

民之外事，莫難於戰，故輕法不可以使之；民之內事，莫苦於農，故輕治不可以使之。

——《外內篇》

本義　外事：對外的事情。內事：對內的事情。

今解　人的本性都有貪生怕死的一面，所以厭惡戰鬥；又有好逸惡勞的一面，所以厭惡農耕。厭惡戰鬥，人們就修習儒家學說，四處遊說，逃避戰鬥。厭惡農耕，人們就做商人，或是學習技藝做工匠，逃避農耕。君主要想治理好國家就必須以耕戰為本，要想使民眾都努力耕田，奮勇作戰，就必須實行厚賞重刑的政策。杜絕不參加耕戰也能獲利的門路，對商人工匠徵收重稅，限制他們的發展。只有這樣，君主才能有效地推行農戰政策，實現國富兵強的目的。

言中法，則辯之；行中法，則高之；事中法，則為之。

——《君臣篇》

本義　辯：言談，聽從的意思。高：推崇的意思。

今解　法是治國根本，每個人的言行都必須符合法律的要求。法是君主治國的原則，君主聽人言談要看談論內容是否符合法律，有利於法制的言論君主就聽從。對於臣民的行為，君主也要以法律作為判斷標準，合乎法律的，君主就推崇，鼓勵他做下去，否則就予以禁止。國內的一切事情，也要以法律為標準來處理，合乎法律規範的就實行，不合乎法律規範的就禁止。君主嚴格做到以法治國，才能使國家強大起來。

凡知道者，勢、數也。故先王不恃其強，而恃其勢；不恃其信，而恃其數。

——《禁使篇》

本義　治國的根本原則，就是利用形勢和運用方法。

今解　這裏的"勢"，就是指客觀形勢，客觀條件。"數"即"術"，就是措施方法。商鞅看到，當時混亂的國家，都是依仗"多官眾吏"。官吏雖多，但沒有考核、賞罰官吏的有效措施和方法。因而使一些官吏由於地位相同，利害一致，互相掩蓋罪過，欺上瞞下，為所欲為。他指出，這是"僅存之治"，不是根本辦法。根據歷史經驗，

應該 "恃其數"、"恃其勢"。他提出君主要利用賞功罰罪的制度來進行制約，使官吏臣民之間都能互相監督，人們就很難違反法令，幹營私舞弊的勾當。

使吏非法無以守，則雖巧不得為奸；使民非戰無以效其能，則雖險不得為詐。

——《慎法篇》

本義 效：發揮。要使官吏除了法令以外就沒有遵守的東西，這樣，官吏再狡猾也幹不成壞事；要使民眾除了農戰以外就沒有發揮能力的地方，這樣，人們再陰險也搞不了詐騙。

今解 這句話強調的是以法治和農戰為本的治國原則。各級官吏是民眾的直接管理者，他們利用手中職權對民眾巧取豪奪，魚肉百姓。君主制定法律，使官吏的行為合乎法律要求，對違反法律的官吏依法予以嚴懲，促使各級官吏廉潔奉公，秉公執法。參加農戰是民眾獲取利益的唯一途徑，促使人們把精力用在發展生產，奮勇戰鬥上，這樣，即使陰險狡詐的人也沒有機會去行騙。所以說，只有實行法治和農戰政策，才能富國強兵。

愛人者不阿，憎人者不害。愛惡各以其正，治之至也。

——《慎法篇》

本義 不阿：不偏袒。正：正確的原則，指法制的標準。

今解 君主對待群臣應有一個公正的標準。對於自己喜歡的人不能過分偏袒，對於不喜歡的人也不可無故陷害。要以法律為標準，自己喜愛的人犯了過錯，也要給予應有的制裁，不能徇私枉法。不喜愛的人犯了過錯，應依法律規定予以制裁，而不能濫施刑罰。君主不偏不倚，以法律為行事尺度，才能贏得公正廉明的聲譽，培養起君主的威信，從而更有效地駕馭臣民，使之為自己效忠。

吏民知法令者，皆問法官。故天下之吏民，無不知法者。

——《定分篇》

本義 知：這裏是想知道的意思。

今解 君主要把所制定的法令向全國民眾頒佈實施。為了保證法令在全國各地得到有效的貫徹執行，從朝廷到各地都要設置專職的法官，法官負責回答吏民提出的有關法令的問題，教導民眾懂得法令。全國民眾明確了解法律內容，使行為合乎法律規範，減少犯罪行為。對於違反法律規定的官吏，人們可以依法提出控告，使官吏也不敢有違法行為。全國百姓都知法守法，也就達到了法家以法治國的目的。

法令者，民之命也，為治之本也，所以備民也。

——《定分篇》

本義 法令是民眾的生命，是治理國家的根本，是用來保護民眾的。

今解 這句話是對法律作用的說明。法律是治國的根本，商鞅用了一個比喻來說明這個問題，他說：治理國家不用法令，就好像想不捱餓而不吃飯，想不受凍而不穿衣，想往東去而朝西走一樣，這樣做沒有希望是顯而易見的。在商鞅看來，君主要想治理好國家就必須制定切實有效的法律，實行嚴刑重罰的政策。法律打擊的是一小部分犯罪分子，受益的是廣大的民眾，所以法律從根本上講是維護民眾的利益的。

《管 子》

　　《管子》一書並非管仲所作，它是後人依託管仲之名而成書的。

　　管仲(？－公元前 645 年)，名夷吾，字仲，春秋前期齊國人，公元前 685 年至前 645 年相齊達 40 年。他適應當時井田制日益崩壞的趨勢，實行"相地而衰徵"，變革賦稅制度。他把齊國地方行政區劃分為 25 鄉，並"寄軍令於內政"，使軍事組織與居民組織結合起來。他採取一系列富國強兵的措施，輔佐齊桓公"九合諸侯，一匡天下"(《論語‧憲問》)，成為春秋五霸之首。

　　《管子》成書於戰國至秦漢時代，時間跨度大，材料來源十分複雜。現在流傳的《管子》86 篇，是經過西漢劉向整理編輯的。《管子》一書跨越幾個朝代，有各個時代的特點，但也有其共同之處。因為不同的作者都是以繼承和發揮管仲的思想為主，或是依託管仲名義為主，也就都能照顧到管仲的思想特點，劉向編輯校定時，也不能不注意這一點。因此，在《管子》全書中，其法家傾向，重農思想，任法兼及教化，富國並務強兵，乃至哲學思想的前後論述，基本上都是一致的。

凡有地牧民者，務在四時，守在倉廩。

——《牧民篇》

本義 有地牧民者：指君主。既據有土地，又統治民眾。四時：指四時農事，即春耕、夏耘、秋收、冬藏。務在四時：指一國之君必須致力於發展農業生產。倉廩：糧倉。守在倉廩：指人君治國必須確保糧食儲備。

今解 管仲最重視農業，認為農業是國家的立國之本。君主必須採取措施，大力發展農業生產，保證農民的生產時間，在耕種、收穫季節不徵發徭役，不出兵作戰，讓民眾全力投入到農業生產中去。農業生產發展得好，不但讓全國民眾衣食豐足、生活富裕，還可增加國家的糧食儲備。民眾富足，國家有足夠的糧食儲備，國家實力就會強大起來。因此，管仲把農業生產視為國家的根本政策。這是管仲治國的一個重要思想。

國多財則遠者來，地辟舉則民留處。

——《牧民篇》

本義 遠者：遠方之民，即其他諸侯國之民。地辟舉：指土地充分開發。辟：開闢；舉：盡、全。

今解 春秋時代，多數諸侯國地廣人稀，招來民眾發展生產是各國的願望，但是如何吸引外國民眾前來歸附呢？管仲認為國家必須採取措施，促進生產的發展，國家強大，民眾生活富足，國外民眾看到有利可圖，才能前來依附。國家鼓勵開墾荒地，讓外來人有地可種，同時在賦稅、徭役等方面給予優惠政策，使外來人口定居下來，安心從事農業生產。國家人口增多，生產會有更大的發展。因此，吸引外來人口發展生產，也是一條強國之路。

倉廩實則知禮節，衣食足則知榮辱。

——《牧民篇》

本義 倉廩實：糧倉平滿。倉廩實、衣食足：都是指物質生活有保障。

今解 這兩句話是廣為傳誦的名言，它反映了物質生產與精神文明之間的關係，表明了管仲一貫主張的，以農業為本的思想。生存需要是人的第一需要，只有把生產搞好了，讓民眾有衣穿，有飯吃，解決了人們的基本生活問題，才能對民眾進行教化，提高人們的道德修養。拋開物質生產來講精神文明是不切合實際的做法。管仲以其深刻的見識洞察到了這一點，提出了這兩句千古傳誦的名言。

故省刑之要，在禁文巧；守國之度，在飭四維。
——《牧民篇》

本義 文巧：奇技淫巧，指奢侈品的生產、製造。飭：整頓。四維：指禮、義、廉、恥如維繫國家存在的四條巨繩，故稱四維。

今解 崇尚奢侈是許多罪惡產生的直接原因。管仲認識到這一點，主張禁止奢侈品的生產，讓民眾養成淳樸的風氣，把精力用到農業生產上去。製造奢侈品的工匠，獲利很多，對人們有不良影響，國家採取措施，讓這些人也加入到農業生產中去。民風淳樸社會才能穩定。君主治國，要大力加強民眾道德的教育。提倡禮、義、廉、恥，提高人們的道德水平，讓人們自覺遵守國家法令。這是君主治國必須重視的問題。

政之所行，在順民心；政之所廢，在逆民心。
——《牧民篇》

本義 政令所以能推行，在於順應民心；政令所以廢弛，在於違背民心。

今解 管仲注意到了民心逆順問題，反映了他的民本思想。國家制定法令必須考慮是否符合民心。民眾都希望過富足安穩的生活，國家就要採取措施鼓勵民眾發展生產，搞好了農業生產，人們就可以過上豐衣足食的生活了。民眾厭惡戰爭，但又想獲得獎賞。國家制定法律，對立下戰功的人加官晉爵，給予豐厚的獎賞，人們就會捨生忘死、奮勇作戰，而不再怨恨戰爭了。法令能否推行，關鍵在於是否符合民心，符合民心的法令民眾才會給予支援和擁護。

御民之轡，在上之所貴；道民之門，在上之所先；召民之路，在上之所好惡。
——《牧民篇》

本義 轡：馬的韁繩。此處有指引方向的意思。道：通"導"，引導。駕馭民眾奔甚麼方向，看君主重視甚麼；引導民眾走甚麼門路，看君主提倡甚麼；號召民眾走甚麼途徑，看君主的愛惡是甚麼。

今解　君主是全國民眾注目的中心，君主的好惡對社會風氣有極大的影響。君主所重視、所提倡的東西，就會受到全社會的重視和提倡。君主重視法治，提倡耕戰，那麼人們就都會自覺以法律為規範，努力從事耕戰，在社會上造成良好的風氣。君主的好惡，常常成為人們判斷事物的標準，所以說君主必須謹言慎行，對一切事物都有客觀而公正的評價。人們受君主的感染和影響，形成不偏不倚、公正客觀的是非標準，有利於社會的穩定，國家的繁榮。

必得之事，不足賴也。必諾之言，不足信也。小謹者不大立，饕食者不肥體。 ——《形勢篇》

本義　不應得而求必得的事情，是靠不住的；不應承諾而完全承諾的語言是信不得的；謹小慎微不能成大事，就好像挑擇食物不能使身體肥胖一樣。

今解　這是管仲通過對人物言行長期觀察得出的結論。自己不應得的事情，就不要強求，否則即使得到了，也不會持久，遲早還會失去。有些事情很難辦到，但還是有人承諾下來，對這樣的諾言，不可輕易相信，因為雖然做了承諾，卻不一定能實現他的諾言。人們辦事應該謹慎，但對任何事情都謹小慎微，就會缺乏決斷能力，優柔寡斷、患得患失的人是很難承擔大事的。處於上位的人，要善於聽言觀行，知人善任，這是一個好的領導者應該具備的素質。

疑今者察之古，不知來者視之往。萬事之生也，異趣而同歸，古今一也。 ——《形勢篇》

本義　生：通“性”。趣：旨趣、意旨。引申為內容。萬事的本性，內容雖有不同，但總是同歸一理，從古到今都是一樣的。

今解　古往今來，萬事萬物的生長、發展都有規律可循。人們要善於認識規律，按規律辦事，才能把事情做好。眼前的事情似乎總是錯綜複雜，讓人無法分辨，這時候人們就可以考察一下古代類似的事情，古人的經驗和教訓對今人是有幫助的，也即人們常說的“察古可以知今”。認識了客觀規律，就可以對事物的發展有一個正確的預測。未來的事情雖然不可知，但總是會有它發展的內在規律，因此說“視往可以知來”。

其功順天者天助之，其功逆天者天違之。天之所助，雖小必大；天之所違，雖成必敗。

——《形勢篇》

本義　功：指所做的事情。違：違背。

今解　這裏的"天"其實是指自然規律。人們的所作所為適應自然規律，就能成功，違背自然規律，最後往往導致失敗。管仲要求人們做事合乎自然規律，反映了他對規律的深刻認識。在中國古代，道家最重視自然規律，老子說："人法地，地法天，天法道，道法自然。"萬事萬物只有符合自然規律才能生存、發展。管仲接受了老子關於自然的觀點，認為人的行為要與自然規律相符合，順規律做事則會成功，逆規律做事則會失敗。

萬乘之國，兵不可無主；土地博大，野不可以無吏；百姓殷眾，官不可以無常；操民之命，朝不可以無政。

——《權修篇》

本義　萬乘之國：擁有一萬輛兵車的國家，指大國。野：指農田。殷眾：眾多。常：指常規、常法。政：政策、法令。

今解　兵備、土地、百姓、國家政策，都是君主治國必須重視的問題。制定完善的法令法規是治國的根本，國家一切事物都應以法律為準繩。百姓要有法可依，依法來進行治理。要充分利用土地生產更多的糧食。人們耕種土地可以獲得豐衣足食，便會安心於農耕。國家儲備的糧食增多了，國力也會強大起來。用法律規定在戰鬥中立功的人可以得到獎賞，人們就不懼怕戰鬥，軍事力量也會壯大起來。只要政策得當，就可以實現國富兵強的目的。

欲為天下者，必重用其國；欲為其國者，必重用其民；欲為其民者，必重盡其民力。

——《權修篇》

本義　要想治好天下，就必須珍惜本國國力；要想治好國家，必須珍惜國內民眾；要想治好民眾，必須珍惜民力，勿使耗盡。

今解　這句話反映了管仲的"重民"思想。春秋時代，實力強大的諸侯國都想用武力統一天下，成為天下霸主是各國國君的願望。管仲看到，君主要想稱霸天下，就必須使國家具有強大的經濟、軍事力量，先治理好自己的國家，才能有力量去征服其他的國家。治國的實質是治民，國君要重視、愛護民眾，只有獲得民眾的擁護，才能發展壯大國家的實力。君主不能濫用民力，不能窮兵黷武，而要採取措施，使民眾富裕起來，國力才會增強，才能實現君主稱霸天下的目的。

取於民有度，用之有止，國雖小必安；取於民無度，用之不止，國雖大必危。

——《權修篇》

本義　對民眾徵收有度，耗費又有節制，國家雖小也一定安寧；對民眾徵收無度，耗費沒有節制，國家雖大也一定危亡。

今解　君主為了滿足個人窮奢極慾的生活而對百姓橫徵暴斂，這樣的國家遲早會滅亡。歷史上有許多窮奢極侈、濫用民力的昏君，如商紂、夏桀，導致了商王朝和夏王朝的滅亡。秦王嬴政統一天下後，志得意滿，自封為“始皇帝”，修建了規模浩大的阿房宮，竟然連綿三百里之廣。今天我們見到的秦兵馬俑，也令人歎為觀止，不知當時要耗費多少人力物力。濫用民力最終導致了秦王朝的迅速滅亡。統治者是否愛惜民眾，是國家興亡的一個重要因素。

商賈在朝，則貨財上流；婦人言事，則賞罰不信；男女無別，則民無廉恥。

——《權修篇》

本義　貨財上流：指以賄賂使財貨流入朝廷或官吏手中。婦人言事：指君主寵愛的婦女參與政事。

今解　這句話反映了管仲對商人、婦女和社會道德的一些看法，表現出管仲因為時代局限而具有的偏見。管仲主張重農抑商，認為商人擠入統治集團會擾亂國家的政治秩序。對婦女，管仲更是表現出輕視的態度，認為君主的寵妃參政會嚴重干擾法制。其實中國歷史上不乏女政治家，如漢高祖劉邦皇后呂雉，唐高宗皇后武則天，還有清朝的慈禧太后，這些婦女都曾執掌國家大權。認為男女無別則妨礙禮義廉恥，是管仲那個時代的局限性導致的看法。

一年之計，莫如樹穀；十年之計，莫如樹木；終身之計，莫如樹人。

——《權修篇》

本義　樹：種植。樹人：培養人才。

今解　這句話指出了培養人才的重要意義。人才的培養是一個漫長的過程，為了求一年之利，種穀即可見效；為了求十年之利，種樹即可見效。但這些都是短期的利益。國家要想繁榮富強，離不開人才，所以對人才的培養關係到國家的長遠利益。人才的培養需要一個長期過程，甚至需要幾代人的努力，才能培養出大批高素質的人才。人才是國家建設的核心力量，國家要想獲得長遠利益，就必須把培養人才作為一項長期工作，長抓不懈。

卿相不得眾，國之危也；大臣不和同，國之危也；兵主不足畏，國之危也；民不懷其產，國之危也。

——《立政篇》

本義　和同：和睦同心。兵主：將帥。懷：懷戀，關心。懷其產：謂懷戀自己的家園產業。

今解　管仲指出了國家危亡的幾條原因。卿相是國家的重要官員，他們能否得到民眾擁護，是民心向背的重要反映。卿相不受民眾愛戴，說明他們沒有為民眾多做好事，甚至欺壓百姓，因而失去了人心。群臣之間結黨分派，明爭暗鬥，不把精力用在恪盡職守、為國盡忠上，使內部矛盾愈演愈烈，不利於國家的穩定。將帥統領軍隊，軍令如山，士卒必須畏懼，才能勇敢作戰，否則會軍心渙散，導致失敗。讓民眾養成安土重遷的風俗，才能使民眾安心於農耕，把農業生產發展起來。

凡將舉事，令必先出。曰事將為，其賞罰之數，必先明之。

——《立政篇》

本義　曰：發語詞，無意。數：通"術"，指辦法、政策。

今解　對於要做的事情，必須先用法令給予嚴格規定。用法令規範辦事人的行為，使事情有組織、有條理，這樣才能把事情辦好。在事情未做之前，還要定下賞罰的具體規定。規定甚麼樣的行為應該受賞，

甚麼樣的行為應該受罰，人們本性都是希望獲得獎賞而遠離刑罰
的。所以，賞罰的措施可以鼓勵民眾努力做好分內的事，以求獲得
獎賞，制止人們做不該做的事，使人們不敢疏忽於自己的職責，以
避免受到懲罰。

地者政之本也，是故地可以正政也。地不平均和調，則政不可正也。政不正則事不可理也。

——《乘馬篇》

本義 土地是國家政治的根本所在。

今解 管仲強調土地的重要價值。土地是民眾生活生產的基礎，是國家最
重要的資源，有了土地才有國家、有民眾。所以，土地歷來受到民
眾重視，中國一向有寸土寸金的說法，保衛土地就等於保衛國家。
如何分配土地關係到國家政局的安穩與否，如果土地大部分集中在
少數官僚貴族手中，就會加重對民眾的剝削壓迫，使民眾產生不滿
情緒，從而奮起反抗，歷史上的農民起義多與土地兼併有關。所
以，合理分配土地才能使國家長治久安。

儉則傷事，侈則傷財。

——《乘馬篇》

本義 國家用度過少，對舉辦事業不利；過多，對商品資源不利。

今解 管仲已經注意到了生產和消費的關係。生產消費之間是一種互相促
進同時又互相制約的關係。消費須視生產而定，在生產不發達的情
況下，消費應保持一種較低水平。消費超過了生產，使商品不能滿
足民眾需要，會造成通貨膨脹，妨礙經濟的健康發展。消費如果長
期抑制在一個較低水平，人們對商品需求過少，生產也不會有很大
發展。適當增加消費可以有效地促進生產的發展。合理安排生產與
消費，才能保證國家經濟的健康發展。

非誠賈不得食於賈，非誠工不得食於工，非誠農不得食於農，非信士不得立於朝。

——《乘馬篇》

本義 賈：商人。誠：誠實。信：有信用。

今解 誠信是人能為社會所接受的一個重要品質。誠信的人能夠忠於自己的職責，樹立良好的聲譽，受到人們的信任與敬重。各行各業的人都應具有誠信的品質，培養良好的職業道德。人們之所以不信任商人，就是因為商人為了牟利而不擇手段。所以，社會上有"十商九奸"的説法。如果商人以誠信為宗旨，贏得人們信任，那麼更有利於他們事業的發展。做官的人更要講誠信，具有高尚的人格，才能受到上級信任、下級愛戴。所以説，誠信是各行各業的人取得成功的關鍵因素。

言是而不能立，言非而不能廢，有功而不能賞，有罪而不能誅，若是而能治民者，未之有也。

——《七法篇》

本義 言：言論，主張。言是：正確的主張。言非：錯誤的主張。

今解 君主治國，必須有明察善斷的能力。君主以法治國，不輕信遊説之士的言論，但要善於聽取正確的建議。對於臣下提出的正確主張，應該高度重視，迅速實行，才能收到令人滿意的效果；對於錯誤的言論，要及時制止，防止臣下按錯誤的主張辦事。君主設立了賞罰制度就必須嚴格執行。有功必賞，有過必罰，不因君主個人好惡而影響賞罰的執行。賞罰分明，君主樹立起個人威勢，對民眾才能起到相應的勸勉和懲戒作用。

不明於敵人之政，不能加也；不明於敵人之情，不可約也；不明於敵人之將，不先軍也；不明於敵人之士，不先陣也。

——《七法篇》

本義 加：指興兵作戰。約：以戰爭相約。軍：採取軍事行動。陣：擺戰陣。

今解 管仲強調打仗先要了解敵方的情況，才能戰勝敵人。首先要了解敵軍國內的政治情況，戰爭不只是疆場廝殺，政治經濟等各方面因素都對戰爭勝負有直接影響。因為戰爭是解決政治問題的工具，同時又需要有強大的經濟實力做後盾。所以對敵方的政治、經濟等具體國情全面了解，是一個軍事統帥需要首先考慮的問題。其次，對敵人的戰爭部署也要有全面了解，掌握敵人主將用兵打仗的特點，了解敵軍士氣高低。只有這樣才能做到"知己知彼，百戰不殆"。

以眾擊寡，以治擊亂，以富擊貧，以能擊不能，以教卒、練士擊驅眾、白徒，故十戰十勝，百戰百勝。

—《七法篇》

本義 教卒、練士：指訓練有素的士兵。驅眾、白徒：指未經軍事訓練、臨時被徵集的步卒。

今解 對敵作戰，必須對敵我雙方的力量對比有一個明確具體的分析。用自己的長處去攻擊他人的短處才能取得勝利。集中優勢兵力打擊敵人，才能做到以少勝多。自己國家國富兵強，去攻打政治混亂且又貧窮落後的國家，這就叫以治擊亂。任用具有雄才大略的將領去攻打軟弱無能、優柔寡斷的主將指揮的軍隊，這就叫做"以能擊不能"。用訓練有素、作戰能力強的士卒攻打烏合之眾，才能取得勝利。

法天合德，像地無親，參於日月，伍於四時。

—《版法篇》

本義 合德：即同德，此處指普遍施德。無親：無所私親，此指不計親疏，一視同仁。參於日月，伍於四時：也是無偏無私之意。

今解 君主治國要向天、地、日、月、四時這些自然事物取法。天地孕育萬物，對萬物普遍施恩，沒有任何偏愛。君主治國也要像天地學習，對於臣民不分貴賤、不分遠近都一視同仁，平等對待。君主樹立起公正無私的形象，使臣民都樂於為君主效勞，為國家做貢獻。日月運行，四季更替都有一定規則可循，君主治國也要有穩固不變的法律制度，讓人們有常法可守，這樣有利於人心的穩定，有利於國家的長治久安。

悅眾在愛施，有眾在廢私，召遠在修近，閉禍在除怨。備長在乎任賢，安高在乎同利。

—《版法篇》

本義 召遠：招來遠方民眾，指他國民眾。修近：指修好於國內居民而言。備長：準備長遠大計。安高：保持尊高之位的安定。

今解　這句話說的是君主的治國之術。要想獲得民眾的愛戴，就要愛護民眾，讓利與民，減輕賦稅，減免徭役，以獲取百姓的歡心。君主只有廢除私心，賞罰分明，不論貴賤，唯才是用，才能使民心安穩，民眾同心同德共同為君主效力。君主只有採取措施讓國內民眾安居樂業，才有可能吸引國外民眾前來歸附。君主正大無私，不積私怨，才能免除禍患。君主任用賢才治國，才能使國家長治久安。君主與民同利，才能永遠安享尊榮。

人，不可不務也，此天下之極也。 ——《五輔篇》

本義　極：意同"最"，此指最重要的大事。"人"是不可不非常重視的，這是天下最重要的問題。

今解　是否能得到民眾擁護是君主能否治理好國家的關鍵。得到民眾擁護，國家就能繁榮富強，民眾同心同德就有力量抵禦外敵入侵。失掉民心的君主得不到百姓的支援，政治混亂，國力衰弱，有被敵人滅亡的危險。這也就是所謂的"得民心者昌，失民心者亡"。君主要想贏得民心、得到民眾支援，就要處處為民眾考慮，採取有利於民眾的措施，發展生產，減輕徭役賦稅，讓民眾過上衣食飽暖、富裕安康的生活。

善為政者，田疇墾而國邑實，朝廷閒而官府治，公法行而私曲止，倉廩實而囹圄空，賢人進而奸民退。 ——《五輔篇》

本義　私曲：偏私阿曲的行為，此處意指歪門邪道。囹圄 (líng yǔ 零雨)：監獄。

今解　治理國家最重要的是獲得民心，而要獲得民心就要採取有利於民眾的措施。農業生產是國家的立國之本，國家要鼓勵民眾開墾荒地，生產糧食，這樣既可解決人們的吃飯問題，讓人們過上富裕生活，又可增加國家的糧食儲備，增強國家實力。君主確定以法治國的政策，把國家一切事務、臣民一切行為納入法制軌道，杜絕一切歪門邪道。君主任賢舉能，對於臣下不但聽其言，還要觀其行，讓臣民以實際行動為國家服務。

上下無義則亂，貴賤無分則爭，長幼無等則倍，貧富無度則失。

——《五輔篇》

本義 倍：通"背"，背離。失：失去，此處言失其節制。

今解 管仲主張上下、貴賤、長幼、貧富有一定次序，不能顛倒混亂，否則會造成不良後果，這表現了儒家思想對他的深刻影響。儒家最講究定名分，也就是說人和人之間要確定明確的關係。講"君君、臣臣、父父、子子"，就是要求君有君道，臣有臣道，父有父道，子有子道。每個人都要安守自己的社會角色，不可有犯上越禮的行為。到了宋代朱熹等理學家進一步提出"三綱五常"的倫理規範，使人與人之間關係更為明確，等級更加森嚴。

天時不祥，則有水旱；地道不宜，則有饑饉；人道不順，則有禍亂。

——《五輔篇》

今解 中國古人認為天、地、人三者之間是有密切關係的。老子有"人法地，地法天，天法道，道法自然"的說法。天地運行都有常規可循，人生存於天地之間，社會與天道有相通之處。天時無常，四季錯行，則會有水旱之災，水旱災害會影響到人類的生產，導致饑荒的發生。國家政治如果不穩定，不採取符合民意的措施，就會造成禍亂。人事與天道是休戚相關的，所以古人講究天人合一，讓人去順應自然，按自然規律辦事。

明王之務，在於強本事，去無用，然後民可使富；論賢人，用有能，則民可使治；薄稅斂，毋苛於民，待以忠愛，而民可使親。

——《五輔篇》

本義 本事：指農耕。毋苛於民：不要對民眾苛刻。

今解 這三條是君主治理好國家所需要採取的措施。君主必須把農戰作為國家的根本政策，鼓勵民眾發展農業生產，讓民眾富裕起來，國家實力也會增強，軍事力量也會隨之強大起來，從而不懼怕外敵入侵。君主任用品德高尚，又有卓越才能的人做官，就能治理好民眾。君主要想贏得民心，獲取民眾的愛戴和擁護，就要採取愛民政策，減輕民眾的賦稅，不為一己私慾而濫用民力。君主愛護民眾，民眾就會竭盡全力為君主效勞。

苟大意得，不以小缺為傷。 　　　　　　——《宙合篇》

本義 如果大的意向是正確的，不以小的曲折為妨礙。

今解 想要成就大事業的人，就要樹立偉大的奮鬥目標。任何大事業都不是一朝一夕就可以獲得成功的，必定要有一個漫長的奮鬥過程。在此期間，不可避免要遭受一些挫折和失敗。胸懷大志的人，能夠認清方向，用堅強的意志去承受任何打擊，他堅信最終勝利會是屬於他的。任何事物都有一個曲折的發展過程，只有充分認識事物發展規律，才不會為暫時的失敗所困擾，才能奮鬥不止，實現最終的奮鬥目標。

愛之、利之、益之、安之，四者道之出。帝王者用之，而天下治矣。 　　　　　　——《樞言篇》

本義 愛、利、益、安的對象都是民眾。道之出：從道而出。

今解 這句話反映了管仲以民為本的思想。君主要想治理好國家就必須獲得民眾的支援和擁護，君主與民眾不能造成一種互相對立，甚至互相仇視的關係。歷史上的昏君都不注重處理好與百姓的關係，他們為了追求個人生活的窮奢極侈而不斷加重賦稅，加深對民眾的剝削和掠奪，最後導致了身死國亡的結果。管仲告誡統治者要愛護民眾，採取措施發展生產，減輕對民眾的剝削、讓利與民，增加民眾的財富，讓民眾過上安居樂業的生活，這樣才能實現君主治國平天下的目的。

人主不可以不慎貴，不可以不慎民，不可以不慎富。慎貴在舉賢，慎民在置官，慎富在務地。 　　　　　　——《樞言篇》

本義 貴：地位高者稱貴。慎貴，指慎重處理人們的地位。慎貴在舉賢：要求身居高位者都是賢士。置官：設置官吏。務地：發展農業。

今解 高官厚爵是人們所嚮往的東西，君主必須慎重處理人們的地位，舉賢任能，讓身居高位者都是有德有才的人。君主必須愛護民眾，要做到愛護民眾就需要為民眾設置正直廉明的官吏，官吏是民眾的直接管理者，官吏廉潔，民眾就擁護君主的統治；官吏貪贓枉法，民眾就要奮起反抗。因此，任命官吏是君主必須高度重視的問題。君主要採取有力措施、大力發展農業生產，讓民眾過上衣食豐足的生活。君主處理好這三個方面的問題，才能治理好國家。

王主積於民，霸主積於將戰士，衰主積於貴人，亡主積於婦女、珠玉，故先王慎其所積。

——《樞言篇》

本義 積：積聚。貴人：指官僚貴族之類。

今解 君主所積聚的東西關係到國家的存亡興衰。凡是能成就王霸事業的君主，都注重積聚民眾，訓練戰士。人口增多了，才能生產更多的糧食，開發更多的資源，使國家實力強大起來。軍隊擔負着保家衛國的重任，所以君主必須建設一支強大的軍隊，才能不怕外敵侵犯。亡國之主大都沉溺於聲色犬馬，輕信奸佞小人，愛好珠寶財貨，而不把精力用於發展生產、建設軍隊上，這樣的君主早晚都會被敵國滅亡。

先王不以勇猛為邊竟，則邊竟安；邊竟安則鄰國親；鄰國親，則舉當矣。

——《樞言篇》

本義 竟：同"境"，邊境。不以勇猛為邊竟：不用武力治理邊境。舉當：舉措得宜或處理得當。

今解 與鄰國的邊境關係是涉及到國家安全的重大問題。管仲主張不以武力解決邊境問題。一般國與國之間由於界線很難劃清，會產生摩擦衝突，如果雙方不持克制態度，就容易引起兩國戰爭，對雙方都不利。因此，管仲認為邊境爭端應和平解決，使鄰國之間保持和平友善的關係。春秋時期，各國互相征伐，戰爭頻繁，與鄰國保持友好關係，就多了一份安全保障，符合國家的長遠利益。

惡者，美之充也；卑者，尊之充也；賤者，貴之充也。

——《樞言篇》

本義 充：“統”的借字，解作“本”、“始”或“基礎”，意指惡者、卑者、賤者，都應重視。

今解 管仲認為惡是美產生的基礎，卑是尊產生的基礎，賤是貴產生的基礎，表現了樸素的辯證思想。春秋時期，老子的哲學思想最具有辯證性，他說“有無相生，難易相成，高下相傾，長短相形，音聲相和，前後相隨”，指出了對立的事物相反相成，又互相統一的特點。老子這種對事物辯證的認識產生了十分廣泛的影響，管仲關於美醜、尊卑、貴賤的觀念也直接源自老子。君主認識到它們之間的對立統一的關係，對醜、卑、賤的人都應給予足夠重視，讓他們發揮出應有的作用。

凡國之亡也，以其長者也；人之自失也，以其所長者也。故善遊者死於梁池，善射者死於野。

——《樞言篇》

本義 長：長處，專長。意即治國不可恃其長而驕傲輕心。梁池：不很深的池。善遊者死於梁池：言恃其所長而失於疏忽。

今解 人不能自恃所長而驕傲自滿。任何長處都是相對而言，不是絕對的優勢。人要正確認識自己的能力，做任何事情都要慎重從事，不可掉以輕心。治國也是一樣，如果自認為國家實力強大，統治者就會產生疏忽懈怠的心理，不努力去發展生產、積累財富，而是滿足於現狀，繼而追求聲色犬馬的享樂生活。這樣做無疑會削弱國力，導致國家滅亡。所以說，雄才大略的君主都能正確認識自身條件，勵精圖治，發展生產，永遠立於不敗之地。

眾勝寡，疾勝徐，勇勝怯，智勝愚，善勝惡，有義勝無義，有天道勝無天道。凡此七者貴眾，用之終身者眾矣。

——《樞言篇》

本義 眾：多數，人多稱眾，事務多亦稱眾。本句文字有三“眾”字，“眾勝寡”的“眾”指人多，下文兩“眾”指事物（條件）之多數。

今解 君主要想對內治好國家，對外戰勝敵人，就必須處於有利地位。用己所長治人所短才能立於不敗之地。具體説來，君主首先要繁育民眾，發展生產，使國家實力強大起來。以眾擊寡，是取得勝利的保證。君主要想取得戰爭勝利就必須建設一支行動迅速，勇敢作戰的部隊，也就是所謂的“疾勝徐”、“勇勝怯”。戰爭的性質是勝負的關鍵，君主用兵要師出有名，打正義之戰，才能百戰百勝。

人主好佚慾，亡其身失其國者，殆；其德不足以懷其民者，殆；明其刑而殘其士者，殆。

——《樞言篇》

本義 亡：通“忘”，即人主沉溺酒色。明：盛。盛其刑罰而殘害其士人。

今解 這句話指出有三種情況人主必須避免，否則會導致國破身亡。首先，人主不能沉溺於感官享受，縱慾無度，那樣會荒廢政事，群臣結黨營私，百姓生活困苦，造成內亂，有亡國的危險。其次，君主必須對民眾施以恩德，以德撫民，讓民眾安心生產，積極為君主效忠。君主如果暴戾專橫，對民眾殘酷壓榨，就會引起人們的反抗。最後，君主對士人要以禮相待，讓其積極建功立業，為國服務。嚴刑迫害會引起士人不滿，從而影響到君主地位的鞏固。

先王重榮辱，榮辱在為。天地無私愛也，無私憎也，為善者有福，為不善者有禍，福禍在為，故先王重為。

——《樞言篇》

本義 為：做事，引申為實際行動。

今解 為人君者必須重視自己的行為。人都喜歡榮譽而厭惡恥辱，君主做事要考慮自己的所作所為是能夠獲得榮譽還是招致恥辱，從而避免不合宜的行為。“惡有惡報，善有善報”雖然是迷信説法，但其中也有合理因素。作惡多端，侵犯他人的權利，就會受到懲罰。古語説“多行不義必自斃”就是這個意思。相反一個人如果多做善事，就會獲得別人的支援和幫助，有利於自己事業的發展。因此，君主必須重視自己的行為，為善不為惡，取榮不取辱。

國侈則用費，用費則民貧，民貧則奸智生，奸智生則邪巧作。

——《八觀篇》

本義 國侈：指統治者奢侈浪費。

今解 治國應以節儉為本，君主要以身作則，提倡節儉，在全國形成節約儉樸的社會風氣。這樣既可以使民眾心不旁顧，安心於生產，又能增加國家財富。如果君主愛好奢侈，喜歡過一種窮奢極慾的生活，就會在全國形成奢侈浪費的社會風氣。統治者為了滿足個人享受，必然要加重賦稅，多徵徭役，加重民眾負擔，使民眾生活於貧困之中。民眾貧困，就不會安心於生產，而想通過非法手段牟取利益，作奸犯科的事就會多起來，從而影響國家的穩定和發展。

法制不議，則民不相私；刑殺毋赦，則民不偷於為善；爵祿毋假，則下不亂其上。

——《法禁篇》

本義 不議：不容私議。毋赦：不容寬赦。不偷於為善：不忽視避惡為善。爵祿毋假：賞賜爵祿之權只專於君主，不能假借他人。

今解 法律制度是立國的根本。君主制定法律後，向全國明文頒佈，要求全國民眾遵照執行。對於法律規定，任何人不能私下議論其得當與否，以保證法律的尊嚴和權威。法律的執行必須公正而嚴明，任何人犯了罪都要依法受到懲罰。人們懼怕法律威力，就會減少為非作歹的行為。君主必須把權力完全集中在自己手裏，重大事情要親自決定，讓全國臣民唯君主是從。如果大臣掌握重權，就會發生以下犯上的事，對君主統治地位構成威脅。

有國之君，苟不能同人心，一國威，齊士義，通上之治以為下法，則雖有廣地眾民，猶不能以為安也。

——《法禁篇》

本義 齊士義：統一士人心意。通上之治以為下法：使上面的治理措施貫徹為下面的行為規範。

今解 能否獲得民眾萬眾一心的擁護是君主治國的關鍵。君主贏得民心，得到全國民眾的支援和擁護，就能產生巨大的力量，用這種力量發展生產，則會使國家繁榮富強；用這種力量行軍作戰，就會無堅不克，百戰百勝。民眾的力量是偉大的，君主如能贏得民心，讓民眾竭盡全力為國盡忠，就會收到國富兵強的效果。失去民心，就失去了民眾的支援和擁護。歷史上昏君都是因為殘暴不仁失去民心，從而導致身死國滅的。為人君者對此不可不引以為戒。

凡君國之重器，莫於令。令重則君尊，君尊則國安；令輕則君卑，君卑則國危。 ——《重令篇》

本義 君：作"統治"講。重器：重要工具。

今解 法律是君主最重要的治國工具。君主制定法律，向全國公佈，使法律成為全國民眾的行為規範。法律要體現平等的原則，任何人觸犯法律都要予以制裁，君主不能法外開恩，以私情枉法，從而保證法律的絕對威嚴。君主嚴格以法治國，不徇私情，就會在全國民眾面前樹立起君主的威嚴，做到令行禁止，使民眾團結，國家安定。如果君主有功不賞，有罪不罰，使法律失去應有的威嚴，那麼君主威信就會下降，導致國家混亂。

國不虛重，兵不虛勝，民不虛用，令不虛行。 ——《重令篇》

本義 虛：與"實"相對，空虛，虛假的意思。

今解 管仲重視事務的實際功效。事務的表面現象總是對人產生一定的迷惑，讓人認不清其本質內容，做出錯誤的判斷或決定。國力強弱，不能只看表面的繁榮與否，而要看國家是否有雄厚的經濟基礎，還要看它是否有不斷發展的生產力，所以君主必須專心於發展經濟才能使國家強大起來。行軍作戰，不能為暫時的勝利所迷惑，而要看是否能取得決定性的勝利。運用民力應做有利於國家的事，才能使百姓充分發揮其力量。法律必須嚴格執行，才能發揮出法律的威力。所以説，講求實效應是君主行事的原則。

不法法則事毋常，法不法則令不行。 ——《法法篇》

本義 不以法推行法制則國事沒有常規，法制不用法的手段推行則政令不能貫徹。

今解 君主以法治國，不但要制定嚴厲而完善的法令，更重要的是如何推
行法令。管仲認為君主要用法的手段來推行法令，而這正是為一般
君主所忽略的問題。國家雖有明確的法規但是卻發揮不了作用，這
就是因為沒有用法律手段來執行法律。對於不認真貫徹執行國家
法令的官吏，國家要依法予以懲處。國家的法令必須具有極高的威
嚴，讓全國民眾都依法行事，以法律為行為準則，使法律發揮出應
有的作用。

禁勝於身則令行於民矣。 ——《法法篇》

本義 禁勝於身：意指用法制克制君主自身，即要求人君以身作則，率先
服從法律禁令。

今解 這句話也說的是如何使法律得到切實有效的貫徹執行的問題。君主
制定了完備的法律，但卻常常得不到徹底的實行，民眾有法不守，
有禁不止。管仲認為君主要想使全國民眾都遵守法律，就必須從自
己做起，自己率先以法律為行為準則，以身作則，為全國民眾樹立
良好的榜樣。君主如果執法不嚴，徇私枉法，就會有損於法律的威
嚴，臣民效法君主不尊重法律，法律也就失去了威懾力。所以，君
主率先守法，是法律貫徹執行的有力保障。

使賢者食於能，鬥士食於功。賢者食於能，則上尊而民從；鬥士食於功，則卒輕患而傲敵。 ——《法法篇》

本義 食於能：憑自己的能力吃飯。食於功：憑所立功勞吃飯。

今解 君主治國必須重視人才，選拔官吏應唯才是舉。讓有才能的人擔當
國家重任，治理民眾，就能收到良好的效果，使民眾服從於官吏的
管理。如果國家官吏都是一些庸碌無能的人，民眾就很難服從領
導。所以，舉賢任能是治理國家的關鍵。士卒捨生忘死，效命疆
場，君主要制定明確的法令，對立有戰功的士卒實行重賞，封官加
爵。在物質利益的鼓勵下，士卒會更加奮勇殺敵，從而提高軍隊的
戰鬥力，使國家增強抵禦外敵的能力。

法立令行，則民之用者眾矣；法不立，令不行，則民之用者寡矣。
—— 《法法篇》

本義 民之用者：指能為君主所用的民眾。

今解 君主雖是一國的統治者，但也有尊有卑，君主之所以有尊卑，在於他能運用的百姓的多寡。如何讓百姓萬眾一心為自己效力是君主最該考慮的問題。要想使百姓為國竭誠盡忠，只有制定嚴格而詳備的法律，有過必罰，有功必賞。讓百姓懾於法律威嚴而不敢為非作歹，百姓為了求得君主的賞賜，就會盡力耕戰。君主採用賞罰並用的措施，統一全國百姓的意志，讓他們唯君命是從，竭力為國家效勞。國力強大，君主就能獲得無上的尊榮。

國無以小與不幸而削亡者，必主與大臣之德行失於身也，官職、法制、政教失於國也，諸侯之謀慮失於外也，故地削而國危矣。
—— 《法法篇》

本義 諸侯之謀：指處理諸侯之間的關係。

今解 內政外交得當與否是國家興衰存亡的關鍵。有些國家雖然土地廣闊、人口眾多，但還不免地削國亡，究其原因就是沒有搞好內政和外交。君主和大臣都應具有高尚的品德，才能受到民眾的尊重。君主選拔官吏，應做到任人唯賢，任人唯親只能導致吏治混亂。法制是君主治國的重要工具，只有讓法律得到徹底貫徹執行，才能實現以法治國的目的。適當地推行禮義等教化措施，能提高民眾的品德修養。君主只有做到這些，才不至於地削國亡。

凡人君之所以為君者，勢也。勢在下則君制於臣矣，勢在上則臣治於君矣。
—— 《法法篇》

本義 勢在下：指勢為臣下所掌握。勢在上：指勢為君主所掌握。

今解 勢，即威勢，是法家着重強調的治國手段。君主要想獲得威勢就必須集大權於一身，親自處理重要事件，對官吏的任免、爵祿的授予都由君主親自決定。大臣的前途命運掌握在君主手裏，就會全心全

意為君主效忠。君主制定法律，嚴格以法治國，輕罪重罰，使法律
發揮極大的威懾力。民眾畏懼法律，也就會畏懼君主。君主也就在
全國造成了不可侵犯的威勢。君主以威勢治國，讓臣民服從於君
威，就會使君主地位得到鞏固。

貧民傷財莫大於兵，危國憂主莫速於兵。

——《法法篇》

本義　勞民傷財，莫過於用兵；危國與傷君，也沒有比用兵更快的。

今解　管仲告誡君主不可輕易出兵，濫用武力。用兵打仗需要消耗大量的
資財，戰爭的進行是以國家的經濟實力為後盾的。沒有堅實的經濟
基礎，戰爭得不到有力的物質保障，不會取得勝利。戰爭本身是勞
民傷財的事，君主進行戰爭會嚴重削弱國家實力。戰爭的失利會導
致政治上的動盪，使國家安全受到嚴重威脅。因此，君主用兵必須
慎重行事，窮兵黷武的政策更應堅決避免，否則便會有亡國危險。

早知敵則獨行；有蓄積則久而不匱；器械巧則伐而不費；賞罰明則勇士功矣。

——《兵法篇》

本義　早知敵則獨行：早知敵情則所向無敵。獨行：猶言入無人之境。不
匱：不缺乏。不費：讀為“不拂”，言征伐不受挫折。

今解　了解敵情是克敵制勝的關鍵，所謂“知己知彼，百戰不殆”說的就
是這個意思。戰爭需要強有力的後勤供應，糧草等軍需物資補充及
時，才能使軍隊久戰不乏。軍中一旦缺糧就會造成軍心不穩，削弱
戰鬥力。軍隊的武器裝備直接關係到戰鬥力的強弱，君主要為軍隊
配備得力的武器裝備，使贏得戰爭勝利多一分保障。軍隊必須號令
嚴明，當進則進，當退則退。君主採取賞罰措施，激勵士卒勇敢作
戰，立功受賞。有了這些具體措施，才能使軍隊克敵制勝。

霸王之形，像天則地，化人易代，創制天下，等列諸侯，賓屬四海，時匡天下。

——《霸言篇》

本義　象天則地：效法天地。即效法天地的宏偉無私。化人：教化世人。

易代：改換朝代。匡：匡正。

今解　這句話描述了霸王之業的形勢與規模。春秋時期，周天子勢力衰
微，各諸侯國競相發展勢力，企圖以武力統一天下。管仲輔佐齊桓
公，採取了許多有力措施，利用齊國優越的自然條件，鼓勵民眾從
事農耕，使齊國生產獲得了極大發展。管仲整頓軍備，厚賞重罰，
提高了軍隊的戰鬥力，以強大的國力為基礎，對外戰爭連續獲勝，
使齊桓公成為當時的霸主之一。在這裏，管仲描繪了霸王之業的宏
偉和壯麗。

欲用天下之權者，必先佈德諸侯。是故先王有所取，有所與，有所詘，有所信，然後能用天下之權。

——《霸言篇》

本義　用天下之權：指稱霸天下。詘：通“屈”。信：通“伸”。取與、屈
伸，都是處理好與各諸侯國的關係。

今解　春秋時期，社會上已經形成了一套完備的禮法制度。統治者品德
的好壞關係到國家的治亂興亡，因此向來有“有道伐無道，有德伐
無德”的說法。君主在對外關係上，必須注重以德服人。取與、
伸屈這些事關係到君主品德高低，所以君主在處理這些問題時
必須謹慎小心，把樹立品德高尚的形象放到首要地位。要想成為
諸侯的霸主，更要博取有道、有德的名聲。這是稱霸的一個重要
條件。

霸王之所始也，以人為本。本治則國固，本亂則國危。

——《霸形篇》

今解　管仲提出“以人為本”的觀點，反映了他對民眾巨大作用的深刻認
識。民眾是國家的根本，君主要治國平天下，首先需要贏得民心，
獲取民眾的支援和擁護。而要想贏得民心，就必須採取有利於民眾
的措施，讓民眾過上衣食豐足，安居樂業的生活，民眾就會願意為
君主效勞。有了這樣的民眾，發展生產則國家繁榮富強，出兵作戰
則會克敵制勝。因此，君主治國必須以民為本，獲取民眾支援，國
家才能長治久安。

夫兵事者危物也，不時而勝，不義而得，未為福也。失謀而敗，國之危也，慎謀乃保國。

——《問篇》

本義　慎謀：慎重謀劃。

今解　管仲認識到了戰爭的危害。如果戰爭的性質不合道義，即使攻城略地，取得了勝利，也不一定是好事。國內民眾畏懼戰爭，產生反戰情緒，不利於國家的穩定。被侵略的國家為了收復失地，還要繼續作戰。長時間的戰爭會消耗大量的物力、人力，削弱國家的實力，加重民眾的負擔。一旦戰爭失利，就有地削國亡的危險。所以，君主對於出兵作戰，必須採取謹慎態度，避免窮兵黷武的對外政策。

君之所以尊卑，國之所以安危者，莫要於兵。兵者外以誅暴，內以禁邪。

——《參患篇》

本義　莫要於兵：沒有比兵更重要的了。

今解　軍隊是國家安全的保障。在春秋時期，各諸侯國以武力相征伐，沒有一支強大的軍隊，就無法保證國家的安全。君主要想稱霸天下也必須以強大的軍隊為依託。管仲充分認識到了軍隊的重要作用：對外可以征討其他諸侯國，樹立君主的霸主地位；對內可以制止奸邪暴亂的事情，維護社會的安定團結。管仲輔佐齊桓公"九合諸侯，一匡天下"，藉助的正是齊國強大的軍事力量。

得眾而不得其心，則與獨行者同實；兵不完利，與無操者同實；甲不堅密，與俴者同實。

——《參患篇》

本義　獨行者：指單獨一人，無人幫助。兵：兵器。俴（jiàn）者：單衣無甲的人。

今解　主帥必須獲得軍心才能取得戰爭勝利。如果軍心穩定，同仇敵愾，即使人數不多的軍隊也能爆發出極大的戰鬥力，甚至以一當十，所向披靡。如果軍心渙散，士卒無心作戰，即使軍隊人數眾多，也不會取勝。因此，主將要想取得戰爭勝利，獲得軍心是關鍵因素。漢代名將李廣是當時讓匈奴人聞風喪膽的"飛將軍"，他不但作戰身先士卒，而且極為愛護士兵，因此贏得了軍心，在對匈奴作戰中屢次取勝。

為人君者，修官上之道，而不言其中；為人臣者，比官中之事，而不言其外。

——《君臣篇上》

本義　官上：眾官以上之事，意即統屬百官。不言其中：無須插手官吏的具體事務。官中：指官職以內的具體事物。不言其外：不可超越本職，干涉過多。

今解　君臣各有職守。君主統領百官，負責選賢任能，從宏觀上控制全國政局。君主不必事必躬親、插手具體事務，讓官吏處理他們職責以內的事。大臣要恪盡職守，做好本職工作，不得干涉其他官吏的工作。這樣上下各有分工，各司其職，君主不干預臣下的工作，臣下也不得奪取君主權力。保持國家政局的穩定，有利於國家的發展。

有道之君者，善明設法而不以私防者也。無道之君，既已設法，則捨法而行私者也。

——《君臣篇上》

今解　法律是君主治國的準繩。君主設立了法律制度，就要嚴格按照法律來駕馭百官、統治民眾。懂得治國之術的君主以法律來規範臣民的行為，用法律剷除奸邪之人，鼓勵民眾安心生產，為國立功。無道的君主雖然設立了法律，但卻不能依法辦事，喜愛的人，可以無功受賞；厭惡的人，即使立下戰功也不予封官加爵。以法治國的君主能樹立君威，讓臣民行為合乎法律規範；不以法治國的君主使臣民行為沒有規範，導致國家混亂。

德侵則君危，論侵則有功者危，令侵則官危，刑侵則百姓危。

——《君臣篇下》

本義　德侵：指人君行德施惠的權力被侵削。論侵：指人君論功行賞的權力被侵削。令侵：指人君發號施令的權力被侵削。刑侵：指人君決定刑罰的權力被侵削。

今解 德侵、論侵、令侵、刑侵，這四者都會嚴重威脅君主的權力，君主
對此應嚴加防範。德侵則君主無法向臣民施加恩惠，君主失去民
心，必然孤立。論功行賞是君主的一項重要權力，此權不得實施，
有功於國的人不被封賞，民眾就不會為國效忠。君主統領百官，發
號施令，此權被剝奪，百官沒有號令可從，會造成國家吏治混亂。
君主以法治國、獎善懲惡，如果無權決定刑罰，壞人被縱容，百姓
安全會受到嚴重威脅。因此，君主必須緊握這四項權力，不可被人
侵奪。

飲食者也，侈樂者也，民之所願也。足其所欲，贍其所願，則能用之耳。

——《侈靡篇》

本義 贍：滿足。用：為君主所用。

今解 為人君者必須善於洞察民眾的心理。衣食是民眾生活所必需的東
西，民眾都渴望過上衣食豐足的生活。君主要想獲得民心，就必須
重視農業生產的發展，採取措施鼓勵民眾開荒種地，生產糧食。男
子從事農耕，女子從事紡織，那麼民眾就有飯吃，有衣穿。君主再
減輕賦稅，讓利與民，民眾安居樂業的願望得到滿足，就會竭盡全
力為國家效勞。君主用這樣的民眾出兵作戰，就會所向披靡，贏得
戰爭的勝利。

毋全祿，貧國而用不足；毋全賞，好德毋使常。

——《侈靡篇》

本義 全祿：給大臣過多俸祿。好德毋使常：不可使人君之好德務施成為
常事。

今解 官吏俸祿應有一定標準，不可過高，俸祿過多，會加大國家財政支
出。官吏的俸祿取自賦稅收入，當官的人多，俸祿優厚，就必須要
加重賦稅，使民眾生活困苦。國家財物多用於支付官吏的俸祿，國
力就會被削弱。所以，管仲主張降低官吏的俸祿。君主好德務施雖
然可加重君主的威望，但如果成為慣常做法，就會加大國家的財政
開支。國家的財力是有限的，必須用到最能發揮效益的地方。因

此，管仲認為官員俸祿過高，君主賞賜過頻，都會削弱國力，不利於國家發展。

富者靡之，貧者為之。不侈，本事不得立。

——《侈靡篇》

本義　富者侈奢消費，貧者勞動就業。本事：指農戰之事。

今解　《侈靡》篇的觀點一反中國古人提倡節儉的生活原則，認為奢侈消費對於促進生產和解決勞動就業問題都大有幫助。因此，主張飲食、車馬、遊樂、喪葬等生活消費，都應奢侈。它從一個側面看到了社會消費對社會生產的促進作用，在中國古代這是一種全新的見解，但它沒有劃清合理消費與奢侈浪費的界限，忽視了奢侈浪費將會產生的嚴重後果，這是它的局限之處。

上離其道，下失其事。

——《心術篇上》

本義　君主偏離治國正道，臣下就會疏忽職守。

今解　君主是國家的核心，君主的一言一行對臣民都有極大影響，君主應該以身作則，為全國民眾樹立良好榜樣，在全國形成良好的社會風氣。如果君主不行君道，一味地驕奢淫逸，就會形成奢靡的社會風氣。社會風氣的好壞，直接關係到國家的治亂。君主治國應嚴於克己，一切按法律行事，樹立品德高尚的君主形象，百官畏於君主威嚴，自然會恪盡職守，努力為國服務。

形不正者德不來，中不精者心不治。正形飾德，萬物畢得。

——《心術篇下》

本義　萬物畢得：萬物都為己所有。

今解　君主要想立德就必須端正自己的行為。君主品行端正，做事合乎禮義要求，對百姓仁愛，使民眾生活安居樂業，與其他諸侯國的交往也以禮為行事準則，就會受到百姓的尊重和愛戴，成為有德的君主。君主有德，民眾就安於本職工作，減少奸惡邪僻的行為，國家會因此而繁榮富強。

聖人裁物，不為物使。

——《心術篇下》

本義 聖人：指有修養的得道之人。君主裁斷外物，而不為外物所役使。

今解 對於物質享受的追求是人所共有的慾望，但是人必須恰當處理物質享受與物質慾望之間的關係。人應該利用外物滿足自己的需求，但人應站在較高的層次上，不為外物所役使。人一旦無休止地追求物質利益的滿足，那就失去了人格，成了物質慾望的奴隸。一國之君，有更加便利的條件追求物質生活的享受，君主切不可沉溺於聲色犬馬、田獵遊宴這類感官享受的滿足。否則勞民傷財，失去民心，遲早會國破家亡。

昔者明王之愛天下，故天下可附。
暴王之惡天下，故天下可離。

——《心術篇下》

本義 明王：有道之君。天下：指天下人。

今解 得天下在於得天下的民心，失天下在於失天下的民心。古代有道的君主都能得天下民心，因此天下歸附；無道昏君之所以失去天下也是因為失去了天下民心。商紂王擁有天下，土地廣闊，人口眾多，但是他殘暴不仁，對民眾橫加殺戮，激起了民眾的反抗。周文王雖然只有區區百里土地，但能愛民如子，獲取了民眾的愛戴和支援，因此能夠以方圓百里的小國擊敗了龐大的商王朝。這也就是“得民心者得天下，失民心者失天下”的道理。

天不為一物枉其時，明君聖人亦
不為一人枉其法。

——《白心篇》

本義 枉其時：使時令錯亂。

今解 “天人合一”是中國古人在處理人與自然關係上的主導思想。人的行為必須效法天地，天的運行有常規可循，不會為外物而改變。人的行為也應遵守一定的準則，不輕易改變。君主制定了法律，就必須以法治國，使法律成為全國民眾行為的準則。君主要想保證法律的威嚴，就必須做到法律面前人人平等。任何人觸犯了法律，都應受到制裁。君主不能因為個別人而使法律失去威嚴，“不為一人枉其法”，這是君主執法的原則。

地者，萬物之本原，諸生之根苑也，美惡賢不肖愚俊之所生也。

——《水地篇》

本義　生：生物。根苑：萬物生長的地方。

今解　中國古人一向重視土地，認為土地是萬物生長的地方，人們棲息繁衍都離不開土地。有了土地，人們才能種植五穀，土地是人們的衣食之源。對土地的重視，使中國人的鄉土觀念極其濃厚，人們安土重遷，把背井離鄉視為人生最痛苦的事情。鄉土觀念導致了人們對國土的重視，中國人向來把家國視為一體。重鄉土自然要重國土。對於國土，人們有"寸土寸金"的說法。春秋時代，晉公子重耳流亡途中，有老農送他土塊，土塊是土地的象徵，重耳稽首叩天，感謝上天賜予他土地。中國人自古以來就重視土地，對土地懷有極深厚的感情。

水者，地之血氣，如筋脈之通流者也。故曰：水其材也。

——《水地篇》

本義　材：材質。

今解　水是和人們生活息息相關的東西。人們的衣、食、住、行都離不開水。中國古代很早就已經懂得利用水，發明水車灌溉田地，修建運河，方便交通。古人都喜歡在靠近江河的地方修建城郭，發展生產。水邊還是人們嬉戲遊憩的地方，《詩經》中有許多反映當時青年男女水邊約會的詩。人類征服自然，最早表現在對水的征服上。大禹治水，是人們熟知的故事。人類的發展無時不伴隨着與水的鬥爭，在這種鬥爭中，人類社會不斷發展、壯大起來。

唯聖人知四時，不知四時，乃失國之基。不知五穀之故，國家乃路。

——《四時篇》

本義　基：根基。路：疲憊，衰敗。

今解　"上知天時，下知地理"是中國古人對能成就大事業的人的要求。"天人合一"是中國古代的重要思想。天象運行是有着不可更改的規律的。"天人合一"要求人們去認識這種規律，使人的行為符合天的規律。四季變化，周而復始，不同的季節要求人們有不同的活動。

五穀是人們生存的必需品，統治者要把五穀種植、發展農業生產放到首要地位，春耕夏耘，秋收冬藏，不誤農時，才能把生產搞好。因此在春秋戰國，耕種季節不興兵作戰，是人們約定俗成的規矩。

戰而懼水，此謂淡滅。小事不從，大事不吉。戰而懼險，此謂迷中。分其師眾，人既迷茫，必其將亡之道。

——《勢篇》

本義 淡滅：為水所滅。迷中：心中迷茫。

今解 主帥統軍作戰，必須要有不畏險阻、知難而上的精神。主帥是軍隊的核心，主帥驚慌失措，產生畏懼心理，士卒就會無心戀戰，導致全軍潰敗。有智謀的主帥越是在險阻面前、危險之中，越要激勵士卒奮勇作戰。這時士卒往往能爆發出極強的戰鬥力，以一當十、勢不可當。項羽在巨鹿之戰時，破釜沉舟，向士卒表示不破敵人誓死不歸的決心，終於擊敗秦軍，取得了重大勝利。

不犯天時，不亂民功。秉時養人，先德後刑。

——《勢篇》

本義 民功：民眾的生產耕作。

今解 發展農業生產是國家的根本政策。農業生產有一定的季節，統治者要保證民眾有充足的時間按季節進行農耕。在農耕季節不徵發徭役，不興兵作戰，保證民眾生產的正常進行。民眾生產的糧食多，既可保證民眾豐衣足食、安居樂業，又可增強國家實力。君主因此會獲得民心，也會贏得其他諸侯的敬重。刑罰是治國的有效手段，君主利用刑罰，但不可濫施刑罰。先德後刑，才能從根本上減少犯罪，使國家太平安定。

今恃不信之人而求以智，用不守之民而欲以固，將不戰之卒而幸以勝。此兵之三闇也。

——《九變篇》

本義 幸：希望。闇：不明。

今解 用兵打仗最重要的就是知人善用。主帥所任用的謀士必須是忠心耿耿，竭力盡忠的人，這樣的人才能不遺餘力地出謀劃策，為戰爭勝利做出貢獻。民心所向是戰爭勝負的重要因素。面對敵人強大的攻勢，要想堅守城池，就必須有民眾的支援，萬眾一心、同仇敵愾，軍民共同作戰，才能守住城池，擊退敵人。軍心穩固，士卒都有誓死作戰的決心，才能使軍隊爆發出強大的戰鬥力。四面楚歌、軍心動搖，即使項羽那樣的人物，也不免要失敗。

聖君任法而不任智，任數而不任説，任公而不任私，任大道而不任小物，然後身佚而天下治。

——《任法篇》

本義 任：用。數：通"術"，治國之術。小物：小事。佚：逸。

今解 明君嚴格以法治國，用法律來規範臣民的行為。對於智巧的言行，要看其是否符合法律，合於法律的加以推崇，不合法律的必須堅決制止。君主以術治國，運用權謀機術來統治臣民，對於花言巧語，不切實際的遊説之詞堅決予以摒棄。全國臣民的言行都應符合國家利益，君主鼓勵民眾恪盡職守，積極為國建功立業。對於貪贓枉法、營私舞弊、為滿足個人私利而損害國家利益的人，君主依法予以嚴厲制裁。這樣君主才能治理好國家，保持安富尊榮的地位。

明王之所恆者二：一曰明法而固守之，二曰禁民私而收使之。

——《任法篇》

本義 所恆者：指所遵守的固定不變的原則。

今解 依法治國是明君治國的根本原則。君主制定詳細而完備的法律，並向全國明文頒佈，讓全國民眾都清楚法律內容。君主嚴格以法律為標準來判斷臣民言行的是非對錯。對於觸犯法律的人，不管是至愛貴戚，還是達官顯要，都要依法予以懲罰，這樣才能保證法律的尊嚴和威懾力。君主制定嚴格的法律，可以有效地制止民眾損公利己的私行。讓民眾畏於法律威嚴而不敢有滿足個人私慾的行為，從而竭盡全力為君主效忠。

所謂治國者，主道明也。所謂亂國者，臣術勝也。

——《明法篇》

今解 在法家看來，君和臣有着各自不同的利益，因此，君和臣之間不可避免地要互相矛盾、互相鬥爭。凡是把國家治理得井井有條的君主，都有一套正確的治國之術。也就是能夠以法治國，以權術駕馭群臣，使全國臣民都唯君主之命是聽，為國家效勞，這樣君主就能治理好國家。如果大臣玩弄權術，欺君罔上，君主偏聽偏信，把權力下放給大臣，大臣握有重權，就會結黨營私，謀取個人私利。這樣，國家當然就要混亂衰弱。

古之欲正世調天下者，必先觀國政，料事務，察民俗，本治亂之所生，知得失之所在，然後從事。

——《正世篇》

本義 從事：做事情。

今解 君主要想治理好國家，就要先觀察國政，對國家的政治情況作深刻而具體的了解；體察民情，了解百姓的風俗習慣，了解百姓的好惡愛憎以及民心所向。君主對具體國情有了較為深入的了解，就能在此基礎上制定相應的政策。君主對於前代的治亂得失也要進行詳細的觀察思考，總結前代政治得失的原因，使自己制定治國之策時避免犯前人所犯的錯誤。治好國家並非輕而易舉的事情，它需要君主多方面的觀察和思考，制定合理的政策，才能實現君主治國平天下的理想。

聖人設厚賞非侈也，立重禁非戾也，賞薄則民不利，禁輕則邪人不畏。

——《正世篇》

本義 侈：奢侈。戾：暴戾。

今解 厚賞重罰是法家治國的一項重要原則。有人認為君主實行厚賞是對國家財富的浪費，實行重罰顯得君主過於暴戾。管仲針對這種看法解釋了為甚麼要實行厚賞重罰。獎賞是為鼓勵民眾為國立功，士卒在疆場上冒着生命危險奮勇殺敵，是為了得到君主的厚賞，如果獎賞過輕，就起不了鼓勵作用。刑罰是為了使民眾安分守己，減少為非作歹的事。如果刑罰過輕，對犯罪的人起不了應有的懲罰作用，那就無法減少犯罪行為，最終危害的還是國家的安全。

凡治國之道，必先富民，民富則易治也，民貧則難治也。 ——《治國篇》

今解 君主要想治理好國家就必須使民眾生活富足。要想使民眾生活富足，就需要把農業生產放到首要地位。採取措施保證百姓有足夠的時間從事農耕，鼓勵民眾開墾荒地，生產糧食。民眾過上了衣食溫飽，富裕安康的生活，就會安居樂業，不願遷往他處，既便於國家對民眾的管理，又可進一步使生產獲得發展。民眾生活富裕，就不輕易犯罪，有利於社會秩序的安定。所以說，發展生產使民眾富足，是國泰民安的有效措施。

選天下之豪傑，致天下之精材，來天下之良工，則有戰勝之器矣。 ——《小問篇》

本義 致：招致。精材：精英、人才。戰勝之器：戰勝敵人的工具。

今解 要想取得戰爭勝利，關鍵是要有一大批能克敵制勝的人才。管仲認識到這一點，勸諫齊桓公廣招天下人才。有一批才能卓異的人為自己出謀劃策，效命疆場，那就能夠所向無敵，戰則必勝。在中國古代，工匠一向被統治者所輕視，社會地位很低。但管仲並不輕視工匠，一樣把他們作為人才來看待。工匠製造出的攻城器具對取得戰爭勝利能發揮重要作用，所以管仲主張招致天下良工為君主服務，這樣才能攻城略地，無往不勝。

故國父母墳墓之所在，固也；田宅爵祿，尊也；妻子，質也。三者備，則民不我欺也。 ——《小問篇》

本義 固：人心穩固。尊：地位尊貴。質：抵押。不我欺：不欺我。

今解 管仲認為這三者是使民必死必信的有效手段。讓人們依戀故鄉，依戀父母墳墓，那麼就人心穩固。君主用田宅爵祿賞賜有功之人，使他們獲得尊貴的地位，這些人為了保持他們的地位，就會奮勇作戰，決不後退。外出作戰的將士，君主不容許他們攜帶妻子兒女，這些人眷戀國內的妻兒，不會輕易投降。君主採取這三樣措施，就能使軍心穩固，共同對敵，取得戰爭的勝利。

一人之治亂在其心，一國之存亡在其主。 ——《七臣七主篇》

本義 在其心：指在其心之邪正。

今解 一個人行為的好壞與他的思想有關，同樣，一個國家的存亡興衰與君主有直接關係。君主的好惡直接影響到社會風氣。君主重視農耕，那麼民眾就會大力開墾荒地，發展農業生產；君主喜歡財貨，那麼人們就善於經商做買賣；君主喜歡修建宮室，那麼國家的能工巧匠就會多起來。楚王喜歡細腰的美女，所以楚國女子都節食，減小飯量；吳王喜歡比劍，所以民眾都不怕死。可見，君主的好惡會直接影響社會風氣，關係國家興亡。

目貴明，耳貴聰，心貴智，以天下之目視，則無不見也；以天下之耳聽，則無不聞也；以天下之心慮，則無不知也。 ——《九守篇》

今解 一個人的力量畢竟是有限的，君主要想治理好國家就必須調動全國民眾的積極性，讓全國一切有智謀的人都為己所用。君主要廣開言路，讓全國民眾大膽進諫，出謀劃策，俗語說："眾人拾柴火焰高。"君主運用民眾的力量，國家就很容易治理好。相反，那些亡國破家的君主都是剛愎自用、獨斷專行的人，他們從不聽從他人勸諫，對於忠言直諫的人殘酷迫害，閉塞了自己的視聽之路，最終導致了身死國亡的下場。

用賞者貴誠，用刑者貴必。刑賞信必於耳目之所見，則其所不見莫不暗化矣。 ——《九守篇》

本義 暗化：暗中感化。

今解 賞罰是君主治國的有效手段。行賞的原則是誠信可靠，按照法律規定對為國立功的人進行獎賞。君主言出必行，決不拖延，也不無故取消獎賞。全國民眾看到獎賞可信，都會竭力殺敵為國立功。刑罰也必須按法律規定予以堅決執行，不管是甚麼人觸犯了法律，即使是君主的近親寵愛，也要依法懲處，以確保法律的絕對威嚴。民眾看到君主執法的力度和決心，內心有所警戒，不敢為非作歹。君主使賞罰嚴明可信，才能收到良好的治國效果。

人主之所以令則行禁則止者，必令於民之所好，而禁於民之所惡也。
——《形勢解篇》

今解 以法治國是君主的治國原則。君主要想做到令行禁止，就必須深刻洞察民眾心理，民眾都好生而惡死，好利而惡害。因此君主制定的法令，對於觸犯法律，危害他人生命財產安全的人必須起到嚴厲的懲罰作用。人們畏懼法律懲罰不敢為非作歹，從而保證了絕大多數人的利益。好賞求利也是民眾的普遍心理，君主採取措施鼓勵民眾發展生產，民眾見生產有利可圖，就會積極從事生產。對立下戰功的人進行獎賞，人們就積極參軍作戰。

人情而侈則貧，力而儉則富。夫物莫虛至，必有以也。
——《形勢解篇》

本義 以：原因。

今解 平民百姓在大致相似的條件下生活，有的人越過越富，有的人卻逐漸貧困。貧富不是憑空而至，都是有一定原因的。如果人懶惰，不下力氣從事生產，卻又喜歡奢侈，日常生活沒有計算，得過且過，掙得少，花得多，長此以往，這樣的人就會日漸貧困。平民百姓要想致富，就必須用力於農耕，開墾荒地，生產糧食。一年四季不辭勞苦，且又能勤儉持家，生活艱苦樸素，收入多於支出，日積月累，積蓄逐漸增多，可以過上富裕安康的生活。

天生四時，地生萬財，以養萬物，而無取焉。明主配天地者也，教民以時，勸之以耕織，以厚民養，而不伐其功，不私其利。
——《形勢解篇》

本義 伐：誇耀。

今解 古人極其尊重天地，認為君主是代表上天來統治民眾的，所以君主行為必須效法天地。天地最大的特點是養育萬物而不從中取利，君主的職責也是養育民眾。君主讓民眾按季節進行耕種，不因為徭役、兵役而侵犯農民的生產時間；讓農民全力投入農耕，生產糧食；鼓勵女子在家紡織，生產布疋。君主減輕賦稅，讓利與民，使民眾有飯吃，有衣穿，生活安居樂業。國泰民安，君主不伐其功。這才稱得上是配天象地的明君。

臣不親其主，百姓不信其吏，上下離而不和，故雖自安，必且危之。故曰：上下不和，雖安必危。

——《形勢解篇》

今解 君臣團結，吏民和睦是國泰民安的保障。如果君臣之間為了各自利益而勾心鬥角，大臣想篡權奪位，君主要清除異己，致使君臣之間矛盾重重，大臣不為國效力。這是國家衰敗的重要因素。各級官吏是民眾的直接統治者，官吏必須公正無私，才能被民眾所信服，受到民眾的支援和擁護。如果官吏貪贓枉法，對民眾橫徵暴斂，就會激起民眾的反抗情緒。民眾不信任官吏，甚至對官吏懷有敵視情緒，那麼早晚會發動起義，推翻君主統治。

明主度量人力之所能為，而後使焉。故令於人之所能為，則令行。使於人之所能為，則事成。

——《形勢解篇》

今解 君主治國應多替百姓考慮，量民力而行。制定法令，要符合民眾的實際情況，該寬緩則寬緩，該嚴厲則嚴厲，讓民眾都能遵照執行，同時又能嚴厲打擊犯罪分子，保護民眾生命財產的安全。君主興辦各項事業也要視民力而行，濫用民力，勞民傷財，會導致不良後果。例如，秦始皇統一天下後，徵發全國無數人力物力，修建了規模宏大的阿房宮、綿延萬里的長城，使民不聊生，加速了秦王朝的滅亡。

明主與聖人謀，故其謀得，與其舉事，故其事成。亂主與不肖者謀，故其計失，與之舉事，故其事敗。

——《形勢解篇》

本義 聖人：指有才能的人。不肖者：無能的人。

今解 君主一人之力不可能治國平天下，凡是成就王霸事業的君主都能夠知人善任。藉助謀士為自己出謀劃策，就能舉事得當，在策略上勝過敵人。藉助武將為自己衝鋒陷陣，就能夠戰勝敵人。歷史上商湯任用伊尹滅亡夏桀，文王、武王任用姜尚滅亡了商紂王。三國鼎立時期，魏、蜀、吳三家都善於選賢任能，使三國並立局面維持了幾十年。相反，如果君主任用無德無才的人，處理政事則政事混亂；出兵作戰則兵敗地削。所以君主在用人方面，必須謹慎從事。

夫民富則不可以祿使也，貧則不可以罰威也。法令之不行，萬民之不治，貧富之不齊也。

—— 《國蓄篇》

今解 君主治國，不可使民過富，也不可使民過貧。如果民眾手中掌握大量財富，就不會把君主的爵祿獎賞放在眼裏。擁有大量財富的人，大多貪生怕死，好逸惡勞，不肯為國效命。如果民眾過於貧窮，掙扎於死亡的邊緣上，為了求得生存就會不顧一切，君主的法令雖然威嚴，他們也會置之不理，刑罰對這些人來說是不起作用的。君主要想使賞罰的政策真正發揮作用，就必須採取措施限制個人財富過於集中，讓貧苦民眾也有地可耕，保證他們的衣食。在貧富均等的情況下，君主才能做到令行禁止。

度法者，量人力而舉功。禁繆者，非往而戒來。故禍不萌通，而民無患咎。

—— 《山權數篇》

本義 禁繆：用法令加以禁止。萌：生。咎：錯。

今解 明君治理國家，應該未雨綢繆，防患於未然。君主舉辦任何一項事業，都要依靠民眾的力量。君主要愛惜民力，不可為個人私慾而大建宮室，搜羅奇珍異寶，否則就會勞民傷財，引起民眾的不滿，成為國家禍亂的內在原因。以古為鑒可以知來者，君主對歷史事件應多作思考和反省，從歷史事件中吸取教訓，避免出現類似的錯誤。君主防微杜漸才可保持國泰民安。

萬乘之國不可無萬金之蓄飾，千
乘之國不可無千金之蓄飾，百乘
之國，不可無百金之蓄飾，以此
與令進退，此之謂乘時。

　　　　　　　　　　　　——《山權數篇》

本義　萬乘之國：擁有萬輛兵車的國家，指大國。蓄飾：儲蓄。

今解　管仲在這裏說明國家無論大或小，都應該有一定的儲蓄。這種儲蓄
　　　　包括金錢與實物兩種。國家有了足夠的積蓄，國力就會強大起來，
　　　　一旦發生戰爭和饑荒就有能力去應付。強大的國力是戰爭勝利的先
　　　　決條件，也是民眾在災荒之年不捱餓的有力保障。西漢建國後，因
　　　　為經過秦末戰爭，國家貧窮，漢初幾位皇帝採取休養生息政策，國
　　　　家儲備了大量的錢財、糧食。這時，漢武帝大舉出擊匈奴，連連取
　　　　得勝利。這些勝利與西漢國力強大是密不可分的。

為國不能來天下之財，致天下之
民，則國不可成。

　　　　　　　　　　　　——《輕重甲篇》

今解　春秋時代地廣人稀，各國都把招徠民眾，發展生產作為治國的重要
　　　　措施。民眾增多了就可以開墾荒地，生產糧食，使國力強大起來。
　　　　商鞅曾經向秦孝公提出要採取有效措施招徠他國民眾到秦國開荒。
　　　　國家立下規定，減免移民的賦稅，讓外來人口從事農業生產，讓秦
　　　　國原有人口當兵作戰。這也是商鞅變法的一項內容。招徠外來人口
　　　　不但能發展生產，還可以增加國家稅收，使國家實力強大起來，這
　　　　是治國的有效措施。

軒冕立於朝，爵祿不隨，臣不為
忠；中軍行戰，委予之賞不隨，
士不死其列陣。

　　　　　　　　　　　　——《輕重甲篇》

本義　軒冕：指士大夫。

今解　民眾都有求利心理，君主利用百姓的這種心理進行厚賞，就能有
　　　　效地鼓勵人們竭盡全力為君主服務。大臣為國家殫精竭慮，恪盡
　　　　職守，最大的希望是獲得高官厚祿。君主要按貢獻大小為群臣加
　　　　官加祿，就能有效地調動群臣為國家服務的積極性。士卒出生入

死，參加戰鬥，置個人生命於不顧，就是希望立下戰功，獲得君主的重賞。君主利用厚賞的手段，就能調動全國民眾積極性，為國立功。

凡在趣耕而不耕，民以不令不耕之害也；宜耘而不耘，百草皆存，民以反存不耘之害也；宜獲而不獲，風雨將作，五穀以削，士民零落，不獲之害也。

——《輕重乙篇》

今解　這是《管子》書中最後一句話，着重闡述的是以農為本的思想。以農為本，依法治國是管子也是法家的一貫主張。在春秋戰國以武力相爭的時代，國家實力大小是各國地位高低的依據。開墾荒地，生產糧食，使民眾過上豐衣足食的生活是富國之路。農業生產發展好了，國家就會強大起來。有強大的國力作依託，君主就能實現治國平天下的理想。

《晏子春秋》

　　《晏子春秋》是記敍春秋時代齊國人晏嬰言行的一部書。成書年代大約在秦統一六國後的一段時間內。編寫者是誰至今尚無定論，一般認為是齊國故臣淳于越。無論是誰，編寫者都一定是一位對齊國歷史掌故、民間傳說極其熟悉的人物。他應該是齊國上層社會的人士，有機會看到過一些檔案和史料。他還是晏嬰的一位熱情崇拜者，這些在書中都有所反映。

　　《晏子春秋》可以說是中國最早的一部短篇小說集，也可以說是最早的 "外傳"、"外史"。在這部書裏，作者一方面暴露了古代社會統治階層的種種黑暗，刻畫了荒淫暴虐的君主、助紂為虐的奸臣；另一方面，也描繪了作者心目中的理想人物晏嬰。書裏的晏嬰已經不是歷史上的真實原型，而是藝術上的典型了。編寫者抓住晏嬰作為齊國重臣的生活內容，從他的進退出處以至飲食、衣服、車馬、僕從等各個細節方面，塑造出一個活生生的晏嬰形象。

上離德行，民輕賞罰，失所以為國矣。

—《內篇諫上》

本義 君主不重德行，民眾輕視賞罰，就失去了治國的正確方法。

今解 君主必須重視培養自己的德行。那麼如何成為有德之君呢？在晏嬰看來，君主應該愛護民眾，減輕賦稅、徭役，採取有力措施保障農業生產的發展，讓民眾過上衣食豐足，安居樂業的生活，這才是有德之君，才能夠獲得民眾的擁護和愛戴。賞罰是用來引導民眾積極從事耕戰，為國立功的有效措施。人們都有求賞遠罰的心理，君主利用這一心理，激勵民眾為國立功。如果人們輕視賞罰，就會肆意而為，不利於國家的長治久安。

利於國者愛之，害於國者惡之，故明所愛而賢良眾，明所惡而邪僻滅，是以天下治平，百姓和集。

—《內篇諫上》

本義 邪僻：奸邪之人。和集：團結和睦。

今解 君主治國要愛憎分明。所愛的應該是有才有德、為國家做出貢獻的人；所憎的應該是奸邪不守法、不忠於本職工作、對國家產生危害的人。君主對這兩種人採取鮮明的愛憎態度，讓臣民都嚴格要求自己，忠於職守，竭力為國效忠。這樣，才能使百姓和睦，國家安定。歷史上的亡國之君，大都不能愛憎分明，他們所愛的是善於阿諛奉承、欺下瞞上的奸臣，所憎的是忠言直諫、恪盡職守的忠臣。愛憎不明，最終導致國家滅亡。

古之王者，德厚足以安世，行廣足以容眾，諸侯戴之以為君長，百姓歸之以為父母。

—《內篇諫上》

本義 古之王者：指黃帝、堯、舜、禹等。

今解 黃帝、堯、舜、禹等被稱為古代聖王，他們處在原始氏族社會中，有着原始的人道思想和民主精神。君主都注重個人品德的修養，具有極高品德的人才能使天下百姓信服。在那個時代，君主很少採用武力征伐，而是推行政教，以德化人。孔子曾說："遠人不服，則修文德以來之。"就是說君主要推行文化德教，國家治理得好，遠方不服的人就會前來歸附。所說的就是理想的社會政治狀況。

財屈力竭，下無以親上；驕泰奢侈，上無以親下。上下交離，君臣無親，此三代之所以衰也。

—《內篇諫上》

本義 三代：指夏、商、周三代。

今解 要想使國家長治久安，君主和民眾就需要保持一種融洽和睦的關係。民眾最大的願望就是過上衣食豐足，安居樂業的生活。君主治國要採取措施發展生產，減輕賦稅徭役，讓利與民，民眾生活富足了，當然就會愛戴君主，努力為國家效勞。君主雖然擁有全國財富，但也不可過於驕奢淫逸。一味追求物質慾望的滿足，就會加重對民眾的剝削，引起民眾的不滿和反抗。君主只有崇尚節儉，嚴於克己，才能受到民眾愛戴，保持國家長治久安。

賞無功謂之亂，罪不知謂之虐。

—《內篇諫上》

今解 賞罰是君主治國的重要措施。賞罰嚴明，就是對有功於國的人實施重賞，而且不論貴賤只要為國立功，就可以得到君主的賞賜，從而激勵士卒勇敢作戰，立功求賞；對於觸犯法律的人，不管身居何職，即使是至親貴戚，也要予以懲罰，從而使人們懼於法律不敢為非作歹。無功受賞，就會助長臣民走邪門歪道，不務本業的風氣，君主對此要堅決避免。在古代講究不知者不為過的原則，君主應以寬厚的態度對待無意中犯下過錯的人，不可濫施暴虐。

君屈民財者，不得其利；窮民力者，不得其樂。

—《內篇諫下》

本義 屈：竭盡。君竭民之財，將以求利，必不得其利；窮民之力將以為樂，必不得其樂。

今解 中國古代的有識之士認識到民眾的重要作用，所以"民本"思想得以傳播。孟子說："民為貴，社稷次之，君為輕。"沒有百姓也就沒有國家，也就談不上有君主了。君主同民眾如果只是剝削與被剝削的關係，君主為了滿足個人私慾而重徵厚斂，加重民眾負擔，民眾就會奮起反抗，推翻君主統治。君主身死國亡，也就是求利而不得其利。晏嬰站在統治階層立場上，要求君主減輕對民眾的剝削，緩和君臣關係，有利於國家的長治久安。

三王不同服而王，非以服致諸侯也，誠於愛民，果於行善，天下懷其德而歸其義，善其衣服節儉而眾悅也。

—— 《內篇諫下》

今解 齊景公想通過服聖人之服、居聖人之室的辦法，使諸侯臣服，晏嬰指出了這種做法的錯誤。他告訴景公靠模仿聖人的衣服居室是不能使諸侯臣服的，要想臣服諸侯，就必須採取有利於民眾的措施，多做好事，獲取民心，使百姓樂於為君主效勞，積極發展生產，建功立業。君主以高尚的德行使其他諸侯國臣服於己。諸侯看重的不是和聖人一樣的服飾，而是和聖人一樣的高尚品德。這是使諸侯臣服於己的內在原因。

君正臣從謂之順，君僻臣從謂之逆。君不道順而行僻，從邪者邇，導害者遠，讒諛萌通，而賢良廢滅，是以諂諛繁於間，邪行交於國也。

—— 《內篇諫下》

本義 萌通：即明通。

今解 為人君者，是一國百姓所矚目的核心，君主要想正人必先正己。君主行為端正，大臣就不敢有邪惡行為，君臣相從，國家就能治理好。如果君主行為乖僻，大臣向君主學習，君臣都逆於正道，對於社會風氣會產生極壞的影響。君主聽信奸邪小人的讒諛之詞，對於賢良正直的人不予任用，那麼就會令全國民眾都想用讒諛的手段獲得君主信用，撈取個人好處。一旦在社會上形成這樣的風氣，那麼國家就有滅亡的危險。

厚藉斂不以反民，棄貨財而笑左右，傲細民之憂，而崇左右之笑，則國亦無望矣。

——《內篇諫下》

本義 藉斂：徵收賦稅。笑左右：使左右笑。傲：輕視。崇：重視。

今解 君主向民眾徵收賦稅，不只是為了滿足個人生活的需要和作為百官的俸祿，徵收賦稅還要本着"取之於民，用之於民"的原則，集中國家財力為民眾解決一些實際問題。如果君主大肆揮霍國家賦稅，過奢侈腐化的生活，就會引起民眾的不滿與反抗。君主行為必須端正，才能作為一國表率。如果君主揮霍財富只為同左右親信取笑，而不重視民眾的痛苦憂患，那麼國家就沒有強盛的希望，早晚會被敵國所滅。

能愛邦內之民者，能服境外之不善；重士民之死力者，能禁暴國之邪逆；聽任賢者能威諸侯；安仁義而樂利世者，能服天下。

——《內篇問上》

今解 民眾是國家的根本，君主必須愛護國內民眾，獲取民心，得到民眾的支援和擁護，使全國民眾萬眾一心，產生極大的凝聚力，對其他諸侯國起到威懾作用，使之不敢輕易興兵作戰。愛護民眾，最重要的是愛護民眾的生命，君主不可輕易發動戰爭，更不可採取窮兵黷武的對外政策。君主愛護民眾，民眾就擁護君主，對於敵國能起到不戰而勝的作用。任用賢人治理國家，就能避免因為官吏庸碌無能而產生的禍亂，這也是治理好國家的關鍵因素。

以謀勝國者，益臣之祿；以民力勝國者，益民之利。故用智者不偷業，用力者不傷苦。

——《內篇問上》

本義 勝國：戰勝敵國。偷業：疏忽職守。傷苦：為苦所傷。

今解 臣民為君主效勞，都想從君主那裏取得好處，君主任用臣民，也須用物質利益作為刺激手段。謀士為君主出謀劃策，君主因此能戰勝敵國，那麼就應該論功行賞，為出謀劃策的人加官晉爵。士卒出生入死，是君主戰勝敵人的決定力量，對立下戰功的士卒，君主要實行厚賞。凡是為國立功的人都可獲得應有的獎賞，就能鼓勵全國臣民積極為君主出謀劃策，奮勇殺敵。國家的軍事力量就會強大起來。

不以飲食之癖害民之財，不以宮室之侈勞人之力；節取於民，而普施之。 ——《內篇問上》

今解 這句話表現了晏嬰的"愛民"思想。民眾是國家的根本，能否獲得民眾的支援是國家治亂的關鍵因素。君主要想獲得民心，就必須愛護民眾。一國之君雖然擁有無上的權力，但決不可為滿足個人的私慾而勞民傷財。楊貴妃愛吃荔枝，唐玄宗不惜耗費人力從南方快馬運荔枝到長安，統治者奢侈腐化的生活，也是安史之亂爆發的一個因素。君主向民眾收取賦稅，應有一定標準，不可橫徵暴斂，否則會激起民眾反抗，危害君主統治地位。

上不能養其下，下不能事其上，上下不能相收，則政之大體失矣。 ——《內篇問上》

本義 相收：互相和睦。大體：總的原則。

今解 治國的關鍵在於使君臣和睦，吏民團結。上下一心，萬民同力能產生出無堅不摧的巨大力量。如果君臣各懷異心，為了各自私利而勾心鬥角，君要限制和剝奪臣的權力，甚至要置臣於死地，臣想篡奪君主的地位，想要殺君而後快。這樣的君臣關係只會導致國家的混亂。吏民關係也是國家穩定的重要因素。官吏應對百姓多加愛護，多為百姓着想，百姓才會服從官吏的統治。吏民不和同樣會導致國家的滅亡。

人主左右，內則蔽善惡於君上，外則賣權重於百姓，不誅之則亂，誅之則為人主所案據，此亦國之社鼠也。 ——《內篇問上》

本義 賣權重：賣官爵。案據：保護。

今解 君主左右的親信終日圍繞於君主周圍，往往是一些善於察顏觀色、見風使舵、博取君主歡心的諂諛小人。這些人取得君主的信任，繼而掌握國家重權，對外賣官鬻爵，欺壓群臣百姓，對內蒙蔽君主視聽，花言巧語欺君罔上。這樣的人會引起全國民眾的憤怒，如果不予剷除，就會造成國家的內亂。如果有人想剷除這樣的人，又會遭到君主的反對。歷史上歷代昏君左右都有這樣的奸邪小人，他們是導致國家滅亡的重要原因。

誅不避貴，賞不遺賤，不淫於樂，不循於哀；盡智導民而不伐焉，勞力歲事而不責焉。

——《內篇問上》

本義 伐：誇耀。責：要求。

今解 賞罰是君主的立國之本。不管是誰犯了罪都要接受懲罰。不論出身多麼微賤的人，只要為國立功都要按規定予以獎賞。君主保證賞罰的公正嚴明，就能最大限度地發揮懲惡揚善的作用。君主雖然有無上的權力，但也不可過分追求個人慾望的滿足，驕奢淫逸的生活會導致國家的危亡。君主要採取措施鼓勵民眾發展生產，讓民眾過上豐衣足食的生活。君主勤於政事，多為百姓着想，才能使國富民安。

善人不能戚，惡人不能疏者危。交遊朋友從，無以說於人，又不能說人者窮。

——《內篇問上》

本義 戚：指親附。說：通"悅"。

今解 諸葛亮在《出師表》中對後主劉禪諄諄告誡，要他"親賢臣，遠小人"。人主由於身居高位，左右都是奉迎討好之人，很容易受人迷惑，分不清是非曲直。忠臣敢於直言進諫，指正君主的缺點與不足，正如俗話所說"忠言逆耳利於行，良藥苦口利於病"。君主對那些有如苦口良藥般的忠貞之言不易接受，卻對奸邪小人的諂諛之言大為欣賞，結果往往使忠臣受到排擠，奸臣當道，國家衰亂由此而生。

所求於下者，必務於上，所禁於民者，不行於身。

——《內篇問上》

本義 務：從事。

今解 人君居於一國的核心地位，言行舉止為全國民眾所矚目。君主要求民眾所做的事情，必須從自身做起。譬如，君主要求民眾生活節儉，那麼首先君主就應該勤儉節約。如果君主每天酒池肉林，弦歌不斷，甚至要大建宮室，廣選妃嬪，那麼就無法給民眾樹立良好榜樣。君主要求全國民眾都遵守法律，那麼首先自己就應該嚴格依法辦事。如果君主的左右親信犯了法，君主不予懲罰，全國民眾就疏忽於法律，不會嚴格守法。

其政任賢，其行愛民，其取下節，其自養儉；在上不犯下，在治不傲窮。從邪害民者有罪，進善舉過者有賞。

——《內篇問上》

今解 舉賢任能是使國家安定的有效措施。君主任用賢才治國，減少貪贓枉法的行為，是對百姓最大的愛護。君主愛民，還體現在減輕民眾的徭役賦稅方面，不可因滿足自己荒淫無度的生活而對百姓橫徵暴斂。君主生活應以節儉為主，才能獲得百姓的愛戴。君主不可以輕視窮苦百姓，應採取措施幫助窮苦百姓開墾荒地，生產糧食，紡織布疋，讓他們過上豐衣足食的生活。君主還應論功行賞，有過必罰。只要措施得當，國家就一定會治理好。

不因喜以加賞，不因怒以加罰；不從慾以勞民，不修怒而危國。上無私議，下無竊權。賢君之治若此。

——《內篇問上》

今解 賞罰是君主治國的有效手段。賞罰的實施必須有明確的標準，有功則賞，有罪必罰。君主不可因個人的好惡而濫施賞罰，否則人們就希望通過其他途徑而不是建功立業來獲得獎賞；人們犯下過錯，希望君主法外開恩，給予赦免。形成了這樣的社會風氣，賞罰也就失去了它應起的作用。君主不可因個人私忿而興師動眾，使國家處於危險境地。當年劉備為報關張被殺之仇，不計利害，興兵伐吳，致使全軍覆沒，蜀國元氣大傷，可資借鑒。

明王之任人，諂諛不邇乎左右，阿黨不治乎本朝；任人之長，不強其短，任人之工，不強其拙。

——《內篇問上》

本義 邇：近。

今解 君主能否知人善任，關係到國家的治亂。諂諛之人一向善於察顏觀色、見風使舵，他們對君主的好惡瞭如指掌，所說的都是君主愛聽的話，做的都是君主喜歡的事。這樣的人一旦為君主所任用，便會欺上壓下，做出誤國害民的事來。因此，君主對於諂諛之人必須堅決予以剗除，使之不得危害國家。任何人才都有不足之處，君主用人只用其才，對他的缺點和不足可以不必理會，這是正確的用人之道。

德不足以懷人，政不足以惠民；賞不足以勸善，刑不足以防非：亡國之行也。

——《內篇問上》

今解 一國君主必須重視培養自己的君德，有德的君主，不但會獲得本國民眾的民心，也會受到其他諸侯國的尊重。君主的治國之策必須有利於民眾，以讓民眾過上富裕安康的生活為原則。賞罰是君主治國的有效手段。君主要實行厚賞重刑，厚賞可以有效地激發民眾建功立業的積極性，重刑可以有效地防止民眾為非作歹。厚賞和重刑都是從根本上有利於民眾的政策，君主要堅決予以貫徹執行。

明君居上，寡其官而多其行，拙於文而工於事，言不中不言，行不法不為也。

——《內篇問上》

本義 寡其官而多其行：減少官吏以使官吏多做事。

今解 國家官吏過多會造成許多不良後果。首先，過多的官吏俸祿會加大國家開支，國家為了支付官吏的薪金就要加大賦稅，增加民眾的負擔。其次，國家機構過於臃腫會降低工作效率，造成人浮於事的局面。因此晏子主張減少官吏，提高辦事效率。在中國歷史上晏子恐怕是第一個提出精簡機構，精簡人員，以提高辦事效率的政治家。從這一點上可以看出晏子的遠見卓識。

其用法，為時禁暴，故世不逆其志；其用兵，為眾屏患，故民不疾其勞；此長保威強勿失之道也。

——《內篇問上》

本義 屏：除去。疾：指以用兵為疾。

今解 君主制定法律是為了禁止犯罪行為，通過懲罰少數的犯罪分子，保障廣大民眾的利益不受侵犯。因此，能起到除暴安良作用的法律民眾就樂於遵守。興師作戰，會消耗大量的人力、物力。有戰爭即有死傷，戰爭會造成無數人間悲劇，民眾向來是不願參加戰爭的。但如果戰爭的性質是正義的，是為了保家衛國，抵抗侵略，民眾就會不惜流血犧牲，積極參軍作戰。

《鄧 子》

鄧子名鄧析，春秋時期鄭國人。生卒年及生平事跡皆不詳。傳說他做過鄭國大夫，因責難鄭國執政者子產，為子產所殺。《百子全書》載《鄧子·序》曰：“鄧析子，鄭人也，或云數難子產之政，子產戮之。”

鄧析曾創辦私學，以所作《竹刑》（一部寫在竹簡上的法律）教人，宣傳法治。他“操兩可說，設無窮詞”，對後來的辯者影響頗大。

《漢書·藝文志》著錄《鄧析》2篇，將其歸為名家，現已佚。今本《鄧子》5篇，大抵是後人託名之作。

《鄧子》體現了鄧析的治國方略：“骨填肉補之藥，長於養體益壽，而不可以救喝溺之急；務寬含垢之政，可以菰敦禦樸，而不可以拯衰弊之變。此鄧析一書所由作也。”（《百子全書·鄧子·小引》）後世學者多將其歸於法家一派。

天於人無厚也，君於民無厚也，
父於子無厚也，兄於弟無厚也。 ——《無厚篇》

本義 無厚：指不講情義。

今解 "無厚"可以說是鄧子思想的理論基礎。他認為人與人之間，即使是父子、君臣、兄弟也沒有任何仁義道德可言。人們之間的利益衝突是無法調和的，人們之間就是利用和被利用、統治和被統治的關係。鄧析的"無厚"說體現了法家思想的實質，即不講情面，嚴格以法治國，把上至王公貴族、下至平民百姓的一切行為納入法制軌道。這是法家一貫的治國思想。

勢者君之輿，威者君之策，臣者
君之馬，民者君之輪。勢固則輿
安，威定則策勁，臣順則馬良，
民和則輪利。為國失此，必有覆
車奔馬、折輪敗載之患。 ——《無厚篇》

今解 鄧析也重視"威"和"勢"。"勢"是君主利用政治形式、利用民眾力量造成的有利於自己的勢力。"威"是君主個人的威嚴。"勢"好比是馬車，"威"好比是馬鞭，君主有強大的威勢才能駕好這輛車。群臣好比國君的馬，民眾好比國君的車輪。群臣共同用力，馬就跑得快；君主獲取民心，得到民眾的支援和擁護，車輪就好使。鄧析用了這幾個比喻，旨在說明威、勢、臣、民對君主治國所起的重要作用。明主對此不可不察。

治世位不可越，職不可亂，百官
有司，各務其刑；上循名以督實，
下奉教而不違；所美觀其所終，
所惡計其所窮；喜不以賞，怒不
以罰；可謂治世。 ——《無厚篇》

本義 循：遵循。督：求。

今解 這是鄧析對太平盛世的描繪。各級官吏各有分工，各守其職，不可越權辦事。君主不但要聽取群臣言論，還要察看他的實際行動，看他言行是否相符。君主所喜愛的人，要看他最後表現如何，所厭惡的人也要看他的最終表現，不可以一時喜惡對群臣加以評論。君主雖然操有賞罰大權，但賞罰必須嚴格依法進行，不能讓自己所親愛的人無功受賞，也不能讓自己所厭惡的人無過受罰。君主做到這些，才能治好國家。

君人者不能自專而好任下，則智日困而數日窮。迫於下則不能伸，行隨於國則不能持。知不足以為治，威不足以行誅，無以與下交矣。

——《轉辭篇》

本義 自專：指專權。

今解 這句話說的是君主大權獨攬的重要意義。君主如果把權力下放給大臣，讓大臣專權，君主的威勢就會被嚴重削弱。大臣握有重權就會結黨營私，欺壓群臣，欺瞞主上。君主不能保持自己的威勢，政事不由君主處理，賞罰也不由君主決定，而都由權臣一人獨辦，君主就會失去威勢，不被臣民尊重，遲早會落得亡國破家的下場。因此，君主把大權牢牢掌握在自己手裏才是治國之道。

《尸 子》

　　《尸子》為尸佼所著。尸佼（約公元前 390 – 公元前 330 年）戰國時期法家學派學者。晉國人，一說魯國人。曾經參與過商鞅變法的策劃。商鞅被車裂殺害之後，尸佼逃亡至蜀中。

　　他主張“令名自正，令事自定，賞罰隨名，民莫不敬”。要求確立法律制度，並根據法律制度來治理國家。其著作《尸子》20 篇，已失傳。唐代魏征等撰《群書致要》，輯錄《尸子》13 篇。清代章宗順、汪繼培、任兆麟等都有《尸子》輯錄本。

　　清孫星衍曰：“尸子著書於周末，凡二十篇，《藝文志》列之為雜家。後亡九篇，魏黃初中續之。至南宋而全書散佚，章孝廉宗源刺取書傳輯成此帙，寄予補訂為二卷，可以見古書粗略。”（《百子全書》）可見現存《尸子》是後人輯本。

臣天下，一天下也。一天下者，令於天下則行。禁焉則止。

——《貴言篇》

本義　臣天下：使天下臣服。一天下：統一天下。

今解　要想使天下臣服於己，就要統一天下。要使天下人統一服從君主的統治，就要在天下推行法治。君主制定詳細而完備的法律，並向全國明文公佈。嚴格以法律規範臣民的行為。對於觸犯法律的人，不管是誰、有多高的官職都必須依法予以懲罰。

群臣之行，可得而察也。擇其賢者而舉之，則民競於行。勝任者治，則百官不亂。知人者舉，則賢者不隱。知事者謀，則大舉不失。

——《分篇》

本義　大舉：大的舉措。

今解　君主治國必須善於選賢任能。君主按才能大小授予官職，民眾就會注重培養才能，以求得到任用。君主任用有極高工作能力的人做官，能使有才能的人充分發揮他們的作用。君主要有重大行動的時候，更需要有才能的人來出謀劃策，才能使君主舉措得當。無論內政、外交，還是出兵作戰，都需要有能夠擔當重任的人才。因此，君主要把推舉人才作為一項重要工作來抓，讓全國人才都能各盡其能，為國家服務。

治天下有四術：一曰忠愛；二曰無私；三曰用賢；四曰度量。

——《治天下篇》

今解　民眾是國家的基礎，君主要想治理好國家，就必須愛護民眾，處處為民眾利益考慮。君主不可為滿足個人慾望，追求個人生活的享樂而勞民傷財，濫用民力。君主治國，必須善用賢人。任用賢人則無能之人得不到任用，君主的政策法令就得到有效的貫徹執行。

道家

禍兮福之所倚

福兮禍之所伏

聖人大智若愚

君子無為而治

《老 子》

　　《老子》是中國古代道家學派的重要著作。作者老子在《史記‧老子列傳》中有所記載："老子者,楚苦縣厲鄉曲仁里人也,姓李氏,名耳,字聃,周守藏室之史也。"歷來關於《老子》的作者存有爭議,對老子本人的生平事跡記載不多。但我們依然認為《老子》的作者就是老子。《老子》成書於春秋末期,正值社會紛擾的動亂時代。

　　《老子》五千言又稱《道德經》,以精妍的言辭闡述了"道"的根本哲學思想。其中有政治哲學的總原則——無為而無不為;有反對技術進步,反對文化,反對社會變革的復古倒退思想;有反對剝削壓迫的平民意識;有實施"愚民"政策的貴族知識分子思想;有統治臣民的"人君南面之術";有關於戰爭的觀點及其戰略思想。同時,老子也描繪了一個理想國的圖景:"鄰國相望,雞犬之聲相聞,民至老死不相往來。"其中也包括老子"長生久視"、"復歸於嬰兒"的人生理想。倒退與進步相融合,共同成就了《道德經》五千言的思想。

　　《老子》與《莊子》一道,形成了獨特的道家文化,從此中國文人的血管裏便流淌着"儒道互補"、"儒道合流"的血液。他們身處順境時"仰天大笑出門去,我輩豈是蓬蒿人";身處逆境時"相看兩不厭,唯有敬亭山",與大山為友,與松鶴為伴,依然過得逍遙自適。

道可道，非常道；名可名，非常名。

—— 《老子·第一章》

本義　前一個"道"指老子哲學的本體；後一個"道"是稱道、言說的意思。前一個"名"是單純的"名字"的意思；後一個"名"是給事物命名。能夠用言語來表述的"道"，就不是宇宙的最高準則；能用具體的名字來給某一事物命名，已經不是原來意義上的事物的名稱了。

今解　這句話是老子道家哲學中的一個重要命題。首先，他指出了"道"是不可言說的宇宙本體，任何語言在"道"的面前便會非常蒼白。用具體的名稱給事物命名，永遠達不到事物的本質。兩者都體現出語言在承擔它的職能時，有時顯得蒼白無力卻又無可奈何的尷尬。也即作為宇宙最高準則的"道"精妙無形，不可捉摸，任何說明表述都是對它的近似描繪，如果要做到名與實的天衣無縫，幾乎是不可能的。這與禪宗所謂"教外別傳"、"不立文字"有一定的相通之處。它們都說明了語言的局限性。

抛開老子原有文本，我們會發現，這種思想在文學上尤其有突出的表現。當詩人心中有火一樣的情感，同時也將天地萬物籠於形內，正需"挫萬物於筆端"時，卻頓覺找不見合適的文辭加以表達，即使找見了一些，落實到紙上時，詩人也會很不滿意地將它們扔進廢紙簍。陸機有言"恆患意不稱物，文不逮意"。作者胸中之意，在很大程度上，不能被完美地表達出來，這就是後來為甚麼會出現文學理論上的"言不盡意"論的原由。

天下皆知美之為美，斯惡已；天下皆知善之為善，斯不善已。

—— 《老子·第二章》

本義　天下的人都知道美之為美的時候，同時也就有與它相對立的醜存在；都知道善之為善的時候，同時也就有與它對立的不善存在。

今解　老子哲學中蘊含有樸素的辯證法思想。在他看來任何事物都是相對的。當有美存在的時候，一定會有醜與它相對立而存在；同樣，一旦有善出現時，同時也就有與它相比較而存在的不善出現。正因有了"醜"才能判定甚麼是美，有了"善"才能判定甚麼是"不善"。正如有與無相互生長，難和易相互成就，長和短相互比較，上與下相互消長，前與後相互隨從一樣。但老子哲學的辯證法帶有絕對的傾向，在他看來禍福相依，在任何情況之下，禍都會變成福，福變成禍，實質上已走入了一個認識上的誤區。

不尚賢，使民不爭；不貴難得之貨，使民不為盜；不見可欲，使民心不亂。

——《老子·第三章》

本義 不崇尚賢良之士，民眾就不會相互爭鬥。不以稀有的東西為貴重之物，民眾就不會群起而為盜。不去見那些能引發私慾的東西，民眾的心就不會亂。

今解 名位足以引起人的爭鬥，財貨足以激起人的貪圖之心，以資炫耀的東西足以促發人的各種慾望，這是導致天下禍亂的根本原因。如果不推崇賢才，不注重財貨，沒有可爭奪的東西，天下自然就會太平。這種思想反映了老子對物慾文明的批判。老子生長在春秋末年的社會大動亂年代，多次發生民潰、民眾暴動和武裝起義。在這種社會現實面前，老子發表了自己的觀點，以自己的思維分析造成此局面的原因，並為社會尋找出路。

天地不仁，以萬物為芻狗；聖人不仁，以百姓為芻狗。

——《老子·第五章》

本義 天地不仁：天地無所偏愛。芻狗：用草紮成的狗，作為祭祀物品使用。聖人不仁：聖人無所偏愛，意即聖人取法於天地純任自然。天地無所偏愛，任憑萬物自然生長；聖人無所偏愛，任憑百姓自己發展。

今解 在老子眼中，天地間的一切事物，只是依照自身的發展規律運動。先前的人，總以為日月星辰、山河大地都有一個主宰者主宰，並且把周圍的一切自然現象都視為有生命的東西。兒童期的人類，常以自己的影像去認識自然，去附會自然。人類常把一己的願望投射出去，將自然人格化，因而以為自然界對人類有一種特別的關心、特別的愛意。而在老子看來，天地萬物按自己的規律運動生長，其間並沒有人類所具有的好惡感情或目的性存在。治國者應效法自然，才能做到"無為而無不為"。

聖人後其身而身先，外其身而身存。
非以其無私邪？故能成其私。
——《老子·第七章》

本義 身：自身，自己。後其身、外其身都是不為自身的意思。後其身：即不爭先；外其身：即不顧其身。聖人不爭先而能處在靠前的位置，不顧其自身卻能很好地保全自身，難道不是因為"後其身"和"外其身"才做到"身先"和"身存"嗎？

今解 它不是在歌頌聖人的"大公無私"而意在説明無為、不爭之德的好處。其中有辯證法的影子。春秋末期，五霸爭雄，各自以實力相較，都希望"身存"和"身先"，而在爭鬥中往往兩敗俱傷，不爭卻保存了實力，最終贏得勝利。有道是"槍打出頭鳥"，在競爭中太出眾，便會引來眾多的敵人，成為眾矢之的，使自己無形中處於敵對勢力的包圍之中。相反，那些退縮在後、待機而動的人，倒能遊刃有餘，往往最終成為爭奪戰中的勝者。這裏包涵了權變之術。

上善若水。水善利萬物而不爭，處
眾人之所惡，故幾於道。
——《老子·第八章》

本義 幾：近。惡（wù）：厭惡。最善的人像水一樣。萬物靠水滋養而生長，萬物都離不開水，而水卻並不爭，處於眾人都厭惡的地方，所以幾乎接近於道。

今解 水無定形，因地而形，遇方而方，遇圓而圓。王安石説："水因地而曲直，故能宗於海，聖人因時而屈伸，故能宗於道。"很能説明老子的觀點。老子主張"自然無為"，水潤澤萬物卻自不恃己功，依然順物之性，處於眾人之所厭惡的下處。正是這個順物之性成就了水的高妙之道，"天下莫柔弱於水，而攻堅強者莫勝於水"，水真正做到了"無為而無不為"，接近於"道"的本質了。

金玉滿堂，莫之能守。富貴而驕，自
遺其咎。功遂身退，天之道也。
——《老子·第九章》

本義 遺：遺留。咎（jiù）：禍殃。天之道：天道損益的規律。滿屋子的金玉財寶，並不能長久保持。由富貴而生驕縱之心，是自己給自己遺留禍殃。大功告成而自身就應隱退，這是天道損益的自然規律。

今解 蘇轍説："日中則移，月滿則方，四時之運，功成者去，天地尚然，而況人乎？"老子看到了物極必反的規律，事物發展到極端，必然走向自己的反面。事業成功，居功自傲，一定垮台；富貴亦然，自恃富貴，驕奢淫逸，必遭禍殃。這句主旨就是教給人們如何避免災禍。災禍的原因就是人們好走極端，從而違反天道損益的規律。古代這樣的例子不勝枚舉。范蠡功成身退，暢遊五湖，泛舟江上與清風明月相伴，落得個逍遙自在，全身免禍，這是功成身退的典型。

專氣致柔，能嬰兒乎？滌除玄覽，能無疵乎？

——《老子·第十章》

本義 專（tuán）：結聚，收斂。致柔：使之柔和。滌除：滌（dí），洗垢；除，去塵。疵（cí）：病，這裏指慾望。結聚、收斂內心而使之柔和，如嬰兒一般；除塵去垢，把慾望一概消除，就沒有了慾望之患。

今解 在老子甚至包括莊子的哲學裏，嬰兒常常是被推崇的對象。嬰兒有三個特點：一為柔弱，一為無知無慾，一為天真純樸。他們往往用嬰兒來比喻得道者的神態。如要達到嬰兒般的神態，必須滌除所有的慾望。"滌除玄覽"被後世借用，在文學領域中發揮了重要作用。陸機《文賦》中特別強調在文學創作中"滌除玄覽"使思維進入一種虛靜的狀態，完全摒棄外物的干擾，"籠天地於形內"然後再"挫萬物於筆端"。這其實是創作過程中一個重要的環節。

三十輻共一轂，當其無，有車之用。埏埴以為器，當其無，有器之用。鑿戶牖以為室，當其無，有室之用。故有之以為利，無之以為用。

——《老子·第十一章》

本義 輻：車之輻條。共：拱衛，環繞。轂（gǔ）：車輪中心輻湊貫軸之圓孔木。埏（shān）：糅合。埴（zhí）：黏土。牖（yǒu）：窗。車輪的三十根輻條環繞着中心的圓孔木，中心的空間正好成就了車的用途。糅合黏土製成陶器，中間也是空的，成就了器皿的用途。開鑿門窗製成寬大的房子，房子的空間成就了房子的用途。所以，有和無各有它的好處。

今解 老子通過車、器、室的構造來講具體事物的有無，闡明"有無相生"的道理，有之為利，是利於用；無之為用，是用於利。有無、利用相互依存，互為條件。也即"走不以手，縛手走不能疾；飛不以尾，屈尾飛不能遠。物之用者，必待不用者"。

五色令人目盲，五音令人耳聾，五味令人口爽，馳騁畋獵令人心發狂，難得之貨令人行妨。

——《老子·第十二章》

本義 五色：青、黃、赤、白、黑。五音：宮、商、角、徵、羽。五味：酸、甘、苦、辛、鹹。爽：味覺差失。馳騁：縱馬疾馳，喻縱情。畋（tián）：獵取禽獸。狂：心失常態。妨：傷。行妨即敗壞人的品德。

今解 華麗的服飾、美妙的音樂、香美的食物、難得的財貨、行獵的玩樂，在老子看來，都會傷害人的身心健康，敗壞人的品德。從中可以看出老子對於統治者浮華奢侈生活的極端厭棄。這是老子對當時腐敗社會現象的一種批判，帶有強烈的傾向性。其實，他並不反對美食華服，"甘其食，美其服，安其居，樂其俗"是他向往的理想之境。他之所以批判五色、五音、五味，是由於過度沉湎於這種官能享受的人漸漸開始墮落的現實使他不得不提出這種警告。

寵辱若驚，貴大患若身。

——《老子·第十三章》

本義 貴：看重。身：身體，生命。把"寵辱"看做兩物，寵為一物，辱為一物，得寵受辱都如同受了驚嚇一樣。看重大患，如同看重自己的生命一樣。

今解 老子主張"自然無為"，"無為"則能"無不為"，因而在他看來得失寵辱都是一回事，對待它們的態度應是一樣的，並不像世俗之人"得則喜，失則憂"。老子哲學中體現了"貴身"、"重生"的思想，因此才有"聖人後其身而身先，外其身而身存"的權變策略。把禍患與生命等同，這反映出老子較保守也較軟弱的一面：害怕禍及於身，而甘願蜷縮於一個小天地裏，行不言之教，為無為之業。

致虛極，守靜篤，萬物並作，吾以觀其復。

——《老子·第十六章》

本義 致：達到。虛極：虛無到極點。篤（dǔ）：純。守靜篤：固守清靜到純的程度。並作：競相生長。復：返。

今解 達到虛極靜篤的狀態，不為外物所誘，任萬物競相生長，從中體會到復返於道的規律。老子的道是宇宙間的最高哲學本體，萬物由它而生，而萬物的表現也必依道而行。競相生長的萬物最後仍復歸於本根的道。道的表現之一就是清靜自然，不為外物所擾，也不為外物所動。

知常容，容乃公，公乃王，王乃天，天乃道，道乃久，沒身不殆。

——《老子·第十六章》

本義 容：包容。乃：能。公：公平。道：最高的哲學本體。王：百谷所歸往，而為百谷王。天：自然之天，大公無私的天。天乃道：能法天，然後能法道。道乃久：能法道，然後能常久。殆（dài）：危險。

今解 這段話是說，認識了"常"就能包容一切，能包容一切就能大公無私，能大公無私，天下人自然歸往，而能為天下王；做了天下王，而又能像天那樣覆載包容萬物，就會做到長久，從而自身就沒有危險。

大道廢，有仁義；智慧出，有大偽；六親不和，有孝慈；國家昏亂，有忠臣。

——《老子·第十八章》

今解 老子是古代社會的一個智者，他看透了社會的全部內涵，洞悉了社會的所有醜惡。於是，作為一個覺醒者，他總在探索解決問題的良方——"道"，即無為。順物之性，自然無為才能無不為。然而，他卻又走入了另一個極端，否定仁義、智慧和孝慈。認為只有國家昏亂、大道廢弛之時，人們才意識到仁義、智慧和孝慈的重要性。也即社會輿論所大力提倡的"反"倒是社會最缺少的東西。儘管如此，老子的認識還是深刻的。

絕聖棄智，民利百倍；絕仁棄義，
民復孝慈；絕巧棄利，盜賊無有。 ——《老子·第十九章》

本義 聖：明通。巧：技巧。利：私利。棄絕聰明和智巧，民眾可以得到
百倍的好處；棄絕仁和義，民眾可以恢復孝慈的天性；棄絕巧詐和
貨利，盜賊自然會消失。

今解 老子教人棄絕聰明智巧、仁義巧詐，意即"見素抱樸，少私寡慾，
絕學無憂"。老子認為"聖"和"智"產生法制巧詐，用法制巧詐制
國，便成為擾民的有為之政。拋棄這種擾民的政舉，民眾自然可以
得到百倍的好處。仁義本來是用以教導民眾的善行，如今卻流於
矯揉造作。有人更剽竊仁義之名，以邀利於世。那些人奪取職位之
後，把仁義當作邀名於世的工具。所以，在老子看來，不如拋棄這
些被人利用的外殼，而恢復人們天性自然的孝慈。

道之為物，惟恍惟惚。惚兮恍兮，
其中有象；恍兮惚兮，其中有物。
窈兮冥兮，其中有精。其精甚真，
其中有信。 ——《老子·第二十一章》

本義 窈（yǎo）：深遠。冥（míng）：昏暗。精：生機，能生能動的因素，
能化生萬物。真：真實。"道"這個東西是恍恍惚惚的。那樣地恍
恍惚惚，其中卻有形象；那樣地恍恍惚惚，其中卻有實物；那樣地
深遠幽暗，其中卻有精質。這精質是非常真實的，這精質是可信
的，因為它可以化生萬物。

今解 老子嘗言："道可道，非常道；名可名，非常名。"認為"道"作
為最高的哲學本體是不可言說的，任何語言只能對它作一個近似的
描述。這裏把"道"刻畫為一個恍恍惚惚卻真實存在的本體。它是
無形的，但它必須作用於物，透過物的媒介，而得以顯現它的功
能。其中"有物"、"有象"、"有精"點明了道的真實存在。

曲則全，枉則直，窪則盈，敝則
新，少則得，多則惑。 ——《老子·第二十二章》

本義 枉：屈。窪（wā）：低窪。惑：迷惑。委屈反能保全，屈就反能伸

展，低窪反能充盈，敝舊反能生新，少取反能多得，貪多反而迷
惑。

今解 用線性思維思考問題，只能看到事物的表象，老子以其哲人的深
邃，告誡人們，看問題要透過現象看本質。事物常在對立關係中產
生，我們必須對事物的兩極都要加以觀照，我們還必須從正面透視
其負面的意義，對於負面意義的把握更能顯出正面的內涵。正反兩
方面的事物不是截然不同的東西，它們經常相互依存。常人對於事
物的取捨，往往流於表面。老子則要告訴人們，在"曲"裏存在着
"全"，在"枉"裏存在着"直"，在"窪"裏存在着"盈"，在"敝"
裏存在着"新"的道理。老子這種思考問題的方式我們應給以重視。

飄風不終朝，驟雨不終日。孰為此者？天地。天地尚不能久，而況於人乎？

——《老子・第二十三章》

本義 飄風：強風，大風。驟雨：急雨，暴雨。狂風颳不了一早晨，暴雨
下不了一整天，誰能使它這樣的？是天地。天地的狂暴尚不能持
久，何況人呢？

今解 為人、治國都應不急不躁，寬猛相濟。所謂"文武之道，一張
一弛"。為人太張狂會跌跤；治天下太張狂會失去天下。這是自然
之道。

企者不立；跨者不行；自見者不明；自是者不彰；自伐者無功；自矜者不長。

——《老子・第二十四章》

本義 企：同"跂"舉起腳跟，翹起腳尖。跨：躍，越，闊步而行。踮起
腳後跟站立是站不穩的；躍步前進，是走不遠的；自我逞露己見的
反而不得自明；自以為是的，反而不得彰顯；自我誇耀的，反而不
得見功；自高自大的，反而不得長久。

今解 "自見"、"自是"、"自伐"、"自矜"如同"企者"和"跨者"一樣違
背自然，如若違背自然而妄為，事物必然向自己的對立面轉化。說
明躁進自炫的行為不可取，同時也暗示當權者要"行無為之政，立
不言之教"，這樣百姓才會安康和樂。

有物混成，先天地生。寂兮寥兮，
獨立而不改，周行而不殆，可以
為天地母。

——《老子·第二十五章》

本義 物：道。寂兮寥兮：沒有聲音，沒有形體。獨立而不改：形容道的
絕對性和永存性。周行而不殆：周行，環繞；不殆，生生不息。
母：根源。有一個渾然的"道"，在天地產生之前就已存在。聽不
見它的聲音也看不見它的形體，它獨立存在卻永不衰竭，循環運行
而生生不息，可以為天地萬物的根源。

今解 這裏強調的依然是"道"的本根性。"道"在大體上是看不見摸不
着的，但它可以作為事物的根源而實實在在地存在着。

道大，天大，地大，人亦大。域
中有四大，而人居其一焉。人法
地，地法天，天法道，道法自然。

——《老子·第二十五章》

本義 道大：形容道沒有邊際無所不見。域中：空間之中，道並非在空間之
外。法：效法，遵循。道大，天大，地大，人也大。宇宙間有四大，
而人是四大之一。人取法地，地取法天，天取法道，道取法自然。

今解 老子把天、地、人與道並立為宇宙中的四大，而天、地、人最終都
效法道的運行。天上日月星辰的出沒盈虧，地上草木鳥獸的生長老
死，人類的生老病死都效法道的循環運動。"道法自然"，意即王弼
所云："道不違自然，乃得其性。法自然者，在方而法方，在圓而法
圓，與自然無所違也。"這裏的自然不是指自然界，而是自己如此
的意思。道本身無所作為，無所造作，只是順應萬物。萬物怎樣，
道亦怎樣。正因為如此，道才能作為萬物的本源而生長發育萬物。

重為輕根，靜為躁君。

——《老子·第二十六章》

本義 躁：躁動。君：主宰。厚重是輕率的根本，靜定是躁動的主宰。

今解 老子在哲學上主張"守靜篤"、"致虛極"、"為無為"，反對輕率盲
動、浮躁不安。在實質上，這種主張是有它深刻的價值的。處在現
世中的人們，或為財物所役，或為名位所纏，亦或為功過煩心，由
此而不能灑脫地對待人生，且心態多趨於浮躁煩亂不安。帶着這種

心態，人們便不能靜下心來，專心致志地做他應該做的事。老子從立身處世出發，提出了輕重、動靜兩對範疇，警告國君要自重，不要為"天下"這個大物所迷惑而輕舉妄動，最終失去根本。

善行無轍跡，善言無瑕讁，善數不用籌策，善閉無關楗而不可開，善結無繩約而不可解。

——《老子·第二十七章》

本義　轍跡：車轍足跡。瑕讁（xiá zhé）：玉病也，引申為語疵。數：計算。籌策：計算工具。關楗（jiān）：關門之具，即門閂。約：繩子。善於行走的，不留下車轍足跡；善於言談的，語言中沒有毛病；善於計算的，不用計算的工具；善於關閉的，雖沒有門閂卻使任何人都不能開；善於捆縛的，不用繩索卻使人解不開。

今解　這是老子"無為而無不為"思想的引申。"善行"即能行"無為之政"；"善言"即能行不言之教；"善數"、"善閉"、"善結"都是一個道理。善行者以不行為行，故無轍跡；善言者不以言為言，故無瑕讁；善計者以不計為計，故不用籌策；善閉者以不閉為閉，故無關楗而其閉自不可開；善結者以不結為結，故無繩約而其結自不可解。老子思考問題的方式與常人不同，他站在了一個更為高的視點，選取了一個更為特殊的視角，所以在他的觀照下，事物呈現出更深層的內涵和本質。

聖人常善救人，故無棄人；常善救物，故無棄物。是謂襲明。

——《老子·第二十七章》

本義　襲明：含藏着明。襲，承襲，有保持或含藏的意思；明，指了解道的智慧。有道的人經常能做到人盡其才，所以沒有被遺棄的人；經常能夠做到物盡其用，所以沒有被廢棄的物，這就叫做保持了道的智慧——明。

今解　"人盡其才，物盡其用"的觀點在今人看來，依然是一條顛撲不破的準則。而二千多年前的老子就有了這樣的智慧和認識。讓每個個體順着自己的本性發展，讓每件事物也依循自身的本性存在，這就從根本上保持了道的基本特性——無為而無不為。這不能不令後人驚歎。

**善人者，不善人之師；不善人者，
善人之資。不貴其師，不愛其資，
雖智大迷。是謂要妙。**　　　　——《老子·第二十七章》

本義　資：取資，借鑒。要妙：精要玄妙。善人可以作為不善人的老師，不善人可以作為善人的借鑒。不尊重他的老師，不珍惜他的借鑒，卻自以為聰明，這種人外表雖有智慧，但本質上是迷惑得很。這是一個精妙深奧的道理。

今解　有道者常須保持一種無棄人、無棄物的胸懷，有這種胸懷的人，對於善人和不善的人，都能一律加以善待。特別是對於不善的人，並不因其不善而鄙視他，而是對他加以引導、勸勉。同時，不善人可以作為善人的反面教材，以資借鑒。

**知其雄，守其雌，為天下溪。為
天下溪，常德不離，復歸於嬰兒。**　　——《老子·第二十八章》

本義　雄：譬喻剛動、躁進。雌：比喻柔靜、謙下。溪：山中的流水。深深地懂得剛強雄健，卻把握的是雌性般的柔和謙下，甘願像溪水一樣處於天下的卑低之位。處於天下卑低之位，永恆的德行就不會離失，從而回復到嬰兒般的狀態。

今解　老子哲學中含有樸素的辯證法思想，正因為他用這種樸素的辯證法思想思考宇宙人生，他才成為當時社會的一個智者。他看到了事物存在着彼此對立的兩極，並且互相向相反的方向轉化，在雌雄兩極對峙中，對於雄的一面有了透徹的了解之後要守於雌的一方。守雌，自然不是由於軟弱而採取迴避，而是含有主動性在裏面的。不僅持"雌"的一面，而且也可以運用"雄"的一面。"守雌"、"守柔"、"處下"像溪澗那樣，常德不會離失，便達到了道的境界。這種最高的道的境界就像嬰兒般無知無慾，質樸無華。

**將欲取天下而為之，吾見其不得
已。天下神器，不可為也，不可
執也。為者敗之，執者失之。**　　——《老子·第二十九章》

本義　取：為，治。為："有為"，強力去做。不得已：得不到。天下神器：天下是神聖的東西。想要用"有為"的方式來治理天下，我認為是辦不到的。天下是神聖的東西，不可用強力治之，不可以強硬把持。用有為的方式治理天下，必遭失敗；用有為的方式把持天下，也終將失去天下。

今解 這體現了老子的"人君南面之術"的觀點。警告統治者，要想治理天下，必須採取"無為而治"順其自然的方式，如以強力或暴力把持天下，都是自取敗亡。

以道佐人主者，不以兵強天下。其事好還。師之所處，荊棘生焉。大軍之後，必有凶年。

——《老子·第三十章》

本義 其事好還：兵兇戰危，反自為禍。用道來輔佐君主的人，不靠兵力以逞強天下。用兵這件事一定會得到還報，軍隊足跡所到之處，莊稼被踐踏致死而長滿了荊棘野草。大戰過後，一定會有荒年。

今解 老子有強烈的反戰熱情。在人類歷史上，最嚴酷慘烈的事情莫過於戰爭，"流血漂杵"，百姓無辜橫遭劫難，不管是正義的還是非正義的戰爭，都擺脫不了這樣的後果。而在人類歷史上最愚昧的舉動也不過是戰爭。它使生靈塗炭，自相殘殺。老子認為，以武力橫行，終將是搬起石頭砸自己的腳，必將自食其果。從老子的反戰思想中，我們可以看出老子思想中人道主義光芒的閃現。

兵者，不祥之器，物或惡之，故有道者不處。

——《老子·三十一章》

本義 物或惡之：物即人，人所怨惡。兵革是不祥的東西，大家都怨惡它，所以有道的人不使用它。

今解 "道"，"無為而無不為"，即順應自然，不妄為。而兵革與之恰恰相反，它是強人所為，有道之人自然不會喜歡它。同時，因它違背所有人的意願，而為大家所不取。這依然帶有強烈的反戰情緒。

道常無名，樸。雖小，天下莫能臣。侯王若能守之，萬物將自賓。

——《老子·第三十二章》

本義 樸：木之未製成器者。小：道是隱而不可見的，故用"小"來形容。臣：臣服。自賓：自將賓服於道。“道”永遠是無名而質樸的，它顯示在外的，雖然幽微不可見，天下卻沒有人能使它臣服。侯王若能夠把持住它，萬物都會自然地賓服。

今解 老子在文章的開頭就說：“道可道，非常道；名可名，非常名。”道，在本體論層面，也即在形而上的層面上來說，是不可言說。任何語言只能對它作一個近似的描述，卻永遠無法說透。“道”好像是極限一樣，無窮大又無窮小。它遍在於萬物之中，萬物都以各自的特性體現了道，保持了道的萬物，任性而自得。

譬道之在天下，猶川谷之於江海。　　——《老子·第三十二章》

本義 道存在於天下，有如江海為河川所流注一樣。

今解 老子以江海喻道，以川谷喻天下萬物，天下萬物莫不歸於道。

知人者智，自知者明；勝人者有力，自勝者強；知足者富，強行者有志；不失其所者久，死而不亡者壽。　　——《老子·第三十三章》

本義 強：果決。強行：有勤行的意思。死而不亡：身沒而道猶存。能夠認識別人的人是機智的人，能夠了解自己的人才算是高明的人；能夠戰勝別人的人是有力量的人，而能夠戰勝自己的人才稱得上一個真正意義上的強者；知道滿足的人可稱得上一個富裕的人，勤於努力永不懈怠的人是有志氣的人；不離開根本之點的人才能長久，身沒而道猶存的人才可說是真正的長壽之人。

今解 這裏重在闡述個人修養的問題。他給個人提出幾個很高的修養標準：“自知”、“知人”、“自勝”、“勝人”、“知足”、“強行”、“不失其所”、“死而不亡”，而他更推崇“自知”和“自勝”。在人類的認識活動與創造活動中，想的更多的是“知人”與“勝人”，卻很少考慮“自知”與“自勝”。在某種程度上說來，“自知”和“自勝”更具有決定意義。“人貴有自知之明”，人一旦給自己定了一個準確的位置，在其人生觀、價值觀的取捨上便不會有太大的偏差。同時“人最難戰勝的往往是他自己”。

人道氾兮，其可左右。萬物
恃之以生而不辭，功成而不
有。衣養萬物而不為主，可
名於小；萬物歸焉而不為主，
可名為大。以其終不自為大，
故能成其大。

——《老子‧第三十四章》

本義 氾（fàn）：同泛，泛濫。其可左右：這裏用河水泛濫，左右漫流形容道無處不在，說明道的普遍性。辭：言辭，稱說。功成而不有：功成卻不據為己有。衣養：覆蓋。大道像泛濫的江河一樣，左右漫流，無處不到。萬物依賴它生長，它卻不用言辭來稱說誇耀，有所成就之後卻也不據為己有。養育化生萬物卻不自以為主宰，可稱它為"小"。萬物歸附它，它仍不為主宰，可稱它為"大"。由於道不認為自己偉大，所以最終能成就它的偉大。

今解 "道"在《老子》五千言中被作了超形象、超實體的描繪，而在這裏，又對道的作用加以說明。它化育萬物，包容萬物，卻從來不據為己有，不自恃己功，不宣揚自己的偉大，而是順應自然。足以見出"道"的崇高性和它的超功利性。

樂與餌，過客止。道之出
口，淡乎其無味，視之不
足見，聽之不足聞，用之
不足既。

——《老子‧第三十五章》

本義 樂與餌：音樂與美食。既：盡。音樂與美食可以使過客止步。"道"用語言表述出來，卻淡得沒有任何味道。它看不見，聽不著，卻用不完。

今解 老子的"道"在其模糊、超感覺與超實的表述中，帶有了濃重的神秘主義色彩，使後來許多人視《老子》為畏途而不敢涉足。剝開其神秘的外衣，我們可以看出，"道"是本源，是規律，看不見，摸不著，卻遍在於萬物，萬物都離不開它，像魚離不開水，人離不開空氣一樣。自然無為的大道，雖無行無跡，但能使民眾和睦相處，安享太平。

將欲歙之，必固張之；將欲弱之，必固強之；將欲廢之，必固舉之；將欲取之，必固與之。是謂微明。

——《老子·第三十六章》

本義　歙（xī）：收斂。微明：預先的徵兆。即洞察微小的機智。想要使它收斂的，一定要先使它擴張；想要使它削弱的，一定先使它增強；想要廢棄它，必先推舉它；想要奪取它的東西，必先給予它一定的東西。這叫做洞察未來事物的微小的徵兆。

今解　老子的哲學中包含有辯證法的合理內核。在他"守雌"、"主靜"、"貴柔"、"處下"、"不爭"的原則中，對事物的反面是作了深刻認識的。他認為任何事物都有兩極，並且相互轉化，他選擇"弱"的一面，正是為了向"強"的一面轉化奠定基礎。在這裏，歙與張、弱與強、廢與舉、取和與也是一個事物中的兩個極端，根據"物極必反"的轉化規律，想要得到某一極，而必先使它的另一極充分發展。有人認為這是老子玩的一種權術，其實有悖於老子原意。老子一貫主張"無為而無不為"的自然之道。他不會想方設法去鑽營權術，而他的觀點則是一個智者對社會透徹體悟後總結出的規律，正暗合了後來權謀之士所謂的"權術"。所以，我們不能說老子是在搞陰謀。

柔弱勝剛強。魚不可脫於淵，國之利器不可以示人。

——《老子·第三十六章》

本義　利器：國家的權勢策略。柔弱能勝過剛強。魚不可以離開深淵。治理國家的方略不可以隨便讓人知道。

今解　老子總是以"弱"的方式來與"強"者相對抗。"弱"是他的鬥爭方式，他認為柔弱在某種程度上可以戰勝剛強。

道常無為而無不為。侯王若能守之，萬物將自化。

——《老子·第三十七章》

本義　無為：順其自然，不妄為。無不為：沒有一件事不是它所為的。

自化：自我化育，自生自長。"道"是經常順任自然的，由於它順任自然不妄為，所以沒有一件事不是它所為的。侯王如果能把持住道，萬民將會自我化育，自生自長。

今解 無為，即順應自然。其他如無欲、無知、無言、無事等都屬於這個哲學範疇。從更廣大的範圍來說，諸如為弱不為強、為柔不為剛、為下不為上、為雌不為雄都屬"無為"思想支配下的行為方式。無不為，順任萬物，一切都按事物本身的規律運行，有如做了一切。老子告誡侯王執持此道來治理百姓，讓百姓自我化育，勿擾其生活，勿奪其農時，使民按照自己的意圖生產、生活。

昔之得一者：天得一以清；地得一以寧；神得一以靈；谷得一以盈，萬物得一以生；侯王得一以為天下貞。

——《老子·第三十九章》

本義 得一：即得道。貞：安定。凡是過去得到"一"的，天得到一而清明；地得到一而寧靜；神得到一而靈妙；河川得到一而充盈；萬物得到一而生長；侯王得到一而天下安定。

今解 這裏重在闡述道的作用，告誡侯王要守道，以"道"來治理天下，天下就會走向安定。

反者道之動；弱者道之用。天下萬物生於有，有生於無。

——《老子·第四十章》

本義 反：復。弱：柔弱。有：指超現象界的形上之道。無：也指超現象界的形上之道。道的運動是循環的，道的作用是柔弱的，天下萬物生於超現象界的形上之道。

今解 自然界萬事萬物的運動變化莫不遵循着一定的規律，其中的一個規律就是"反"：事物向相反的方向運動發展，同時事物的運動發展總要返回到原來初始的狀態。"道"在創生萬物，萬物依道運行時並沒有"道"凌駕於其上的感覺，即道總給人以柔弱的心理感受。

明道若昧；進道若退；夷道若纇；
上德若谷；廣德若不足；建德若
偷；質真若渝；大白若辱；大方
無隅；大器晚成；大音稀聲；大
象無形。

——《老子·第四十一章》

本義　夷道：平坦的道。纇（lèi）：不平。建德若偷：剛健的德好像怠惰
的樣子。質而若渝：質樸的純真好像污濁的樣子。辱：黑垢。隅：
棱角。光明的道好似暗昧；前進的道好似後退；平坦的道好似崎
嶇；崇高的德好似低下的川谷；廣大的德好似不足；剛健的德好似
怠惰的樣子；最潔白的好像充滿黑垢的樣子；最方正的反而沒有棱
角；最貴重的器物總是最晚完成；最大的音響聽來反而無音響；最
大的形象反而看不見形跡。

今解　道是隱微而難見的，它所呈現的特性也是異常的。以至於普通人往
往會被表面現象所迷惑，從而認不清事物的本質。在日常生活中，
我們體會較深的莫過於“大器晚成”。真正能成就大業的，往往不
是一蹴而就，而是須經歷一個艱難困苦的拼搏與奮鬥過程。

道生一，一生二，二生三，三生萬物。

——《老子·第四十二章》

本義　一：指道是絕對無偶的，用數來表示為一。二：指陰氣和陽氣。
三：陰陽相合而形成的一種均勻的狀態。道是獨一無偶的，獨一無
偶的道稟賦了陰陽二氣，陰陽二氣交合而成一種均勻調適之狀，而
這種均勻之狀就會產生萬物。

今解　這句話揭示了老子對宇宙生成的認識。一、二、三是“道”創生萬
物的歷程。“道”對於雜多的現象來說，是獨一無二的。老子又用
“一”來形容“道”的未分狀態。由未分到一分為二——陰陽，然後
形成萬物。姑且不去探究這種認識正確與否，單是老子思考問題的
獨特方式足以引起我們的思索。

大巧若拙，大辯若訥。

——《老子·第四十五章》

本義　最靈巧的東西好像是笨拙的一樣，最傑出的辯才好像是口訥一樣。

今解 任何事物到極點之後，必然向其對立面轉化。真正的大巧是樸拙，在外表上表露的是"拙"。真正的善辯，表達彷彿很笨拙。

禍莫大於不知足；咎莫大於欲得。故知足之足，常足矣。

——《老子·第四十六章》

本義 最大的禍患莫過於不知足，最大的過錯莫大於貪得無厭。所以知道滿足的人，永遠是滿足的。

今解 "知足者常樂"，這是一種較高層次的精神狀態。芸芸眾生，競相爭逐，無非是為滿足生命之慾。老子教人常知足，知足的人永遠滿足，也因而顯得富足。慾壑難填，人的慾望之谷永遠無法填平，倘若不以正確的心態對待之，勢必陷入無盡的爭執與苦痛之中。生活的真正意義並不在於你擁有多少。

不出戶，知天下；不窺牖，見天道。

——《老子·第四十七章》

本義 天道：自然的規律。不出門外，便可推知天下的事理；不望窗外，便能夠了解自然的規律。

今解 老子不注重外在經驗知識而重內心的直觀自省。他認為我們的心智活動如果投射於外，就會干擾思緒。閉門塞牖，充分馳騁自己的心智，就會明白天下事理與自然規律。這種內斂的行為方式有極大的封閉性。

為學日益，為道日損。損之又損，以至於無為。

——《老子·第四十八章》

本義 為道：指通過冥想或體悟以領略事物未分狀態的道。求學一天比一天增加，求道一天比一天減少，減少又減少，最後達到一種無為的狀態。

今解 老子認為政教禮樂之事追求多了，人多機巧之心，而私慾也便增多。只有追求"道"的無為的精神狀態，才能使私慾漸趨消失。

萬物莫不尊道而貴德。

——《老子·第五十一章》

本義 萬物沒有不尊從"道"而以"德"為貴的。

今解 《老子》又稱《道德經》，道為體，德為用，德是道的表現形式。萬物由道而生，依道而行，而行道必以德為前提。道德的尊貴在於不干涉萬物的成長活動，而順任萬物自然化育，自我完成，絲毫不加外力的限制與干涉。

知者不言，言者不知。 ——《老子·第五十六章》

今解 有智慧的人不會誇誇其談，誇誇其談的人沒有智慧。

挫其銳，解其紛，和其光，同其塵，是謂玄同。 ——《老子·第五十六章》

本義 不露鋒芒，消解紛擾，含斂光芒，混同於塵世，這才是玄妙齊一的大同境界。

今解 銳、紛、光、塵是說事物存在着對立，而挫、解、和、同也是對立的統一。尖銳之物容易折斷，為避免危險，最好將尖銳的地方磨去。世上的事紛紛擾擾，意見不合，只有全面看問題才不至於太煩亂。有陽光照到的地方，必有其照不到的地方，只有把兩方統一起來，才能做到全面。人世紛爭卻不能"舉世皆濁而我獨清"，應投入到混同的大潮流之中去。只有這樣才能達到"大同"的境界。

民多利器，國家滋昏；人多伎巧，奇物滋起；法令滋彰，盜賊多有。 ——《老子·第五十七章》

本義 利器：權謀。伎巧：智巧。世間的權謀越多，國家就越會陷入混亂；人多巧智，邪惡之事也會多有發生；法令越多，盜賊越會多出現。

今解 人間的權謀、巧詐、法令都是應複雜的社會生活而產生，為激烈的社會鬥爭服務的。世間之事往往多悖論，權謀越多，社會越亂；巧智越多，邪惡越多；法令越多，盜賊越多。老子清醒地看到了這一悖論，同時也具有強烈的批判意識。

禍兮，福之所倚；福兮，禍之所伏。 ——《老子·第五十八章》

本義 災禍之中，已有幸福蘊藏；幸福之中，已有災禍存在。

今解 看問題不能太絕對化。要善於從福中看到禍，從禍中看到福。當陷入困境時，沒有必要沮喪；當取得成功時，也絕不能驕傲自大，沾沾自喜。人世紛爭，變幻莫測，真可謂「天有不測風雲，人有旦夕禍福」。譬如，困難在某種程度上說來，是一件好事，他可以使一個人變得成熟；養尊處優，一帆風順，往往導致一個人意志薄弱。

治大國，若烹小鮮。

——《老子·第六十章》

本義 小鮮：小魚。治理大國，好像煎小魚一樣。

今解 這個警句，在中國傳統政治思想上產生了重大而深遠的影響。他告誡統治者，為政之要在於「清靜無為」，安靜無擾。若能「清靜無為」，便能使人人各遂其願而相安無事。

美言可以市尊，美行可以加人。

——《老子·第六十二章》

本義 嘉美的言辭可以博得人的尊敬，良好的行為可以被人所器重。

今解 「美言」的確在現實生活中是極為重要的。然而會說不如會做，品行高潔，辦事公道，自然會被人看重。

輕諾必寡信，多易必多難。

——《老子·第六十三章》

本義 諾（nuò）：許諾，答應。輕易許下諾言，必然缺少信譽。把事情想得太容易了，反倒遭遇到許多困難。

今解 那些對任何事情，甚至是不易辦到、不能辦到的事都輕易許諾的人，必然會由於他的輕率而降低在人們心中的威信，久而久之，人們便對他失去信任。那些把任何事情想得都那麼容易，因而沒有也不會清醒地估算困難程度的人，一旦真正的困難擺在眼前，就會手足無措，困難真成為了困難，這種人不懂得「行百里者半九十」。

聖人欲不欲，不貴難得之貨；學不學，復眾人之所過；以輔萬物之自然而不敢為。

——《老子·第六十四章》

本義 復：返回。輔：輔助。聖人把沒有慾望當作慾望，不以貴的貨物為貴重；聖人學習別人所不學的，把眾人的過錯復返而歸之於道；

以此來輔助萬物順應自然發展，而不敢妄為。

今解　慾望促使人們在追逐利益中失卻了自我，人完全異化為慾望的奴隸。一切都是那麼背離自然，違反人性。所以聖人要控制慾望；知識給人帶來詭詐和各種過錯，所以聖人要以沒有知識為知識，聖人挽救眾人的過失，以道輔萬物，而不敢妄為。

古之善為道者，非以明民，將以愚之。

——《老子·第六十五章》

本義　古時候奉行"道"的人，不是用"道"來啟發民眾精明智巧，而是用"道"來使民眾淳厚質樸。

今解　老子認為"為政之要"在於使民愚樸返真，順應自然。百姓的難治就在於他們有心智巧偽，追求"情慾文飾"。於是社會離真樸日遠，天下便不得安寧。老子要民眾不明而愚，同統治者不用智術是相統一的，是"無為而治"思想的反映。這同後代統治者專以奸詐之術實行愚民政策是不同的。他們在實行愚民政策的時候，往往口誦老子之言，似乎找到了行為的根據，其實是荒唐的。

江海之所以能為百谷王者，以其善下之，故能為百谷王。

——《老子·第六十六章》

本義　江海之所以能夠成為百川匯聚之處，是因為它善於處在低下位置，才成為百川匯聚之處。

今解　這是用日常生活中的自然常識來暗喻人道。江海以"善下"而成為"百谷王"，人君也當以"善下"的原則對待萬物，對待百姓。騎在人民頭上作威作福的，人民把他摔得粉碎；甘願給人民當牛作馬的，人民把他舉得很高。秦始皇實行君主專制，壓制百姓，二世而亡。唐朝建國之初，為天下生靈計，推行仁道政治，走上了"貞觀之治"的大道。

我有三寶：一曰慈，二曰儉，三曰不敢為天下先。

——《老子·第六十七章》

本義　慈：慈愛。儉：儉約。我永遠有三件珍寶，第一件是慈，第二件是儉，第三件是不敢為天下先。

今解 這裏體現了老子保守哲學的原則。

禍莫大於輕敵，輕敵幾喪吾寶。
故抗兵相若，哀者勝矣。 ——《老子·第六十九章》

本義 禍害再沒有比輕敵更大的了，輕敵幾乎喪失了我所有的寶器。所以，舉兵相戰，雙方力量相當，那悲憤的一方必定取得最後的勝利。

今解 驕兵必敗，哀兵必勝。這已是一句流傳千古的名言了。

聖人自知不自見，自愛不自貴。 ——《老子·第七十二章》

本義 聖人有自知之明而不自我表現，自愛自重卻不矜驕。

今解 一個有學識的人絕不自我炫耀，這正是"桃李不言，下自成蹊"；一個有見識的人自重自愛卻不矜驕自貴。相反，那些淺薄的人，有若井底之蛙，所見甚小卻喋喋不休，自誇不止；而那些自不量力的人，往往容易高估自己的能力與價值。

天之道，不爭而善勝，不言而善
應，不召而自來，繟然而善謀。
天網恢恢，疏而不失。 ——《老子·第七十三章》

本義 繟（chǎn）：誠信，誠厚。自然的"道"，不戰而善於取勝，不言語而善於應答，不召喚而自動到來，誠厚而善於謀劃。自然是廣大的羅網，網眼雖然稀疏，卻不漏失任何東西。

今解 前邊的幾句話重在明言老子的"道"——無為而無不為。"天網恢恢，疏而不失"是後人常用的警句，用以比喻天道法力無邊，任何罪惡都不可能逃脫天道的懲罰。

民不畏死，奈何以死懼之？ ——《老子·第七十四章》

本義 奈何：怎麼。懼之：使之懼怕。如果百姓普遍不怕死，怎麼用殺人致死來嚇唬他們呢？

> **今解**　殺人的恐怖政策對於為政者來說，是行不通的。老子對於治民的認
> 識是深刻的。如果統治者依然不醒悟，必將自食其果。

人之生也柔弱，其死也堅強。草木之生也柔脆，其死也枯槁。故堅強者死之徒，柔弱者生之徒。

——《老子・第七十六章》

> **本義**　槁（gǎo）：乾枯。人活着的時候身體是柔軟的，他死後的身體卻是
> 僵硬堅直的；草木生長的時候形質是柔韌脆軟的，它死後就變得乾
> 硬枯槁了。所以說，堅硬剛強的東西屬於死亡的一類，柔弱細軟的
> 東西屬於生存的一類。

> **今解**　"柔弱勝剛強"，老子用人類和草木的生存現象加以說明這一道理。
> 剛強的物體已失去了生機，柔弱的物體則充滿了生機。他雖然沒有
> 認識到取得必然勝利的事物是新生事物，但是，這條光輝的原則卻
> 為暫時處於劣勢的新生力量最終戰勝貌似強大的舊勢力提供了有力
> 的思想武器。

天之道，其猶張弓與？高者抑之，下者舉之；有餘者損之，不足者補之。

——《老子・第七十七章》

> **本義**　張弓：拉弓射箭。抑：壓低。舉：抬高。自然的"道"的規律就如
> 同拉弓射箭，高了就壓低些，低了就抬高些；多餘時就減少些，不
> 夠時就補充些。

> **今解**　這是老子提出的社會理想，即"均貧富"。在他看來，世界的紛爭
> 在於"不均"，如若運用"道"的規律，使萬物均衡，則社會就會安
> 康和樂。老子的理想當然具有烏托邦的性質，他還沒有具體深刻地
> 認識到社會出現醜惡的原因與根源，只是用自己的天才頭腦進行了
> 自認為合理的想像。

天下莫柔弱於水，而攻堅強者莫之能勝，以其無以易之。

——《老子・第七十八章》

> **本義**　易：代替。普天下沒有哪一種東西比水更柔弱的了，但攻堅擊強卻

沒有甚麼能勝過水，因為它是沒有任何東西可以代替的呀。

今解 水，善利萬物而不爭，水性虛，遇方則方，遇圓則圓，似乎柔弱得連一絲個性都沒有，柔弱得令人憐愛。然而，洪水所到之處，房屋倒塌，天地一片混沌，帶來的是誰也無法挽救的災難，有摧枯拉朽之勢。這裏老子仍在闡述柔弱勝剛強的道理。

天道無親，常與善人。

——《老子·第七十九章》

本義 親：偏愛。與：贊許，幫助。自然的"道"是沒有偏愛的，永遠親近、贊助那些有德的善人。

今解 由此可見，老子教人向善，做一個有德的人。有德之人，處處順任自然而不妄為，所以與"道"相合，就如同"道"常幫助有德之人一樣。

甘其食，美其服，安其居，樂其俗。鄰國相望，雞犬之聲相聞，民至老死不相往來。

——《老子·第八十章》

今解 老子的理想社會除了"有餘者損之，不足者補之"以外，他還描繪了一個"小國寡民"之境：美衣美食，居處安定，生活悠閒，鄰國相望卻不互相攪擾，人們各自過着"清靜"的日子，直至老死。這個境界影響了後代的許多文人，陶淵明的"桃花源"就是老子思想的折射，"黃髮垂髫，並怡然自樂"。

《莊 子》

　　《莊子》基本上是莊子（公元前 360 ？ – 公元前 280）及其後學所作。莊子名周，宋之蒙（今河南商丘縣東北）人，與梁惠王、齊宣王同時代人，嘗為蒙漆園吏。

　　現存《莊子》33 篇，後人將《逍遙遊》至《應帝王》7 篇稱為內篇；《駢拇》至《知北遊》15 篇稱為外篇；《庚桑楚》至《天下》11 篇稱為雜篇。內篇與外篇、雜篇風格不同，後人認為內篇是莊子所作，而外篇與雜篇是莊子後學所為。

　　從莊子的整個思想體系和哲學觀點來看，他無疑是一個代表沒落統治階層思想的哲學家。但由於社會的根本變化，莊子自身的地位難以維持，這就決定了他對現實社會極端不滿。然而，他終究個人無法與整個社會相對抗，不得不走上隱居遺世的道路。一方面議君相，譏儒墨，甘貧賤而肆其志；一方面否定一切，齊萬物，一死生，泯滅是非得喪，以追求內心的調和、精神的勝利，進行自我麻醉。

　　他認為“人生天地之間，若白駒之過隙，忽然而已”（《知北遊》），“以生為附贅懸疣，以死為決疣潰癰”（《大宗師》）。其妻死則鼓盆而歌，有時還設想髑髏也不願復活（《聖樂》）。因此，莊子的處世態度在表面看來是玩世不恭的，但從更深層的意義上來說，莊子本人內心是非常痛苦的。一個看透社會本末的智者，處在高處不勝寒的偉大孤獨之中，其憂思之深是常人無法理解的。老子《道德經》五千言為莊子提供了哲學上的基本點，而莊子又對老子的觀點加以提升與擴展，其汪洋恣肆的為文風格形成了濃郁的浪漫色彩。他吸取神話創作的精神，大量採用並虛構寓言故事作為論證的根據，想像奇幻。

舉世而譽之而不加勸，舉世而非之而不加沮，定乎內外之分，辯乎榮辱之境，斯已矣。

——《逍遙遊》

本義 能夠做到整個世界都誇讚他卻不感到奮勉，整個世界都非議他卻不感到沮喪。他能認定內我和外物的分際，辨別光榮和恥辱的界限。就這樣罷了。

今解 這段話是《莊子·逍遙遊》中對宋榮子的評價。宋榮子為稷下早期人物，生當齊威王、宣王時代，其學派的思想要點是：見侮不辱，救民之鬥，情慾寡淺。而宋榮子更是位傑出的反戰思想家。宋榮子不為世俗的毀譽而動其心，能分清物我，辨別是非，但在莊子看來依然有所取捨，即「尤有所待」。可見莊子哲學，主張徹底做到無所依恃，與天地精神相往來，不受任何干擾。最終徹底地逍遙於宇宙之中。

乘天地之正，而御六氣之辯，以遊無窮者，彼且惡乎待哉？故曰："至人無己，神人無功，聖人無名。"

——《逍遙遊》

本義 乘天地之正：即順萬物之性。正，自然之性。六氣之辯：六氣的變化。惡乎待哉：有甚麼可依待的呢？無己：意指沒有偏執的小我。無功：意指莊子"無為"的政治觀。無名：意指莊子獨善其身的人生觀。若能順著自然的規律，而把握六氣的變化，以遊於無窮的境域，他還有甚麼可依待的呢？所以說，至人沒有偏執的小我，神人不自恃己功，實行無為而治，聖人獨善其身不注重外在的名聲。

今解 人生之所以受壓迫，不自由，乃由於自己不能支配自己，而受外力的牽制，甚至為外物所控制。人之所以不能順萬物之性，主要是因為物我之對立。在物我對立中，人們總是以自己作為衡量萬物的標準，因而發生是非好惡之情，給萬物以有形無形的干擾，自己也會同時感到處處受到外物的牽掛，滯礙。有自我的封界，便會形成我與物的對立；自我的封界取消了，自然取消了以我為主的衡量標準，而覺得我以外萬物的活動都是順其自然的。

鷦鷯巢於深林，不過一枝；偃鼠
飲河，不過滿腹。
——《逍遙遊》

本義　鷦鷯（jiāo liáo）：小鳥。偃鼠：一名隱鼠，又名鼢鼠。小鳥在樹林裏築巢，最多不過佔用樹的一枝；隱鼠在河裏飲水，所需不過滿腹。

今解　這句話是堯讓天下給許由時，許由所説的。許由不願意接受堯的饋贈，是由於許由認為一個人只要得到自己所需的就足矣，不需要多餘的東西。正如小鳥築巢只需佔有一枝樹枝，倘拿來整個森林，對牠來説，一點兒用處也沒有。偃鼠只需一腹水就能飽足，拿整條河給牠，也沒有太大的用處。我們人類，卻為佔有不盡的財富而爭得頭破血流，甚至失掉性命，為甚麼不學學偃鼠與鷦鷯的灑脱呢？

瞽者無以與乎文章之觀，聾者無
以與乎鐘鼓之聲。
——《逍遙遊》

本義　瞽（gǔ）：沒有眼珠的瞎子。瞎子無法與他共賞色彩的華美，聾子無法與他一同欣賞鐘鼓的樂聲。

今解　這句話重在闡述人與人之間的一種心靈的默契。如果心與心經過交流達不成一種默契，意即"志不同而道不合"，"不相與謀"，那麼二人彼此的交流有如對牛彈琴，也無異於讓瞎子觀彩，聾子聽音。引申到文學領域，欣賞作品也得具備一定的素質，並有一定的情性，才能真正理解作品的真諦。

無所可用，安所困苦哉。
——《逍遙遊》

本義　沒有甚麼用處，又有甚麼可痛苦的呢？

今解　莊子追求一種"無所待"的絕對精神自由，它不受任何世俗的干擾。正如"無用之用才為大用"一樣，既沒有痛苦，也不受束縛。世俗之人往往被名與利束縛得死死的，像陀螺一樣圍着金錢地位這個軸心轉個不停。個性消融了，純真的精神自由不見了。

形固可使如槁木，而心固可使如
死灰乎？
——《齊物論》

本義 形體安定可以使它像乾枯的枝木，心靈寂靜可以使它像熄滅的灰爐嗎？

今解 這句話後人沿用至今，即"形如槁木，心如死灰"。但將莊子原義作了引申。莊子原義指人能夠完全摒棄外物的干擾，進入一種虛靜的狀態，從形體上看，猶如枯槁的樹木；從心靈來觀照，像灰爐熄滅一樣寂靜。今人引申之後，用來形容一個人處於極端的絕望之中，無論肉體上還是精神上都受到了極度的摧殘，無法使自己振作起來。

彼出於是，是亦因彼。彼是方生之
說也。雖然，方生方死，方死方生；
方可方不可，方不可方可。
——《齊物論》

本義 彼方是出於此方的對立面而來的，此方也因着彼方而成。彼和此是相對而生的，雖然這樣，但任何事物隨生就隨滅，隨滅就隨生；剛說可就轉向不可，剛說不可就轉向可。

今解 彼此相互對立而生，由此達彼，由彼達此，兩者處於不停的轉化之中。這顯然是老子樸素辯證法的繼承和發展，由對立而達齊一，此亦彼，彼亦此。因此也可見出價值判斷的流變性。沒有絕對永恆，也沒有絕對正確和絕對錯誤。

以指喻指之非指，不若以非指喻指
之非指也；以馬喻馬之非馬，不若
以非馬喻馬之非馬也。
——《齊物論》

本義 以大拇指來說明大拇指不是手指，不如以非大拇指來說明大拇指不是手指；以白馬來說明白馬不是馬，不如以非白馬來說明白馬不是馬。

今解 如果用符號來代替這個道理，理解起來也許會容易一些：從 A 的觀點來解說 A 不是 B，不如從 B 的觀點來解釋 A 不是 B。"指"與"馬"是當時辯論的一個重要概念，尤其以公孫龍的指物論和白馬論最為著名。莊子用"指"、"馬"的概念作喻，在於提醒人們不必斤斤計較於彼此，更不必執着於一己的觀點去判斷他人。在判斷時，若要做到全面，就該從與己對立的他人一方進行思考。

故為是舉莛與楹，厲與西施，恢詭憰怪，道通為一。

——《齊物論》

本義 莛（tíng）：草莖。楹：木柱。厲：借為癘，病癩。恢詭憰怪：形形色色的怪異之狀。所以草莖和大木，醜陋病癩的女人和美貌的西施，以及一切形形色色怪異的事物，從道理上來講都可通而為一。

今解 齊物論的主旨在於肯定任何事物都有其內在的價值。這裏將對立的兩端：細小的草莖與大木柱、醜陋的女人和美貌的西施放在一起，用以説明即使是對立的事物，從某個角度、某個道理上來講都有其內在的同一性。這個互同為一的東西便是"道"，與老子的道有聯繫，更是其進一步的發揮。

朝三暮四。

——《齊物論》

本義 朝三暮四源於莊子寓言。此寓言説，有一個養猴的人，喂猴子吃栗子，對猴子説："早上給你們吃三升，晚上給你們吃四升。"猴子不高興，他又説："那麼早上吃四升，晚上吃三升，怎麼樣？"眾猴皆悦。

今解 後人將"朝三暮四"引申為遇事不專心，不執着於自己的追求。尤其形容男女感情之事，經常用到這個成語。

天下莫大於秋毫之末，而大山為小；莫壽於殤子，而彭祖為夭。天地與我並生而萬物與我為一。

——《齊物論》

本義 大山：即泰山。殤子：夭折的小孩。彭祖：傳説中以長壽著名的人物。天下沒有比毫毛末端更大的東西，而泰山卻是小的；沒有比夭折的嬰兒更長壽的，而彭祖卻是短命的。天和地與我並存，而萬物和我融為一體。

今解　在莊子看來，大與小、長與短都是相對的比較而言的。每一個東西都大於比它小的東西，也都小於比它大的東西，所以每一個東西都是大的，每一個東西也都是小的。他教人擴展視野，以透破現象世界中的時空界限，這樣才能從鎖閉的境域中超脫出來，以達到與天地並生，與萬物化一的境界。這種境界與天地精神相往來，追求的是一種超現實、超功利的絕對自由，不為世俗的利誘動其心，不為世俗的紛擾亂其意。

注焉而不滿，酌焉而不竭，而不知其所由來，此之為葆光。

——《齊物論》

本義　酌：取。葆光：潛藏的光明。注入多少都不會溢滿，傾出多少都不會枯竭，不知它的源頭來自何處，這就叫做潛藏的光明。

今解　《老子》五千言反覆描繪"道"的狀態，而莊子"道"是對老子之"道"的繼承和進一步發揮。莊子理想中的"道"的境界也是一個深沉博大的萬物之宗，正如老子所謂"淵兮，似萬物之宗"。它先天地而生，而它自己的源頭在哪里，卻不得而知。既然連最根本的問題都很難知曉，不如息言說以養內心的虛靜，在紛紜萬物中縱橫馳騁，遊刃有餘。

毛嬙、西施，人之所美也；魚見之深入，鳥見之高飛，麋鹿見之決驟。

——《齊物論》

本義　決驟：快速奔走。毛嬙、西施是人們公認的美女，然而，魚看到她們之後沉入水底，鳥見到她們高飛到天上，麋鹿見到她們後則快速奔走。

今解　這句話重在闡述萬物各有自己的是非評判標準，不能強求一律。在人類的思維裏，像毛嬙、西施那樣的美女是人見人愛的，誰都想多看幾眼，而鳥、魚和麋鹿見到她們卻無動於衷，該沉則沉，該飛則飛，該馳驟則依然馳驟，絕沒有"少年見羅敷，脫帽著帩頭"、"耕者忘其犁，鋤者忘其鋤"的效應。

至人神矣！大澤焚而不能熱，河漢沍而不能寒，疾雷破山而不能傷，飄風振海而不能驚。若然者，乘雲氣，騎日月，而遊乎四海之外。死生無變於己，而況利害之端乎！

——《齊物論》

本義 沍 (hù)：凍結。至人神妙極了，山林川澤焚燒卻不能使他感到熱，江河凍結卻不能使他感到冷，雷霆搖動山嶽卻不能使他受到傷害，狂風激起海浪而不能使他感到驚恐。像這樣的人，駕乘着雲氣，騎着日月，以遊於無窮的四海之外，死生的變化對他來說沒有任何影響，更何況利益與損害之類的世俗觀念呢？

今解 這裏刻畫的"至人"形象與藐姑射之山的"神人"的血脈是相通的。他們與天地並生，與萬物化一，自然界的冷暖變換、風雨雷電，人世間的生死輪常等對他們來說，沒有任何影響。他們餐風飲露，乘雲氣，騎日月，在無窮的宇宙之中遨遊，沒有任何外物能夠束縛他們。他們的神妙來自於對時空與現實的無限制的超越，來自於對理想境界的執着追求。

昔者莊周夢為蝴蝶，栩栩然蝴蝶也，自喻適志與！不知周也。俄然覺，則蘧蘧然周也，不知周之夢為蝴蝶與？蝴蝶之夢為周與？周與蝴蝶，則必有分矣。此之謂物化。

——《齊物論》

本義 栩栩：翩翩，蝴蝶飛舞的樣子。喻：愉。適志：快意。蘧蘧然：僵直之貌。物化：物與我界限消解，萬物融化為一。

今解 這就是後人一直流傳沿用的"莊周夢蝶"的寓言。莊周不知是他在夢蝶，還是蝶在夢他，他與蝶已達到了渾融為一的境界，即物我交融化一的狀態。莊子的理想就是將我與自然渾同，水乳交融，從而可神遊於無窮的大化之中。

吾生也有涯，而知也無涯。

——《養生主》

本義 涯：崖，邊際，界限。知：知識。我們的生命是有限度的，而知識是沒有限度的。

今解 人的生命有限而知識無窮。這就不免引起許多仁人志士的感慨。今人，如何對待這個客觀規律造成的悖論，如何解決這個悖論，還須進一步探討。把有限的生命投入到對無限的追求之中，毫不氣餒，樂觀對待，盡最大努力豐富自己，不失為一種明智的選擇。

為善無近名，為惡無近刑。緣督以為經，可以保身，可以全生，可以養身。
—— 《養生主》

本義 緣督：含有順著自然之道的意思。生：性。做那些世上的人認為善的事不要有求取功名之心，做那些世上的人認為惡的事不要遭到刑戮，順著自然的"道"並把它奉為常法，這樣就可以保護生命，保全天性，可以養護身體以享盡人壽。

今解 老莊"貴生"，把生命的存在放在了第一位，為了生，可將累生的功名棄而不取。為了達到"保身"、"全生"、"養身"的目的，他告誡人們要順任自然之道，並奉為常則。不存求取功名利祿之心，也不被外物拖累而遭刑戮，保持寧靜淡泊之"道"，享盡天年。

臣以神遇而不以目視，官知止而神欲行。
—— 《養生主》

本義 官：耳目之官。神欲行：喻心神自運，隨心所欲。我只用心神來仔細體悟而不用眼睛去看，使耳目之官停止活動而只讓心神自由活動運行。

今解 這是一種對超感覺的精神活動的細緻描摩，體現出與藝術活動相通的客觀規律。當我們的創作構思進入特殊階段時，外界的一切活動似乎都停止了，只有"神思"在加速運作，罄心靜慮，"籠天地於形內"。

彼節者有間，而刀刃者無厚；以無厚入有間，恢恢乎其於遊刃必有餘地矣。
—— 《養生主》

本義 骨節之間有間隙，而刀刃卻薄而無厚度，用無厚度的刀刃去深入有空隙的骨節，骨節之間的縫隙寬闊，使刀刃有充分的迴旋餘地。

今解 "遊刃有餘"被後人廣泛應用，並已成為成語。喻做某件事情時，條件很充分，有廣闊的迴旋餘地。

澤雉十步一啄，百步一飲，不祈蓄乎藩中。雖神王不善也。

——《養生主》

本義 澤雉（zhì）：草澤裏的野雞。祈：求。王（wàng）：通"旺"，喻精神狀態好。不善：不樂，不能自遂心願。

今解 水澤裏的野雞雖然走十步才能吃到一口食物，走一百步才能喝上一口水，生活過得很艱苦，但卻不願意被養在籠子裏過養尊處優的生活，即使是精神狀態很好。體現出莊子對自由的人生境界的追求。他不願違背人性去俯就世俗的羈絆，否則，他感到焦躁不安。

適來，夫子時也；適去，夫子順也。安時而處順，哀樂不能入也，古者謂是帝之懸解。

——《養生主》

本義 帝之懸解：自然地解除倒懸，天然之解脫。懸，捆縛。正該生時，夫子（老聃）應時而生；正該死去時，夫子應時順理而去。安心適時而順應變化，哀樂的情緒不能侵入心中，古時候把這種情況稱為自然地解除倒懸。

今解 莊子以灑脫的態度對待生與死，把它們看作隨順自然的結果。生，是偶然的。死，亦屬偶然。不必樂生，也不必懼死。於是他提出了一個重要哲學主張"帝之懸解"。其實，生死確實是不依人的意志為轉移的客觀規律，在這個規律面前，人不應當表現出無能為力的悲哀，而應體現隨順自然的樂觀。

指窮於為薪，火傳也，不知其盡也。

——《養生主》

本義 指：脂。窮於為薪：為薪火而燒盡的意思。燭薪的燃燒是有窮盡的，火種卻傳續下去，沒有窮盡的時候。

今解 脂膏為薪火而燒盡，是一種轉化，並非消滅。喻人由生而死，亦不

過是一種轉化，不必悲哀。體現出生死無變於己的曠達。後世將
"薪盡火傳"作為成語，用來形容前輩的創業被後世所繼承，代代
相傳，永不斷絕。

治國去之，亂國就之，醫門多疾。 ──《人間世》

本義 安定之國可以放心地離開，而對於亂離中的國家就需要前往，正如
醫生的門前多病人一樣。

今解 從這裏可以看出，莊子並不是一味地消極避世，他對社會也有一
份責任感。和平之國可行無為之政；而亂離之國，如果想要行"無
為"之政，必先採取"有為"。

古之至人，先存諸己而後存諸人。
所存於己者未定，何暇至於暴人之
所行。 ──《人間世》

本義 古時候的"至人"，先求自己的修養充實然後再去教導別人，如果
自己在品德修養上還立不穩，怎麼能去糾正強暴之人的行為呢？

今解 俗語所謂"正人先正己"，也即"以身作則"，這樣在規範別人的行
為時才有說服力。可惜，世俗之人往往明知故犯，拿自己還模棱兩
可的東西去教導別人，想"以其昏昏，使人昭昭"，在道理上是行
不通的。更有甚者，統治者自身傷風敗俗，罪大惡極，卻要求民眾
"忠君"、"遵禮"、"守法"。莊子能出此言，也是針對當時的社會現
實而發的議論。當時正值"昏上亂相"的動盪時代，民眾無處可安
頓身心，統治者極盡爭奪之能事，根本不考慮百姓的死活，卻對百
姓提出各種苛刻的要求，表面上是對民眾的教導，實質上是對民眾
無以復加的壓制。

以火救火，以水救水，名之曰益多。 ──《人間世》

本義 用火來救火，用水來救水，可稱之為幫兇。

今解 以水救火，以土救水，這是人之常識。倘若用火救火，用水救水，
多上加多，必成禍害。

虛一志，無聽之以耳而聽之以心，無聽之以心而聽之以氣！耳止於聽，心止於符。

——《人間世》

本義　虛：喻空明的心境。要純一你的內心，對於世間的事物，不是用耳朵去聽，而是用心去聽；不是用心去聽，而是用氣去聽。耳朵只限於聽取事物，心才能與事物相符合溝通。

今解　莊子講"心齋"與"坐忘"，追求內心的純靜與安寧。這種精神追求與藝術旨趣相通，在美學史上產生了深遠的影響。藝術家用藝術的心靈去觀照社會、人事、人生時，他往往會擺脫世俗的紛擾，完全沉浸在藝術的神遊境界之中。由於遠離世俗，表面看來，似虛無淡漠，實質上，藝術家已進入了一個高層次的審美享受與追求之中了。當藝術家的心靈真正與藝術相通時，他是全身心投入的，他用心靈去貼近藝術。

哀樂不易施乎前，知其不可奈何而安之若命，德之至也。

——《人間世》

本義　不受哀樂情緒的影響，知道事情的艱難是無可奈何的，但依然能夠以安靜的心態對待之，並且安心地去做，這就是德行的極點了。

今解　老子主張"重為輕根，靜為躁君"，推崇厚重、安靜，反對浮躁、輕薄。莊子對這種學說加以充分闡發，他要求人們能夠"喜怒無變於己"，保持健康的、踏實的心理狀態，而不是像浮萍一樣，飄來飄去。在艱難困苦面前要保持鎮定，樂觀、從容地面對人生。

交近則必相靡以信，交遠則必忠之以言。

——《人間世》

本義　靡：通縻，維繫。大凡國與國相交，鄰近的國家以信用來往，遠國則以忠實的言語相互維繫。

今解　國與國相交，無論是鄰近之國，還是遠離之國都應以誠相待，講求信用，忠實地履行雙方達成的協定，和平共處。

傳其常情，無傳其溢言，則幾乎全。 ——《人間世》

本義　要傳達真實的言辭，不要傳達言過其實的言辭，這樣就可以保全自己。

今解　這是莊子在處理國與國關係問題上所持的觀點。兩國相處，其使者應如實傳遞資訊，不能有所褒貶或言過其實。這個原則同樣適用於處理人與人之間的關係。那些搬弄是非的人，常常愛編造一些故事去挑撥離間，以至於鬧得雞犬不寧。

無遷令，無勸成，過度溢也。 ——《人間世》

本義　不要隨意改變所受的使命，不要強求事情的成功，過度地強求就是"溢"了。

今解　凡事都有個限度，如若超過了這個限度就與"不及"一樣沒有好處，這也就是孔子的"中庸之道"。在莊子看來，隨順自然，不要人為地過度強求成功，安時處順才是最高的哲學總則——道的體現。

乘物以遊心，託不得已以養中，至矣。 ——《人間世》

本義　遊心：即心靈的自由活動。隨順着萬事萬物的自然而遊悠自適，寄託於不得已而蓄養心中的精氣，這就是最好的了。

今解　神采飄逸的莊子喜歡暢遊於天地之間，達到"無所待"的絕對自由之精神境界。他與造物者遊，與天地精神相往來，不願意在紛亂的現實中消耗自己的精力。其實，這種境界也只是莊子所企慕的理想之境，是對黑暗現實的變形的反抗。

汝不知夫螳螂乎？怒其臂以當車轍，不知其不勝任也，是其才之美者也。 ——《人間世》

本義　你不知道那螳螂嗎？奮力舉起自己脆弱的臂膀去抵擋車輪，不知道牠自身之力並不能勝任，過分高估了自己的才能。

今解 這也就是後世"螳臂當車"典故的由來。諷刺那些自不量力的人不現實地考慮問題必將遭到毀滅。弱小勢力在強大勢力的威脅之下，只能採取以退為進的迂迴戰術，而不能死打硬拼。歷史上以少勝多的戰例是智慧的勝利，絕不是死打硬拼的蠻幹的勝利。

意有所至而愛有所立，可不慎邪！ ——《人間世》

本義 本意是出於愛，而往往適得其反，得到一個壞的結局，這是不可不謹慎提防的。

今解 日常生活中這樣的例子屢見不鮮。父母溺愛孩子，本是對孩子的一份關愛，孩子卻在這種關愛之下變得蠻橫、驕縱，直至惹是生非，鑄下大錯。結局並不像開始預料的那樣，甚至完全走向反面。

是不材之木也，無所可用，故能若是之壽。 ——《人間世》

本義 這不成材的樹木，沒有甚麼用處，所以能成就它的壽命。

今解 山木不材，終能成壽。可見，"無用"在某種程度上來說，也未必是件壞事。"無用之用方為大用"，這種辯證地看問題的觀點對後人有深刻的影響。它教人擺脫困惑、苦惱與煩亂，以樂觀的態度對待生活。

來世不可待，往世不可追也。 ——《人間世》

本義 未來的世事不可期待，而過去的世事卻也不可能追回。

今解 莊子作為對社會有大徹大悟理解的智者，以任性逍遙的方式來化解苦痛與悲哀。然而，化解之餘，仍有偉大的孤獨感充塞心頭，前面的路渾然不可知，後面的路已走過。表現了自己的苦痛，莊子平靜地穿透了生死，用天地精神充實自己的心靈。

人皆知有用之用，而莫知無用之用也。 ——《人間世》

本義 人們都知道有用的用處，但卻不知道無用的用處。

今解 哲人的眼光是深邃的，哲人的胸襟是寬廣的，哲人的思維是立體的。常人應從哲人的思想中擷取其閃光之處，把黑暗的人生照亮。當你不能實現自己的理想，不能做閃光的金子時，不妨做一條小路，給行人以方便。"退一步海闊天空"，莊子教人如何以弱者的處境爭取對強者的勝利。

立不教，坐不議；虛而往，實而歸。 ——《德充符》

本義 站立時，不施教；穩坐時，不議論。跟他學的人空虛而來，滿載而歸。

今解 這是莊子對斷足之人——王駘的評價。這個人雖然身體是殘廢的，但心智卻是健全而充實的。他行不言之教，口不臧否人事，卻能使弟子們學到很多。其中關鍵在於"以身作則"，他以自己的行動向世人召示了一種人格風範，使仰慕這種風範的人自然而然地去效法學習，無須用多餘的語言加以闡釋。

死生亦大矣，而不得與之變，雖天地覆墜，亦將不與之遺。 ——《德充符》

本義 不與之遺：不會隨着遺落。死生就算是一件大事了，卻不會使他受到影響而改變自己。即使天覆地墜，他也不會隨着一起遺落。

今解 用"德"充實的人，可穿透生死，"不以物喜，不以己悲"，不為外物所擾，保持着自己內心的純一安靜。如果保持一顆平靜的心，一個人可以幹成許多事；若是心情浮躁，如若"猴子掰玉米"總想得到一切，最終卻甚麼也得不到，兩手空空而歸，這確實是對後人的忠實告誡。

自其異者視之，肝膽楚越也；自其同者視之，萬物皆一也。 ——《德充符》

本義 從萬物相異的一面去看，一物與他物就如同膽與肝、楚與越那樣相去遙遠；從萬物相通的一面去看，萬物都是一樣的。

今解 這是對事物個性與共性關係的精闢論述。就個性與個性而言，萬物各不相同，但個性之中卻有共性存在。

鑒明則塵垢不止，止則不明也。
久與賢人處則無過。 ——《德充符》

本義 鏡子明亮就不落灰塵，落上了灰塵之後就不明亮。經常與賢人在一起，就沒有過失。

今解 古人常以鏡子來比喻一個人心底的無私純潔與品行的端正，明亮的鏡子是容不下任何一粒灰塵存在的。因而後來在衙門裏，總掛有"明鏡高懸"的匾額，以顯示衙門裏的公正與清廉。

德有所長，而形有所忘。人不忘其所
忘，而忘其所不忘，此謂誠忘。 ——《德充符》

本義 所以只要在德行上能超過別人，形體上的殘缺就會被人遺忘。人們如果不去遺忘所應當遺忘的形體，而去遺忘所不應當遺忘的德行，這才是真正的遺忘。

今解 一個人肢體的殘缺並不可怕，可怕的是心靈的殘缺、德行的衰朽。莊子重視的是人的內心修養，評價一個人也是以"德行"為標準來衡量的。他同時也在告誡世人，不要"以貌取人"，外表的好看不能代表心靈與德行的充實與健全。

人之不以好惡內傷其身，常因自
然而不益生也。 ——《德充符》

本義 人不應該以好惡之情來損害自己的本性，經常隨順自然，不用人為的方法去增減損益。

今解 老莊共同反對人為，主張"法自然"。在他們看來，真正的聖人從來不是喜怒無常感情用事的。他們在自然法則面前得心應手，遊刃有餘，從不為外物所役使。像藐姑射之山的神人那樣，餐風飲露，乘天地之正而遊於無窮。在他們看來，生死都是客觀規律的結果。生，無所謂樂；死，無所謂憂。穿透生與死的界限，看透人世的紛爭與不公，頓悟生命的真諦之後，莊子的解脫是深沉而自信的。

終其天年而不中道夭折者，是知之盛也。 ——《大宗師》

本義 知：通"智"。能夠享盡天年而不中途夭折的人，是智慧盛大的緣故。

今解 莊子把個體生存放在了第一的位置上。為了個體，他可能拋卻纏繞人心的功名利祿、富貴貪慾，所以在這裏，他把"終天年"作為一個大的理想提了出來。他認為真正的智者必能夠保全自我。

古之真人，不逆寡，不雄成，不謨士。 ——《大宗師》

本義 謨士：謀事。古時候的真人，不違逆寡少，不自恃成功，不謀慮事情。

今解 以"自然無為"的手段達到"無不為"的目的，如果刻意人為地去追求甚麼和排斥甚麼都是不明智的選擇。真人坦然地面對一切，順任自然而不妄為，以不謀事的態度來達到成功地做一切事的目的。

登高不慄，入水不濡，入火不熱。 ——《大宗師》

本義 濡（rú）：濕。（真人）登上高處不感到害怕，進入水中卻不被沾濕，進入火中卻不感到熾熱。

今解 這依然是對得道真人的描述。逍遙自適，無為而成的古之真人已完全超脫了現實世界對他的干擾和束縛，進入高層次的絕對自由的人生境界。其實，這是莊子理想中的人格境界。現實中的任何人都不能揪着自己的頭髮離開地球，誰也不可能徹底地超脫於他所生存的社會環境。如若真有人不顧一切地灑脫的話，也只是自我調節的結果。正如莊子選擇了"真人"的逍遙一樣，陶淵明選擇了"五柳先生"、"東方一士"的曠達，只是為了尋求不可解脫的解脫。

古之真人，不知悅生，不知惡死；其出不訢，其入不距；翛然而往，翛然而來而已矣。不忘其所始，不求其所終。 ——《大宗師》

本義 訢：古"欣"字。距：古"拒"字。翛（xiāo）然：無拘束的樣子。古時的真人，不知道為生欣喜，不知道為死苦惱；他出生時並不驚喜，入死時也不拒絕；無拘無束地去，無拘無束地來而已。不會忘記他最初的來源，也不去追求他最終的歸宿。

今解 "道"創生了萬物，真人當然不會忘記"道"，除了遵循"道"的原

則之外，真人對世間的生死採取了任其自然的態度。莊子理想中的
曠達胸懷是少見的。與其形成鮮明對比的是：東漢末年文人五言詩
所呈現出的對死的恐懼，對人生短暫事業無成的憂思。"生年不滿
百，常懷千歲憂"；"晝短苦夜長，何不秉燭遊"。這種浮躁的心態
是亂世中的典型心態。莊子也身處亂世，但他以哲人的深邃化解了
這種苦痛。

聖人之用兵也，亡國而不失人心。

——《大宗師》

本義 聖人用兵打仗，雖然亡掉了故國卻並不失去人心。

今解 這裏姑且拋開莊子的一貫哲學原則不談，單說他的治國之術也是極
為高明的。民眾往往憎恨的是亡國之君，因為他會使人們顛沛流
離，死無葬身之地。如果國已亡，而民眾不會怪罪君主，反倒願意
再為君主肝腦塗地，那麼，這個人君的手段是非同一般的。

其好之也一，其弗好之也一。其一也一，其不一也一。

——《大宗師》

本義 一：指天人合一。所以不論人們喜好還是厭惡，天人總是合一的。
也無論人們認為天人合一或不合一，它們都是合一的。

今解 "天人合一"思想是中國古代哲學中的一個重要觀念。"天"指
"道"，天人合一即人與道相合。莊子追求的最高哲學原則就是
"道"，人若與道相合，便達到了人生的最高境界。

泉涸，魚相與處於陸，相呴以濕，相濡以沫，不如相忘於江湖；與其譽堯而非桀也，不如兩忘而化其道。

——《大宗師》

本義 呴（xǔ）：張口呼氣，噓氣。濡：濕潤。泉水乾涸了，魚處於陸地之
上，互相用濕氣吹噓，用口沫濕潤，倒不如在江湖裏彼此相忘。與
其讚美堯而責備桀，倒不如把那些是是非非都忘掉而融化於大道。

今解 這依然是"齊物論"的體現，把一切是是非非的爭論都同化於大
道。在他看來，世俗的紛爭是淺薄而徒勞的。其中"相濡以沫"被

後世沿用為成語，意即形容兩人感情融洽和諧，可以同甘共苦，彼此相攜。能達到這種程度，方可見出人間至情。

其為物，無不將也，無不迎也；
無不毀也，無不成也。 ——《大宗師》

本義　"道"作為物的時候，無不一面有所送，一面有所迎；無不一面有所毀，一面有所成。

今解　"道"是萬物之宗，可創生萬物，也可使萬物毀滅。因此萬物無時不在生成毀滅的運動變化中。

三人相視而笑，莫逆於心，遂相與為友。 ——《大宗師》

本義　莫逆於心：內心相契。三人相視而笑，內心相契，於是結為朋友。

今解　"莫逆之交"的典故源出於此。意即這種朋友是真正的心與心交的朋友，而不是世俗中所謂的"勢利之交"。我們常說"君子之交淡如水"，君子相交，以尋求內心的契合、理解與溝通，並不去考慮任何的功利因素。

得者，時也；失者，順也。安時
而處順，哀樂不能入也。 ——《大宗師》

本義　人之所以得生，乃是適時所致；死去，乃是順應自然的結果。能夠安心適時而順應變化的人，哀樂的情緒不會侵入到心中。

今解　生死是順應自然的結果。莊子把對生死的曠達態度引申到對待得失的問題上。其得到了是造化，得不到或失去了，也必定有其理由。凡事以曠達的胸懷處之，那麼喜怒哀樂等人之常情便不會攪擾內心的平靜。

芒然彷徨乎塵垢之外，逍遙乎無
為之業。 ——《大宗師》

本義　安閒無繫地神遊於塵世之外，逍遙自在於自然的境地。

今解　這是莊子理想的人格形象。追求絕對的、超現實的自由。

盲者無以與乎眉目顏色之好，瞽者無以與乎青黃黼黻之觀。

——《大宗師》

本義　黼黻（fǔ fú）：古禮服，喻華美的衣飾。瞎子無從欣賞眉目顏色的美好，瞎子也無從欣賞彩色錦繡的華麗。

今解　無論是如花似玉的妙齡女郎，亦或是鮮花着錦般的繡絹，在盲人的面前統統沒有用處。後人將這個簡單的生活小常識應用到藝術領域，意即沒有藝術細胞的人，任何精美的藝術品在他面前都會毫無價值。欣賞音樂得有欣賞音樂的耳朵，欣賞繪畫得有欣賞繪畫的眼光，欣賞詩歌得有欣賞詩歌的體悟能力，凡此種種，如果不具備基本的素質，那麼對任何藝術的欣賞都無從談起。"對牛彈琴"就是一個很好的例子，不管你的琴聲如何悠揚，默默的老牛心裏想的依然是怎麼能夠吃到更豐美的青草。

墮肢體，黜聰明，離形去知，同於大通，此為坐忘。

——《大宗師》

本義　大通：一切無礙。遺忘了自己的身體，摒棄了自己的聰明，離開了形體拋棄了智謀，使一切無礙，這就叫做坐忘。

今解　"坐忘"是一種人生境界，超然物外，它使精神在浩渺的宇宙中暢遊。到達這一境界，人們便會完全忘卻物質的形骸，也不去考慮能夠刺激貪慾的各種智謀活動。莊子要求擺脫由生理帶來的各種慾望，同時也摒棄能為生理慾望推波助瀾的智謀活動。

至人之用心若鏡，不將不迎，應而不藏，故能勝物而不傷。

——《應帝王》

本義　將：送。聖人的用心猶如一面鏡子，任物來去而不加以迎送，如實反映而無所隱藏，所以能夠戰勝外物而不被外物所損傷。

今解　聖人，得道之人。得道之人在對待世事的時候內心坦然，順任造化，與造物者為友而毫不矯飾與妄為。在這樣的"無為"原則下，他才能夠"無不為"，即能夠戰勝外物卻不被外物所纏擾而迷失自我。而世俗之人之所以沒有聖人的曠達，正是由於束縛於名利機巧之中不能自拔，內心不能坦然面對榮辱得失。莊子哲學意在為失意

之人提供解脫的精神藥方，使他們不平衡的心理趨向平衡。中國古
代文人往往命運多舛，仕途的失意使他們痛苦憂傷，而莊子卻使他
們苦痛的心靈得到某種程度的撫慰。

鳧脛雖短，續之則憂；鶴脛雖長，斷之則悲。
—— 《駢拇》

本義 鳧 (fú) 脛：野鴨小腿。野鴨的小腿雖然很短，但如若續接上一段之後就會造成痛苦；野鶴的腿雖然很長，但如若砍斷之後便會產生悲哀。

今解 事物各有自己的本性，不能以統一的標準強求一律。野鴨有自己的短腿，可以適於生存。野鶴有自己的長腿，也是為了適應生活。如若人為地給萬物規定標準的話，就會造成違反本性的苦痛與悲哀。正如蛇本無足，畫者沒事兒找事兒，給蛇添了足，不僅無補於事，反而造成了不必要的麻煩。

小惑易方，大惑易性。
—— 《駢拇》

本義 惑：迷。方：四方。小迷則東西南北易位，大迷則可錯亂本性。

今解 人生在世，當有清醒的頭腦，樹立正確的價值觀和人生觀，沿着正確的人生軌跡走下去。倘或有迷誤，也當立刻予以澄清。否則，當迷惑處在小的狀態時，可擾亂你的生活方向，一旦變成大惑時，就會迷誤本性。

至德之世，同與禽獸居，族與萬物並，惡乎知君子小人哉！
—— 《馬蹄》

本義 盛德之世，與鳥獸一同居住，與萬物共同生長，哪裏知道君子和小人的區分呢。

今解 老莊共同主張 “天人合一”，自然與人是合而為一的。它們共同交融，共生於天地之間。

唇竭而齒寒。
—— 《胠篋》

今解 這就是 “唇亡齒寒” 這個成語的出處。後世用以比喻兩件事物之

間有密切的連帶關係，正如唇與齒的關係，唇亡了，也就不能保
護齒。

彼竊鈎者誅，竊國者為諸侯，諸侯之門而仁義存焉。

——《胠篋》

本義 那些偷竊帶鈎之類小東西的人遭到了刑戮，而盜竊整個國家的人反
倒成了諸侯，諸侯的門裏也就有了仁義。

今解 莊子的見解是深刻的。當時統治者之間相互爭奪殺伐，為了取得自
己的利益不擇手段。然而，自古以來，"成者王侯敗者寇"，竊取國
家王權的人為了維護自己的統治，便用虛假的"仁義"來騙取民眾
的信任，在表面看來，他們是恪守仁義道德的。莊子一針見血地指
出了病苦，並想引起療救者的注意。他大膽抨擊當時社會的勇氣是
令人佩服的。可以見出，莊子是個大智者，這個智者不怕王權，敢
於蔑視卑劣而居心不良的統治者，並以自己獨特的方式表明自己與
社會的不合作。

天下每每大亂，罪在於好知。

——《胠篋》

本義 天下常常大亂，其罪過在於喜好巧智。

今解 "絕聖棄智"是道家學派的重要觀點。使民摒棄機巧與偽詐而復歸
於淳樸的"道"，則是道家精神復歸的最高理想。因而，在他們看
來，天下大亂就是全社會好智巧之故。

君子不得已而臨莅天下，莫若無為。

《在宥》

本義 如果君子不得已而君臨天下，最好是順任自然。

今解 堯讓許由以天下，許由辭而不受。可見，在許由看來，功名利祿，
霸天下於一人之身並不值得追求。莊子學派便是這樣認為的。他們
只以無為之態去對待生活，並不汲汲於名利富貴。如若有一天不得
已被利祿功名所糾纏，最好以順任自然的態度對待之，這樣既不會
失卻道的本性，也不為世俗之累所困。

貴以身為天下，則可以託天下；
愛以身為天下，則可以寄天下。
——《在宥》

本義 以尊重生命的態度去治理天下，才可以把天下託付給他；以珍愛生命的態度去治理天下，才可以把天下託交給他。

今解 由"尊生"、"達生"觀點可以看出，莊子是把個體生命的存在放在第一位的。如若個體生命完結了，即使擁有整個天下，對他來說，也沒有任何實質性的意義。正是循着這樣的邏輯，我們才可理解莊子這句話的實質性內涵：尊重生命，珍愛生命就不會為了貪慾而勞累身心，從而不至於太貪，不貪婪則會大公無私。以大公無私的精神去治理天下，民眾理所當然會把天下放心地託付給他。

世俗之人，皆喜人之同乎己而惡
人之異於己也。
——《在宥》

本義 世上的人都喜歡與自己觀點相同的人，而不喜歡與自己觀點相異的人。

今解 這恐怕是人之常情，"物以類聚，人以群分"。"志同道合"的人能夠走在一起，為甚麼呢？因觀點相同而相互欣賞，"志不同道不合則不相與謀"，古人早就給我們做出了正確的選擇。

大人之教，若形之於影，聲之於響。
——《在宥》

本義 大人：至人。至人的教導，好像形對於影，聲對於響一樣。

今解 聖人的教導方式是"行不言之教"。"影"和"響"都是看不清、摸不準、似有若無的，故而用來形容至人之教。雖然這種不言之教無法給人以具體的教誨，但卻時時影響着你，你一刻也不能脫離他的影響。

有機械者必有機事，有機事者必
有機心。機心存於心中，則純白
不備；純白不備，則神生不定；
神生不定者，道之所不載也。
——《在宥》

本義 生：性。有機械的必定有機事，有機事的必定會生出機心。機巧之心存於胸中，便不能保全純潔空明；不能保全純潔空明，便會心神不定，心神不定也就不能載道。

今解 得道之人往往保持內心的淳樸寧靜並像鏡子那樣空明；而不能得道的人，則表現為心態的浮躁，且多機巧之心。人有了機巧之心，就破壞了本然純潔坦白的天性，離道就遠了。莊子認為是機巧之事使人產生了機巧之心。所以，最終提出了"絕聖棄知"的大膽論點。這是由當時的時代環境決定的，絕不能以我們今人的思維和眼光去挑剔莊子，那是不科學的。

孝子不諛其親，忠臣不諂其君，臣子之盛也。

——《在宥》

本義 孝順的子女不阿諛他的父母，忠心的臣子不諂媚他的主上。能做到這些，可以說是臣與子最好的表現了。

今解 阿諛奉承在國人的意識裏極具貶義色彩，而專營阿諛與奉承之人也往往為人所不齒。對待父母，我們須孝，但並不盲目趨從進而導致愚孝；對待君主，須忠，然而並不推崇愚忠。唐代的魏征是能言直諫的名臣，他之所以成為歷代名臣的典範就是由於他在奉行忠君原則的同時，敢於直言相勸，使皇帝不至於產生失誤，失去曾嘔心瀝血得到的江山。

輪扁斫輪，不徐不疾，得之於手而應於心，口不能言，有數存乎其間。

——《天道》

本義 數：術。

今解 輪扁在堂下斫輪，桓公在堂上看書，當輪扁指出桓公所讀之書為糟粕時，桓公懊惱。在這樣的情境之下，輪扁陳述了自己的觀點：得心應手，有術存於心中。無法說得清他自己精湛的技藝到底是甚麼，無法讓人聽明白進而學會其中的巧藝，也即"大匠運斤能與人以規矩卻不能使之巧"。正如寫文章，大體方法雖有，但若要寫出好作品，必得具有極高的悟性，而這悟性恰恰是無法言傳的。

水行莫如用舟，而陸行莫如用車。以舟之可行於水也，而求推之於陸，則沒世不行尋常。

——《天運》

本義 尋常：指短距離。在水上通行，最方便的莫過於用船；而在陸地上通行，最方便的莫過於用車。如果因為船可以在水上行走便希望把它推到陸地上來行走，那麼最終也走不了多遠。

今解 莊子善用比喻來説理。這句話重在闡述周與魯不同，不能把周朝的制度施行到魯國。其實莊子同時在教育人們不能倒行逆施，違背自然規律，須順任自然，方可最終取得成功。這正應合了當時統治者給民眾施加暴政的行為，這種行為是不符合民眾意願的，所以，它的最終滅亡也是不言而喻的。

龍，合而成體，散而成章，乘雲氣而養乎陰陽。

——《天運》

本義 養：翔。龍，合起來成為一體，分散開來則成為文采，乘駕雲氣而翱翔於陰陽之間。

今解 這裏的龍在莊子原文中是用來形容老聃的。莊子把老子推崇為龍，足見其對老子學説的尊崇和服膺。龍，在中華民族的文化裏佔有重要的地位，人世間根本不存有牠的形象，但牠卻存在於國人的心理積澱中。高高在上的一國之君被稱為真龍天子。龍的形象在中國的文化裏隨處可見。皇宮大內龍柱、龍椅、龍袍……龍幾乎處處伴隨於天子的周圍，牠們乘雲氣，與造物者同遊，氣勢磅礴，顯示出一種莊嚴和無法言傳的神秘氛圍。

淡然無極而眾美從之。

——《刻意》

本義 無極：無限。恬淡無極而眾美都隨之而來。

今解 這是一條重要的藝術規律，意即“淡極始知花更艷”。我們在藝術的欣賞中一定要注意這一點。文學創作展現在讀者眼前時，雖然有些是純樸平淡、缺乏文采的，但是仔細揣摩，其中的酸甜苦辣應有盡有，令人瞠目結舌。陶詩自然平淡，在自然平淡的背後卻隱藏着豐富的內涵。情、景、意融於一爐的韻味，令人百讀不厭。

文滅質。
——《繕性》

本義　文飾破壞本質。形式掩蓋內容。

今解　"文"與"質"的關係在文藝理論中佔有重要的地位。"文"指"文飾"，意即以華麗的辭章來修飾；"質"指文章的思想內容。如果只重視華麗的文采，而忽視文章的本質內容，那麼就會內容空洞，沒有價值。但如果太重視內容而輕視文辭的潤色，則會"言之無文，行而不遠"。在兩者關係的處理上必須達到"文質彬彬，然後君子"的狀態。

不為軒冕肆志，
不為窮約趨俗。
——《繕性》

本義　軒：車。冕：冠。二者代指榮華富貴。不為榮華富貴而自縱心志，不因窮困窘迫而趨附世俗。

今解　這是莊子理想人格的表現。真正的君子能夠耐得住貧困，守得住寂寞。為了捍衛自己高潔的理想，視富貴如浮雲，視金錢如糞土。傲視王侯，逍遙自適，不會趨炎附勢，不會阿諛奉承。這一理想人格形象成為後世知識分子所企慕的人生境界。

吾長見笑於大方之家。
——《秋水》

本義　大方：大道。我定會長久地被懂得大道的人所恥笑。

今解　此語是河伯所發的感慨，後人廣為沿用。意即淺薄之人在淵博之人面前故弄玄虛，從而顯露出他的淺薄，也由此被恥笑。

至精無形，至大不可圍。
——《秋水》

本義　最精細的東西是沒有形體的，最廣大的東西是沒有外圍的。

今解　這就是後世數學上所講的極限。無窮大的東西無法形容，也沒有再比它大的外圍；而無窮小的東西，也很難描述它的形狀，再找不出比它更小的事物。至大與至小雖然極為模糊，但模糊中卻包含了精確。

牛馬四足，是謂天；落馬首，穿牛鼻，是謂人。故曰，無以人滅天，無以故滅命，無以得殉名。

——《秋水》

本義 落：絡，捆縛。命：天性。得：貪。殉名：求名。牛馬天生有四隻腳，這叫做天然；用彎頭絡在馬頭上，把韁繩穿過牛鼻，這叫做人為。所以說不要用人為去毀滅天然，不要因造作而毀滅天性，不要用貪得而求取聲名。

今解 道家"法自然"在莊子這裏得到了形象化的闡釋，使人容易理解，也容易得到人的信服。牛馬本來是自然界與人同生同活的生物，卻被"落馬首，穿牛鼻"製造了痛苦。由這個形象的例子生發開去，人類在征服自然與改造自然的過程中，何嘗不是以破壞自然法則為代價的。一旦自然被破壞得再也無力按規律運行時，它是會報復人類的，這是科學家早已警告給人類的真誠之言。

以眾小不勝而為大勝也。

——《秋水》

本義 這裏指不求小的勝利而求大的勝利。

今解 這是處世謀事的一條重要法則。由此也可看出莊子的處事原則，小的勝利雖然容易取得，但是由於小而最終獲利也小；大的勝利雖然不容易成功，但一旦成功，則意義甚大。

惠子曰："子非魚，安知魚之樂？" 莊子曰："子非我，安知我不知魚之樂？"

——《秋水》

今解 這是莊子與惠子一段對話中的兩句。雙方以富有哲理性的語言探討了魚之樂。莊子與惠子共同在濠梁之上暢遊，莊子看到魚出游從容，便認為魚很快樂，而惠子緊接着反問：你不是魚，你怎麼會知道魚的快樂呢？莊子以卓絕千古的回答顯示了作為一個智者的深邃思想：你不是我，你怎麼會知道我不知道魚的快樂呢？惠子與莊子的不同，顯示了莊子分析事物的藝術心態，他是以審美的態度去觀照事物的，而惠子則是以理性的認知態度去評價事物的。

莊子妻死，惠子弔之，莊子則方箕踞鼓盆而歌。

——《至樂》

本義 箕踞：蹲坐。莊子的妻子死了，惠子前去弔唁，看到莊子正蹲坐著，敲著盆子唱歌。

今解 "鼓盆而歌"是莊子弔唁妻子的獨特方式。他認為人的生是由氣聚而成的，氣散則為死，氣的聚散如春夏秋冬四季運行一樣，所以生死也若春夏秋冬的運行，沒有必要為生歡呼，也沒有必要為死憂懼，順其自然地對待生命的存亡，才符合於"道"。莊子已通達了生死，穿透了其中的奧秘，真正做到了"曠達"。

死，無君於上，無臣於下；亦無四時之事，縱然以天地為春秋，雖南面王樂，不能易也。

——《至樂》

今解 莊子在對死的分析中樹立了自己的理想人格，無所謂君臣，只以春秋為序逍遙自適，獲得精神的絕對自由。如若能達由這種自由之境，南面稱王的富貴尊位都可以棄之不顧。然而，這種絕對的自由之境只是莊子心中的"企慕情境"。

天地者，萬物之父母也，合則成體，散則成始。

——《達生》

本義 天地是產生萬物的根源，物質元素相合便形成物體，離散則成為另一物體結合的開始。

今解 天地相合產生萬物，這是一種樸素唯物主義觀點。

雞雖有鳴者，已無變矣，望之似木雞矣，其德全矣，異雞無敢應，見者反走矣。

——《達生》

本義 德全：精神凝寂。別的雞雖然鳴叫，牠卻不為所動，看起來像隻木雞，但是牠的精神專一，其他的雞不敢應戰，看到牠之後回頭就走了。

今解 這則寓言就是"呆若木雞"典故的由來。紀渻子為周宣王養鬥雞。四十天之後，鬥雞由驕昂恃氣、見影像而回應、怒視而盛氣發展到精神凝寂，結果別的鬥雞不戰自敗。意在說明養神的重要性。當一個人能夠不為外物所擾，專心致志地內斂思維，那麼他離成就大業已不遠了。如果心氣浮躁，精力分散，做任何事情都不會成功。

既雕既琢，復歸於樸。 ——《山木》

本義 經過了一番雕切琢磨之後，現在要回復到樸素之態。

今解 這是與藝術精神相通的一條重要規律。藝術的最高極致是"平淡自然"，卻又"蘊味無窮"。意即最高的藝術在表面看來是復歸於真樸的。經過琢磨雕飾之後而不留斧鑿之痕，猶如鬼斧神工而漸近自然。這種自然不是照相式的實錄，而是符合於藝術真實的藝術的自然。

直木先伐，甘井先竭。 ——《山木》

今解 莊子在 2,000 多年前就已深切意識到"鋒芒畢露"所帶來的負面影響。生存於世間，倘要與人世周旋，須講求得當的方式與方法。

君子之交淡若水，小人之交甘若醴；君子淡以親，小人甘以絕。彼無故以合者，則無故以離。 ——《山木》

本義 君子之間的交情淡薄得像水一樣，小人的交情甘美得像甜酒一樣；君子淡薄卻親切，小人甜蜜卻易斷絕。所以大凡沒有緣故而結合的，也就會沒有緣故而離散。

今解 日常生活中，我們提倡朋友之間的真誠與彼此間的信任，把友誼建立在互助互愛的基礎上。那種勢利之交的小人，為大多數人所不齒。小人把友誼建立在相互利用的基礎之上，如若一方由於某種原因，失卻了其原有的利用價值，另一方會立刻撕破臉皮而中斷這種友誼。

見一蟬，方得美蔭而忘其身；螳螂執翳而搏之，見得而忘其形；異鵲從而利之，見利而忘其真。

——《山木》

今解 "螳螂捕蟬，黃雀在後"，後人用此來比喻，當你得意忘形於自己的短暫成功時，也許早有人預謀給你致命一擊。蟬得着美葉蔭庇自己而喜不自勝，不知螳螂已準備捕牠為食；螳螂以捕到美食而得意忘形，沒想到異鵲趁機將其捕食；異鵲由此得意而忘了真性，牠的結果誰也無法預知。身處世間的我們，與社會的紛繁複雜共生，須有清醒的頭腦，以清醒的態度對待生存之境，也許這樣會減少煩惱。

其美者自美，吾不知其美也；其惡者自惡，吾不知其惡也。

——《山木》

本義 惡：醜陋。

今解 莊子此意重在闡述行為善良而能去除自我炫耀的心念，到哪裏都會受到喜愛，也不管你是醜是美。相反，如果美者自我炫耀，那麼就會引起人的反感，人們便不覺得她怎麼美。心地善良的醜女倒更能博得人們的讚譽。

天地有大美而不言，四時有明法而不議，萬物有成理而不説。

——《知北遊》

本義 明法：明顯的規律。天地有大美卻不言語，四時有明顯的規律卻不議論，萬物有生成的道理卻不説出。

今解 天地、四時、萬物符合於道的"自然無為"的規律。它們有大美，有規律，有道理卻不炫耀自己。引申到社會人世，世俗的人們往往以小小的作為而要名取譽，口若懸河地加以宣揚，其實這是極為淺薄的表現。"知者不言，言者不知"，真正的智者，不是肆無忌憚地自吹自擂，而是作出成績，讓人們心悦誠服。

疏瀹而心，澡雪而精神。

——《知北遊》

本義 疏瀹（yuè）：通導。澡雪：洗滌。通導你的心靈，洗滌你的精神。

今解 藝術家必須具備一顆赤誠之心，不為世俗纏心，這樣才能創作出好的作品。劉勰在《文心雕龍》中指出作家必須"疏瀹五臟，澡雪精神"才具備創作主體的條件。懷着一顆赤誠之心，以滌蕩後的精神狀態投入到寫作活動中去。

人生天地之間，若白駒之過郤，忽然而已。

—— 《知北遊》

本義 白駒：陽光。郤(xì)：隙。人在宇宙天地之中生存，好像陽光掠過縫隙那樣一瞬間罷了。

今解 人的生命與宇宙相較，恰如一道流星劃過天空便迅速隕落。

尋常之溝，巨魚無所還其體，而鯢鰍為之制；步仞之丘，巨獸無所隱其軀，而狐虁為之祥。

—— 《庚桑楚》

本義 尋：八尺。常：一丈六尺。還：同"旋"，反轉。制：折，轉折自如。步：六尺。仞：七尺。祥：善。小水溝裏大魚無法轉動身體，小魚則能來去自如；小丘陵上巨獸無法隱蔽身體，妖狐適宜藏匿郤以為善。

今解 世間萬物多姿多態不可強求一律。小有小用，大有大用。人們應該實事求是地選擇自己的生存環境，以期將自身的才華最大限度地發揮。

去人滋久，思人滋深。

—— 《徐無鬼》

今解 "離愁漸遠漸無窮，迢迢不斷如春水"，雖然離開心中的所愛已經很久，但對他或她的那份牽掛愈覺深遠，念念之中無法忘懷，"才下眉頭，卻上心頭"的思念之情，萬水千山都無法阻隔，春夏秋冬四時輪轉都無法消除。

錢財不積則貪者憂，權勢不尤則誇者悲。

—— 《徐無鬼》

本義 尤：出眾。誇者：指權勢慾極強的人。

今解 "人為財死，鳥為食亡"，世俗之人大多免不了受貪慾之累。即使是所得財物權勢已大大超過了自身所需，追求之慾依然很為強烈。慾壑難填，世俗之人確實應該深刻反思一下自身。

飾小說以干縣令，其於大達亦遠矣。

——《外物》

本義 小說：指一些低微的言論。干：求。縣：高。令：名。粉飾淺識小語以求高名，那和明達大智的距離就遙遠了。

今解 莊子教人用志當大。只有立了大志才有大成。倘若只鑽營一些淺識小語，並希冀求得高名，幾乎是不可能的。只有明達大智之人思想深刻，方可成就一番大業。

智有所困，神有所不及也。

——《外物》

今解 機智有困窮的時候，神靈也有不及的地方。即使一個絕頂聰明之人，也會有不知所措的時候。作為個人，不應驕傲自大，須時時留心，步步在意。

筌者所以在魚，得魚而忘筌；蹄者所以在兔，得兔而忘蹄；言者所以在意，得意而忘言。

——《外物》

本義 筌：捕魚器具。蹄：兔網。

今解 魚筌是用來捕魚的，捕到魚是最終目的，所以捕到魚之後就忘了捕魚之具。同理，得兔、得意是最終目的，倘若目的已達到作為手段的兔網和語言也可棄之不顧。

日出而作，日入而息，逍遙於天地之間而心意自得。

——《讓王》

今解 以逍遙的心態對待人生，人生就會是另一個樣子。一切都不是那麼沉重，一切都以輕鬆的面目展現於你的眼前。莊子的人生態度中包含有使人解脫的深邃思想。

以隋侯之珠彈千仞之雀，世必笑之。　　——《讓王》

本義 用隋侯的寶珠去彈擊千仞之高的麻雀，世人一定會恥笑這件事。

今解 這句話重在闡釋所付出的多而得到的少，是為世人所不齒的。付出總有回報，但我們必須衡量收穫與付出之間的比例關係，倘若以隋侯的寶珠作彈丸射下來的是一隻雲中的麻雀，那簡直就是愚蠢之至。

無財謂之貧，學道而不能行謂之病。　　——《讓王》

今解 在莊子看來 "貧" 與 "病" 是兩個不相同的概念。"病" 是主觀意願得不到滿足之後所表現出的不正常狀態，而 "貧" 只是客觀狀態原本的樣子，沒有任何主觀態度的反映。君子無財，過得是貧窮的生活，但君子並沒有 "病"。當君子心中的理想與現實發生衝突，理想無法實現之時，君子才會表現為 "病" 的狀態。

身在江海之上，心存魏闕之下。　　——《讓王》

本義 魏闕：宮殿之門，榮華富貴的象徵。隱身在江海之上，心中卻念念不忘朝廷之事和個人的榮華富貴。

今解 這句話成了批判假隱士之流的武器。他們雖然表面上看來，視富貴如浮雲，視金錢如糞土，然而骨子裏嚮往的是 "封妻蔭子"、"加官晉爵"、"榮華富貴"。他們把 "歸隱" 作為進身的方式，以退為進，從而達到個人目的。

吾聞古之士，遭治世不避其任，
遇亂世不為苟存。　　——《讓王》

今解 有道之士，處於治世不逃避責任，以天下為己任；處於亂世，也不隨便苟且偷生。這是古代知識分子的理想人格。他們重視的是理想人格的建立，追求的是自我價值的實現，不是為了生活而生活，而是積極地尋求生活背後的真實意義。

好面譽人者，亦好背而毀之。　　——《盜跖》

今解 這是莊子對世態人情透徹了解之後所得出的結論。作為複雜動物的人類，有各種各樣的生活，也有層次紛呈的品質。其中有一類人，自身帶有嚴重的劣根性，他們好當面阿諛他人，然而，背後又大加詆毀，這種兩面三刀之人是我們所應唾棄的。

真者，精誠之至也。不精不誠，不能動人。

——《漁父》

今解 精誠所至，金石為開。真誠是人與人相處的基本準則。當你以真誠之心對待他人時，他人會感受到春天般的溫暖。但如若你以真誠對待他人，他人卻辜負了你的誠心，你也大可不必懊惱憂傷，因為他人的想法、他人的作為，你是無能力去主宰的。

施於人而不忘，非天佈也。

——《列御寇》

本義 天佈：自然的佈施。向人施惠卻不忘自己的功勞，這不是自然的佈施。

今解 自然地施惠於人而不求回報，這才是真正的愛心體現。可世俗之人急功近利，把向人施惠作為自己要取功名的手段，這本身已違反了自然之道。

吾以天地為棺槨，以日月為連璧，星辰為珠璣，萬物為齎送。

——《列御寇》

本義 齎送：贈物。我用天地做棺槨，用日月做雙璧，星辰做珠璣，萬物做殉葬。

今解 莊子對死採取了超然的態度。

獨與天地精神往來而不敖倪於萬物，不譴是非，以與世俗處。

——《天下》

本義 敖倪：傲倪，驕矜。不譴是非：是非無所拘泥。與天地精神相往來而不傲視萬物，不拘泥是非，以與世俗相處。

今解 任性逍遙是一種輕鬆自如的人生態度，但現實中的輕鬆自如一定得與世俗相合，方能遊刃有餘而不受挫傷。所以不必執着於是非對錯的論爭，以曠達的胸懷對待世事，則會給自己的心靈找到一方永久的棲息地。

《列 子》

　　《列子》是道家學派的經典著作，被稱作《衝虛至德真經》。《漢書・藝文志》所著錄的《列子》八篇早已亡佚，今本《列子》八篇是魏晉間人的偽託，因為從內容上看摻雜着大量魏晉思想，從語言使用上看，夾雜了許多先秦所不能有的辭彙。

　　列子即列御寇，是戰國時期身居鄭國圃田的一位隱者，他有自己的老師、同學以及弟子，崇尚清虛無為，順性體道。《莊子・讓王篇》謂："子列子窮，容貌有飢色，客有言之於鄭子陽者。"雖然貧窮，卻不肯出仕而"為有國者所羈"。

　　今本《列子》是誰偽造的，已無確鑿證明可考。《列子》內容多為民間故事、寓言和神話傳說。

　　《列子》可代表一定時期的哲學思潮，是我們了解魏晉哲學發展中一個不可或缺的環節。《列子》贊同王弼等貴無派對兩漢神學目的論和讖緯迷信的批判，卻又反對他們"以無為本"的精神實體；它贊同裴頠等崇有派"無不能生有"的觀點，卻又斷然毀棄他們所推崇的禮教綱常。它同時也不滿意於兩漢元氣論用特殊物質去說明萬物生成的原理，進而將眼光探到世界背後。《列子》在元氣論上達到的高度，同它有較豐富的辯證法思想分不開。書中有關物質與運動不可分、時空無限與有限統一等精彩論述隨處可見。

　　今人對《列子》誤解最深責難最多的在於《力命篇》和《楊朱篇》。認為前者代表統治者宣揚麻痹勞動民眾的宿命論，後者則是魏晉門閥士族宣揚自身腐朽淫樂的世界觀。但我們若用更深刻的眼光加以透視的話，問題並不是那麼簡單。《力命篇》確實宣揚命定論，但其出發點一開始就與相信"天"能賞善罰惡的宿命論有所不同，它恰恰反對兩漢神學目的論的"天人感應"說以及有鬼論。《楊朱篇》高唱"六經以抑引為主，人性以縱慾為歡"，宣揚娛情放誕的享樂主義，其本質在於把宗教神學化的人性和道德拉回到現實世間，以人本身來說明人，因而有其進步意義。

有生不生，有化不化。不生者能生生，不化者能化化。

——《天瑞篇》

本義 有被他物所生的，有不被他物所生的；有被他物所化的，有不被他物所化的。不被他物所生的能產生萬物，不被他物所化的能夠使萬物變化。

今解 所謂"生者"、"化者"指生死代謝的具體事物；所謂"不生者"、"不化者"是指比具體事物更為根本的東西，亦即"道"。"道"能生成萬物，使萬物發生變化，然而"道"本身是萬物的本源，是一個本根性的東西。《列子》全書具有豐富的辯證法思想，從這句話的辯證論述中便可窺見一斑。

萬物皆出於機，皆入於機。

——《天瑞篇》

本義 機：通"幾"，細微的質素。

今解 萬物由細微的質素產生，又返回到細微的質素。可見列子是一個樸素的唯物論者，認為萬物皆是由微小的質素產生的，這個質素也就是後人所說的元素。仔細想想，世間的每個個體都是赤條條來、赤條條去，最終入於黃土，與之俱化，何嘗不是入於微小呢？

人自生自終，大化有四：嬰孩也，少壯也，老耄也，死亡也。

——《天瑞篇》

本義 耄（mào）：老。

今解 人的出生入死是一個不斷發展的過程，由純樸天真的嬰孩時代步入精力充沛的少壯時代，然後逐漸衰老，最後歸於塵土。人們應當以樂觀的態度對待這個自然規律，不應悲觀失望。順其自然地去體味各個階段中的酸甜或者苦辣，踏實地體味和思考人生，最後"託體同山阿"也必將是一個壯美的結局。

物損於彼者盈於此，成於此者虧於彼。

——《天瑞篇》

今解 "有得必有失"這是辯證地看問題之後給我們的啟示。得到某物是以失去某物為代價的，如若萬事都想兩全，幾乎是不可能的。既然

如此，生存於世間的個體都應當權衡得失輕重，盡可能以最小的失
卻換取最大的收穫，以盡可能少的付出獲取盡可能大的成功。

生不知死，死不知生；
來不知去，去不知來。
— 《天瑞篇》

今解 蘇軾有詞云："十年生死兩茫茫。"生與死之間有着不可逾越的鴻
溝，人死之後是甚麼樣的，活着的人不得而知；活着的人幹些甚
麼，死者也全然不知。

杞國有人憂天崩墜，身亡所寄，
廢寢食者。
— 《天瑞篇》

今解 這就是後世"杞人憂天"典故的由來。西方寓言中也有憂愁天體將
生變故，惴惴然害怕日輪漸逼地球，行且吸而吞之，因此寢不安
席，生趣全無的。完全為不必要的事擔憂，成為笑柄。其實，現實
生活中，"杞人憂天"之類的笑話到處都有，人們只是習以為常而
不覺察罷了。

至道不可以情求矣。
— 《黃帝篇》

本義 情：普通的情理。最高深的道是不能以普通的情理去求得的。
今解 "道"是萬物的本根，是宇宙本體的最高哲學準則。它無處不在，
無時不在，但卻看不見，摸不着，所以它是最高的哲學抽象。抽象
的東西，常人理解起來比較困難。

至信之人，可以感物也。
— 《黃帝篇》

今解 中國是一個重視誠信的禮儀之邦。做人的首要原則在於有信用，這
樣才能取得別人的信任。同時，在"天人感應"與"天人合一"思
想影響之下，一個人的品德與天地萬物溝通了起來，產生了"比德
效應"。因而誠信之人"驚天地，泣鬼神"的動人形象在不少文學
作品中反覆出現。"感天動地竇娥冤"引得六月飛雪，血濺白練，
亢旱三年。

凡重外者拙內。

——《黃帝篇》

本義 重外：看重身外之物。

今解 凡是看重身外之物的人，往往內心笨拙，缺乏靈氣。搞藝術創作的人對這一點體會最深。藝術的創作與產生不能帶有任何的功利目的，它需要藝術家"疏瀹五臟，澡雪精神"，懷有一顆赤子之心。如若藝術家內心被世俗金錢、權位等糾纏，那麼思想就會變得媚俗，好作品也不會產生。最多只能創作出一些牽強附會的雕飾之作。

不知吾所以然而然，命也。

——《黃帝篇》

今解 世事難以預料，有些世事很難分析，也很難得出一個正確的結論，找到一個正當的理由。事情就那樣發生了，不知道為甚麼。儘管它不符合一個人的個性或他一貫的主張。在道家學派的列子看來，這是命使之然。命，是一種人力不可控制的超自然的東西。

至言去言，至為無為。齊智之所知，則淺矣。

——《黃帝篇》

本義 齊：限定。

今解 最高深的言論是摒棄語言的，因為"言"在談論"道"時，並不能盡意。最卓越的行為是不妄為，即"無為"。只限於個體的智巧而摒棄眾人的智慧，是淺薄的表現。列子與老莊有共同的體認自然的思想，但他不主張"絕聖棄知"，而要求超越個體的智慧，合同集體的智慧，這樣才能有益於社會人事的發展。

神遇為夢，形接為事。

——《周穆王篇》

本義 遇：契合。精神與外界相契合為夢，形體與外物相接觸為實事。

今解 關於"夢"的解析歷來有不同的看法，至今仍是一個難解的迷。但列子認識到"夢"是一種精神活動，是與外物相契合後的反映，有其進步意義。錢鍾書由對夢的分析，提出了"反象以徵"的理論，即夢見快樂之事，必定憂愁。列子也這樣認為，他說夢見飲酒，醒

來就會愁苦；夢見歌舞，醒來就會哭泣。弗洛伊德認為夢是童年生
活的經驗，這也有一定的道理，因為在我們的夢境中時常會出現童
年生活的剪影、童年的夥伴、童年所生活過的小山村等。

蓋非舟車足力之所及，神遊而已。

——《黃帝篇》

今解 神道惟恍惟惚，不行而至。這是魏晉人喜用之語。他們注重精神
的內在自由，暢遊於世俗之外，希冀得到絕對的超然物外。《三國
志·魏書·何晏傳》記何晏品評朝士，有言曰："唯神也，不疾而
速，不行而至。"

用志不分，乃凝於神。

——《黃帝篇》

今解 專心致志，思維完全專注於自己的內心世界，外物對他來說似乎已
經到了不復存在的地步。我們平時所說的"聚精會神"也即此意。
幹任何事情都需要專心，三心二意只能一敗塗地。對於藝術家的藝
術創作來說，需要的正是這種靜下心來的虛靜的精神狀態。

我體合於心，心合於氣，氣合於神，神合於無。

——《仲尼篇》

本義 我的形體契合於心智，心智契合於元氣，元氣契合於精神，精神契
合於虛靜。

今解 列子把眼光最終落實到"道"的虛無之境上，追求莊子式的"心
齋"，即排除內心的一切思慮和慾望，然後去認識世界本體。他所
說的元氣，是一種虛而待物的精細物質。這樣看來，列子在對精神
狀態的直覺體悟與把握中，涉及到了物質的仲介，摒棄了莊子"心
齋"所產生的神秘性。

能仁而不能反，能辯而不能訥，能勇而不能怯。

——《仲尼篇》

本義 訥：出言遲鈍。怯：膽小。

今解 以仁愛待人但應因時變通，擅長巧辯但講話應當謹慎，能夠勇敢但應適時退讓。這同樣是"中庸"處世哲學的體現。幹任何事都應把握一個度的原則。

眼如耳，耳如鼻，鼻如口，無不同。

—— 《仲尼篇》

今解 眼睛的作用像耳朵，耳朵的作用像鼻子，鼻子的作用像嘴巴，全身各部沒有甚麼不同。如若達到感覺互通的境界，那麼任何幽微的道理他都能明白。後世由此出現了"通感"的修辭方式。

遊之樂所玩無故。人之遊也，觀其所見；我之遊也，觀其所變。

—— 《仲尼篇》

本義 故：舊的。

今解 遊樂的快樂在於欣賞那些從沒欣賞過的美景。而普通的人遊覽，只去欣賞景色的表面，列子欣賞的都是景物中的變化。由此可見，遊覽也是一門學問，它不僅僅是讓遊者賞心悅目，而且從中還可體會出某種深味。

取足於身，遊之至也；求備於物也，遊不至也。

—— 《仲尼篇》

今解 取足於自身的完備，是最理想的遊覽；而有求於外物的周全，是不完美的遊覽。意即應從人自身出發去觀覽萬物之理的周全。在古人看來，人雖七尺之形，而天地之理備矣。首圓足方，取像二儀；鼻隆口竅，比像山谷；肌肉連於土壤，血脈屬於川瀆，溫蒸同乎炎火，氣息不異風雲。世界中的萬物是一個大的人身，而人自身卻是個小世界。

物不至者則不反。

—— 《仲尼篇》

今解 事物不發展到極端就不會走向反面，而一旦發展到它的極端就走向反面，這是中國古代思維系統中的一種重要的思維方式。春夏秋冬交替運行，人由生而死都是這個道理。引申到社會人事中，功成應當身退，否則就會招來殺身之禍。范蠡正是明白了這個道理，當功成之時，泛遊五湖，行商天下，才保全性命。

智者之言固非愚者之所曉。 ——《仲尼篇》

今解 智者的言論本來就不是愚者所能明白的。錢鍾書先生有言曰："癡人面前説不得夢耳。"有時智者説一些開玩笑的話語，愚者不知，反而信以為真；有時智者以自己的智慧發表一些議論，愚者更是聽不大明白。生活正因有了智者和愚者之分才變得豐富多彩，饒有生趣。智者為世間創造財富，愚者為生活創造笑料。

愚公移山。 ——《湯問篇》

今解 北山愚公堅持剷除大山，這是一種毅力的象徵。姑且不論行為本身用力多而見功少的最終效益，我們所肯定的是其中不怕苦，不怕累，吃苦耐勞的精神。

汝志強而氣弱，故足於謀而寡於斷。齊嬰志弱而氣強，故少於慮而傷於專。 ——《湯問篇》

本義 志：意志。氣：氣質，身體素質。專：任性，固執。

今解 心志強盛而氣質柔弱之人，善於謀慮卻缺乏決斷；心志薄弱而氣質強盛之人，因缺乏謀慮而過於固執。若拿處世來説，這兩種人都不易成事。兩者相結合，發揮所長，去除所短，那麼就會取得極大的成功。列子對個體性格的把握與分析是比較準確的。

內不得於心，外不應於器，故不敢發手而動弦。 ——《湯問篇》

本義 對內不能掌握自己的心意，對外還不能使樂器與心意相應和，所以不敢放手去彈動琴弦。

今解 心有志而物有性，如果藝術家強物以從心志，也必將降低心志以就

·

物性。從心志這方面來説，發於心，得於手，然後形於物；從物這方面來説，手以應物，心以應手。一件成功的藝術作品，必是內與心符，外與物契，匠心獨運，最終還是順應自然。可見，心、手、物三者相契合才會產生藝術中的佳品。否則，牽強附會而令人生厭。

伯牙善鼓琴，鍾子期善聽。

——《湯問篇》

今解 伯牙與鍾子期由於能夠彼此通曉琴聲而引為知音，後鍾子期先亡，伯牙不再彈琴。後人將此友誼給予了高度的評價，並慨歎知音難覓。茫茫人海，大千世間，卻有人孤獨難耐。

良弓之子，必先為箕；良冶之子，必先為裘。

——《湯問篇》

本義 箕：用柳條編製的簸箕。裘：這裏指補綴皮袍。

今解 善於製弓的人一定要先學會用柳條編製簸箕，善於鑄造金屬器具的人一定先要學會補綴皮袍。意即學習專業必須先練好有關的基本功，這是一個簡單而深刻的道理。

朕直而推之，曲而任之，自壽自夭，自窮自達，自貴自賤，自富自貧。

——《力命篇》

今解 命運是甚麼呢？是冥冥之中不可控制的一股力量，是非曲直，聽任它自由發展。長壽與短命、窮困與顯達、尊貴與低賤、富有與貧賤各有命定。這是對不可理解的"命運"所取的一種聽天由命的態度。在日常生活中，我們應持的態度是"盡人力，聽天命"，盡自己最大的努力使事物向最好的方向發展，如果結局不盡如人意，那也不必痛苦懊惱。

衣其短褐，有狐貉之溫；進其茙菽，有稻粱之味；庇其蓬室，有廣廈之蔭。

——《力命篇》

本義 貉（hé）：指貉皮製成的衣服。茙（róng）菽：大豆。

今解 雖然衣惡衣食惡食處惡室卻渾然不覺，反倒感覺溫暖、香甜和舒適。人的幸福不在於物質財富本身，而在於對生活的態度，在於對待生活的心境，幸福是一種感覺。古時候，大多數的女子寧願做窮人之家的妻，也不願做富有之人的妾，也就是這個道理。

以賢臨人，未有得人者也；以賢下人者，未有不得人者也。

——《力命篇》

本義 臨：凌駕。

今解 把自己的賢明凌駕於別人之上，將自己的賢明作為向世人標榜誇飾的資本，在道家學派看來是極其愚蠢的做法。只有謙虛地待人，才能得到民心。善於處下，最終才能處上。鋒芒畢露之人，常常容易遭受挫折；出頭之鳥，往往被先行打落，這是現實生活的經驗總結。

生生死死，非物非我，皆命也，智之所無奈何。

——《力命篇》

今解 列子認為"死生有命"，人的智巧對它無能為力。這種認識很容易使人產生消積悲觀情緒。作為今人的我們，應相信自己能夠主宰自己的命運，發揮自己最大的能量創造美好的未來。

農赴時，商趣利，工追術，仕逐勢，勢使然也。

——《力命篇》

本義 趣：趨。仕：當官的。勢：情勢。

今解 作為農民，必適時耕作；作為商賈，必重在營利；作為工業作坊之人，必追求技藝；當官的，必拿權奪勢。這是人力所能為的情勢所必然趨向的。古時把人劃分為仕農工商，最被貶低的是商業，因而對商人也存在幾多誤解。

美厚複不可常厭足，聲色不可常玩聞。

——《楊朱篇》

今解 楊朱認為人活着當享盡快樂，然而美厚的生活不可能經常得到，聲色也不可能常常體味，似有遺憾之意。其實，美厚聲色是擾亂人的視聽、敗壞人的品德的，作為今之人，不應當以追求這些作為人生的終極目標。人的官能感受的滿足，畢竟是最低層次的生活享受。人之所以與其他動物有所區別，也正在於人能夠追求自己的價值的實現，可以控制情慾。

人而已矣，奚以名為？

——《楊朱篇》

今解 在楊朱看來，人存於世間，最足以珍貴的是生命本身。列子極為贊同，這與老莊的觀點有一致之處。名相對於生命本身來說只是附贅懸疣。為了全身，則可棄名於不顧。莊子求"齊生死"，楊朱求"貴身"都是念念不忘於生。正如舟行水上，魚見之下沉，鳥見之飛翔，鳥獸與人一樣，都有求生的慾望。

人之所以貴於禽獸者，智慮。

——《楊朱篇》

今解 人能夠以自己的獨特方式進行思維，這叫做人有智慮，而禽獸則不然。牠們只懂得飢渴難耐，需要吃喝；性慾膨脹，需要異性。此外，牠們不會有別的想法。人，時時以自己的思維改造主觀世界的同時也改造客觀世界，也即用自己的智慧去創造生活。

將治大者不治細，成大功者不成小。

——《楊朱篇》

今解 "燕雀安知鴻鵠之志"，有大志的人追求的是氣勢磅礴的大業，成大器的人關注的是天下的風雲變幻。人的能力是有限的，把心思放在某一點上，其他點就會遭受損失，也即"有所為就有所不為"，"有所得就有所失"。

為雞狗禽獸矣，而欲人之尊己，不可得也。人不尊己，則危辱及之矣。

——《説符篇》

今解 倘若想要別人尊重自己，就不要去做那些雞鳴狗盜之事。既然你做了，那麼人們不尊重你也是情理之內的事。若人不尊重你，你的危險與恥辱不久就會來臨。

聖人不察存亡而察其所以然。 ——《説符篇》

今解 聖人看待事物，不看其表面結果，而重在明察造成這種結果的原因。這也是人類社會之所以向前發展的一個重要原因。人類時時在總結經驗，時時在接受教訓，於經驗和教訓中得出正確的行動方案，指導今後的工作。中國古代每個王朝滅亡之後，新的王朝總要總結上一個朝代的歷史教訓，提出適合社會發展的政策。

爵高者，人妒之；官大者，主惡之；祿厚者，怨逮之。 ——《説符篇》

本義 逮：及，到。

今解 爵位高的人，擁有許多常人所不具有的權力，自然遭到人的嫉妒；官位大的人，手握重權，日久主上自然因害怕而討厭他；財富多之人，各種積怨就會到來。譬如歷史上功高蓋主的能臣被誅伐的事件屢見不鮮。

天下之辱，莫過於乞。 ——《説符篇》

今解 乞討，是人類的恥辱。人人都可憑着自己的雙手創造精神財富和物質財富，而有些人由於懶惰，不願意付出卻想收穫。這種癡心妄想的不軌行為理應被社會所唾棄。乞討行為本身是沒有尊嚴可言的，如若連尊嚴也沒有了，一個人活在世上也便沒有了意義。

《陰符經》

  《陰符經》全稱《黃帝陰符經》,《新唐書‧藝文志》始著錄,以後成為道家的重要經典,道家學者紛紛為之作註。《正統道藏》收有各種《陰符經》註本二十餘種。有的註釋假託伊尹、太公、范蠡、張良、諸葛亮等前代名人和赤松子、葛玄、許遜、鍾離權等道教真人,其荒誕不待細說。

  據王明先生考證,該書作於北魏後期,出於某博學善察的隱士之手,其說基本可取。這是一部謳歌矛盾與鬥爭、充滿兵家氣息、用詞奇險的哲學著作,文字簡練而內容精湛,可惜已無法考出作者姓名。該書傳世有兩種版本:一為李筌註本,全書三百字,分為三章;一為張果註本,在三百字之後又多出一百餘字,不分篇章。

  《陰符經》一出世即落於道士之手,經過他們詮註發揮,很快就以道經的面目流傳於社會,它的真面目反而被人遺落,教外學者極少對它研究闡述,其命運是不幸的。

  《陰符經》開宗明義:"觀天之道,執天之行,盡矣。"這一句話是全書的總綱。"觀"字代表認識過程,"執"字表示行為過程,"盡"字說明這一哲學原則的普遍意義,三個字用得精當有力,道出了一個經典式的唯物論命題。從這個基本原則出發,《陰符經》進而論述了客觀規律的決定意義和人的主觀能動性的巨大作用,並強調兩者的結合。例如:"立天之道,以定人也"、"聖人之自然之道不可違"等。《陰符經》對五行的理解擺脫了漢代的神秘色彩,且異於漢代多論五行相生,它着重揭示五行相剋的規律。

  《陰符經》在承認客觀規律不可違的前提下,認為人對環境的改造有不可低估的參與作用。人能掌握自己的命運,主宰事物的運動。如"五賊在心,施行於天。宇宙在手,萬化生乎身"等論述。

  《陰符經》提出對立事物相互包含和轉化的辯證思想,並指出對立面的轉化是有條件和可控制的。

  《陰符經》總的來說,上承《周易》、《老子》、《荀子》、《論衡》和漢代道學哲學,用新的思維成果充實和提高了歷代唯物論和辯證法。

觀天之道，執天之行，盡矣。 ——《陰符經·上篇》

今解 觀察自然的運行規律，然後把握其中的規律，按照這個規律去行事。這是一種較科學的認識世界的方法，他讓人遵循自然的不可移易的客觀規律辦事。今天的人們依然對此深信不疑。誰如果違背客觀規律，誰就是搬起石頭砸自己的腳，自食其苦果。

人食五味而生，食五味而死，無有怨而棄之者也。 ——《陰符經·上篇》

今解 這是對人生的一種透徹領悟。人從生下來之後，便逐漸在走向墳墓，人靠五味之食方得生命的延續，但人何嘗不是由於五味之食而得以最終走向死亡？即使如此，沒有誰會捨棄五味而直接走向死亡，人們還是無怨無悔地追求着生命過程的五彩繽紛。由此給我們以啟示：既然生命只是一個過程，我們何不豁達地對待人生，以積極的態度迎接其中的苦痛憂傷，盡自己最大的努力去體味自己所夢想的人生，然後對自己說：我已滿足。微笑着走向墳墓。

天性，人也；人心，機也。立天之道以定人也。 ——《陰符經·上篇》

今解 "立天之道以定人也"，說明了客觀規律與人的主觀能動性的關係。"天"即是"自然"，只有首先認識客觀法則，才能據以確定人的行為，客觀法則是絕對不能違背的。我們應該在遵循客觀法則的前提下，儘量發揮人的主觀能動性，既改造人的主觀世界又改造客觀世界。大禹治水採用疏導的方法，是順應規律的明智之舉。而其父採用的是違背自然規律的堵塞之法，其失敗是必然的。

不耕三年大旱，不鑿十年地壞，殺人過萬大風暴起。 ——《陰符經·上篇》

今解 人不耕而天旱，人不鑿而地壞，大風暴起是由於殺人過萬，這都是流行的"天人合一"哲學的體現，並有"天人感應"的思想。在中國古代的哲學中，總把社會人事和天道自然相聯繫，用天道自然的變化來驗證社會人事，認為它們之間存在着一一對應的關係。也正由於此，中國古代社會的占卜活動十分熱鬧，因而《周易》對中國社會及中國人的思維模式產生了深刻的影響。漢代董仲舒提出"天人感應"的神學論，把這種學說推向了極至。

火生於木，火發而木焚；奸生於國，奸成而國滅。木中藏火，火始於無形；國中藏奸，奸始於無象。非至聖不能修身煉行使奸火之不發天國。

——《陰符經·上篇》

今解　國中的災禍到來，有時是無聲無息的，事先沒有任何徵兆，所以為政者當以聖人的標準來修煉自己，使自己具備"防微杜漸"的能力。世人當有這種"居安思危"的憂患意識。

天地，萬物之盜；萬物，人之盜；人，萬物之盜。三盜既宜，三才既安。

——《陰符經·中篇》

今解　這是著名的"三才"論。《易傳》最早提出"天"、"地"、"人"三才的思想，而《陰符經》的三才為：天地為其一，代表全部自然環境；萬物為其二，代表各種具體事物；人為其三，代表社會和個人。這種安排層次較合理。它重在說明人與環境之間相成又相毀的矛盾關係。通常人們只知道無限制地向環境索取，盜竊萬物以養生，常常忘記環境會反過來向人報復。例如人從自然界攝取食物來滋養身體，但飲食無節制也會腐蝕生命、損害健康。凡事應循理而行，適宜有度。

專用聰明則事不成，專用晦昧則事皆悖。

——《陰符經·中篇》

本義　晦昧：昏暗。

今解　生存於世間的人要想在事業上有成，必須講求處世藝術。太過聰明的人，給人一種機巧偽詐之感，因而很難得到別人的信任，若得不到別人的信任，則會減少許多機遇，機遇少了，成功的可能性也會相應減少；太過愚蠢的人，蔽於昏暗，不通世事，任何事在他那裏都難以成功，所以也不易成事。只有把握好兩者之間的“度”，才能在紛繁蕪雜的世事中立於不敗之地。

瞽者善聽，聾者善視。絕利一源，用師十倍。三反晝夜，用師萬倍。
——《陰符經·下篇》

今解　盲人的耳朵特別善於聽，聾子的眼睛卻特別善於看。驅除物慾，專注於一事，其聰明的增加等於打仗時增加了十倍的兵力。若能專心致志，晝夜反覆思考，則其事功必等於打仗時增加萬倍的兵力。這一規律啟示我們：幹任何事都得專心致志，完全摒除外物的干擾，達到莊子所謂的“虛靜”狀態，然後深思熟慮。“三天打魚，兩天曬網”，或者幹這事想那事的人是不能夠幹好任何一件事的。

《關尹子》

　　《關尹子》道家著作，舊題周尹喜撰。劉向以為關尹子名喜，號關尹子，或曰關令子。相傳關尹子曾為周代函谷關尹，老子西遊至此，關尹子隨老子西去。道教尊為“無上真人”、“文始先生”。《漢書·藝文志》著錄該書為九篇，《隋書·經籍志》、《舊唐書·經籍志》都未著錄。原本已失傳，南宋時始出於永嘉孫定家。《四庫全書提要》以為是唐五代間方士所依託之偽作。

　　《關尹子》九篇分別為《一宇》、《二柱》、《三極》、《四符》、《五鑒》、《六七》、《七釜》、《八籌》、《九藥》，其言駁雜，多法釋氏及神仙方技家言。書中說“眾人每同聖人”，又說“物我交心生，兩木摩火生”，“天下之理，是或化為非，非或化為是，恩或化為仇，仇或化為恩，是以聖人居常慮變”，“不違時，不違俗，不違我所長，不違人所長”等等，也有許多可取之處。

吾道如海，有億萬金投之不見，
有億萬石投之不見，有億萬污穢
投之不見。能運小鰕小魚，能運
大鯤大鯨，含眾水而受之不為有
餘，散眾水而分之不為不足。

——《一宇》

今解 "道"是包容萬物的，它可以包容金石，也可以包容污穢。"道"又
是不多餘也不欠缺的，永遠是存在於萬物之中的形而上的本體。

魚欲異群，魚捨水躍岸即死；虎
欲異群，虎捨山入市即擒。聖人
不異眾人，特物不能拘耳。

——《三極》

今解 魚不能離水，虎不能離山，同樣聖人也絕不能脫離眾人而孤立存
在。即使我們尊某個人為聖人，他仍然有與普通人相通甚至相同
的一面。聖人也是人，有七情六慾，有個人的主觀願望。這是道家
學派"齊物論"在具體問題上的體現。

聖人以有言有為有思者所以同乎
人，以未嘗言未嘗為未嘗思者所
以異乎人。

——《三極》

今解 聖人是眾人中的一分子，不能脫離眾人而獨立存在。但是聖人之所
以稱為聖人，有他與常人所不同的地方。聖人尊崇道，無為而無所
不為，無言而無所不言，無思而無所不思。

利害心欲明則親不睦，賢愚心欲
明則友不交，是非心欲明則事不
成，好醜心欲明則物不契，是以
聖人渾之。

——《三極》

今解 這是智者對社會人事思考之後的深邃認識。利害、賢愚、是非、好
醜都是人們評價人和事物的兩個方面，如果界限太分明，則會影響
人與人之間的關係，使親戚不和、朋友不交、事業不成。所以，聖

人採取齊同的渾然之態。這種齊同並不是泯滅是非、賢愚、美醜的界限，而是承認界限的客觀存在，只是在對待它的時候適當採取豁達的超然之態，這樣為人處世才不至於太過嫉惡如仇，才能與世俗之人和睦相處，才能容忍現實中人和事物的缺點，你才能辦成事。

目視雕琢者明愈傷，耳聞交響者聰愈傷，心思玄妙者心愈傷。

——《五鑒》

今解 刻意用眼睛去看，會傷害眼睛；刻意用耳朵去聽，會傷害耳朵；刻意費盡心思去想，則會使心傷。真正的明智之舉是不刻意使用自己的任何器官，以這種方式來處事，事可成，德可行，人可交，同時在自我精神狀態的追求上達到忘我之境，與造物者遊，與天地精神相往來，在自由之境中昇華。

好仁者多夢松柏桃李，好義者多夢刀兵金鐵，好禮者多夢簠簋邊豆，好智者多夢江湖川澤，好信者多夢山嶽原野，役於五行未有不然者。

——《六七》

本義 簠簋（fǔ gǔi）：古代盛食物的方形和圓形器具。

今解 這是關尹子對夢的解析。《關尹子》解夢是根據"日有所思夜有所夢"的理論來解析的。

磁石無我能見大力，鐘鼓無我能見大音，舟車無我能見遠行，故我一身雖有智有力有行有音，未嘗有我。

——《六七》

今解 "無我"與"忘我"在道家學派的著作中經常出現。莊子夜夢蝶，栩栩然，不知莊周夢蝶，還是蝶夢莊周，蝶亦莊周，莊周亦蝶。"天地與我同化，萬物與我為一"，"我"已徹底消融在了自然之中。磁石不考慮自我，而能吸附重大之物；鐘鼓不考慮自我，其聲

遠播；舟車不考慮自我，其可致遠。所以，個體忘掉自我，行"無
為"之事，則可無不為。

勿輕小事，小隙沉舟；勿輕小物，
小蟲毒身；勿輕小人，小人賊國。
能周小事然後能成大事，能積小
物然後能成大物，能善小人然後
能契大人。
——《九藥》

本義 隙（xì）：縫隙。

今解 一條小的縫隙可毀掉一隻大船，一隻小的飛蟲可毒害整個人的生
命，一個小人可毀掉整個國家。所以，在日常生活中一定不能忽視
"小惡"，即不能讓這種"小惡"有生存下來的土壤和氣候，應防範
它們。同時，一個善於做小事的人，日後定能成大事；善於積累小
物最終會成就大物；善於與小人周旋的人也定能契合聖賢之人。我
們不應當輕視小事、小物，因為"千里之行，始於足下"，任何大
的事業都是建立在一點一滴的基礎之上的。

聖人無所見，故能無不見；無所
聞，故能無不聞。
——《九藥》

今解 有所見就有所不見，有所聞就有所不聞。喜歡金色或喜歡玉色，只
能蔽於一色；喜歡鐘聲或喜歡鼓聲，只能蔽於一種聲音。只有聖人
懷著"無所見"與"無所聞"的態度，才能既見金又見玉，既聽鼓
聲又聽鐘聲。

狡勝賊能捕賊，勇勝虎能捕虎，
能克己乃能成己，能勝物乃能利
物，能忘道乃能有道。
——《九藥》

今解 你的狡猾足以勝過賊，你就能捕獲賊；你的勇敢足以勝過虎，你就
能捕獲虎；你能戰勝自己的弱點，你就能成全自己的名位人格；
你能戰勝萬物才能反過來施惠於萬物；心中全然不去想"道"的修
養，你才能得"道"。

少言者不為人所忌，少行者不為人所短，少智者不為人所勞，少能者不為人所役。

——《九藥》

今解 少說話，少做事，自然少犯錯誤，因而也不為人所嫉妒，也不為人所詆毀。無智慧，無能力，當然別人就會少用你。這體現了道家學說的辯證思想，凡事有一利就有一弊，壞事也有有利的一面。

墨家

洞察世界
體悟自然
天下大略
運於掌上

《墨 子》

《墨子》一書是由墨子及其弟子著述的。據《漢書・藝文志》記載，有71篇；到了宋代，只有61篇，現存的《墨子》只剩下53篇了。

墨子，名翟，約生於公元前479年，卒於公元前403年，魯國人。他是墨家學派的創始人，是當時著名的思想家。他早年在魯國受過儒家教育，是個極為博學的人。他發現儒家強調禮樂，主張厚葬久喪，不利於民眾生活，於是開始反對儒家學派，創立了自己的學說。

現存《墨子》可分為兩大部分：《備城門》以前各篇算第一部分，是墨子及其弟子關於政治、經濟、科學、邏輯等方面的論述；從《備城門》起，以下部分算第二部分，是墨子及其弟子論守城之法的言論，有"兵技巧家"的譽稱。《尚賢》、《尚同》、《兼愛》、《非攻》、《節用》、《節葬》、《天志》、《明鬼》、《非樂》、《非命》等篇是墨家學派的綱領性文字。不僅包括政治、倫理、經濟、教育、認識論、邏輯學等方面的知識，而且包括中國最早的關於數學、光學、力學等方面的知識。

中國獨立性的辯學始於《墨子》，其論式組織在《小取》和《大取》兩篇中，而《經說》各條就是辯學論式的具體例證，這完全是我們民族自己的東西，不同於西方的三段論。

墨子主張尚賢。只要賢能，不管遠近親疏都要任用，"民無常貴，而民無常賤"。如果是無才無德之人，即使是王公大人的至親，也不能任用。很顯然，墨子的這種思想體現了他與貴族相對立的一面，體現了他重視民眾的進步立場。

墨子主張"兼愛"、"非攻"。他反對戰爭，認為任何不義之戰都是彼此不相愛的結果。其反戰思想體現了他對民生疾苦的關心，體現了他對社會現實的關注。

墨子主張"強本節用"，強調發展農業生產，反對奢侈浪費。這與他的節檢樸素的生活原則相一致。

　　墨子主張善守禦。其守城之法值得仔細推敲。他認為城防、兵器、糧草都要做到有備無患，官民應上下一致，並要求得四鄰諸侯的援助。

　　墨子認為"言必有三表"：一要考察古代聖王的經驗，二要考察百姓耳聞目睹的實情，三要考察政治是否符合國家民眾的利益。這種認識論是科學的。

　　對《墨子》及其思想，我們依然採取一分為二的態度："取其精華，去其糟粕"，真正做到古為今用。

染於蒼則蒼，染於黃則黃。 ——《所染》

本義 蒼：青色。潔白的絲放在青色染缸裏就成青色，放在黃色染缸裏就成黃色。

今解 "近朱者赤，近墨者黑"，作為國君，必須正確選擇自己的近臣，"親賢臣，遠小人"；作為士，必須正確選擇自己的朋友，只有這樣才會受到好的熏染，否則只能得到壞的影響。歷史上大量的事實給我們提供了佐證，許多國君由於"所染當"，所以王天下，"功名蔽天地"；另外不少國君則由於"所染不當"，結果"國殘身亡，為天下笑"。

所信不忠，所忠不信，六患也。 ——《七患》

今解 墨子認為造成國家危亡的禍害有七種。其中第六種是：所信任的人不忠實，或忠於君主的人卻得不到信任，即"君臣不遇合"。君主和臣下不能以心交心，共同為國家的強盛而努力，那麼國亡無日矣。伍子胥為了吳國的事業，可謂"鞠躬盡瘁"，而他從吳王夫差那裏得到了甚麼呢？賜死。唐玄宗信任楊國忠，而楊國忠回報君主的又是甚麼呢？亂國。我們推崇的是唐太宗與魏征的坦誠相待，"君臣遇合"共創大業。

食不可不務也，地不可不力也，用不可不節也。 ——《七患》

本義 食：糧食。糧食不可以不加緊生產，田地不可以不努力耕種，財用不可不節制使用。

今解 "民以食為天"，努力耕種田地，使民眾衣足飯飽。墨子告誡統治者當節約用度，不要奢侈浪費。

倉無備粟，不可以待凶年；庫無備兵，雖有義不能征無義。 ——《七患》

今解 2,000多年前的墨子便懂得了糧食儲備與國防的重要性。水旱災害是人力無法阻擋的自然現象，若想在災害到來之時，民眾依然富足而穩定，必須有足夠的儲備糧。兵戈相見是人類社會所不可避免

的，所以，若想抵制侵略，必須訓練足夠的兵力。任何時候，儲備
糧食和加強國防都是國家工作的重要內容。

節儉則昌，淫佚則亡。　　　　　　　　——《辭過》

今解　孟子曾經說過："憂勞可以興國，逸豫可以亡身。"即日夜辛勞憂
愁，國家就可以昌盛，辛勞之人當然懂得節儉；享樂淫佚，不懂甚
麼叫辛勞，縱慾過度，便是自取滅亡。可見，墨家和儒家在這個問
題上是有一致看法的。

雪節而天地和，風雨節而五穀
熟，衣服節而肌膚和。　　　　——《辭過》

本義　夫婦關係調和天下就能和悅，風調雨順就能五穀豐登，衣服合宜就
能使肌膚舒適。

今解　家庭是社會組織的最基層單位，如果每一個基層單位都能和睦的
話，那麼整個大的社會組織——國家，就會穩定和平。就像五穀豐
登靠的是風調雨順，肌膚舒適必然要有合宜舒服的衣服一樣。

國有賢良之士眾，則國家之治厚；賢
良之士寡，則國家之治薄。　　——《尚賢上》

今解　國家擁有的賢良之士多，治理國家的力量就雄厚；賢良之士少，治
理國家的力量就薄弱。中國古代社會重視個人道德品格的修養，推
崇賢良方正之士，認為他們是國家的棟樑，是社會的希望。這與我
們今天重視人才的機制是一脈相承的。

不義不富，不義不貴，不義不親，
不義不近。　　　　　　　　　——《尚賢上》

今解　不義的人不給他厚祿，不義的人不給他高位，不義的人不和他親
密，不義的人不和他接近。"義"在儒家哲學裏佔有重要的地位，
有"捨身取義"的說法，可見，"義"在其終極意義上是超過了生
命本身的。墨子也如此看重"義"，把"義"作為得到富貴高位和朋
友之誼的首要條件。

官無常貴而民無終賤，有能則舉之，無能則下之。
——《尚賢上》

今解 當官的不會永遠尊貴，做民的也不會永遠低賤。有才能的就把他提拔起來，沒有才能的就把他放下去。推崇賢人是為政之本，要想國家富，民眾強，政治清明，就必須把有德有能的人選拔上來，不管他們的出身地位如何，也不管他們與王公大人的親疏關係如何。管仲、百里奚等都是這種"唯才是舉"政策下挖掘出來的賢才。

古者聖王為五刑，請以治其民，譬若絲縷之有紀，網罟之有綱，所以連收天下之百姓不尚同其上者也。
——《尚同上》

本義 請：誠，的確。紀：絲縷的頭緒。綱：網上的總繩。古代先聖之王制定五種刑罰，確實是用來統治民眾的，好比絲有拴絲的頭緒，網有提綱的總繩一樣，用來控制那些不肯統一於上級的百姓。

今解 法律是統治階層為維護其統治而設置的工具，是統治階層利益和意志的體現。它好比絲的頭緒和網的總繩一樣，控制全社會以維持穩定。可見，墨子也是贊同法治的。

視人之國若視其國，視人之家若視其家，視人之身若視其身。
——《兼愛中》

今解 這是墨子"兼愛"思想的具體反映。把別國視為己國一樣去珍愛，把別人視作自己一樣對待，把他人之家看作自己之家，用普遍的愛的眼光去對待自身以外的一切事物，那麼天下就會太平，人心永得安寧。這種無差別的愛實際上帶有極為強烈的幻想色彩。

愛人者人亦從而愛之，利人者人亦從而利之，惡人者人亦從而惡之，害人者人亦從而害之。
——《兼愛中》

今解 生存於世間的人當懷有一顆真誠正直之心，以自身博大的胸懷去愛人，去為別人儘量做一些有益之事，那麼你自然會得到他人的首肯，你自己也會為此而自豪。倘若你總想着自身的利益，為達目的，不擇手段，時時處處在損害他人的利益，久而久之，你會為此而付出代價。不要總是抱怨自己得到的很少，應學會付出，付出之後才會得到回報。

古者明王聖人所以王天下正諸侯者，彼其愛民謹忠，利民謹厚。

——《節用中》

本義 正：長。謹：誠。古代明王聖人之所以稱霸於天下，成為諸侯之長，是由於他們愛民確實忠誠，為民謀利確實多。

今解 "得民心者得天下"，如何得民心呢？愛民以忠，利民以厚。任何一個明於是非的君主都應懂得這個道理。民好比水，君好比舟，水能載舟，亦能覆舟。若不想使君主被百姓推翻，君主必須為百姓的利益打算。

興天下之利，除天下之害，令國家百姓之不治也，自古及今未嘗之有也。

——《節葬下》

今解 興利除害是為君之道中的重要內容。在現實生活中，民眾評價君主的功績，其依據不是君主的口頭承諾，而是他對社會成就的實際事業。武則天雖然是中國歷史上一個較殘暴的女皇，但在為政上，歷史卻不能否認她的功績，安邦定國，招攬賢才，促進了唐朝經濟的發展。康熙的英明至今為人所傳誦，也是根源於他治國的雄才大略和勵精圖治。

殺一不辜者，必有一不祥。

——《天志上》

今解 殺一個無辜的人，必定遭受一種禍殃。這是墨子對天的意志的肯定。他幻想有一個至高無上的絕對權威來制裁天下的人，甚至包括天子。這個至高無上的天是賞善而罰惡的，誰若做了壞事，就會受到天的制裁和懲罰，殺了無辜之人，天便會給你施加一種不祥，讓你刻骨銘心地記住為不義之事的深刻教訓。

仁者之為天下度也，非為其目之所美，耳之所樂，口之所甘，身體之所安。

——《非樂上》

今解 在墨子看來，具有仁德之心的君子應該以天下為己任，為國家的安定和民眾的富裕去勞心費力，而不能僅僅考慮自己的享樂。這說明墨子是個極具同情心的仁人君子。

民有三患：飢者不得食，寒者不得衣，勞者不得息。

——《非樂上》

今解 食不果腹，衣不蔽體，疲於奔命而無所休息，這是亂世之民顛沛流離的真實寫照，墨子將其視為民之三患。翻開中國的歷史，便會發現，其中記載着大量民不聊生的事實。每當易代之際，國家昏亂，民眾充當着戰爭的犧牲品，經歷着妻離子散的痛楚，誰能給民以食，賑民以衣，使他們安居，他們便歸附於誰。

入則孝慈於親戚，出則弟長於鄉里，坐處有度，出入有節，男女有辨。

——《非命上》

本義 親戚：古人稱父母為親戚。在家裏孝順父母，在鄉里尊敬長輩，起居有常規，出入有禮貌，男女有分別。

今解 儒家主張"仁"、"義"、"禮"、"智"、"信"，並以此來塑造自己的理想人格。而墨家對社會人事也採取了肯定的態度，也主張父慈子孝、兄友弟恭、夫順婦隨。儒墨在其精神旨歸上與道家形而上的超脫意識是格格不入的。

知：聞，說，親。

——《墨經上》

今解 人的知識來源分為"聞知"、"說知"和"親知"。"聞知"是由傳聞或傳授得來的知識；由已知推論出的未知叫做"說知"；由親身觀察、實踐得來的知識叫"親知"。由此可見，人的知識來源是多方面的，包括直接經驗和間接經驗。我們從書本中得來的知識是他人所總結出的成果，屬間接經驗；通過親身感悟得到的知識屬直接經驗。墨子學說有一定程度的科學性和思辨性，值得推究。

循所聞而得其意，心之察也。　　　　　——《墨經上》

本義　根據聽到的話就知道他的意思，是由於心的積極活動。

今解　古之人對人體的生理結構所知甚少，認為人的一切活動是由心臟活動所控制。其實，人的活動是由大腦來控制的。如果把古人的"心"理解為"思維"的話，可以發現他們在看問題上的科學性。人類的聰明就在於"見微知著"、"察顏觀色"，通過一些外在特徵便可對其內在的本質進行科學判斷和推理，得出正確的結論。

有諸己不非諸人，無諸己不求諸人。　　　　——《小取》

本義　自己這樣主張，不要反對別人這樣主張；自己不這樣主張，也不要強求別人這樣主張。

今解　這是一條重要的處世原則——不要強人所難。自己不願意幹的事，不要強迫別人去幹。自己能幹的事，不要認為別人就不能幹。儘管世界上沒有完全相同的兩片樹葉，人與人各各不同，畢竟人類有它的共性存在。大凡你不願幹的事，別人也不會很喜歡，大凡你能幹的事別人也會幹好。

物有以同而不率遂同。　　　　　　　——《小取》

本義　率：都。遂：盡。

今解　事物有相同的地方但不一定都相同。這也就是事物的共性與個性的問題。共性寓於個性之中，共性依靠個性而存在。事物呈現於人前的總是千姿百態的表面現象，就人來說，有共同點，但各各單個的人都不同，有不同的外貌、家庭、學歷、職業、年齡等。

殺所不足而爭所有餘，不可謂智。　　　　——《公輸》

本義　犧牲自己缺少的民眾去爭奪多餘的土地，這不能說是明智。

今解　墨子反對戰爭，要求博愛，即平等而普遍地愛一切人。所以用民眾的性命去換取別人的土地，是墨子所極力反對的。

今有人於此，捨其文軒，鄰有敝
輿而欲竊之；捨其錦繡，鄰有短
褐而欲竊之；捨其粱肉，鄰有糟
糠而欲竊之。

——《公輸》

本義 文軒：指裝飾華麗的馬車。短褐：粗布衣服。

今解 貪得無厭之人，對財富有一種莫名其妙的貪心。即使自己早已擁有
百萬家資，面對金錢，依然心嚮往之。自己有豪華的馬車，卻依然
羨慕別人的破車；寧可不要自己的華麗衣服，也要對別人的粗布衣
服垂涎；不珍重自己的山珍海味，卻去窺視別人的粗茶淡飯，墨子
以此來告誡君王不要有吞併他國的貪心。

我城池修，守器具，樵粟足，上
下相親，又得四鄰諸侯之救，此
所以持也。

——《備城門》

本義 我們的城牆和護城河修得好，防禦器械完備，糧草充足，官民上下
一致，並能得到四鄰諸侯的援助，這是守禦最根本的方法。

今解 墨子在軍事思想上重防禦，認為只要做好足夠的戰爭準備，一定可
抵擋外敵入侵。

地得其任則功成，地不得其任則
勞而無功。

——《另令》

本義 土地若能得到合理利用，就能取得成就；土地若使用不當，就會勞
而無功。

今解 中國是一個農業大國，自古以來，農業為國家之本。

雜家

縱橫捭闔
各領風騷
精彩紛呈
妙語連珠

《公孫龍子》

公孫龍，戰國時趙國人，約生活於公元前 325 年至公元前 250 年，是與荀子、鄒衍同時代的人，主要政治經歷是在平原君家作客卿。據記載與魏公子牟和惠施為好友，並遊過燕，勸燕昭王偃兵，以倡說"白馬非馬"而成名，以創建"離堅白"學派而成家。

記載公孫龍學說的《公孫龍子》一書，傳說有 14 篇，實際只有 6 篇，保存在《道藏》中。

《公孫龍子》在《漢書・藝文志》、《舊唐書・經藉志》、《新唐書・藝文志》和《宋史・藝文志》中均被列為名家，《四庫全書總目提要》列為雜家。

白馬非馬。

本義　白色的馬不是馬。

今解　"白馬非馬"是當時名家的具有代表性的論題，但充分論證了白馬非馬說，並以此聞名的則是公孫龍。他認為，馬是指形，白是指色，白馬是指馬跟白的相加，已不是馬，即白馬非馬。並說：有馬不是有黃馬，要分別黃馬與馬這兩個概念。即認為黃馬不是馬，所以白馬也不是馬。由於當時人們的邏輯思辨能力的局限，這樣的詭辯獨領風騷，但誠如《莊子‧天下篇》所批評的"辯者之徒，飾人之心，易人之意，能勝人之口，不能服人之心"。這在實踐中也行不通，公孫龍乘白馬過關時也不得不納馬稅，後來《墨經》對它批判後，它就成了牙慧唾餘，無人願意重提了。

物莫非指，而指非指。

本義　指：手指，這裏"指"是動詞。物沒有不是指的，而指又不是指。

今解　《指物論》的中心就是這兩句，它是公孫龍思想的理論基礎，回答的是物質和意識的關係問題。所謂"物"就是物質或存在，所謂"指"就是意識和思維。（"指"發展到後來有了"旨意"的意思。）這樣這句話的解釋就成了：萬物沒有不是意識的顯現，而意識本身則並不是意識的顯現。這種思想源於"辭不能及，皆在於指"，即不能定名，只好微叩手指，表示自己的意思。這是對於人類思維形式和成果的否定，也是對人類思維能力的徹底懷疑，由此並導出了"指非指"的結論。公孫龍的確是一個敢於懷疑的闖將，但卻未必能追求到真理。

青以白非黃，白以青非碧。

本義　以：與……合。青與白合起來不是黃色，白與青合起來不是碧色。

今解　這組命題是作為例子來證明"二無一"這個方法論原則的。其目的是為"白馬非馬"、"離堅白"服務。青與白組合變不成黃色，這是對的，但白與青組合變成碧色卻是淺顯的常識。為甚麼會出現這種與實際明顯相反的悖論呢？許多人認為公孫龍理屈詞窮，其實公孫龍的"通變"就是要通達萬世變化之理，為"正名實，而化天下"

作系統的理論準備。所以他繼續闡述說：在五行中青為東方屬木，白為西方屬金，木剋金是碧，碧不是正色，木賊金非黃，黃卻為五行中的中央土的顏色，是正色。碧不是正色，會引起君臣這對名實的混亂，所以必須要堅決取締。

視不得其所堅而得其所白者，無堅也；拊不得其所白而得其所堅者，無白也。

——《堅白論》

本義 視：看。拊：撫摸。看只能看到白，看不到堅；摸只能感覺到堅，感覺不到白。

今解 從各個感官的分工來說，這話是對的，但關鍵是他從這句話導出了"堅白石"二的結論，即或是白與石，或是堅與石。堅白石決不是一個東西，這就在"白馬非馬"的基礎上進一步割離了個別與一般，完全否認了人對事物在感性認識後所具有的理性認識能力，最後竟導致了現象世界完全隱藏於彼岸世界而絕對不可知，這是不利於人類追求真理和不斷進步的。

以其所正，正其所不正；以其所不正，疑其所正。

——《名實論》

本義 用正矯正不正，用不正來檢驗正。

今解 《名實論》是公孫龍哲學的綱領性文章，從中他申明自己的哲學任務是"審其名實，慎其所謂"。即考察事物的名與實，慎重地定名。同其他學派的正名方法不同，公孫龍是從哲學上來解決"正名"問題，所以他說：用不正來檢驗正。這也是他證明"白馬非馬"，"堅白石"非三的根本原因。他用"正名實"為政治服務，是無可非議的；他懷疑一切並從不同角度進行創新，也是令人欽佩的。但可悲的是：他的創新與人類的文明進步唱反調。

《尹文子》

　　《尹文子》，周朝尹文所著。齊宣王時，尹文遊於稷下，與宋鈃、彭蒙、田駢共同學習於公孫龍門下，並受到公孫龍的稱讚。《漢書·藝文志》把他歸於名家，《四庫全書》把他歸於雜家。《尹文子》分《大道上》和《大道下》兩卷。根據《莊子》和《呂氏春秋》中引用《尹文子》的句子和現存文章語言文字運用來推斷，其為魏晉時人偽造。書中大旨是指陳治道，要人處於虛靜，然後萬事萬物一一綜核其實，最後定名，從而達到最高法則，也算當時的一家之言，語言博辨宏肆。

有形者必有名，有名者未必有形。 ——《大道上》

本義 形：形狀，指實物。名：名稱，指稱謂。

今解 尹文論證形名這個當時普遍的問題時，力圖從哲學的高度以理來
服人。他認為大道是無形的，而器物必須有名稱，名稱由"形"來
定，"形"反過來通過名稱來直尋。有形狀的東西一定有一個名稱
來對應，有些名稱卻不能夠依它來驗定形狀。有"形"無"名"並
不妨害這個"形"的真實面貌，有"名"無"形"則於事有差了。
這種"名"與"形"的差異應用到政治上則會產生君術臣行、臣
職君行的混亂，所以必須正名。尹文的學說繼承並發展了公孫龍
學說。

所貴聖人之治，不貴其獨治，貴 其能與眾共治。 ——《大道上》

今解 尹文之所以正名，就是要使君與臣各守職分。他認為，世人皆想
"獨賢"、"獨能"、"出群"、"絕眾"，這是不利於世風教化的，只有
定了名分，則貧不怨富，富不凌貧，愚醜不自賤，智美不自貴，各
守本分，各盡職責。由此出發，他進一步提出：聖人之所以為聖
人，是因為能與眾人共治而不是獨治。聖人高於常人而成聖人，聖
法是依理而定的，法若出於己，就不是法，所以聖人之治與聖法之
治又有區別，聖人之治是獨治，聖法之治才是大道之治，才能使天
下大治。如果說尹文對於正名有所發展，則聖人與聖法的提出就是
明證。

為國者，無使民自貧富。 ——《大道下》

本義 自：靠自己。

今解 尹文提出君名為君，就要操爵祿刑罰的大權。而人富了則不羨慕爵
祿，貧了則不畏刑罰，這是因為富人能自給自足，窮人因不受刑罰
而存身。他們本身的情況決定了他們的生或死，這樣君的爵祿與刑
罰就失去了威力，君也就無所謂君了。君一定要把生死貧富的決定
權掌握在自己手裏，這樣才能有令必行，天下大治，君臣的名分才
能合於正道。

《慎 子》

　　《慎子》，周朝趙國人慎到所著。《史記·孟子荀卿列傳》記載，慎到亦是稷下學者，與淳于髡、環淵、鄒衍等各著書"言治亂之事，以干世主……學黃老道德之術"，因此《慎子》當為道家學說。但書中多論說治亂之事，所以劉向將其列於法家。班固《漢書·藝文志》中也將它歸於法家。大概是慎到所說是道家與法家間的轉捩，《四庫全書》將它歸入雜家。

　　《慎子》一書漢時有 42 卷，隋唐分為 10 卷，宋時大部分亡佚，現僅有 7 篇。

法雖不善，猶愈於無法，所以一
人心也。

——《威德》

本義 愈：超過。一：劃一。

今解 慎子認為古時尊貴無比，不是要使天下人均為他服務，而是使他
通理於天下以令人信服，從而定名分，立法則。得好處不用謝
誰，得壞處不用怨誰。因為有權衡以示公正，有書契以示公信，
有度量以示公審，有法則以示公義。有公便無私，君動有規行
有矩，賞罰有所依而不受愛憎喜惡貴賤的影響。這樣，人人以自
己的所能任事，以任事的情況受賞，又有何怨何義；並且有規
矩法度，天下不必崇尚甚麼賢者智者，賢者智者也不會因受人尊
敬而勢長權重，從而把持朝政。所以說即使法度不完善也比沒
有好。

大君不擇其下，故足。

——《民雜》

本義 大君：有道明君。足：充足。

今解 一人有一能，萬人便有萬能，這是常理。有道明君不用一個標準衡
量人，所以各種能人都能聚攏並為他所用，他則能無事而安逸。為
甚麼？因為他因人任事，所以每一件事情都能辦好。相反，有些君
主自信比臣有能耐，每事都想親自幹，結果，君任臣事，臣反而不
勞有逸了。君勞，則倦，倦則容易昏，再能幹的君主也要犯錯，慎
子稱這種君臣易位為"倒逆"。他要求君主明於君臣之分，任臣而
不要自躬。

亡國之君，非一人之罪也；治國
之君，非一人之力也。

——《知忠》

今解 這種說法是很公允的，但慎子不是為亡國的君主或奸臣辯白，而是
就其職分而言的。他說忠臣並非聖君才能有，桀紂均有。孝子並非
一定有慈父，舜父瞽叟。所以亡國治國，不在於是否有忠臣，而在
於明主能否用其臣，大臣是否以才能任事。忠臣不得兼職，佞臣不
越規矩，則各人不敢驕恣其功，敷衍其責，均都兢兢業業，團結合
作共事君主，這樣就達到至治了。從這點出發，他說房子不是一棵

樹搭成的，裘衣不是一個狐子皮能成的。治亂安危、存亡榮辱，當然也不是一個人的力量所致。

大君任法而弗躬，則事斷以法矣。　　　　　——《君人》

本義　弗躬：不由身，即賞罰由法不由君。

今解　此文亦說君主行賞處罰當以法，而不以君心定奪。以心定奪，雖賞罰得當，而臣下以為不公，賞只嫌薄而罰只求輕。一切以法定，臣下就不能埋怨君主。

《鬻子》

　　《鬻子》為周朝鬻熊所作。《漢書·藝文志》"道家下"有《鬻子》22篇，"小說家"有《鬻子說》19篇。可能當時即有兩種書。《列子》曾引3條，講黃老清靜說，同今本不同，可能是道家本。今本所載與賈誼《新書》引的6條風格略同，可能是小說家本。鬻熊據《史記》記載，為文王時人，早卒。《原序》中說是文王的老師，年達90餘，大概鬻熊為周文王時的名臣是不錯的。其文章篇目錯亂，主要敷演大道，闡論教化刑德，並稱它"辭多斥救之要，理致通遠，旨趣恢弘……王者覽之可以理國，吏者遵之可以從政，足使賢者勵志，不肖者滌心"。

　　《諸子通考》認為今本《鬻子》是六朝以後他人偽造的。《四庫全書》也認為它有偽造的傾向，並把它歸入雜家。

君子之謀能必用道。

本義 謀：謀事。

今解 鬻熊認為君子不參與謀劃政事就算了，要參與就一定遵循道，而決不能逆道來苟全性命或由此而求得被君王所用。你可以盡忠，卻不要想着一定被君主賞識；你可以存信，卻不要想着一定被君主信任。君子即使認為那個人不善也不用言辭來譏諷，而是用善的行動來使他的不善昭彰，使是非分明，這就是君子的"用道"。

知其身之惡而不改也，以賊其身，乃喪其軀，其行如此是謂大忘。

本義 惡：錯誤，缺點。賊：害。

今解 鬻子這裏的意思是有過就要不憚於改，終日不為惡，則惡不能附身；如果有過不改，且只行惡不行善，其亡家喪軀的日子也就到了。

昔之帝王，所以為明者，以其吏也。昔之君子，其所以為功者，以其民也。

本義 以：因為。

今解 這可能是諸子中最先講為政選賢擇能，成大功依靠的是平民百姓的了，但他的思想也有消極的一面，因為他後面還說"力生於神"。即有國必先有皇天上帝、社稷山川之神的靈佑，並有玄跡為符，也就是說只有冥冥上蒼與人道相結合才能有國。

聖人在上，賢士百里而有一人，則猶無有也。王道衰微。暴亂在上，賢士千里而有一人，則猶比肩也。

今解 聖王在上，恩澤四海，即使百里就有一賢士，也因為聖道的宏大而顯得微不足道，賢士雖多卻像沒賢士一般。王道衰微，政治混亂，百姓都想念賢人。即使千里才有一個賢士，也感覺就像賢人比肩接踵一樣多，這個道理後來被各家繼承並加以利用，成為政治是否清明的一個試金石。

士民與之，明主舉之，士民苦之，明主去之。

——《撰吏五帝三王傳政乙第三》

本義　與：擁護。苦：意動用法，以……為苦。

今解　説君王任用官吏，當以士民的"與"與"苦"為標準，不能憑自己的喜好來"獨用"。

知善不行者謂之狂，知惡不改者謂之惑。

——《曲阜魯周公政甲第十四》

本義　狂：狂悖。惑：昏惑。

今解　言聖王應以"狂"與"惑"為戒。

不肖者，不自謂不肖也，而不肖見於行，雖自謂賢人，猶謂之不肖也；愚者不自謂愚，而愚見於言，雖自謂智人，猶謂之愚。

——《道符五帝三王傳政甲第二》

今解　言人的賢、不肖、智、愚並非由自以為來定奪，而要靠實踐來檢驗。一遇實踐，原形畢現。

仁與信，和與道，帝王之器。

——《道符五帝三王傳政甲第五》

本義　器：器具。

今解　鶡子認為要成就天下萬物就要有器具。帝王治天下也有器具，即道、和、信、仁。他認為：發號施令能為天下謀福者就是道，上下相親就是和，民不需外求而能甘食、安居樂業就是君行道的大信，除去天下之害就叫仁。

《子華子》

　　《子華子》一書，舊本題作周朝晉國程本，字子華的人所作。據《原序》說，程本“博學能通墳典丘索及故府傳記文書”，“性情闔爽，善於持論，不肯苟容於諸侯。”孔子稱他為“天下之賢士”。趙簡子時程本不願為官，逃到齊國，與晏子交好。趙襄子執政後才返回，遂老死於晉。《原序》還稱其書由門人及弟子共相編綴，已不是原書。此書“以道德為指歸，而經紀以仁義，存誠養操不苟售”。《四庫全書·子華子提要》考，此書為宋朝熙寧紹聖間趙氏宗子所作，並說它“文雖稍涉漫衍，而縱橫博辯亦往往可喜”，“最有理致文采，辨其為贗品則可，以其贗而廢之則不可”。

全生者為上，虧生次之，死次之，
迫斯為下矣。
— 《陽城胥渠問》

今解　子華子自己解釋說：所謂全生者，是六慾皆得其宜；所謂虧生者，是六慾分得其宜；所謂死，就是指像未出生一樣毫無知覺；所謂迫生，是指六慾都得不到適宜的享受。他說："辱莫大於不義，不義者迫生也，故曰迫生不如死。"可見子華子是把"義"看得非常重要的。

亂之所由生，禍之所自起，皆存
於欲善違惡。
— 《北宮子仕》

本義　欲善：與善人交好。違惡：與惡人分手。

今解　天下所以太平是因為政治清明，政治清明在於百姓安定，百姓安定在於執政者公平。如果只想着交好善人而遠離惡人，則心就有所不平，就會引起百姓騷亂；並且執政者不公平對待惡人，惡人就會走到一起成為你的敵人，給你搗亂，你的禍也就來了。

是是非非之為士。
— 《虎會問》

本義　肯定對的，批判錯的，這樣的人才是士。

今解　士的作用是褒貶是非，有士才可知是非，所以君主治國需要有士人來評判政事的得失。

遊士之所以不立於君之朝，以黨
敗之也。
— 《晏子問黨》

本義　遊士：不做官的士人。

今解　此是說君主不應明說自己討厭群臣結黨，群臣結黨誠然不好，但人君一說，阿諛親近之徒就有了打擊別人從而培植自己的黨羽的藉口，反而使正直之士不能容身於朝廷，使小人充斥，結黨營私。子華子在下邊說道："人主甚惡其黨，則左右執事之臣有以藉口矣。"

聖人貴中，君子守中，中子為道也幾矣。

——《執中》

本義　中：指行為適當。

今解　此是說人不能走極端。或前或後，或左或右，人雖不能正好執中，但決不能太過。行為適中幾乎是為人之道，這與孔子提倡的“中庸”思想頗為相近，難怪孔子曾稱子華子為“天下之賢士”。

《計倪子》

　　《計倪子》為周朝越國人計然所著。《計倪子》開篇有這樣的記述：越王勾踐從吳國返回來後，暗中想圖謀吳國，雪洗恥辱。於是召計倪問：我想攻打吳國，但吳國地勢有利，力量強大，恐怕不能攻取，該怎麼辦呢？計倪回答：“興師者必須先蓄積。”如果沒有錢糧，士卒飢餓疲乏，必然會失敗。勾踐很贊同他的意見。

　　《計倪子》全書僅一篇，題為《內經》。他主張“主能通習源流，以任賢任能”，“視民之所不足及其有餘，為之命，以利之”，以達到“邦富兵強而不衰”的目的。反對群臣的空恭之禮，淫佚之行，而應“務有於道術”。其說當歸於陰陽家，《百子全書》將其歸於雜家。

人主利源流，非必身為之。　　　——《內經》

本義　利：利用。身：親自。

今解　計倪認為人主的作用是明於"時交"，早知"天地之反"，即掌握天、地、荒、稔的規律，及時地指導百姓。而像越王勾踐親自耕和夫人親自織，則是不能明斷於時，是不智。如果人主能"通習源流"，並"任賢使能"，則國富民強，千里之外的東西都可羅致。反之則邦貧兵弱，百里之內的東西都不能得到。

賢主置臣不以少長，有道者進，無道者退。　　　——《內經》

本義　置：授官。

今解　計子認為君主選拔官吏應當重德，重才，而不能把一個人的年歲大小作為選拔官吏的標準。能勝任就授予官職，不能勝任就不任用，與資歷無關。這是很明顯的道理，但那時能達到這樣的認識是很不簡單的。計子是從"慧種生聖，癡種生狂，桂實生桂，桐實生桐"的觀點得出"先生者未必能知，後生者未必不能明"這個結論的。可見計子在治國用人方面是比較有魄力的。

《于陵子》

《于陵子》，周朝齊國人田仲所著。

據文中所述，田仲為躲避齊王的仕祿而隱居於楚的于陵，可能這就是他被稱為"于陵子"的來歷。又說于陵子與楚隱者接輿相好，而接輿不知是否為《論語》中所提到的隱者接輿。如果是，則于陵子當與孔子處同一時代。考文中大意，于陵子的思想主要是提倡人生當以適意為主，安守匹夫之分，不越職言事，遇事不"先人"，恥於名利，主張去天下之憂而長保生活之樂。從這些觀點來分析，《于陵子》應為道家學說，《百子全書》歸於雜家，全書共12篇。

衡予氣便便，不知勢位之榮也；
廉予欲恬恬，不知金玉之利也。

——《貧居》

本義 衡：使……平衡，即不外泄。便便：祥和的樣子。勢位：權勢地位。廉：使……寡少。恬恬：合宜而快樂的樣子。減少慾望，保持中氣的充盈，根本不知道有甚麼權勢富貴。

今解 于陵子從生應富貴還是貧賤的角度出發，指出最先前的民眾均分天下物品，無貴賤之分，滿足於所得物品，無金玉之爭。只是有些人因不知節制自己的慾望，不知養氣為長生之道，從而導致貧富的出現。

子庇子之蓋，我庇我之意。

——《遺蓋》

本義 庇：庇護。蓋：遮蓋。你憑藉你的遮蓋得到庇護，我庇護於我的心意之下。

今解 這句話反映于陵子不為富貴權勢等一切外物所動，而以自己的適意為行動的指導。

良金百煉而不失其采，美玉百涅
而不渝其潔。

——《辨窮》

本義 采：通"彩"光彩。涅：黑土。渝：這裏指改變。

今解 北宋周敦頤《愛蓮說》談到荷花的品質："出淤泥而不染，濯清蓮而不妖……可遠觀而不可褻玩焉。"荷花與此條中的美玉良金具有同樣的本質。

《鬼谷子》

　　《鬼谷子》，周朝戰國時一個無姓、名里俗的人所作。其人由於隱居於穎州陽城的鬼谷，便自號"鬼谷"。他善養性潔身之術，傳說蘇秦、張儀為他的弟子，接受他的捭闔之術13章。他晚年又寫出"七術"，宋濂《諸子辨》斥為"小夫蛇鼠之智"，以為"家用之則家亡，國用之則國僨，天下用之則失天下，學士大夫宜唾棄不道"。劉向、班固編錄書目時沒有《鬼谷子》，《隋書·經籍志》始列鬼谷於縱橫家，多認為它是蘇秦所作，或為後人偽作。今本是南朝陶弘景註本，內容多述"知性寡累"和揣摩、捭闔等術。

捭之者，料其情也；闔之者，結其誠也。 ——《捭闔第一》

本義　捭：開。闔：閉。結：了解。

今解　捭闔之術為《鬼谷子》的精華，戰國時策士所謂"縱橫捭闔"就由此而來。鬼谷子認為聖人之所以為天下先，是因為觀察陰陽的開闔來"命物"，從而"知存亡之門戶……達人心之理"。只有知道變化的規律，才能度權量能，識別賢愚，決定取或去、出或納。

不得其情而説之者見非。得其情，乃制其術。
——《內揵第三》

本義　説：勸説。見非：被指責。制：用。

今解　鬼谷子認為群臣有的離君遠卻親近，有的離君近卻疏遠，有的求用卻不被用，有的得到一點名聲，君王卻迅速召見。這是因為君主有自己的志氣、慾望、喜好，不能見用是沒有抓住君王的嗜好，只有投合了君王的脾氣才能被君王寵倖而見用。這裏可以明確地看出，《鬼谷子》一書的內容主要是講怎麼去遊説君主，被君主所用，從而達到推銷自己和實現自己的理想的目的。

天地之合離、終始，必有巇隙，
不可不察也。 ——《抵巇第四》

本義　巇：山路狹窄。隙：細縫。

今解　鬼谷子從天地的合離與終始都有縫隙來説明萬事萬物都有理可循，有跡可察，並説聖人就是抵塞這些縫隙的，無可抵則隱居，有可抵則謀劃着合於上、察於下。

口者，機關也，所以關閉情意也；耳
目者，心之佐助也，所以窺覷奸邪。 ——《權篇第九》

本義　機關：猶言開關。窺覷：猶言見與聞。

今解　鬼谷子認為口就像開關，使自己的情和意不外泄；耳目用來看與聞，從而判斷奸邪。那麼"説者"就可以從君王的言辭所表達的憂、怒、喜、病、怨中，從君王的一舉一動中進行謹慎判斷與思考，從而達到為君王所用的目的。

《鶡冠子》

　　《鶡冠子》為周朝楚人所著，不知姓名，因以鶡羽為冠而稱鶡冠子。據書中所講為趙武靈王時人。

　　《鶡冠子》全書共 19 篇。其旨博雜，初時本黃老，而末流於刑名。韓愈説："使其人，遇其時，授其道而施於國家，功德豈少哉？"《漢書·藝文志》"道家下"列之，《四庫全書》歸入雜家。

　　今本《鶡冠子》為三卷，北宋陸佃註，或疑為後人託名所作。

聖賢者，以博選為本者也。

——《博選第一》

本義 博：廣博。聖賢以廣博地選錄人才為根本。

今解 選賢似乎是各家門派都很注重的問題。法家雖然講"法"，但也主張因人任事。鶡冠子在面臨以法治國還是以德治國時，更垂青於後者，但以德以法均需廣選賢能。

為而無害，成而不敗，一人唱而萬人和，如體之從心，此政之期也。

——《天則第四》

本義 有所作為而無害於民，成功了不會再敗，一人唱而萬人和，就像身體服從心的指揮，這是治國所期盼達到的目標。

今解 為政要合乎百姓的真情實意才能得到百姓的擁護，從而百姓樂意聽從君上的命令，國家才不致滅亡。

命者，自然者也。

——《環流第五》

本義 自然：不能使它然，也不能使它不然，即外人決定不了它。

今解 鶡冠子認為萬物均生於氣，通於道，因氣因道而立法則，所以生成法則的是氣、道。遵從法則而成的也是氣和道。這個氣、道便是命。凡是命所規定的，賢者不能改變它，不肖者也不會損失甚麼，人的壽夭、富貴均由命決定。這個命只有聖人才能識別，後來有亡國之君，是因為他們沒有與前代聖人的認識相合。

捨天而先人。

——《迫迮第七》

本義 捨：捨棄。先人：以人為先。

今解 不以天為法則而從人出發，是因為他認為天高而難以了解，不能夠向它祈求福佑，不能夠因它躲避災難，而命運的決定權應掌握在人手中。

欲逾至德之美者，其慮不與俗同。

——《世兵第十二》

本義 逾：達到。慮：謀慮。

今解 作者從天有道而道有度，聖人可以用神明來了解他出發，認為那些聖人起衰振危並不是天變常，地變則，而是他們利用這些“常”與“則”，“不背時而棄利”建立大功名，達到至德的。

天不能使人，人不能使天。

——《兵政第十四》

本義 天不能改變人，人不能改變天。

今解 這是說天與人都有自己的固有特性，有自己的數，只能順其性利用它，而不能逆其性改變它。

《呂氏春秋》

司馬遷《史記·呂不韋列傳》中説，呂不韋"使其客人人著所聞，集論以為八覽、六論、十二紀，二十餘萬言，以為備天地萬物古今之事，號曰《呂氏春秋》"。班固在《漢書·諸子略》中説有《呂氏春秋》26 篇後，自註曰："秦丞相呂不韋輯智略士所作。"並把它歸入雜家。可見，司馬遷和班固都認為《呂氏春秋》是集體創作，而非出自呂不韋一人之手。

呂不韋是出生於陽翟的大商人，"家有千金"，生年不詳，死於秦王政十二年。他在趙國都城邯鄲經商時，結識了作為趙國人質的秦國太子安國君的庶子子楚，認為"此奇貨也，不可失"。當時安國君寵倖的華陽夫人沒有兒子，呂不韋想把商業上的投機應用到子楚身上，進行政治投機，他花大量的金錢幫子楚收買賓客和討華陽夫人的歡心。華陽夫人收子楚為嫡子後不久，安國君就登上了國君之位，立子楚為太子。一年後，安國君死去，子楚繼位，為了感謝呂不韋，便以不韋為丞相，封為文信侯。三年後，子楚死去，其子繼位，即後之秦始皇。他尊呂不韋為相國，號稱"仲父"。呂不韋顯貴後，就召集門客，大約於公元前 239 年左右編成《呂氏春秋》。後來呂不韋與太后私通，並進獻大陰人嫪毐供太后淫亂。嫪毐事發後，不韋被罷官。他害怕被誅，喝毒酒自殺，因投機而"澤可以遺世"的結果只是留下一部《呂氏春秋》。

《呂氏春秋》除了保存了先秦各家各派各種不同的學説思想外，此書還有不少古史舊聞、古人遺語、古籍軼文及一些古代科學知識（主要是醫學和農學），其中不少內容為他書所無。

無變天之道，無絕地之理，無亂人之紀。

——《孟春》

本義 絕：斷。理：猶道。亂：違背，違反。紀：綱紀。不要人為地改變自然規律，不要違背人倫綱紀。

今解 當時人們已經知道了違背"天道"、"地理"、"人紀"產生的危害，所以本書第一節《孟春紀第一》中人們以春天為例，說春天是萬物生發的時期，禁止伐木，不傾覆鳥巢，不殺幼獸幼禽，祭祀不用母畜，不可以用兵等等。並說如果孟春行夏令，便會風雨不時，使得草木早早枯乾；行秋令，便會疾風暴雨數至，使得藜莠蓬蒿並興；行冬令，便會霜雪交加，使得莊稼顆粒不收。這些說法雖然不夠科學，但還是有一定道理的。

始生之者，天也；養成之者，人也。

——《本生》

本義 最初生出天性和生命的是天；培養天性與生命成長並使之得以保全的是人。

今解 人的生命是上天賜予的，這種說法不夠科學。人一生下來便有天性，這卻有一定道理。人一生下來，甚麼都不知道，但此時他有自己的自然需要，要吃要喝要人照顧。及至長大，有了意識，他的需求也便提高了，需要生命安全的保障，需要自我價值的實現，需要他人的尊重等等。而這些需求無不需要個人努力和他人的幫助，沒有這兩方面，人的天性是不能夠得以成長保全的。所以說："養成之者，人也。"

水之性清，土者抇之，故不得清。人之性壽，物者抇之，故不得壽。

——《本生》

本義 前一"抇"即汩，混濁的意思；後一"抇"是亂的意思。水的本性是清冽的，是土使它混濁了。人的生命是長壽的，是物使它縮短了。

今解 二千多年前我們的祖先已經發現了物質的佔有與生命的長久並非成

正比這一規律。他們在肯定物能養性的同時，提出物"非所以性養也"，並為"今世之人，惑者多以性養物"的態度而焦灼萬分。認為他們"不知輕重"，"重者為輕，輕者為重"，並斷言，"若此，則每動無不敗"。

凡生之長也，順之也；使生不順者，慾也。故聖人必先適慾。

——《重己》

本義 適：合適，不過分。生命的成長，要依順它的天性，使生命的成長不順利的必是慾望，所以賢德的人要節制慾望。

今解 生命的成長要依順它的天性，天性的需要得到合理的滿足，生命就會順利地成長，大凡生命的成長不順利的，都是需要的供給無度。就像人有吃、穿、住的生存需要：吃要合理，整日吃糠嚥菜，就會營養不良，面黃肌瘦；整日山珍海味，則會胃脹滯滿，不勝食氣。穿要合理，夏要薄一些，冬要厚一些，太厚易於過熱，過薄易於着涼。住要合理，房子大了生陰，陰重則犯寒疾，房子小了氣塞，氣塞則人抑鬱。所以房子能夠避燥濕就行，衣服能夠逸身暖骸就行，飲食能夠適味補體就行。

天下非一人之天下也，天下之天下也。

——《貴公》

今解 這一句話是説治國之道的。當時對於社會的認識已經發展到不再尊天而開始尊人的地步，這在諸子的眾多典籍中都能找到證據。最為鮮明的是孟子的"民為貴，社稷次之，君為輕"的提法。而當時的秦國正在極力加強君主專制，這雖然是社會發展的必然趨勢，但終究有其弊端，故而有人便以這一命題對此現象進行批判。因為就像陰陽和合而生萬物，甘露時雨滋潤萬物一樣，要想得天下就必須"無偏無黨"。以至公至正之心對待萬民，不以為天下是自己一個人的天下、以天下利己，而認為天下是天下人的天下，以天下利天下人。這樣天下人才能擁護你，你才能得天下。這句話後來被明末清初的啟蒙思想家們借鑒，用來反對君主專制統治。

天無私覆也，地無私載也，日月無私燭也，四時無私行也，行其德而萬物得遂長焉。

—《去私》

本義　遂：成就。天地、日月、四時，以其無私的功德使得萬物成長壯大。

今解　《說文解字》釋"公"字曰：背私所以為公。公與私是一對對立的矛盾，要得公，就得去私，去私即可得公。《去私》一文的目的就是要使那些有志於成就宏圖霸業的國君們知道：要得天下，就得去私就公。如何才算公呢？堯有 10 個兒子，不傳位給子卻給舜；舜有兒子 9 人，不傳位給子而授禹。這是因為堯、舜知道天下不是自己一個人的天下，而是天下人的天下，所以只能擇取賢能的人傳位給他。這算是君王中心胸至正至公的人。

惟不以天下害其生者也，可以託天下。

—《貴生》

本義　託：託付。

今解　道家講"貴生"，要求"六慾皆得其宜"。如果使道家學者的生命受到妨害，即使把天下交給他，他也不幹，因為天下是身外之物，而生命是自己的，生命完結了就甚麼都沒有了。老百姓只有想法讓天下落到"貴生"的人手中才安心，因為他決不會因為身外之物而大動干戈，以此來損耗自己的生命。所以說："不以天下害其生者，可以託天下。"

天生人而使有貪，貪有慾，慾有情，情有節。

—《情慾》

本義　情：情慾。節：適度。

今解　天生下人來，人就有生存的權利。餓了要吃，渴了要喝，冷了要穿衣，累了要休息。再進一步，耳想聽聽五音，目想看看五色，口想嚐嚐五味，這些都是人的本性，不論好人壞人，聰明不聰明，都有這些慾望。聖人高明於凡夫俗子的地方就在於他懂得節制。這些慾望可給人身帶來益處，但過度了就會傷害人，人應該在珍惜自己生命的基礎上合理地滿足自己的慾望。只有那些懂得節制的人，才能有長壽之身，以長久地佔有聲色滋味。

染於蒼則蒼，染於黃則黃，所以入者變，其色亦變，五入而以為五色矣。故染不可不慎也。

——《當染》

今解 人非生而知之者，只有通過學，才能獲得知識。可是"吾生也有涯，而知也無涯"，以"有涯"的生命學"無涯"的知識，就不得不用一些腦子了。一來"術業有專攻"，學這就不學那；二來通過各種方法進行快速有效的學習。廣泛地聽取別人的意見與想法就是一種高效率的學習方法，因為別人的想法與意見都是他們總結實踐經驗的結果。那麼與甚麼人結交，聽甚麼人的意見，就顯得十分重要，因為與人結交不當可致身死，國君擇臣不當可致國滅，歷朝歷代，身死國滅者不可勝數。

欲勝人者必先自勝，欲論人者必先自論，欲知人者必先自知。

——《先亡》

本義 論：評價。知：了解。

今解 宋代大理學家王陽明説："破山中之賊易，破心中之賊難。"意思是説：戰勝別人容易，戰勝自己困難，因為人往往是説話的巨人，行動的矮子，説起別人來一套一套的，可若拿別人的話來對照自己，則會自慚形穢。孔子認為"欲正人者，先正己，己正則孰敢不正"，"己欲達而達人，己所不欲，勿施於人"。這與此條不謀而合，可見天下的真理是殊途同歸的。

主執圓，臣處方，方圓不易，其國乃昌。

——《圜道》

本義 執：把持。圓：天道。方：地道。易：改變。主上把持着天道只管下命令，百官堅守着地道，各盡其職，主上與臣下的分工不亂，國家定會昌盛。

今解 身體不爽，肯定是某個器官發生了問題；機器不轉，肯定是某個部件發生了問題；社會生活不能正常運行，則肯定是某個職能部門發生了問題。如果說在每個事物發展運動過程中每個部件都能正常運作，那麼每個事物的發展運動都會很順利。治理國家也是如此。領導核心考察了方方面面的情況，經過研究，形成了符合國計民生的方針政策，傳達給各部門，各部門都恪守其職，認真領會領導的意圖，嚴格執行，國家怎麼會治不好呢？

行爵出祿，必當其位。 ——《孟夏》

本義 行：封賞。出：賞賜。當：值，即相當。封官加祿，必須與他的地位相當。

今解 這談的是君主如何賞賜官員的問題。如果地位高而賞賜的少，臣下心中就會生出怨恨之情，認為主上恩德太薄，對己不公；如果地位低而賞賜多，臣下心中就會生出僥倖之情，認為主上昏聵無能，容易欺騙。這兩種情況的結果都使得君臣二心，不能同心協力。只有賞賜的東西與其地位相符，才能使地位高的人覺得受到尊重，而更加盡心盡力，鞠躬盡瘁；地位低的人不產生非分之想，而恪守其職，積極奮進。君主睿智而洞察一切，臣下竭心盡力而萬眾一心，則民眾必定安居樂業，國家必定興旺發達。

為師之務，在於勝理。 ——《勸學》

本義 務：要務。做老師最重要的在於掌握真理。

今解 聖人都要“疾學”，那麼凡夫俗子更要學習了，而學習不可沒有老師，那麼學生如何選擇老師呢？首先老師要掌握真理，並能以犀利的口才說服人。如果一個老師不掌握真理，而僅僅靠順從學生的意思，討學生的歡心，那麼這個老師就不是合格的老師。因為學生是懷著迷惑來求教的，你不解惑反而又迷惑他，就像掉到水裏的人，你不救反而打一棒子，實是誤人子弟。所以學生在如飢似渴地求學時，也要認清老師是否“勝理”。

學也者，知之盛者也。 ——《尊師》

本義 盛：多。知識的積累要靠學習。

今解 此文作者認為人生來有耳、有目、有口、有心，耳能聽，目能視，口能言，心能知，學習就是為了"全天之所生"，是"達天性"。

無醜不能，無惡不知。 ——《用眾》

本義 不因無能而感到羞恥，不因無知而感到厭惡。

今解 金無足赤，人無完人；尺有所短，寸有所長。天下沒有全是優點的人或物，也沒有全是缺點的人或物。大聖人孔子還"入太廟，每事問"呢。大惡人桀紂也有可畏可取處。一個平常人怎麼能因自己暫時的不知不能就感到羞恥而自暴自棄呢？天下沒有純粹白色的狐，但卻有純粹白色的裘衣，因為它把眾多狐身上的白毛皮集合在一起。一個人只有取人之長，補己之短，才能逐漸在各方面超過別人，所謂"操千曲而後知聲，觀千劍而後知器"，就是說的在不斷地集合眾曲劍的優點時，培養起了自己對曲劍的認識，從而使自己達到超越別人的境界。"人非生而知之者"，關鍵在於後天的學習。

大樂，君臣、父子、長少之所歡欣而說也。 ——《大樂》

本義 說：同"悅"，喜歡。

今解 這是早期陰陽家的言論。他們認為，人生來就有慾望，有慾望就有追求，有追求就會發生爭奪，得由樂來調節，所以主張"非樂"的人是錯誤的。並且"樂"的形成只是在天下太平、萬物安寧時，"樂"的使用只是在人們嗜慾合節、不邪僻之時。同時只有在社會平和、公正的時候才能用"樂"，亂世之中的樂如同囚犯唱歌、狂悖之人跳舞一般，已失去了原來的意義。所以人們行"大樂"時便是天下太平、爭端息聲時，也因為如此，才說大樂能使老百姓歡欣鼓舞。

失樂之情，其樂不樂，樂不樂者，其民必怨，其生必傷。 ——《侈樂》

本義 生：生活。失掉了樂的實質，樂就不再使人感到歡欣喜悅，這樣老百姓肯定產生怨恨之情，他（用樂者）的生活就會受到妨害。

今解　這一篇中，陰陽家再次對樂進行分析。認為知道樂、不知樂的實質，就如同人只知道生活而不知道怎樣生活、只知道知識卻不知道如何獲得知識一樣，是捨本逐末，是失掉了最寶貴的東西。大凡亂世之主，其樂多為"侈樂"，以鼓鐘磬管聲音的大為美，以人多為壯觀。這種樂，失去了"大樂，君臣、父子、長少之所歡欣而說"的實質，其樂並不使老百姓感到快樂，老百姓因此產生怨言，亡國的危險就來了。所以用樂必須合乎樂之實質，即"與民同樂樂"。

治世之音安以樂，其政平也；亂世之音怨以怒，其政乖也；亡國之音悲以哀，其政險也。

——《適音》

本義　平：公正，合於道。乖：謬，不合於道。險：危險。

今解　上篇言"侈樂"乃亡國之"樂"，那麼"樂"有沒有一個度呢？有，其音不能太大，也不能太小，不能太清，也不能太濁。為此陰陽家治樂者提出"哀"的概念，即"大不出鈞，重不過石"。這樣音樂就平和了。如果以平和之心聽音樂，就可通過音樂表現出來的安樂、悲哀或怨怒的情緒，得知其國的民風民俗，進而知道其國的政治是否清明；反過來再通過音樂來教化民眾，即"平好惡，行禮義"。這種說法雖有誇大音樂功能的傾向，但他們提出了通過音樂表達人的感情，卻是功不可沒的。

樂所由來者尚也，必不可廢。有節有侈，有正有淫矣。賢者以昌，不肖者以亡。

——《古樂》

本義　節：適度。侈：過大。正：雅。淫：亂。昌：昌盛。亡：滅亡。音樂有合宜的，有過分的，有雅有亂，賢者憑藉樂可以使國昌盛，不賢者可以因樂使國滅亡。

今解　在陰陽家看來，樂只有在天下太平、社會合道、百姓都感到歡欣喜悅時才能實行；而亡國之時，其樂必是君主的侈樂或民間的怨怒和悲哀之音。合宜的音樂可以被聖人用來移風易俗，過分的音樂卻被亡國之君用來滿足自己的奢慾而引起民憤。所以自古以來的聖君賢臣都很注意音樂的教化作用，不論是遠古的黃帝、堯、舜、禹，還是西周的文王、武王或成王，他們都以音樂來調節社會秩序，使國家興盛起來。反之，一些不肖之君，用樂的結果都是身死國滅。

凡音者，產乎人心者也。 ——《音初》

今解　在音樂理論上，提出音樂是人心對於外物的感應具有奠基意義。音樂本是客觀存在，因為它合乎了人的感情需要，從而成為反映一個人內心情結的鏡子，人們通過它可以了解一個人的品德，鑒別一個人是賢還是不肖。如果一個民族欣賞的是靡靡之音，則這個民族的精神決不會昂揚；一個國家響徹的是高亢之聲，則這個國家一定會繁榮昌盛。

祥者福之先者也，見祥而為不善則福不至；妖者禍之先者也，見妖而為善則禍不至。 ——《制樂》

本義　祥：祥瑞。妖：怪異，不正常。即使祥瑞出現了，你不幹好事，福氣仍不會降臨；即使妖異出現了，你淨幹好事，災禍也不會發生。

今解　到春秋末期，我們聰明的祖先在與大自然作鬥爭的過程中，已清楚地認識到了天並不能左右社會的發展。在社會發展過程中起重要作用的是人。作為統治階層最高代表的君主更明白這一點，但他們不點破這一點，而是把祥瑞和妖異之兆作為上天的旨意來看待，用以欺騙民眾。

聖王有義兵而無有偃兵。 ——《蕩兵》

本義　義：仁義。兵：兵器，泛指戰爭。偃：放倒，這裏是廢止。聖王能依仁義用兵卻從不廢止軍備。

今解　人都有慾求，並因此而發生爭鬥，爭鬥的贏家便為長、為君、為天子。賢德的天子用仁義之兵，其目的是"誅暴君而振苦民"。不要因為戰爭要死人，要損害暫時的利益而反對一切戰爭，就像不能因噎廢食，因乘舟落水而禁止行船一樣。用兵就像用水火，善用的人為民造福，不善用的人為民造禍；又像用藥，用對了可能救人，用錯了可以殺人，所以民眾對於仁義之師是很擁護的。

凡救守者，太上以説，其次以兵。

——《禁塞》

本義 太上：首先、最好。

今解 中國古代的政治家在二千多年前便提出用外交手段來解決政治問題，這是一個了不起的創見。戰爭一起，必然傷及無辜，則原本為救黎民百姓反而害了更多的人，使得生靈塗炭，民生凋敝。所以在能用和平手段解決問題的時候，一定要使矛盾在不流血中消失，這也同兵家的"不戰而屈人之兵"為最大勝利的主張一致。

誅不當為君者，以除民之仇而順天之道。

——《懷寵》

本義 誅：誅殺。除：除掉。誅殺不合適做君主的人是除掉老百姓的仇敵，順應天道。

今解 齊宣王問孟子，歷史上是否有做臣的武王誅殺做君的紂這件事時，孟子説："聞誅一獨夫紂矣，未聞弒君。"是説紂是殘害仁義的獨夫民賊，武王沒有弒君，因為紂不是人君。這可以説是儒家思想的精華，除去這些獨夫民賊是順應天道，明末清初的一批啟蒙思想家如王夫之、方以智、黃宗羲等在反對古代君主專制時，曾利用這一思想武器。

義也者，萬事之紀也，君臣上下親疏之所由起也，治亂安危過勝之所在也。過勝之道，勿求於他，必反於己。

——《諭威》

本義 紀：綱紀。

今解 此句話説義是萬事的綱領，君臣上下的親疏，治亂安危的關鍵，都在於一個"義"字。誠如孟子所説："義者，宜也。"而到底有沒有一個劃一的標準來確定是否合"宜"呢？古人從多方面進行了探索。首先就是從那些不可理解的自然現象和自己的生活實踐出發，提出"無變天之道，無絕地之理，無亂人之紀"。其次從自身的慾求出發，提出"節嗜慾"，即控制自己的慾望。最後從人與自然、社會的關係出發，提出"敬天保民"、"三綱五常"、"懲惡揚善"等

倫理觀念和道德標準。通過"天"、"人"與"社會"間的協調來保
證社會在正常軌道上發展。

兵，天下之兇器也；勇，天下之兇德也。

——《諭威》

本義　兵：兵器。兵是殺人的器具，所以是兇器；勇是用來威懾別人的，所以說是兇德。

今解　君王之所以高於他人，就在於他可以用特權來獲得自己所慾求的東西。於是人們便為這九五之尊而逐鹿天下，可見戰爭是由慾求帶來的。我們的先哲並不喜歡戰爭，知道"兵者，不祥之器"，所以"不得已而用之"。有甚麼不得已呢？"舉兇器必殺，殺，所以生之也"，殺人是為了救人。"行兇德必威，威，所以懾之也"，行兇德是為了懾服敵人，敵人歸順了，便可以不用"槍鼓干戈"了。對"兵"、"勇"一分為二地看，我們知道先哲對於協調"戰爭"與"仁義"這一對君王的法寶，浸入了多少心血。

兵勢險阻，欲其便也；兵甲器械，欲其利也；選練角材，欲其精也；統率士民，欲其教也。

——《簡選》

本義　角材：指將帥。教：訓練。

今解　戰爭是不可避免的，"義兵"更應該興，且戰爭得符合一系列條件才能取勝。將帥必須精明，懂得為將之道，知道"將在外君命有所不受"，從而能因地制宜，按照實際情況佈陣迎敵。武器裝備又必須精良，士兵必須受過良好訓練。孔子說："以不教之民戰，是為虐民。"如果以為自己舉兵合乎民心便可恃此橫掃天下，實是癡人說夢，仁義之師是取勝的必要條件，但不是充分條件，只有各方面條件都具備時才會大獲全勝。

夫兵有本幹：必義，必智，必勇。

——《決勝》

本義　本幹：根本。

今解　戰爭獲得勝利所必備的條件是：義、智、勇。自己興的是仁義之

師，那麼敵兵必是不得民心，不得民心必然上下交怨，不能團結對敵，且會發生內訌；有智謀就能順天而變，掌握時機和進退之道，知道敵我虛實；有勇則能果斷作出決定，理直則氣壯，氣壯則勇，狹路相逢勇者勝，勇者可以寡敵眾。這些都是古代兵家在實踐中總結的經驗，對於後世影響深遠。

得民心則賢於千里之地。 ——《順民》

本義 得到民心比得千里之地更好。

今解 文王在岐時事紂，因很恭敬，按時上朝，按時上貢，祭祀合禮，所以紂王很高興。命文王為西伯，並賜給他千里之地，但文王卻跪拜請求願用千里之地換得紂王不用炮烙之刑，以此來換取人心。因為文王時代人們已經知道，民眾是天下最寶貴的，是萬物之長，虐民是不合天道的。只聽過因德加於民而得民心立大功的事情，卻沒有失民心而成大事業者。只要辦了民眾所希望的事情，民眾就會傾心於他。文王正是因這一點才以周之弱國一舉而克殷的。

德也者，萬民之宰也。 ——《精通》

本義 德是萬民真正的主宰。

今解 到春秋末期，由於生產力的發展人們提高了征服自然的能力，統治階層感到神不靈了。所以《左傳・僖公五年・宮之奇諫假道》中，宮之奇說"鬼神非人實親，惟德是依"；《周書》也說"皇天無親，惟德是輔"，"民不易物，惟德繫物"。就是說如果無德，鬼神不會保佑，民眾必會離棄。

工有不當，必行其罪，以窮其情。 ——《孟冬》

本義 行：判決，執行。窮：窮盡，即斷絕。工匠的活做得不恰當，就要判罪並執行，以斷絕他的巧詐之心。

今解 這句話在文章中的意思是：工匠不應用自己的技術來做一些巧淫的東西，免得因此而擾亂君主的心思，使君主行為失當。君主不被甚麼奇珍異寶所迷惑是對的，斷絕臣下以貢獻巧淫之物來獲得主上歡心的做法也是對的，唯一不對的是文章的作者把君主的昏惑全歸罪於臣下。須知一個意志很堅強的人是不會被外物打動的。

知生也者，不以害生，養生之謂也；
知死也者，不以害死，安死之謂也。
——《節喪》

本義 害：妨害。安死：死後得以安寧。不取害生之物來養生，不為害死之事以安死。

今解 凡生於天地之間的萬事萬物都有消亡之時，人亦不免一死，人死之後留下的無非是父母的戀子之情，子女們的思念之情。生者不忍把死者丟到荒郊野外，所以有了埋葬一事。葬得淺，怕被野獸們糟蹋作踐；深了，又怕水氣浸濕腐爛。於是又選擇丘陵之地，使用棺材，周圍積石積炭，這些都無可厚非。然而有些不通生死之道的人硬要在墓中放入鐘鼎壺皿、金銀珠玉做給別人看，以此來顯示自己多麼孝順。然而不曾想，人之為利，不惜肝腦塗地去盜墓，不僅陪葬被盜，還會讓死者不得安寧，屍骨狼藉。

先王之葬，必儉，必合，必同。
——《安死》

今解 人必有一死，死後其親戚子女不為死者考慮，而以厚葬為風尚，以節儉為鄙陋，他們想到的只是別人對自己的誹譽，而不是以一個慈親孝子的身份來安葬親人。致使死者墳墓被盜，骸骨暴露。墳墓被掘，死者必受辱，而掘墓的原因是有利可圖。所以聖人提出葬事必儉，必合，必同。葬於山林則合乎山林，葬於阪隰則同乎阪隰。這樣生時自然撫養，死後復歸自然，何其灑脫。

其知彌精，其所取彌精；其知彌
粗，其所取彌粗。
——《異寶》

本義 彌：越。精：精微。

今解 人越有學問，他對於事物的態度、世界的看法就越通達，觀察力就越深刻，思想也就越睿智。宋國的一個農夫，獻玉給子罕，説："這是我的寶貝，願相國笑納。"子罕説："你以玉為寶，我以不貪為寶，我受了你的寶，那麼咱們兩人的寶都沒了。"子罕不是不

愛玉，而是因為愛玉有害於他的德。孫叔敖不讓兒子受好地，而讓
他受貧地，因為貧地沒人要，所以也就不會失。孫叔敖想的是永久
的擁有。他們都是歷史上的"彌精"者，給我們以深刻的啟示。

萬物不同，而用之於人異也。　　　　　　　——《異用》

本義　不：丕，語助詞，無意。

今解　水與火，生活中離不開，因為人們用以維持生命，但陷於水深火熱
之中，則是說人困於水火而不得活。弓箭，本來是人們用以射殺野
獸保全性命的，但戰爭中，它卻只有傷人才能立戰功。同樣的聰
明，有人用它做壞事，有人用它定邦國。同樣的財富，有人用它侵
人財地，有人用它扶危救國。物之用，實際關係到治亂存亡，不得
不慎重。

至忠逆於耳，倒於心。　　　　　　　　　——《至忠》

本義　倒：逆。

今解　古代要求"臣事君以忠"，孔子對"忠"的解釋是"陳位就列，不
能則止"。即當君王不能聽進自己的言論時，固然應當幾次進諫，
但決不死諫，不聽就走。所以孔子終身奔走於各國之間而不固執
一端。但到後來對"忠"的解釋漸漸發生了變化，到戰國時講"至
忠"。因為"忠言"總是惹君王不高興，君王一旦發怒，其怒火就
會一股腦兒地發泄在進忠者的身上。進忠者或生或死也就靠君王的
賢與不肖來決定了。

士議之不可辱者，大之也。　　　　　　　——《忠廉》

本義　議：家法。士所訂之家法，不可辱這一條最重要。

今解　《孟子·公孫醜上》曾說北宮黝"思以一豪挫於人，若撻之於市朝，
不受於褐寬博，亦不受於萬乘之君；視刺萬乘之君若刺褐夫；無嚴
諸侯；惡聲至必反之"。作為士的他不受一點侮辱，受一點侮辱都像
在鬧市被人羞辱一樣，不管誰羞辱他，他都報復，殺君主跟殺布衣
一樣。也正因為這樣，他們才看不起富貴錢財，看不起權勢。故而
有勢不會貪，處官不會諛，為將不會逃，所以"世主以為廉而禮之"。

苟便於主利於國，無敢辭違，殺身出生以徇之。

——《忠廉》

本義 辭違：語言違背。出：捨棄。徇：保衛。

今解 這講的是古代對臣愚忠的要求。即不管其主如何，只要便利於主的，都要努力去做，不僅言辭上不能露出一點不情願，即使殺身棄生也在所不辭。涉及到國的問題，為了國家的獨立與尊嚴，確實應該殺身成仁，頑強抗敵，但在古代，國與君是一個概念，國家是君主的國家，百姓只是君主的私有財產，所以這是一種愚忠。

所貴辨者，為其由所論也。

——《當務》

本義 辨：同"辯"。論：論定。

今解 此條講儒家的"辨"。儒家以懂得天地之道的人為聖人，以戰爭中率先衝鋒的人為勇者，以捨己救人為義，以明於時務為智，以物濟人為仁。可是大盜蹠卻以能詰計被偷者的錢財多少為聖人，以偷時的先入為勇，後出為義，知時為智，均分為仁。所以儒家認為這種"辨"不如無辨，要辨就應按他們論定的"辨"來辨。

所貴信者，為其遵所理也。

——《當務》

本義 理：儒家的理。

今解 此條講儒家的"信"。儒家以為父子如果偷竊，則"父替子隱，子替父隱"，是"信"。可是楚人直躬則把父親告到官府，又替父受刑，以為這是"信"。所以儒家認為直躬之信，不若無信。

所貴勇者，為其行義也。

——《當務》

今解 此條講儒家的"勇"。只有"行義"的勇才是真正的勇。

所貴法者，為其當務也。

——《當務》

本義 法：慣例，條例。當務：合於時務。

今解 此條講儒家的"法"。儒家認為"法"之所以寶貴在於可以作為行事的準則，從而便於事情的正常進行。可有些人卻認為應"法先王之法"，"先王之法不可變"，結果使得"法"不僅失去了其價值，而且起了反作用。所以儒者在講了"辨而不當論，信而不當理，勇而不當義，法而不當務"後說，這些亂了儒家的"辨"、"信"、"勇"、"法"的人是頭昏乘快馬，無理智舞"干將"，必定使得天下大亂。

智所以相過，以其長見與短見也。　　　——《長見》

本義　長：遠。智力高低的不同，表現在看得遠與看得近。

今解　能料事於未發之時是為先見。儒家說：聖人上知千歲，下知千歲。兵家說：運籌於帷幄之中，決勝於千里之外。陰陽家說：上知天文，下知地理，能預卜人之吉凶禍福。古代人認為：當今對於古代來說，猶如古代所說的後世；當今對於後世來說，猶如當今所說的古代。所以審察當今就可以知古，古今前後是相通的。

士之為人，當理不避其難，臨患忘利，遺生行義，視死如歸。　　　——《士節》

本義　理：道理。遺：遺棄，猶不顧。歸：回家。士為了理、義，可以不顧生命。

今解　古代的士有士節，他們講究"理"，講究"義"，苟"義之所在，雖赴湯蹈火而在所不惜"，常常"捨生而取義"。對於"理"，他們認為如果有理，則"千萬人吾往矣"。他們可以說是"威武不能屈，貧賤不能移，富貴不能淫"的好漢。士逐漸發展成後來的俠客，唐代的偉大詩人李白有一首《俠客行》，可以說淋漓盡致地勾勒出他們豪邁而灑脫的形象。他們的許多優秀品德都被後人繼承下來，成為我們中華民族共同的精神財富。

賢主勞於求人，而佚於治事。　　　——《士節》

本義　勞：勤。佚：同"逸"，休息。賢明的君主致力於挖掘人才，而在具體辦事時卻放手讓臣下幹，自己很安逸。

今解　天下有九州，九州有萬民，萬民有萬事。在古代君主專制的體制下，君主要牢牢地把握住國家政權。聰明的君主不在於事無巨細必親自過問，而在於發現人才，任用人才，使千萬人的智力為我所用。唐太宗看到新科進士魚貫而入時得意地說："天下英雄盡入吾轂中矣。"

以富貴有人易，以貧賤有人難。 ——《介立》

本義　以：憑着，依恃。

今解　一般來說，人富貴時結交人很容易，貧賤時結交人很難。因為富貴時所結交的人，是衝着他的錢財去的，所以利盡而交疏；而貧賤時所結交的人則是君子，因為只有君子之交才淡如水。君子與他交往是因為他有某種品德值得交，並非貪圖他甚麼錢財，這種交是患難之交，是長久的交。

石可破也，而不可奇堅；丹可磨也，而不可奇赤。 ——《誠廉》

本義　磨：磨切。石頭可以擊碎它，卻不能改變它的堅硬；丹石可以磨平它，卻不能改變它的赤色。

今解　這是以石與丹來比喻人的本性不可改，誠如江山易改，本性難移。

不以人之壞自成也，不以人之庳自高也。 ——《誠廉》

本義　壞：傷，即不全。庳：矮。

今解　不要以別人的失敗來襯托自己的成功，不要以別人的矮小來映襯自己的高大。

世之人主，得地百里則喜，四境皆賀，得士則不喜，不知相賀，不通乎輕重也。 ——《不侵》

本義　四境：指舉國。君主重地輕士，是不知輕重。

今解　士人因君主的知遇之恩而以身相報。他們不為利動，不為勢動。君主若可得到士，則大可得天下，次之可定一國，最下者亦可保證自己生命的安全和尊嚴不受傷害。可是君主往往重視土地，傾心於擴展疆域，而不重視士人。

上揆之天，下驗之地，中審之人。
若此則是非可不可無所遁矣。
——《序意》

本義　揆：推測揣度。驗：檢驗，驗證。審：審察。遁：逃，避。

今解　古人對於事物事理的考察大都因為當時物質條件與科學發展的限制，而局限於形象思維，大多用類比的方法概括一般的規律。所以他們説：在上探討天的規律時，不逆天就是順，順天則事物能夠發展，生生不息。在下探討地的道理，不擾亂地的安排就能穩定，能穩定社會就能安寧。天地之中，定人倫信義，人都講信義，社會就會繁榮昌盛。

私視使目盲，私聽使耳聾，私慮
使心狂。
——《序意》

今解　古人講如果任由自己的耳、目、心，私聽、私視、私慮，而不法天、地、人之理，則智慧變成了邪惡，會使福氣日漸消亡，而災難降臨。

天地有始，天微以成，地塞以形。
——《有始》

本義　始：創始。微：細微。塞：充塞。

今解　聰明的古代人除了關心衣、食、住、行、社會、人倫外，也關注宇宙的形成。陰陽家認為，天地的初始，是以“有”為根本的，細微的東西就像塵埃飛揚一樣上升成為天，重濁的東西則凝滯充塞於一處而成為地。道家的代表人物老子則以“無”為天地形成的根本，説“無名為天地之始”。即天地是由一個哲學概念“無”生成的。

天地合和，生之大經也。以寒暑日月
晝夜知之，以殊形殊能異宜説之。
——《有始》

本義　合：和。經：道。能：功能。宜：合宜。説：説明。

今解 古人探討了物的本源，道家的老子説：“有名為萬物之始。”上述所引為陰陽之説，認為天地陰陽之氣合和是萬物生成的大道，陰陽集天地之精而成寒暑，寒暑散精而生成萬物。所以從四時、日月、晝夜的運行就可以知道這一大道。因為萬物不同類、不同形，而各有各的功用，不能相互取代，所以用它來説明這一大道。

天地萬物，一人之身也，此之謂大同。
——《有始》

本義 同：一樣。

今解 陰陽家以“先驗小物，推而大之，至於無限”的方法來説明天地萬物就像人的身體，有耳、目、口、鼻之不同一樣，各有功能而不可相互代替。即天地萬物與一人之身同理，他們把這叫做“大同”。這無形中符合了系統論，即萬物都有一個系統。

凡帝王者之將興也，天必先見祥乎下民。
——《應同》

本義 興：興起。見：顯現。祥：祥瑞。

今解 古代的陰陽家認為“天樹萬物”，皆有“其類”。故而努力探索國家的興亡之道，指出禍福的由來，並總結出一套五行學説。説但凡帝王興起之前，上天都降祥瑞，並以黃帝興起時出現大蚯蟻、禹興起時草木秋冬不死、湯興起時天現金刃於水、文王興起時玄鳥銜丹書於周社等傳説來論證土、木、金、火、水的循環相生相剋。

類固相召，氣同則合，聲比則應。
——《應同》

本義 類：同類。召：召喚。合：和。比：鄰近。應：應和。具有同一屬性的事物會互相招致。

今解 陰陽家在總結出社會歷史發展的五行循環規律後，進一步探討了社會人倫關係的規律。認為萬物均有各自的質，具有同一質的事物自會互相招致。同一稟性的人自然走到一起，鄰近的聲調必然相互和鳴，就像擊大宮則小宮應、擊大角則小角和一樣，而破壞了其相互感召的向心力，則事物就聚不到一起。

子不遮乎親，臣不遮乎君，君同則來，異則去。

——《應同》

本義　遮：止。與君主同氣則來，不同氣則去，不考慮甚麼君親。

今解　對於親，孔子說："父替子隱，子替父隱。"孟子說到舜父犯法該如何辦時，講先繩之以法，後負父潛逃。對於君，孔子說"臣事君以忠"，"幾諫而後止"。孟子講"君視臣如股肱，臣視君如心腹；君視臣如草芥，臣視君如寇仇"。到後來儒家發展了三綱說，"君叫臣死，臣不得不死；父叫子亡，子不得不亡"，講"文死諫，武死戰"的愚忠愚孝。陰陽家則不同，他們在"氣同則合，聲比則應"的理論上講"君同則來，異則去"，"君雖尊，以白為黑，臣不能聽；父雖親，以黑為白，子不能從"。

平地注水，水流濕；均薪施火，火就燥。

——《應同》

本義　注：傾倒。濕：潮濕，此處指低窪之地。均：均勻。施火：放火。燥：乾燥。

今解　此則也是陰陽家言。與"類固相召，氣同則合，聲比則應"講的是同一道理。水之所以流向低窪之處，是水有向低處流的特點；火之所以先燃乾燥之薪，是符合水分越少的東西越易燃的特點。

世之聽者，多有所尤，多有所尤則所必悖矣。

——《去尤》

本義　尤：贅。這裏指公正之外，另有所偏重。

今解　世上人看待事物時，不能以公平合理之心去揣度，而是在理性之外附加了自己的主觀愛憎之情。這樣，他對於這一事物所下的定義、評說必然不是至當懇切之言。

聽言不可不察。

——《聽言》

本義　察：審議。

今解　這是很簡單又很耐人尋味的一句話，首先人說"眾口鑠金"、"三

人成虎"，又説"千夫所指，積毀銷骨"，是指輿論的力量之大，
使得聽者不能不受到感染。曾參母聞子殺人的故事就是一例。
其次，因為聽言者心中有所偏私，所以必須對聽來的話審慎地
考察。

事行功，功先名，名先言，言先事。　　——《聽言》

本義　第一個"事"指舉事，第二個"事"指事情。

今解　想要舉事先得揣度其有功無功，想要揣度其功先要看它是否名正言
順，想要使它名正言順則必須探討其計劃的可行性，想要知道它的
可行性就得審察事情的真相如何。這是舉事的規律。

善不善，本於利，本於愛。　　——《聽言》

本義　辨別好不好的根本就在於是否有"愛利"。

今解　人之情都知道愛其親利其親，愛其身利其身。君主治國，不能因愛
利自身而妨害了天下人。司馬遷在《史記·貨殖列傳》中説"天下
熙熙，皆為利來；天下攘攘，皆為利往"，並説"其善者導之……
最下者與之爭"。

不學而能聽説者，古今無有也。　　——《聽言》

本義　聽説：此處指聽別人有益的進言。

今解　孔聖人説："人非生而知之。"他十五歲"有志於學"。禹"一沐而
三捉髮，一食而三起"，為的是向有道之士學習。問己所不知，"學
而後知不足"，學習的結果是學問與智力的雙重提高，只有學習了
才能自覺思考、明辨是非，節制嗜慾，使自己保持清醒的狀態，聽
別人有益的進言。

不知而自以為知，百禍之宗也。　　——《謹聽》

本義　宗：本，根源。

今解　明明不知卻自以為知，這是禍亂發生的根源。人貴有自知之明，孔
子曰："知人者智，自知者明。"

主賢世治，則賢者在上；主不肖世亂，則賢者在下。

——《謹聽》

本義 在上：指在殿堂之上，即為官。在下：指在江湖之中，即不為官。

今解 主賢世治，天下有道時，賢者就出來做官，天下無道，主不肖而世亂時，賢者就退隱了。孟子說："達則兼善天下，窮則獨善其身。"表現了積極昂揚的奮鬥精神和強烈自覺的社會責任感與使命感。

俗主之佐，其欲名實也，與三王之佐同，而其名無不辱者，其實無不危者，無公故也。

——《務本》

本義 佐：輔佐。名：聲譽。實：實利。輔佐平庸之主的人因為只有私心，所以名實都得不到。

今解 這是說臣下要以大公無私的精神輔佐君主，才能名實雙收。古代是"家天下"，臣下的安危榮辱繫於君主，君主的命運決定於民，而牧民之職則非臣下莫屬。所以臣下如不能替君主着想，而只考慮自己能不能顯貴，如果臨財則貪得，身居其位而不盡其責，文不能諫，武不能戰，那麼這個國家的整個統治機器就會癱瘓下來，君主不得安寧，臣下也不能顯榮。只有君臣齊心，國勢昌盛，臣下才能得到君上的賞賜，君臣才能俱得安泰，共用榮華。

古之事君者，必先服能然後任，必先反情然後受。

——《務本》

本義 服：具備。反情：內省。受：受祿。有能力才去作官，有功才去受賞。

今解 古人講"陳力就列，不能者止"。如果自己無能，卻高喊着用了自己可以使國強盛，必會誤國。孔子說："子率以正，則孰敢不正。"孟子說："君子德風，小人德草。"有甚麼樣的官就有甚麼樣的民，所以自己不可勉強去上任。古人還講"無功不受祿"，"苟非己之所有，雖一毫而莫取"，若取了則有愧於心，又何談享受，所以說"反情然後受"。

詐誣之道，君子不由。
——《務本》

本義 由：用。

今解 古人認為，如果功勞不大卻妄想得到厚賜，是誣；如果根本就沒有功勞卻幻想着榮華富貴，便是詐。通過詐誣而求得顯達的方法，正人君子是不用的。

務在事大。
——《諭大》

本義 一定要從事大的事業。

今解 古人說："祈乎大者得乎中，祈乎中者得乎下，祈乎下者，不知其所之。"近人說"志當存高遠"，"立大志，立恆志，不恆立志"，都是對此條的詮釋。

小之定也必恃大，大之安也必恃小。
——《諭大》

本義 定：安定。恃：依仗。

今解 小的定要依靠大的安，大的安要決定於小的定。天下大亂，國不可能安，一國大亂，家不可能安，一家盡亂，則無處安身。從大者說是覆巢之下，無有完卵；從小者說是千里之堤，潰於蟻穴。

務本莫貴於孝。
——《孝行》

今解 這是儒家樂正子春一派的言論。他們主張在知輕重的基礎上，注重個人的精神修養與節操。他們認為君主孝則名聲顯赫而臣下敬服。臣下孝則為官廉潔而對君心耿耿，能為君父獻身而求大義。士民孝，則耕耘賣力，打仗頑強。因此他們總結說"執　術"而能使得有百利而無一害，天下都能服從的只能是"孝"，孝是三皇五帝的根本，是萬事萬物的綱紀。

刑三百，罪莫重於不孝。
——《孝行》

本義 不孝的罪是最大的。

今解 在二千多年的古代統治中，不孝一直是十惡不赦的大罪。

士有孤而自恃，人主有奮而好獨者，則名號必廢熄，社稷必危殆。

—— 《本味》

本義 孤：孤傲。奮：矜持。熄：滅。士與人主不能相得而樂，卻各自孤傲矜持，他們的名號不得顯，社稷將危亡。

今解 劉備三顧茅廬，感動 "不求聞達於諸侯" 的諸葛亮走出隴畝，與眾將窮思竭志，浴血奮戰，為無一立錐之地的劉備分得一份天下。這是 "士不孤而自恃，人主不奮而好獨" 的結果。

審近所以知遠，成己所以成人。

—— 《本味》

本義 審：考察。成：完善。

今解 《論人》篇講："太上反諸己，其次反諸人。"《先己》篇說："成其身而天下成，治其身而天下治，為天下者不於天下於身。"可與此文相互印證，講的都是推己及人，成己而後成人的道理。

聖人之見時，若步之與影不可離。

—— 《首時》

本義 聖人見機而動，如同影之隨人。

今解 人講 "機不可失，時不在來"。春秋時先軫說："敵不可縱，違天，不祥。"認為戰機實在是上天賜予的，不抓住，會辜負上天而受到懲罰。姜子牙抓住時機七十而釣於渭濱終於釣住了文王這條大魚，成就了一番大業。

事之難易，不在小大，務在知時。

—— 《首時》

本義 事能不能成，不是事大事小的問題，而在於時機是否恰當。

今解 本文講事情成功與否在時機，時機一到，布衣可以成天子，卑賤可以成宰輔。所以有道之士不必急，只需韜光養晦，勤以待時就可以了。

善教者，不以賞罰而教成，教成而賞罰弗能禁。

—— 《義賞》

本義 成：成就。善於治理民眾的，不靠刑罰而靠教化。

今解 繼孟子、荀子性善性惡的辯論之後，陰陽家認為人的性情、習慣、道德面貌的形成是教化的結果，教化使“忠信親愛之道”日益彰明，久而久之則“民安之若性”。

賞罰之所加，不可不慎。 ——《義賞》

本義 賞與罰要慎重。

今解 防奸杜邪，移風易俗，一是教化，二是賞罰。教化的功效大，但時間長，見效慢。賞罰則可立即使有功者得賞，有罪者得罰。賞賜與懲罰之時要三思而後動，以民眾的利益為最高標準。

成乎詐，其成毀，其勝敗。 ——《義賞》

本義 詐：這裏指詭變用奇。

今解 此句是説：成功與勝利，不是由正道得來，那麼所成就的必定會毀掉，勝利也是失敗。

有所自而得之，不備尊理，然而後世稱之，有功故也。 ——《長攻》

本義 自：從。備：盡，完全。尊：循。行事不完全遵循情理，可是因為有功，後世仍是讚譽。

今解 千秋萬代，功過由世人評説。而有功之人，行動不完全符合常理，往往也會得到世人的諒解。

功名大立，天也；為是故，因不慎其人不可。 ——《慎人》

本義 慎：謹慎。人：人事。立大的功名，雖是由上天決定的，人為的努力卻絕不可少。

今解 一個人能否成大業得看時機，但機遇只垂青那些做好了充分準備的人，桀紂為惡，當時諸侯八百，為何只有成湯、武王得天下？堯禪位，為何能選中舜？舜又為何能選中禹？是因為他們本身所具有的才能。孟子説：“夫天不欲平治天下，天若欲之，當今之世，捨我其誰？”因為他自認為平日“善養吾浩然之氣”。

盡有之，賢非加也；盡無之，賢非損也。

——《慎人》

本義　損：減少。賢不因有或無天下而增加或減少。

今解　一個人的品性是不因地位或別人的毀譽而改變的，他處高官，有天下，他賢，他為平民，無天下，他的賢也不會減少。

凡遇，合也，時不合，必待合而後行。

——《遇合》

本義　遇：遇人。合：合時。投靠人主，必須時機成熟，時機不成熟就等待。

今解　春秋末期，天下大亂，有道之士，紛紛東奔西走，干謁諸侯，以期行己之道於天下，孔子終日奔走，便是等待時機成熟。

君子必在己者，不必在人者也。

——《必己》

本義　萬事在自己的合時宜，不要苛責旁人。

今解　中國傳統文化中，以"嚴於律己，寬以待人"為準則，強調對於自我的修養和自我人格的完善。

賢主於安思危，於達思窮，於得思喪。

——《慎大》

本義　窮：約，即不顯達。

今解　老子《道德經》說："禍兮，福之所倚，福兮，禍之所伏。""塞翁失馬，焉知禍福"的故事是對這句話的詮釋。一個賢良的君主在國家安定時不忘記危亡，昌達時不忘記窮約，得利時不忘記喪失。

勝非其難者也，持之其難者也。

——《慎大》

本義　勝利並不難，難的是守衛勝利的果實。

今解　唐太宗曾總結"打江山難，守江山更難"。這深刻的道理與此條同。

小利，大利之殘也；小忠，大忠之賊也。
— 《權勳》

本義　殘：害。小利、小忠對於大利、大忠是有害的。

今解　古人認為"小忠"應服從於"大忠"，"小利"應服從於"大利"。成全了"小忠"，則害了"大忠"；貪圖了"小利"，必將吃大虧。

賢主之畜人也，不肯受實者其禮之。
— 《下賢》

本義　畜：畜養，此處指拉攏。實：實物。禮：敬重。

今解　魏文侯拜見段干木時，立在一旁，很疲倦了但不敢休息，回來與相國論事則"踞坐"在堂上，相國不服。魏文侯說："既受吾實，又責吾禮，不乃難乎。"其意思很明白，你受我的官祿，理所當然要為我服務，而不受我官祿的人我則不得不以禮敬之了。

堪士不可以驕恣屈也。
— 《報更》

本義　堪：高。屈：屈至。高士不可用驕橫的方法來招至。

今解　古語云："女為悅己者容，士為知己者死。"士講求的是"同氣"，只要氣味相投，引為相知，則雖為之赴湯蹈火，粉身碎骨而在所不惜。這就是伯牙為鍾子期而摔了他視如性命的琴，要離之刺慶忌功成而又身死的原因。高士視天下如敝屣，視富貴如浮雲，無利慾之心，無世俗之念，所以驕橫傲慢，委屈他們，他們不會以身相報。

智者之舉事必因時，時不可必成，其人事則不廣，成亦可，不成亦可。
— 《不廣》

本義　前一"必"指一定，後一"必"指肯定。時：時機，天時。廣：廢。成就大事一定要合於天時，但人事上一定要盡心。盡了心，成與不成都不會遺憾。

今解　聰明人要幹成一件事，他的預期目標決定了他必須盡力去創造各種成功的條件。如果說他沒有盡力，導致了事情的失敗，則他的內心肯定會懊悔不已，產生如王安石《遊褒禪山記》中"力不盡"而止的遺憾。

三代所寶莫如因，因則無敵。 ——《貴因》

本義 因：即因勢、因時的意思。萬事能因其性，則萬事能成。

今解 自荀子提出"人定勝天"的觀點後，後人對此便有兩種解釋。一種是人們能夠把握大自然的脈搏，從而與大自然一起跳動，生生不息；一種是用人的力量改變大自然的脈搏，叫大自然按人的預想來加快或放慢它的進程。但無論採取何種方式，都必須因時順勢。

世易時移，變法易矣。 ——《察今》

本義 法應因時因世而變。

今解 變革是社會前進的動力。社會是不斷發展的，法也必須符合社會發展的規律，不能一成不變。

有道者之言也，不可不重也。 ——《先識》

本義 要重視有道之士所說的話。

今解 有道之士有深厚的歷史文化底蘊，加上自己的智慧與思考，便可以高瞻遠矚。他們一言或可以興國，或可以覆鼎，他們的話君主不得不重視。

有道之士，必禮必知，然後其智慧可盡也。 ——《觀世》

本義 知：理解，必須理解並禮待有道之士，他的智慧才能徹底發揮。

今解 君主為國家計，應以"去俗甚遠"的禮節來善待有道之士，使千里馬常展蹄放奔。

智亦有所不至。所不至，說者雖辯，為道雖精，不能見矣。 ——《悔過》

本義 辯：宏辯。精：微妙。見：明瞭。謀臣的意見再高明，君主的智力達不到，也不能被採納。

今解 此文承上文的意思，說君主之所以不能接受臣子的遠見卓識，是因為"智不至"。這有兩種狀況，一是君主的智力低下，反應遲鈍；二是君主的智力過人，剛愎自用，自命龍種，聽不進人言。而後一種往往居多，正因為如此，齊桓公九合諸侯，卻不信仲父之言，親近豎刁、易牙，以至死後三月不葬，蠹蟲流屍；秦穆公千里襲鄭，不信蹇叔忠告，終至喪師，三帥為虜。

誠能決善，眾雖喧嘩而弗為變。 ——《樂成》

本義 決：決定。善：善事、善人。喧嘩：此指誹謗攻擊。

今解 賢明的君主在認定一個人才後，就放手讓他發展，決不因眾人的議論而動搖對他的信心，魏文侯信任樂羊而成大功就是一例。

治亂存亡，其始若秋毫，察其秋毫，則大物不過矣。 ——《察微》

本義 秋毫：動物的毫毛，一年中，秋天最細微，比喻極微小的事物。物：此指事。

今解 治亂興亡之跡，當然不可能像高山與深谷，白堊與黑漆一般差異燦爛分明。使人都能一眼判斷出是是非非。大事往往是由極細微的萌芽逐漸發展起來的。這就要求政治家們要明察秋毫，及時地判斷出處於萌芽狀態的事情的起因，努力把災禍消滅於細微之時。這樣，大的災禍也就根本無從談起了。

凡人必別宥然後知。 ——《去宥》

本義 別：棄去。宥：同"囿"，指有所拘泥而見識不廣。

今解 人之所以不知，是因為視野不廣闊因而不能進行清醒的思考，準確的判斷。

名正則治，名喪則亂。 ——《正名》

本義 治亂的關鍵在於是否正名。

今解 名家學派講"正名"，因為"名"是依"刑"來定的，有名分職責之
意。認為名分不合於法，就會引起職責不清，越俎代庖。這樣判定
是非、賢與不肖，就失去了客觀標準，從而使得君王昏亂，社會無
序。而那些巧辯之人則憑着如簧之舌，信口雌黃，把善說成不善，
賢說成不賢，顛倒黑白是非，從而使得天下大亂。所以天下要治，
必先正名。

人主出聲應容，不可不審。

　　　　　　　　　　　　　　　　　　　　　　　——《審應》

本義 出聲：說話。應容：應人以容。即對人所說話的面部反應。

今解 大凡賢明睿智的君主與臣下論事時，是不先發表意見的，他定是
靜聽臣下暢所欲言。臣下議論時，君主採取虛懷若谷的態度，而
不顯現對於哪一方感興趣而喜形於色。因為君主是高高在上的，
掌握着生殺大權，你的出聲應容不慎，則可能被一些善於察顏觀
色、見風使舵之徒察覺，而順性下藥。這樣你的耳目所見皆合你
意，使你昏惑，無形中壓抑了那些不同的聲音，只見樹木而不見
森林。

靜者無知，知乃無知，可以言君道也。

　　　　　　　　　　　　　　　　　　　　　　　——《君守》

本義 君道：為君之道。

今解 法家認為，耳目所得與知巧不足為君道。為君要修其數，行其理，
在靜中求得數、理。所以法家主張閉門靜居，自己的慾望不外泄，
外人的慾望不能入，這樣達到無識無事的地步。只有無識無事，臣
下個個才恪盡職守，不敢懈怠，責職分明而萬事有條不紊。這樣天
下將繁榮而昌盛，君貴而臣榮。

失之乎勢，求之乎國，危。

　　　　　　　　　　　　　　　　　　　　　　　——《慎勢》

本義 勢：即在上之勢，優勢。失去了在上之勢，而想保有國家是不可能
的。

今解 這是法家之言，說君王一定要保持各方面的優勢。如果失去了優
勢，就像吞舟的大魚被擱到了陸地，連小螞蟻都敢欺侮你。以眾凌

寡可以，以寡欺眾不行；以重壓輕可以，以輕壓重就不行。位尊則
說話有人聽，法威則奸邪不敢進，萬乘之君命令千乘之君行，反之
則不行。所以君臣的名分要確定，職責要分明，不能使臣下的權勢
過重。這樣君主就能保持優勢。

一則治，異則亂；一則安，異則危。

——《不二》

本義 異：不統一。

今解 法家以為治國必須用一家之言，春秋戰國老子講柔，孔子講仁，墨
子講廉，眾說紛紜，使人昏惑不知所從。只有統一法令，才能使萬
民同俗，萬眾一心。不論愚智工拙，工作時都能竭力盡能；不論勇
怯強弱，打仗時都能同進同退。這樣，沒有甚麼事不能成功。

聖人相諭不待言，有先言言者也。

——《精諭》

本義 諭：明白。聖人之間不用言語就可明白彼此要說甚麼。

今解 人說“心有靈犀一點通”，相互之間相處時間較久，共事多，彼此
間的一舉手一投足就能相互明白；而聖人，憑着閱歷的豐富，人性
的共同點，通過觀察人，不用言語也可以互相明白其心志。

言者，以諭意也。言意相離，凶也。

——《離謂》

本義 言是表達意的，言不達意就危險了。

今解 言是表達意的，言如果不能表達意，說出的話就言不由衷，那就危
險了。

察而達理明義，則察為福矣；察而以飾非惑愚，則察為禍矣。

——《不屈》

本義 飾：粉飾。惑：誤。

今解 認為只要察天下之道是為了達理明義，則這種察有利於百姓，能造
福於百姓，可以保留。如果察是為了文過飾非，迷惑百姓，則察是
禍害，要堅決取締。

立功名亦有具，不得其具，雖賢過湯、武，則勞而無功矣。 ——《具備》

本義 具：工具，即條件。

今解 要立功名，必須條件具備；條件不具備，即使像湯、武這樣的大賢人，也只能是勞而無功。伊尹曾經為人治庖廚，姜太公不得不做隱士去釣魚，不是不賢不智，而是條件不具備。

布衣人臣之行，潔白清廉中繩，愈窮愈榮。 ——《離俗》

本義 布衣：平民百姓。繩：規矩。百姓人臣行事，進退符合道，行為清廉，則愈窮愈榮耀。

今解 兩袖清風，廉潔公正的官，愈窮愈能顯示其正直。

動必緣義，行必誠義，俗雖謂之窮，通也；行不誠義，動不緣義，俗雖謂之通，窮也。 ——《高義》

本義 緣：由。誠：成。通：亨通。

今解 君子的窮達觀與俗人不同，他們一舉一動必合於義，行事則必使義成。孔子雖説“苟富貴可求也，雖執鞭之士而為之”。但又説：“不義而富且貴，於我如浮雲。”所以孔子困於陳、蔡而弦歌不斷。達亦樂，窮亦樂，他們認為因義而窮，窮就是達，就是通。如果功不當賞，就是賞也不要；罪當罰，就是赦也不樂。因不當而通，則通就是窮，就是困。他們行事只以是否有利於國、有利於主，是否無愧於心為標準，這就是他們講的義。

嚴罰厚賞，此衰世之政也。 ——《上德》

本義 衰世：沒落之世，這裏指亂世。嚴罰厚賞是亂世之政。

今解 太平盛世民風淳厚，奸邪自然潛息，根本用不上嚴罰重賞，所以説：嚴罰重賞，只是亂世或沒落之世才施行的。

民無常用也，無常不用也，唯得其道為可。　——《用民》

本義　役使民眾要妥當。

今解　古人睜着困惑的眼睛注視着戰國時期紛亂複雜的興亡畫卷，思索着為甚麼同樣的民眾，背叛桀、紂而歸順湯武。在這以民為本的社會，君如何役使民，民便會歸附於君？作者認為君使民不以其道，無愛心，不順其性，民就會背叛君，使他滅亡。

威不可無有，而不足專恃。　——《用民》

本義　加威於民不可過分。

今解　古人認為，治民要用威，但用威一定要有所施，即先以仁義治之，愛利安之，忠信導之，為民除災致福，這樣才能得民的信任，建立威信。如果對民沒有愛利之心，而一味恃威而行，則桀、紂就是榜樣。

使民無慾，上雖賢猶不能用。　——《為慾》

本義　使：假使。

今解　君主定要使人有慾，有慾則可能犯矢冒死，赴湯蹈火而不辭，這樣君主就可利用其慾而自利。所以"善為上者，能令人得慾無窮"。從而使"人之可得用亦無窮"。

君子責人則以人，自責則以義。　——《舉難》

本義　君子要求別人，從常人之性出發；要求自己，則從義出發。

今解　桓公用甯戚時，臣下因為甯戚是衛國人，不知其底細，要求打聽。桓公說：打聽肯定有小缺陷，因為小缺陷而否定他整個人，這正是做君主的失掉天下士的原因。所以他不同意臣下的提議。用人只要避其短而取其長，就能使得"人盡其材"。當然自我要求要嚴格些，以減少犯錯誤。

廢其非君，而立其行君道者。　——《恃君》

本義　非君：不行君道的人。廢去不行君道的人，而立行君道的人為君。

今解 伊尹學派認為，古人因為單個對抗不了自然，不能保證生命安全，所以群居群處。為了大家的利益，又選立出君王，所以君王之道是為大家謀福利，也因為此，天下亡國多少，而君道不廢。如果君王不能為天下謀福利，就是不行君道，就要把他廢掉，而改立能為百姓辦事的人做君王。

天下之士也者，慮天下之長利。 ——《長利》

本義 為天下所敬仰之士，考慮的是天下的長遠之利。

今解 伊尹學派不但以為有道的君主應以天下百姓為重，不私天下，有道的士也應以天下的長遠利益為計。他們要求天下之士即使現在有數倍的好處，而不利於後世也決不幹。他們讚美那些眼光遠大的人，而鄙棄那些目光短淺的人。

士下者，達乎死生之分，則利害存亡，弗能惑矣。 ——《知分》

本義 達士知道了為何生、為何死，所以利害存亡都不能使他迷亂。

今解 孟子說：「生，亦我所欲也，義亦我所欲也，兩者不可得而兼，捨生而取義也。」孔子說：「有殺生以成仁，無求生以害仁。」仁義，是志士的人生理想。伊尹學派要求達士知生死之分，認為命是不知所以然的，只能靠義來判斷。合於義，則能視死如歸；不合義，以死要挾也不會屈服。

治川者決之使導，治民者宣之使言。 ——《達都》

本義 宣：疏導。

今解 人說「防民之口，甚於防川」。治川不採用疏導的方法，而一味地阻截，那麼積水越來越多，總有潰決之時。國家政治不當，君王舉止失措，百姓必然有怨言，如果不讓百姓把心裏話說出來，則百姓憋在心裏，怨恨之情越積越深，等到有一天，必然像洪水一般傾瀉而下。君王必要使臣下暢所欲言，以臣下作為自己的鏡子；使百姓有話就說，把百姓作為自己行為的評判標準，這樣才能拭去身上的污點，減少錯誤。

人主之行與布衣異，勢不便，時不利，事仇以求存。執民之命，重任也，不得以快志為故。

——《行論》

本義　勢：形勢。執：掌執。志：心志。君主行事當與平民異。

今解　在春秋戰國那個戰亂時期，大國稱王稱霸，小國不斷滅亡。小國就如人家案板上的魚肉，隨時有被宰割吞吃的危險。作為小國之君，一來負有保國繼嗣的職責，二來掌握着全國百姓的性命。在大國的夾縫裏生存，不得不小心翼翼、殫精竭慮地去討好大國。小君主的日子真是委屈為難之至。目睹了戰亂危亡的士人，同情並深深地理解他們，已經不把它視作大節有虧了，進而把能否保國守民作為判斷小國君主賢否的標準。

亡國之主，必自驕，必自智，必輕物。

——《驕恣》

本義　亡國之主，一定是因為自驕、自以為聰明，從而輕視一切人而導致的。

今解　這是士從自身利益出發所說的話。因為君主自驕，一定慢士；自智，一定專橫。而士所期望的無非是得到君主的禮遇，並藉以展現自己的才能，成就一番功業。君主一旦自驕自智，無疑是堵塞了士的進身之路。然而士在為自己打算的同時，也道出了一些治國的真理。

聖人之所以過人，以先知，先知必審徵表。

——《觀表》

本義　徵：特徵。表：表現。聖人先知的原因在於善於抓住特徵、表現而識人識意。

今解　"上世竟於道德，今世竟於智謀。"所謂智謀，講白了無非是一些莫測高深的奸詐陰謀罷了。士為了為君所用，一定會隱匿真心而投君所好；君不能不洞悉其情而取優去劣，賞善罰惡。君有好惡，為了使自己的權力更加牢固，一定會處心積慮剪除異己。臣下不得不察顏觀色，以保全身家性命，而這些心與心的較量是一場智力的較量。勝者可以成王侯將軍，敗的可能亡身亡國。這就要求士和君王能夠從對方的一言一行中準確地判斷出其內心真正意圖。

天下之賢主，豈必苦形愁慮哉？執其要而已矣。

——《察賢》

本義　苦形愁慮：指形體疲憊，殫精竭慮。

今解　人們判斷君主的好壞，以他是否"勤政愛民"為標準。君王下功夫在擇賢、任賢、用賢上，萬事由臣下處理，而自己不必親自過問，事成則賞，事敗則罰。這樣，百官各盡其職，君主安逸而天下大治。事必躬親，結果可能也把國家治好了，但卻使自己形銷骨立，疲憊不堪。

聖王通士，不出於利民者無有。

——《愛類》

本義　通：通達。利民：有利於民。

今解　惠施流派認為，愛他物，卻對人不仁，不算仁；不仁愛他物，卻對人仁愛，還可算作仁。仁就是對於同類的仁愛，所以稱得上聖王通士的，其所作所為無不是為了他的同類，即百姓的利益。如果不是，他就不算聖王，不是通士。

力貴突，智貴卒。

——《貴卒》

本義　突：突發。卒：同"猝"，原指狗突然從草叢中出來趕人，這裏指快速。

今解　兵家講究速度，要求凡事快，不僅決策中講急智，而且在實用中也講急智。帥應運用智慧快速地下定決心，並攻擊敵人疏忽的方面。只有快才能保持銳氣，才能使戰爭的損耗降到最小。

君子計行慮義，小人計行期利。

——《慎行》

本義　計行：準備行事。慮：考慮。期：期望，這裏亦指考慮。

今解　君子立身行事，總是先考慮是否合義；小人立身行事，總是先考慮是否會帶來好處。所以君子總是心安理得，從而得到人們的擁護；而小人卻因為心懷鬼胎，終日忐忑不安。

使人大迷惑者，必物之相似也。 ——《疑似》

本義　大：特別。

今解　傳說墨子走到歧道上時大哭，因為此道可以南可以北，似向南又似向北。君主最害怕的也是這個。那些博聞強辯的人是否真的是通達之士，那些信誓旦旦的人是否真的忠心耿耿，都得詳細考察辨別。

強大未必王也，而王必強大。 ——《壹行》

今解　這裏談的是“強大”與“王”的關係問題。強大不一定都能成王，要想成王，除了強大外，還必須具備其他條件。王依賴甚麼能成？無非是威與利。不強大則無威，無威則不能令出必行；不強大則無利，無利則不能使民盡力。只有威盛利大，才能使得群臣效命。如果不知道如何用威用利才能使民得到好處，則威利反而起了反作用。所以想成就一番王霸之業的，就應重視這句話。

得言不可以不察。 ——《察傳》

本義　得言：聽到別人的話。

今解　孔子說：“學而不思則罔。”弟子從老師那裏聽到的都應思考，不思考就會迷惑。聽到別人的話，必須仔細地分析，一定要從人情、物理甚至實踐出發來進行有意識的判斷。

賢主所貴莫如士，為其直言也。 ——《貴直》

本義　賢主所看重的沒有比士更重要的，因為他能直言國君的過失。

今解　一代明君唐太宗說：以史為鏡可以知興亡，以銅為鏡可以正衣冠，以人為鏡可以知得失。士不論禍福只講理義，可以揭露校正君王的過失，所以賢明的君主貴士。

樂不適則不可以存。 ——《過理》

本義　樂：取樂。取樂過分，則國必亡。

今解 伊尹學派説，君王是為大眾的利益才產生的。那些爭王爭霸者，追求權勢富貴，一旦他們的取樂超出一定範圍，國家就會滅亡。

賢者之事也，雖貴不苟為，雖聽不自阿，心中理然後動，必當義然後舉，此忠臣之行也。

——《不苟》

本義 苟為：指不合於禮。自阿：自作阿媚之態以取悦於君王。

今解 此文説忠臣雖然為君王所倚重，但不合禮的事不幹；雖然君王對己言聽計從，但決不自作阿媚之態，一舉一動一定要合於理，合於義。

賢者善人以人，中人以事，不肖者以財。

——《贊能》

本義 善人：與人親善相好。以人：以人的為人之道。事：治事。財：富有財物。

今解 賢明的人與人相好，是看中他的為人之道；平常的人與人相好，是看中他能為自己辦事；不肖的人與人相好，是看中他的錢財。管仲雖然貧窮，但鮑叔牙仍然固執己見要桓公以管仲為相。因為他能為公子糾射殺小白（桓公），就能為桓公射殺別人，這是他的忠君之道。沈尹莖能夠使主上悦義，適味，心中歡愉，但卻一定讓荊王任命不能與世俗相融洽的孫叔敖為令尹，因為孫叔敖能行信義。

存亡安危，勿求於外，務在自知。

——《自知》

本義 外：自身以外。

今解 此句説君主只要讓臣下縱言自己的過失，自己就能知道自己的缺陷，不斷地完善自我，糾偏補漏，長保江山，不必再苦心求甚麼別的。

所歸善，雖惡之賞；所歸不善，雖愛之罰。

——《當賞》

本義 所歸：所歸附於己。善：好。惡：厭惡。愛：喜愛。

今解 主上的賞罰是否得當是關係到民心所向、天下興亡的大事，不得不謹慎。陰陽家説:"凡賞非以愛之,罰非以惡之。"法家説:"至治之國,有賞罰而無喜怒。"善或不善才是賞罰的真正標準。

先王知物之不可兩大,故擇務,當而處之。 ——《博志》

本義 兩大:指面面俱到。擇:選擇。務:事。當:適當。處:此處指施行或存有。人幹事不可能面面俱到,要成功,就要選擇適當緊要的事情幹。

今解 人的精力有限,只能選擇要緊的事務辦,所以先代一些聖王心中一存大志,就一定剪除那些雜念。智力平庸之輩,卻往往貪多,不自量力,結果一事不精,百事不成。

事多似倒而順,多似順而倒。 ——《似順》

本義 倒:逆,顛倒。

今解 萬事萬物,有利就有弊,有弊就有利。老子説:"善者,不善者之師;不善者,善者之資。"善與不善是共存而統一的,聰明人能從順中看到逆,從逆中看到順;從尺中看出短,從寸中看出長。如奢華一方面顯出富貴與大度,一方面預示衰亡與墮落一樣。

驥驁綠耳背日而西走,至乎夕則日在其前矣。 ——《別類》

本義 驥驁綠耳:均是良馬。背:背對。

今解 驥驁綠耳背對著日頭向西猛跑,以為日在地後面,然而天黑時,日頭仍在地前面。這則寓言説明有些人強於口舌之辯,往往犯理論與實際相違背的錯誤,從而指出"物多類然而不然",讓君主知道應以甚麼樣的態度來對待那些舌辯之士。

賢主有度而聽,故不過。 ——《有度》

本義 度:法度,此處指季子流派的不為私。賢主不為私利,所以無過。

今解 季子學派認為人主之所以有過是不能夠體察人情人性。人主不知道這個道理而一味搜求珍玩奇寶,從而使心意不通,德道不達。只要心中有個"度",就能執一統萬,使天下大治。

先王用非其有，如己有之。 ——《分職》

本義 賢明的君主能用自己不具備的才能或事物，就如同自己具有的一樣。

今解 君主只要懂得執"天下萬物各俱其職"這個"一"就可以"統萬"。"執一"則無智，無智慧使用眾人智。無智便無能，無能便使用眾能。對盡忠守職者，用天下的爵與祿賞之，反之則罰之。這樣就能使眾智眾能以及天下的爵祿之士為自己服務。

愚之患，在必自用。 ——《士容》

本義 愚人的病根在於剛愎自用。

今解 有許多人，聽到別人說話決不相信，以自己內心的想法為是，這是剛愎自用。又有許多人，聽到別人說話就以為是真理，而不按實際的情況加以驗證，這也是剛愎自用。他們所犯的錯誤都在於應信而不信，不應信而信，不知道以客觀實踐作為標準，以人情世故作為依據，進行靈活的、合理的判斷。

先聖王之所以導其民者，先務於農。 ——《上農》

本義 導：教化。早期的聖王教化百姓的首要任務是使其務農。

今解 戰國時期，出現了以許行為代表的農家，他們認為，務農的目的不是為了利，而是"貴其志"。務農能使民"樸"、"僮"，這樣民少私誼，好為上使用，且能使民有恆產而重遷徙，從而不輕易背叛君主，叫戰就戰，叫守就守。反之民捨本而逐末，如經商之類，就變得智巧而易遷，不利於君主的統治與使用。

天下時，地生財，不與民謀。 ——《任地》

本義 下：降。謀：商量。

今解 農家學派從重農的觀點出發，總結了一些務農的經驗。認為上天降下四時，地因時而能生財，君主不應在適於農耕稼穡之時，使民多服徭役，而使民失時。民也不應在此時置辦別的事業。由於上天並不與民商量何時冬，何時春，所以不論君主還是民眾都應適時而動，失時則無功而受饑荒。

兵家

千古韜略
高人奇謀
運籌帷幄
決勝千里

《孫子兵法》

　　《孫子兵法》，孫武撰。孫武字長卿，春秋末年齊國人，生卒年月未見史載，約與孔子同時期人。《孫子兵法》又稱《孫武兵法》、《吳孫子兵法》，簡稱《孫子》，是中國古代最著名的兵書，也是現存最早的一部兵書，宋代朝廷頒定的“武經七書”之一。它由孫武草創，後經門下弟子整理而成，約成書於春秋戰國之交，原書13篇。《孫子兵法》在戰國末期和漢初已經流行，當時流行的就是“十三篇”文本，“世俗所稱師旅，皆道《孫子》十三篇”（《史記·孫吳列傳》）。到漢成帝時，任宏論次兵書，定著《吳孫子兵法》82篇，圖9卷。但後來由於各個朝代的增刪補佚，最後完整地流傳下來的僅有13篇。

　　今存《孫子兵法》約5900字，共13篇：第一《始計篇》，主要論述研究和謀劃戰爭的重要性，通過戰略運籌和主觀指導能力的分析，以求得對戰爭勝負的預見，提出了“五事”、“七計”、“兵者，詭道也”、“攻其無備，出其不意”等軍事原則；第二《作戰篇》，主要討論物力、財力、人力與戰爭的關係，提出了“兵貴勝，不貴久”的速勝思想和“因糧於敵”的原則；第三《謀攻篇》，主要論述“上兵伐謀”的“全勝”思想，揭示了“知彼知己，百戰不殆”的著名軍事規律；第四《軍形篇》，主要論述戰爭必須具備客觀物質力量即軍事實力，講“先為不可勝，以待敵之可勝”；第五《兵勢篇》，主要論述在軍事實力的基礎上，如何正確實行作戰指揮問題，通過靈活地變換戰術和正確地使用兵力，造成銳不可當的有利態勢；第六《虛實篇》，主要論述作戰指揮中要“避實擊虛”、“攻其必救”、“因敵而制勝”，講用“示形”欺騙敵人，調動敵人而不被敵人調動；第七《軍爭篇》，主要論述爭取戰場主動權的問題，提出了“兵以詐立，以利動，以分合為變”、“避其銳氣，擊其惰歸”的軍事原則；第八《九變篇》，主要論述根據各種戰場情況靈活運用軍事原則的問題，提出了“必雜以利害”、“君命有所不受”的思想；第九《行軍篇》，主要論述行軍、宿營和作戰的組織指揮及利用地形地物、偵察判斷敵情的問題；第十《地形篇》，主要論述地形的種類與作戰的關係及在不同地形條件下的行動原則，還提出了"視卒如愛子"的觀點；第十一《九地篇》，主要論述九種不同作戰地區及其用兵原則，提出了"兵之情主速，乘人不及，由不虞之道，攻其所不戒"的突然襲擊的作戰思想；第十二《火攻篇》，主要論述火攻的種類、條件和實施方法。第十三《用間篇》，從戰略高度論述了使用間諜的重要性，提出先知敵情"不可取於鬼神"，"必取於人"的樸素唯物主義的觀點。

《孫子兵法》詞約意豐，內容博大精深，揭示了戰爭的一般規律。在軍事哲理方面，含有樸素的唯物論和辯證法思想，它十分強調政治、經濟在戰爭中的作用；貫穿於全書的"知己知彼，百戰不殆"的思想，至今仍是科學真理；它重視人事，反對天命，不信鬼神；它含有弱生於強，強在於弱的矛盾轉化思想，"在利思害，在害思利"的辯證分析的思想，"兵無常勢"的發展變化思想等。在戰略戰術方面，它重視戰略謀劃，反對輕易用兵，主張"慎戰"、"全勝"、"不戰而屈人之兵"；它把戰略的內容歸納為"道、天、地、將、法"五個要素，指出將帥只有深刻了解、確實掌握這幾個戰略要素，才能夠打勝仗；它強調戰術的靈活性，提出"兵無常勢"，"因敵制勝"，要根據不同的時間、地點、作戰對象而採取不同的打法等戰略思想。在軍隊建設方面，非常重視將帥的地位和作用，把具有"仁、信、智、勇、嚴"五個條件的將，看作是決定戰爭勝敗的五個戰略要素之一；主張文武兼施，刑賞並重，以法制原則治理軍隊等。當然《孫子兵法》也存有糟粕，如在認識論、方法論方面，有一些唯心論和形而上學的成分；在歷史觀方面過分誇大將帥的作用，提倡愚兵政策等，都是應該批判的。

《孫子兵法》在唐朝時傳到日本，十八世紀傳到了歐洲，相繼出現了法、英、德、俄等譯本，目前世界各國大都有自己的譯本。

兵者，國之大事，死生之地，存亡之道，不可不察也。
——《始計篇》

本義 兵：可作兵器、軍隊、戰爭等解釋，這裏指的是戰爭。戰爭是國家的大事，它關係着民眾的生死，國家的興亡，不可不慎重地加以考慮。

今解 這反映了新興統治階層注重戰爭的思想，是符合當時以武力推翻貴族階層腐朽統治的歷史要求的。它與儒家以"仁義"為幌子，極力反對進步戰爭的態度是完全對立的。

道者，令民與上同意，可與之死，可與之生，而不畏危也。
——《始計篇》

本義 "道"就是使民順從君主的意志，可以同生共死，而不怕任何危險。

今解 孫武在論述制勝條件時，把"道"列為"五事"的首位，認識到新興統治階層要奪取戰爭勝利，首要的是革新政治，做到"令民與上同意"。這樣，才能夠在戰爭中使民眾和士卒"與之死"，"與之生"，而不"畏危"，為其效力。

將聽吾計，用之必勝，留之；將不聽吾計，用之必敗，去之。
——《始計篇》

本義 將：助詞。計：計算，判斷。如果聽從我的判斷，用兵作戰一定能夠勝利，我就留下；如果不聽從我的判斷，用兵作戰必定失敗，我就辭去。

今解 強調了將帥在戰爭過程中的指導作用，君王能夠知人善用，充分發揮將帥的優勢和特長，將帥才能在戰爭中用兵自如，靈活指揮作戰，在戰鬥中取得勝利。

計利以聽，乃為之勢，以佐其外。
——《始計篇》

本義 計：估計，判斷。佐：輔助。既已估計條件有利決定用兵了，還要造成一種"勢"，作為取勝的輔助條件。

今解 他強調戰爭決策一經定下，將帥就要根據情況，"因利而制權"，造成有利的作戰態勢，充分調動各方面的人力和物力，激勵士兵的士氣，達到戰鬥的最佳狀態。

攻其無備，出其不意。 ——《始計篇》

本義 攻擊對方沒有防備的地方，超出了他的意料。

今解 孫武提出了"兵者，詭道也"，即兵不厭詐的主張，它要求將帥善於以各種手段隱蔽自己的企圖，迷惑引誘敵人，給對方造成錯覺和不意，以便"攻其無備，出其不意"地打擊敵人。

夫未戰而廟算勝者，得算多也；未戰而廟算不勝者，得算少也。多算勝，少算不勝，而況於無算乎？ ——《始計篇》

本義 廟算：廟，即宗廟。古代君主興師命將時，必先在宗廟裏舉行儀式，並召開軍事會議討論作戰計劃，然後出師，稱為廟算。未戰以前預計可以取勝的，是因為得勝的條件多；未戰以前預計不能取勝的，是因為得勝的條件少。勝利條件多的就能取勝，勝利條件少的就不能取勝，何況毫無勝利的條件呢？

今解 戰前的策劃準備是取得戰爭勝利的重要條件，只有根據敵對雙方的兵力部署情況，及其部隊的真實情況作出正確的決策，才能在對敵鬥爭中取勝。

久則鈍兵挫銳，攻城則力屈，久暴師則國用不足。 ——《作戰篇》

本義 曠日持久，就會使軍隊疲困，銳氣挫傷，攻城就會耗盡力量，長期從事戰爭，就會使國家經濟困難。

今解 孫武指出了持久作戰的不利因素。他着重從戰爭對人力、物力、財力的依賴關係分析，並進而指出如果國用不足，士兵疲困就會異常危險。

夫鈍兵挫銳，屈力殫貨，則諸侯乘其弊而起，雖有智者，不能善其後矣。

——《作戰篇》

本義 殫：竭盡。如果軍隊疲困，銳氣挫傷，經濟枯竭，別的國家就會乘隙進攻，〔在這種情況下〕，即使有傑出的將領，也想不出甚麼挽救的辦法了。

今解 同樣指出了久戰之兵的危險，不僅軍隊士氣低落，國內補給不足，而且會給其他諸侯國以可乘之機，因此孫武提出"速勝"的觀點。

兵聞拙速，未睹巧之久也。夫兵久而國利者，未之有也。

——《作戰篇》

本義 用兵作戰只聽說過用直截了當的辦法去爭取速勝，從來沒有見過用巧妙持久的辦法而能取勝的。戰爭持久而對國家有利，這是從來沒有的。

今解 孫武認為，寧可指揮笨拙而求速勝，也決不為求穩妥而曠日持久。孫武參加的吳軍破楚入郢之戰就是這一戰略思想的絕好說明。當時如果楚軍封鎖義陽三關，前後夾擊，吳軍將處於十分被動的地位。

不盡知用兵之害者，則不能盡知用兵之利也。

——《作戰篇》

本義 盡：徹底，透徹。不透徹了解用兵的危害，就不能透徹了解用兵的利益。

今解 做任何事情均有其利弊，只有清楚地了解事情的弊端，才能在實際操作中避免其弊端，達到趨利避害的目的。

善用兵者，役不再籍，糧不三載，取用於國，因糧於敵，故軍食可足也。

——《作戰篇》

本義 役：兵役。籍：戶籍。善於用兵的人，不重複徵兵，不多次運糧，武器裝備從國內補給，糧秣就從敵國徵用，這樣軍用糧秣就可以滿足了。

今解 孫武為了解決戰爭需要與後方補給困難的矛盾，提出了"因糧於敵"的原則，主張力爭在敵國就地解決給養問題。

智將務食於敵，食敵一鍾，當吾二十鍾，萁稈一石，當吾二十石。

——《作戰篇》

本義 鍾：古代的容量單位，64斗為1鍾。萁：豆類的稈。稈：禾類的稈。石：古代120斤為1石。聰明的將帥應該從敵國補給糧食。因為吃敵人1鍾糧食，可以抵得上國內運來的20鍾；用敵人的1石飼料，可以抵得上國內運來的20石。

今解 進一步指出了"因糧於敵"的重要意義。它不僅彌補我軍運糧不便，補給不足的缺陷，而且還能使敵軍喪失補給，進而打亂敵人的軍事部署，在戰鬥中戰勝敵人。

殺敵者，怒也；取敵之利者，貨也。

——《作戰篇》

本義 殺傷敵人，只是由於憤怒，真正從敵人手中奪得的利益是物資。

今解 殺傷敵人，只是為了泄露其積壓在心頭的憤怒而已，而進行戰爭的目的，則是盡可能多地獲取利益。

兵貴勝，不貴久。

——《作戰篇》

本義 用兵貴在速勝，而不在於持久。

今解 孫武認為當時的實際是社會生產力水平低下，交通運輸不便，加之戰爭規模擴大，動輒"日費千金"，如果久拖，必然"屈力殫貨"，並且其他諸侯國也隨時可能襲擊。在這種情況下，孫武提出的速勝戰略思想，有其一定的道理。

百戰百勝，非善之善者也；不戰而屈人之兵，善之善者也。

——《謀攻篇》

本義 百戰百勝，不能算是最高明的；不經戰鬥而迫使敵人降服，才是最高明的。

今解 孫武強調"不戰而屈人之兵，善之善者"，並把它作為普遍的戰爭指導原則，是不切客觀實際的。因為戰爭中，"伐謀"、"伐交"縱然是對敵鬥爭中不可缺少的重要手段，但這要與"伐兵"的軍事手段相配合，才能發揮其作用，從實質上講仍是"戰而屈人之兵"。

上兵伐謀，其次伐交，其次伐兵，其下攻城。

——《謀攻篇》

本義 用兵的上策，是運用謀略取勝，其次是運用外交取勝，再次是殲滅敵人軍隊，下策才是強攻城池。

今解 孫武提出了運用政治、外交謀略來戰勝敵人的思想，這種思想在當時諸侯國間戰爭中佔有非常重要的地位。因為戰前的政治外交活動，既可以聯絡小國，同時也可以親近大國，即使發生戰爭也免除了後顧之憂。

善用兵者，屈人之兵而非戰也，拔人之城而非攻也，毀人之國而非久也。

——《謀攻篇》

本義 善於用兵作戰的人，降服敵人的軍隊而不用交戰，奪取敵人的城邑而不靠硬攻，毀滅敵人的國家而不靠曠日持久的作戰。

今解 強調了善於用兵之人所應具有的素質，能夠不戰而屈人之兵，並且善於運用謀略，採取巧妙靈活的戰術，直接迅速地戰勝敵人。

用兵之法，十則圍之，五則攻之，倍則分之，敵則能戰之，少則能逃之，不若則能避之。

——《謀攻篇》

本義 用兵的方法是，十倍於敵就合圍他，五倍於敵就進攻他，一倍於敵就設法分散敵人而各個擊破他，敵我兵力相當就要能抗擊他，兵力比敵人少就要擺脫他，條件不如敵人就避免交戰。

今解 孫武主張在優勢情況下與敵作戰，反對在劣勢情況下與敵硬拼，這種觀點是正確的。並且他還強調要根據敵對雙方兵力對比的不同而採取不同的戰術。

小敵之堅，大敵之擒也。

——《謀攻篇》

本義　弱小的軍隊如果固守硬拼，就會成為強大敵人的俘虜。

今解　孫武指出勢力懸殊的情況下，與敵相拼，只能成為敵軍的俘虜。真正的指揮家要善於避敵鋒芒，擊其虛弱。

以虞待不虞者勝。

——《謀攻篇》

本義　虞，準備。用預先有準備的軍隊對付沒有準備的敵人，就能勝利。

今解　強調了有準備的軍隊對沒有準備的敵人必將取得勝利。如若事先有準備，則是在對敵軍較為全面了解的基礎上，能夠有針對性地攻擊敵人的虛弱之處，以己之強攻敵之弱必然取勝。

知彼知己，百戰不殆。

——《謀攻篇》

本義　殆：危險。了解敵人而又了解自己，百戰不敗。

今解　在這裏，孫武用簡潔、鮮明的語言，指明了戰爭指揮者對敵我雙方情況了解和認識與戰爭勝負之間的關係，揭示了戰爭的普遍規律。孫武的這一思想是很可貴的。

不可勝在己，可勝在敵。

——《軍形篇》

本義　不可被戰勝，在於對自己的全面了解；能夠戰勝敵人，在於敵人有了疏漏。

今解　這是根據“知彼”與“知己”而提出來的。了解敵人絕沒有了解自己那麼充分，那麼全面，只有在全面了解自己的基礎上，根據自己的虛實狀況作出正確的決策，進行充分的準備，才能不可被戰勝。以此為基礎，伺機攻敵虛弱之處，便可戰勝敵人。

善戰者，能為不可勝，不能使敵之必可勝。

——《軍形篇》

本義　善於指揮作戰的人，能夠做到不被敵人戰勝，而不能使敵人一定被我所戰勝。

今解 同樣指出，善於指揮的人，能夠充分根據自己的優勢特長，排兵佈陣，作好準備，從而不被敵人所戰勝。但是對敵軍的了解不充分，就根本不可能隨心所欲地去攻擊敵人、戰勝敵人。

善守者，藏於九地之下，善攻者，動於九天之上，故能自保而全勝也。
——《軍形篇》

本義 九地：極言其深。九天：極言其高。善於防守的人，深溝高壘好像把兵力藏在深深的地下一樣；善於進攻的人，迅速猛烈好像活躍在高高的天空一般，所以他既能保全自己，又能取得全勝。

今解 這裏論述了攻守與"自保而全勝"的問題。指出"善守者"使敵無形可窺，無隙可乘；"善攻者"，能使敵人措手不及，無法招架。這樣，就能達到"自保而全勝"的目的。

善戰者，立於不敗之地，而不失敵之敗也。
——《軍形篇》

本義 善於作戰的人，總是使自己先立於不敗之地，並且不放過任何一個打敗敵人的機會。

今解 孫武指出了，只要使自己立於不敗之地，待機破敵的可能性總是存在的。他的這一思想，強調以自己的實力為基礎，不放過任何可能戰勝敵人的戰機，既是穩妥的，又是積極的。

勝兵先勝而後求戰，敗兵先戰而後求勝。
——《軍形篇》

本義 打勝仗的軍隊，都是先具備了勝利的條件再去交戰。打敗仗的軍隊，總是先和敵人交戰再去尋求勝利。

今解 這是孫武"慎戰"思想的體現，他強調軍隊應該進行充分的準備，並且創造一切有利於自己的戰爭條件，具有了必勝的把握之後再進行戰爭。

凡戰者，以正合，以奇勝。
——《兵勢篇》

本義 指揮作戰，總是用"正"兵與敵人接觸，用"奇"兵取得勝利。

今解　強調"正"與"奇"配合運用，才能在戰場上取得事半功倍的勝利。孫武這一思想是對當時戰爭的總結，利用正兵正面接觸，迷惑敵人，使敵不知所措，然後利用奇兵突然襲擊，打亂敵軍部署，"正"、"奇"配合戰勝敵人。

戰勢不過奇正，奇正之變不可勝窮也。奇正相生，如循環之無端，敦能窮之哉！

——《兵勢篇》

本義　作戰不過奇正，可是奇正的變化卻是無窮無盡的。"奇正"相生，就好像循環轉動那樣沒有始終，誰能使它窮盡呢？

今解　孫武認為"戰勢不過奇正"，而"奇"與"正"的關係則是相變相生的，"奇"可以變為"正"，"正"可以變為"奇"，"奇正之變不可勝窮也"。高明的將帥能隨着情況的變化而變化奇正戰法，善出奇兵，打敗敵人。

善戰者，其勢險，其節短，勢如弩彍，節如發機。

——《兵勢篇》

本義　彍：拉滿。善於作戰的人，他所造成的形勢是險峻的，其衝擊節奏是急驟的。形勢險峻得像拉滿的弩，節奏急驟得像觸發弩機。

今解　強調了"勢"的重要作用。此處的"勢"指的是充分發揮將帥的指揮能力，以自己的軍事實力為基礎，造成一種猛不可當，壓倒敵人的有利態勢。在這種態勢下，士卒就會勇不可當，充分發揮戰鬥力，戰勝敵人。

紛紛紜紜，鬥亂而不可亂。渾渾沌沌，形圓而不可敗。

——《兵勢篇》

本義　在人馬紛紜交錯的混亂情況下進行戰鬥，必須使自己的軍隊不至於混亂。在敵情不明的情況下作戰，就應佈成圓陣，才不至於失敗。

今解　"軍者，靜勝"，善於作戰的部隊面對敵人的強大而不懼怕，更不會潰敗，且能在混戰中以靜制動，克敵制勝。而在對敵軍情勢不了解的情況下，應力求自保，伺機勝敵。

亂生於治，怯生於勇，弱生於強。 ——《兵勢篇》

本義 要知道嚴整可以轉化為混亂，勇敢可以轉化為怯懦，堅強可以轉化為虛弱。

今解 孫武揭示了"亂"與"治"，"怯"與"勇"，"弱"與"強"的辯證關係。它們之間可以在一定條件下互相轉化。善於指揮的將帥能夠使軍隊紀律嚴明，奮勇殺敵，形成強大的軍事力量，而不善於指揮的將帥，則會令治者亂，勇者怯，強者弱。

治亂，數也；勇怯，勢也；強弱，形也。 ——《兵勢篇》

本義 嚴整或混亂是由編制和戰鬥編組的優劣決定的。勇敢或怯懦是由形勢的好壞產生的。堅強或虛弱是由力量對比形成的。

今解 這裏指出造成"治亂"、"勇怯"、"強弱"的原因。這種總結對當時軍事上的部署和指揮均有一定的借鑒意義。它能給當時軍事統治者以警醒，使其能夠預先有針對性地作好準備，在戰場上取勝。

善動敵者，形之，敵必從之。予之，敵必取之，以利動之，以本待之。 ——《兵勢篇》

本義 善於調動敵人的人，顯示某種假象，敵人就會聽從調動，給予某些小利益，敵人就會被誘上當。以小利引誘敵人，以主力殲滅敵人。

今解 為了造勢，"任勢"，孫武強調要"示形"，"動敵"。他認為這是達到出奇制勝的重要手段。

善戰者，求之於勢，不責於人，故能擇人而任勢。 ——《兵勢篇》

本義 善於指揮作戰的人，利用形勢去尋求勝利，而不苛責部屬，所以他能量才用人，利用形勢。

今解 強調了"任勢"的重要作用，指出善於指揮作戰的人，要充分利用形勢，盡可能地造成有利於自己的作戰態勢，調動一切力量取得勝利。

凡先處戰地而待敵者佚，後處戰地而趨戰者勞。故善戰者，致人而不致於人。

——《虛實篇》

本義 凡先到達戰場等待敵人交戰的就安逸，後到達戰場倉促應戰就疲勞。所以善於指揮作戰的人，總是設法調動敵人而不被敵人調動。

今解 以逸待勞，避實就虛，就能"致人而不致於人"。善於指揮的人，應該充分發揮自己的主觀能動性，爭取戰鬥的主動權，調動敵人而不被敵人調動。

能使敵人自至者，利之也；能使敵人不得至者，害之也。故敵佚能勞之，飽能飢之，安能動之。

——《虛實篇》

本義 能使敵人自動前來的，是設法利誘他；能使敵人不能前來的，是設法妨害他。所以敵人閒逸，要能使他疲勞；敵人糧足，要能使他捱餓；敵人安穩，要能使他移動。

今解 充分調動敵人在於能使敵人疲於奔命。善於為將的人，應利用自己的有利條件，給敵人以致命打擊。

出其所不趨，趨其所不意。

——《虛實篇》

本義 進出於敵人所不去的地方，奔向敵人意料不到的地方。

今解 孫武認為應該出其不意，擊敵之虛，以奪取戰爭的勝利。他的這一軍事原則，歷來為進步軍事領袖所推崇，至今仍有極強的生命力。

善攻者，敵不知其所守。善守者，敵不知其所攻。

——《虛實篇》

本義 善於進攻的人，敵人不知道防守甚麼地方好。善於防禦的人，敵人不知道從甚麼地方進攻好。

今解 善攻的人，能夠根據自己的實力，在對敵軍充分了解的情況下，攻擊對方不注意防守的或不易守住的地方；而善守的人，能夠守住敵人不敢攻且不易攻破的地方。

進而不可禦者，衝其虛也；退而不可追者，速而不可及也。

——《虛實篇》

本義 進攻而敵人無法抵抗的，是因為衝着敵人虛弱的地方；退卻而敵人無法追擊的，是因為我軍行動迅速使敵人追趕不上。

今解 強調要抓住時機，迅速主動地攻擊敵人的虛弱之處。決不能因行動遲緩而貽誤戰機。

形人而我無形，則我專而敵分。

——《虛實篇》

本義 既要察明敵人情況，又要隱蔽我軍行跡。這樣，我軍的兵力就可以集中，而敵人的兵力就不得不分散。

今解 通過"示形"的手段，來欺騙敵人誘使敵軍暴露其形跡，而自己不露形跡，使敵不知虛實，捉摸不定。那麼敵軍必然分兵防守，削弱其力量，而我軍集中一處，以實擊虛取得勝利。

寡者，備人者也，眾者，使人備己者也。

——《虛實篇》

本義 兵力少是處處防敵的結果，兵力多是使敵人處處防我的結果。

今解 指出"寡"、"眾"的辯證統一，自己集中兵力進攻，而敵軍分散防守，那麼我軍雖寡亦眾，如果我軍處處防禦敵人，那麼雖眾亦寡。孫武提出的這一觀點是正確的，這就要求善戰的人注意調動敵人，使敵軍兵力分散，而自己的軍隊專一集中。

策之而知得失之計，作之而知動靜之理，形之而知死生之地，角之而知有餘不足之處。

——《虛實篇》

本義 認真分析敵情，研究敵人計謀的得失。調動敵人，以掌握敵人行動的規律。使用各種偵察手段，以了解敵人所佔地形的優勢。進行戰鬥偵察以了解敵人兵力配備的虛弱。

今解 要採取各種手段來了解敵軍的虛實，兵力的配備情況等，進而制定自己的作戰方案。只有知彼知己，才能在戰場上有針對性地攻擊敵人的虛弱缺陷之處，才能避開其鋒芒，取得勝利。

形兵之極，至於無形。

——《虛實篇》

本義 作戰方式靈活到了極點，就可以做到不露一點形跡。

今解 要採取靈活多樣的作戰方式，使敵軍"不知其所守"，也"不知其所攻"。如抗日戰爭時期，在日軍的後方，中國軍隊靈活作戰，採取各種戰術，出其不意，攻其不備，殲滅了日軍大量的有生力量，迫使日軍改變了戰爭策略。

因形而措勝於眾，眾不能知，人皆知我所以勝之形，而莫知吾所以制勝之形，故其戰勝不複，而應形於無窮。

——《虛實篇》

本義 把根據形勢變化而制敵取勝的辦法，擺在眾人面前，眾人也不能深刻地認識它。人們只能認識到我用以取勝的作戰形式，而不能認識到我為甚麼要採取那種形式。因此每次戰勝都不要重複使用某一種作戰形式，而是隨着情況的變化而不斷變化。

今解 從戰爭的表面看，似乎有些戰爭的打法是完全一樣，但實際上它所採取的策略完全不同。因此，善於作戰的人，應根據敵我形勢的變化，靈活地採取戰略戰術，以勝敵於無形。

水因地而制流，兵因敵而制勝。

——《虛實篇》

本義 水由地形的高低制約其奔流的方向，用兵根據敵情的變化而採取其制勝的方法。

今解 以水的流動"避高而趨下"，"因地而制流"，來說明軍隊也同樣應"避實而擊虛"。孫武這一思想對於如何正確地選擇作戰目標、作戰方向和指導軍隊的作戰行動，具有重要價值。

軍爭之難者，以迂為直，以患為利。

——《軍爭篇》

本義 軍爭之所以難，就在於要把迂迴的道路作為捷徑，要把不利的條件變成有利。

今解 孫武認為在作戰過程中，如何先敵佔領戰場要地和掌握有利戰機，是兩軍相爭中最重要最困難的問題。但是只有真正懂得了"以迂為直，以患為利"，才能採取表面上不利於己的手段來欺騙迷惑敵人，做到"後人發，先人至"。

兵以詐立，以利動，以分合為變者也。

— 《軍爭篇》

本義 用兵作戰要以詭詐方法取得成功，為造有利的形勢而行動，以分散和集中作為變化的手段。

今解 孫武認為要採取欺詐的手段達到進軍的目的，並且要不斷"分合"變化使用自己的兵力。這些對當時的戰爭有一定的指導意義，即使今天的戰鬥也多借鑒這一原則。

人即專一，則勇者不得獨進，怯者不能獨退，此用眾之法也。

— 《軍爭篇》

本義 軍隊的行動統一了，那麼，勇敢的人就不得獨自前進，怯懦的人也不得獨自後退了。這就是指揮軍隊作戰的方法。

今解 在戰場上，軍隊的行動要統一。個人的力量是微弱的，但統一可攻敵於無形，而分散則會互相制約，不能充分發揮整體的戰鬥力。

三軍可奪氣，將軍可奪心。

— 《軍爭篇》

本義 對於敵人的軍隊，可以打擊他的士氣，對於敵人的將軍，可以動搖他的決心。

今解 兩軍對壘，攻心為上。必須從士氣上、心理上打擊敵人，使他懶於或疏於防範，從而在進攻中不戰而屈人之兵，不戰而使敵軍自亂。

朝氣銳，晝氣惰，暮氣歸。

— 《軍爭篇》

本義 軍隊的士氣有三種狀態，當其旺盛的時候，有如朝氣那麼銳利；當其懈怠的時候，有如晝氣那麼衰弱；當其疲憊的時候，有如暮氣那麼消沉。

今解 孫武分析了士氣的三種不同表現形態。它猶如一天的三個時段：早晨，青春勃發，生命旺盛，是士氣最為旺盛的時期；晝氣則已失去其敏銳的鋒芒，開始衰落；而暮氣是一天的結束，將走向衰亡。善戰的人應以自己的朝氣攻敵之暮氣。

歸師勿遏，圍師必闕，窮寇勿追。 ——《軍爭篇》

本義 敵人撤兵回國不要攔擊，合圍敵人必須留個缺口，對於窮途末路的敵人不要急於追迫。

今解 這一觀點，反映了孫武軍事思想不徹底的一面，是其階層局限性的表現。實際上應依據具體情況來作出決定，否則會貽誤戰機。

智者之慮，必雜於利害。 ——《九變篇》

本義 聰明的將帥考慮問題，必須兼顧利害兩個方面。

今解 這是孫武的一個重要思想。他要求將帥必須做到全面地看問題，在有利的形勢下要看到不利的方面，在不利的條件下要看到有利方面，這樣才能趨利避害，防患未然。

屈諸侯者以害，役諸侯者以業，趨諸侯者以利。 ——《九變篇》

本義 要使諸侯屈服於我，就要用各種手段去損害他；要使諸侯被我所役使，就要誘使他去從事勞民傷財的事業；要使諸侯聽從我的調動，就要用利益去引誘他。

今解 這是從維護諸侯國自身的利益出發而提出的觀點，帶有明顯的階層局限性。孫武指出要使諸侯投降自己，可以採取各種手段，甚至不惜勞民傷財。

用兵之法，無恃其不來，恃吾有以待之。無恃其不攻，恃吾有所不可攻也。 ——《九變篇》

本義 用兵的方法，不要寄希望於敵人不會來，而要依靠我們的嚴陣以待。不要寄希望於敵人不會進攻，而要靠我們牢不可破的防守。

今解 這是孫武在備戰思想上提出的觀點。他強調在任何時候都不要把希望寄託在敵人"不來"、"不攻"上面，而要充分準備，使敵人無機可乘，無懈可擊。顯然這種觀點是積極的，有價值的。

凡軍好高而惡下，貴陽而賤陰，養生處實，軍無百疾，是謂必勝。

——《行軍篇》

本義 配置軍隊力爭佔領高地，力避處於低地。最好是向陽，最壞是陰濕。環境要衛生，補給要便利。部隊不生疾病就是勝利的保障。

今解 孫武提出部署軍隊時所應注意的問題。強調部隊佔據有利地形，才能進可以攻，退可以守，才可能事先立於不敗之地而後伺機取勝。

兵非貴益多，唯無武進，足以並力、料敵、取人而已。

——《行軍篇》

本義 兵力並不是愈多愈好，只要不盲動冒進，且能夠集中兵力、判明敵情、戰勝敵人就夠了。

今解 這裏提出兵不在多而在於精的觀點。孫武認為並不是兵力越多越好，而是要能夠集中兵力，協調行動，這樣雖寡亦強，也能戰勝敵人。歷史上著名的以少勝多戰役說明並不因兵力眾多就每戰必勝。

令之以文，齊之以武，是謂必取。

——《行軍篇》

本義 一方面要用體貼和愛護使他們心悅誠服，另一方面要用嚴格的紀律使他們行動整齊，這樣才能每戰必勝。

今解 提出治軍的原則，在於"令之以文，齊之以武"。要求將帥既能注重平時對士兵的體貼關懷，又要求在戰場上善於指揮軍隊，並用嚴明的紀律約束他們，使他們行動整齊，這樣才能每戰必勝。

令素行以教其民，則民服；令不素行以教其民，則民不服。

——《行軍篇》

本義 平素教育士卒嚴格執行命令，他們就會服從命令；平素不教育士卒嚴格執行命令，他們就不會服從命令。

今解 提出訓練士卒應該嚴格，應在平時的訓練中樹立將帥的威信，這一觀點是正確的。只有注重平時的嚴格訓練，士卒才能在戰場上有令必行，有禁必止。將帥和士卒才能協調一致，共同戰勝敵人。

進不求名，退不避罪，唯民是保，而利於主，國之寶也。
—— 《地形篇》

本義 作為一個將領，前進不是為了追求個人的名譽，後退也不逃避自己應負的責任。一切都是為了保民，利於國家，這種將領就是國家的寶貴財富。

今解 孫武強調了將帥要深刻認識自己在戰爭過程中的重大責任，一切要以爭取戰爭勝利為目的，只要合於新興統治階層的根本利益，就應"進不求名，退不避罪"。

視卒如嬰兒，故可與之赴深谿；視卒如愛子，故可與之俱死。
—— 《地形篇》

本義 愛護士卒要像愛護自己的嬰兒一樣，就可以率領他們去赴湯蹈火了；看待士卒要像對待自己的愛子一樣，就可以和他們同生共死了。

今解 這種思想，反映了新興統治階層在反對先前統治階層的過程中，不能不藉助於民眾力量的要求。儘管孫武強調的目的僅僅在於使士卒"與之俱死"，但較之先前統治階層肆意虐待士卒，無疑是一個進步。

愛而不能令，厚而不能使，亂而不能治，譬如驕子，不可用也。
—— 《地形篇》

本義 一味疼愛而不能指揮他們，一味溺愛而不能驅使他們，違法亂紀而不能懲治他們，就像驕慣了的孩子，是不能用以作戰的。

今解 孫武強調了對士卒還要嚴格要求，不可過分地"厚"、"愛"，以免把軍隊培養成"驕子"一般而不能打仗。

知兵者，動而不迷，舉而不窮。 ——《地形篇》

本義　懂得用兵的人，行動準確無誤，措施變化無窮。

今解　指出用兵的基本要求，只有目標明確，方向一致，才能用兵專一集中。而戰術靈活多樣，才能使敵軍不知其所守，亦不知其所攻。

知彼知己，勝乃不殆；知天知地，勝乃可全。 ——《地形篇》

本義　了解敵人，了解自己，勝利一定不會成問題；懂得天時，懂得地利，勝利才可以確保。

今解　這裏概括了指導戰爭的普遍原則，有其重要價值。只有充分了解敵人，了解自己，並且根據天時和地利的因素，才能知其可為和不可為，才能準確及時地採取措施，遠避禍患或是取得勝利。

兵之情主速，乘人之不及，由不虞之道，攻其所不戒也。 ——《九地篇》

本義　用兵的訣竅，貴在行動迅速，乘敵人來不及採取措施的時候，從他意料不到的道路，進攻他沒有戒備的地方。

今解　這是孫武對當時戰爭的精闢概括。他認為兵貴神速，方能出其不意，攻其不備。這種思想在現代戰爭中也有體現，如二戰期間日本偷襲珍珠港，令美軍來不及抵抗，傷亡慘重。

投之無所往，死且不北，死焉不得，士人盡力。 ——《九地篇》

本義　把軍隊置於無路可走的境地，他們就是死也不會敗退，人人拼死奮戰，哪能不勝？生死關頭，人人自會盡力而戰。

今解　孫武認為士兵深臨危地，就可無所畏懼，拼死作戰，所謂置之死地而後生。這種觀點有一定的局限性。

兵士甚陷則不懼，無所往則固，
入深則拘，不得已則鬥。
——《九地篇》

本義 士卒深臨危地，就無所畏懼；無路可走，軍心就會穩固；深入敵國，軍心就不會渙散；迫不得已，就會堅決戰鬥。

今解 這是從新興統治階層角度提出的觀點，同樣是指置之死地而後生。有了沉重的壓力，部隊才能夠奮發圖強，如同人有了壓力，才能勤奮有為。

擊其首則尾至，擊其尾則首至，
擊其中則首尾俱至。
——《九地篇》

本義 （善於用兵的人，使軍隊就像蛇一樣敏捷），打牠的頭，尾巴就來救應；打牠的尾，頭就來救應；打牠的中間，頭尾都來救應。

今解 這就是兵書中所講的"一字長蛇陣"。善於指揮軍隊的人，能夠充分調動士兵的積極性，發揮他們的戰鬥力，當他們中的某些部位受到攻擊，其他部位可以互相救應打擊敵人。

方馬埋輪，未足恃也；齊勇若一，
政之道也；剛柔皆得，地之理也。
——《九地篇》

本義 要想用拴起馬匹、埋起車輪的辦法來穩定軍隊是靠不住的；使軍隊齊心協力，才是統率軍隊所應遵循的原則；要使各種兵力、兵器都充分發揮其威力，那就要合理地利用地形。

今解 形式上的簡單連接並不能使軍隊整體強大，只有思想上的一致、內心的統一，加上用兵者能根據地形地勢熟練運用各種兵種、兵器，才能締造不倒的長城。

將軍之事，靜以幽，正以治。
——《九地篇》

本義 統帥軍隊要沉着鎮靜而善於深思，嚴正而有條理。

今解 這裏指出統帥軍隊所應具有的素質。要想從紛繁複雜的事物之中理出頭緒，就得沉着冷靜且要善於思考。在大敵當前之時，要從容不迫，沉着應付。

施無法之賞，懸無政之令，犯三軍之眾，若使一人。

——《九地篇》

本義 施行破格的獎賞，頒佈非常的法令，指揮全軍，就像使喚一個人一樣。

今解 提出賞罰應該分明，對於有功的人可以破格獎賞，對於違法的人必須嚴格處罰。同時應該嚴格地執行法令，從而使軍隊能成為一個團結的整體，指揮時才能靈活自如。

犯之以事，勿告以言；犯之以利，勿告以害。

——《九地篇》

本義 賦予下級任務，不須說明全部計劃；只告訴他們有利的條件，而不告訴他們不利的條件。

今解 這是從新興統治階層立場出發而提出的一種愚兵政策，指出士卒只應機械地服從命令，聽從指揮，不能了解作戰的實際情形，因而只是一種被動的作戰方式，應該予以批判。

投之亡地然後存；陷之死地然後生。

——《九地篇》

本義 把軍隊投入亡地，然後才能生存；陷入死地，而後才能得生。

今解 孫武及其所代表的新興統治階層，固然提出並採取一些愛護士卒的措施，但是古代統治階層的本質決定了官兵不可能有完全共同的利害關係，也決定了以孫武為代表的古代統治階層要讓士兵為其拼命，並提出"投之亡地然後存"的策略。

為兵之事，在順詳敵之意，並敵一向，千里殺將，是謂巧能成事。

——《九地篇》

本義 詳：同佯。指導戰爭的原則，在於順着敵人意圖來愚弄他，而集中兵力，攻其一點。這就能長驅千里，擒殺其將，也就是說，巧妙地運用計謀就可以完成任務。

今解 這裏論述了兩層意思：一是正確地選擇進攻時機，一旦有機可乘，就要不失時機地開始行動；二是要選定主攻方向，集中兵力指向敵人既是要害而又虛弱的地方。具備了這兩條，就達成了作戰的突然性，就"巧能成事"。

始知處女，敵人開戶，後如脫兔，敵不及拒。

—— 《九地篇》

本義 當作戰開始前要像處女那樣沉靜，使敵不加防備；一旦發動起來就要像逃跑的兔子一樣迅速，使敵人來不及抗拒。

今解 為了保障突然襲擊的成功，因此一切軍事行動的準備都要秘密地進行，巧妙地偽裝，以誘騙敵人喪失戒備。同時抓住時機，集中優勢兵力，快速作戰，這樣就能收到事半功倍的效果。

行火必有因，煙火必素具。

—— 《火攻篇》

本義 實施火攻必須具備一定的條件，火攻器材必須事先具備。

今解 強調施行火攻必須具備一定的條件，才能以火佐攻，達到火攻的目的，同時必須充分準備火攻的器材，才能最大限度地發揮火攻的威力。

主不可以怒而興師，將不可以慍而致戰。

—— 《火攻篇》

本義 慍：含怒、怨恨。國君切不可因一時惱怒而興兵，將帥也不可因一時憤恨而交戰。

今解 強調國君和將帥對戰爭要慎重從事，不可憑感情用事，輕率決定戰爭行動，這種慎戰思想是可貴的，是先秦進步軍事思想的共同特點之一。

怒可以復喜，慍可以復說。亡國不可以復存，死者不可以復生。

—— 《火攻篇》

本義 因為憤怒可以恢復到歡喜，憤恨可以恢復到高興，然而國亡就不能復存，人死就不能復活。

今解 警告將帥必須慎重對待戰爭，決不能由自己一時的喜怒而擅自發動戰爭，應該依據敵對雙方的利益、實力而定，否則後果不堪設想。

先知者，不可取於鬼神，不可像於事，不可驗於度，必取於人，知敵之情者也。

——《用間篇》

本義 要事先了解敵人情況，不能向鬼神問卜，也不能類比揣測，更不能用觀察星象來判定，必須向了解敵情的人索取。

今解 這是孫武樸素唯物主義思想的突出表現，與儒家唯心主義天命觀和先驗論是針鋒相對的。他強調探知敵情必須向了解敵情的人打聽，而不能主觀臆斷，求神問卜。

非聖智不能用間，非仁義不能使間，非微妙不能得間之實。

——《用間篇》

本義 不是英明聖賢的人不能使用間諜，不是仁慈慷慨的人不能利用間諜，不是精微巧妙的人不能取得間諜的真實情報。

今解 強調了使用間諜時，必須機智、果敢和精心細緻，以防止被敵人欺騙和利用，偷雞不成反蝕一把米，那樣對自己的軍隊會異常危險。

《司馬法》

　　《司馬法》是中國古代著名兵書"武經七書"之一，舊題司馬穰苴撰。司馬穰苴，其先人陳公子完奔齊，改姓田氏，因其任大司馬之職故稱司馬穰苴，生卒年不詳。《史記》稱其為齊景公時人，《竹書紀年》載為齊威王時人，而《戰國策》又說是齊湣王時人，本文以《史記》為據。《司馬法》的具體成書年代也不詳，大約成書於齊威王親政的公元前 348 年至公元前 341 年之間。

　　今本《司馬法》僅存 5 篇，其篇目和主要內容為：《仁本第一》，主要論述戰爭的性質、目的、起因和對戰爭的態度，以及發動戰爭的動機，追述了古代的一些戰法；《天子之義第二》，闡述君臣之禮，治國、教民和治軍的不同方法，記述了古代的一些作戰形式、兵器配置、戰車編組、旗語徽章、賞罰制度等；《定爵第三》，主要講戰爭的準備、戰場指揮、佈陣原則、偵察敵情、戰時法規等問題；《嚴位第四》，主要闡述戰爭戰術和將帥指揮，以及勝利後注意事項等；《用眾第五》仍是講戰略戰術及戰場指揮等。

　　《司馬法》包含有春秋以前的以及以後的軍事原則，如"成列而鼓"等，但它更為豐富的內容是根據春秋末期和戰國初的戰爭實踐經驗而提出的進步軍事思想，概括起來主要有以下幾點：

　　一、"相為輕重"的樸素辯證思想。就像《孫子兵法》將許多軍事問題概括為"奇正"一樣，《司馬法》將戰爭中的諸多因素抽象為"輕"、"重"這樣兩個對立統一的因素。它認為，"凡戰，以輕行輕則危，以重行重則無功，以輕行重則敵，以重行輕則戰。故戰，相為輕重"。也就是說"以重行輕"，輕、重相輔而成。它把統帥的戰術指揮稱為輕，戰略指揮稱為重，認為"上煩輕，上暇重"，主張輕重相節，不可偏廢。它認為輕重又是可以相互轉化的，指出"馬車堅，甲兵利，輕乃重"。它的"輕重"說運用廣泛，有時用於指揮號令，如"奏鼓輕，舒鼓重"；有時運用於裝備兵器，如"甲以重固，兵以輕勝"等。"輕重"說的另一層含意即是"雜"，通過"雜"來揚長避短，取長補短，謀取優勢。它指出"行惟疏，戰惟密，兵惟雜”，“兵不雜則不利，長兵以衛，短兵以守。太長則難犯，太短則不及。太輕則銳，銳則易亂。太重則鈍，鈍則不濟”。

二、“以戰止戰”的戰爭觀。《司馬法》的作者通過對春秋以來頻繁戰爭的洞察，認識到要消除這種混戰的狀態，非用戰爭不可，所以他極力支援正義戰爭。《司馬法》所謂的正義就是指“安人”、“愛民”，如指出“殺人安人，殺之可也”，“戰道，不違時，不歷民病，所以吾愛民也；不加喪，不因凶，所以愛夫其民也；冬夏不興師，所以兼愛民也”。它所說的愛民雖有一定的虛偽性，但這在當時卻是具有進步意義的。另外，它還提出了“國雖大，好戰必亡；天下雖安，忘戰必危”的重要思想。

三、以仁義為本的治軍思想。《司馬法》的“仁義”思想貫徹全書的始終。對民施仁，就是吊“善”，“若使不勝，取過在己”，對於被攻取之國，規定“無暴神祇，無行田獵，無毀土功，無燔牆屋，無伐林木，無取六畜、禾黍、器械。見其老幼奉歸勿傷。雖遇壯者不校勿敵，敵若傷之，醫藥歸之”。《司馬法》把“仁”作為戰爭的最高策略，指出“以禮為固，以仁為勝”。

上述三條並不能全面概括《司馬法》的軍事思想，除此之外，還有其他一些具有進步意義的軍事思想，如“難進易退”、“三軍一人勝”、“賞不逾時”、“罰不遷列”、“教惟豫，戰惟節”等觀點，此處不一一介紹。

正不獲意則權。權出於戰,不出於中人。

—— 《仁本第一》

本義 正:通政。人:通仁。政治達不到目的時,就要使用權勢,權勢總是出於戰爭,而不是出於中和與仁愛。

今解 政治與權勢是達到某種目的的手段,通過政治解決不了的問題,往往要依靠權勢的壓制來實現。

仁見親,義見説,智見恃,勇見方,信見信。

—— 《仁本第一》

本義 説:通"悦"。君主應該以仁愛為民眾所接近;以正義為民眾所喜愛;以智謀為民眾所倚重;以勇敢為民眾所效法;以誠實為民眾所信任。

今解 提出君王被民眾接受的幾項要求,應該以"仁"、"義"、"智"、"勇"和"信"為準則。這是《司馬法》中所推崇的五種美德,今天的領導人也應該借鑒其中的積極成分,為民眾所接近、喜愛、倚重、效仿和信任。

殺人安人,殺之可也;攻其國,愛其民,攻之可也;以戰止戰,雖戰可也。

—— 《仁本第一》

本義 殺掉壞人而使大眾得到安寧,殺人是可以的;進攻別的國家,出於愛護他的民眾,進攻是可以的;用戰爭制止戰爭,即使戰爭,也是可以的。

今解 體現《司馬法》中的戰爭觀,它指出從仁愛出發,為了大多數人的利益,可以打擊毀滅少數人的非正當的利益。尤其是發動戰爭,只要是為了制止戰爭,愛護民眾,就可以進行戰爭。

國雖大,好戰必亡;天下雖安,忘戰必危。

—— 《仁本第一》

本義 國家雖然強大,好戰必定滅亡;天下雖然太平,忘掉戰爭準備,必定危險。

今解　發動戰爭，只能製造罪惡，為自己樹立更多的敵人，所謂“得道多助，失道寡助”，結果只能是亡國。但也不能因為天下太平就忘掉戰爭，要居安思危，否則就會有危險。

同患同利以合諸侯，比小事大以和諸侯。

——《仁本第一》

本義　合諸侯：指諸侯的集合、訂盟。比：近，親近之意。事：事奉，尊敬的意思。要以共同的利害來使諸侯聯合起來，大國親近小國，小國尊敬大國，和睦相處。

今解　所謂唇亡齒寒，諸侯國只有互相依存，團結對敵，才能獲得各自的生存和發展，離散則會導致滅亡。戰國時期，秦滅六國的過程就是一個典型例子。六國先因團結對抗秦國得以生存，後又因分散被秦所滅。

天子之義，必純取法天地而觀於先聖。士庶之義，必奉於父母而正於君長。

——《天子之義第二》

本義　天子正確的思想行為，應當是取法天地，借鑒古代君王。士人的正確思想行為，應當是遵從父母教訓，不偏離君主和長輩的教導。

今解　說明“天子之義”與“士庶之義”的不同來源。“士庶之義”應該來自於父母的訓導，同時又不偏離君主和長輩的教導。

古者，國容不入軍，軍容不入國，故德義不相逾。

——《天子之義第二》

本義　國：朝廷。容：禮儀。古時候，朝廷的禮儀法度不能用於軍隊，軍隊的禮儀法度不能用於朝廷，所以德和義就不會互相逾越。

今解　“國容”與“軍容”的側重點不同，“國容”重在禮讓，使國民和睦相處；而“軍容”重在義勇，能使士卒奮勇殺敵。不相逾越，才能保持軍隊的獨立性，才能靈活自如地運用戰術。

上貴不伐之士，不伐之士，上 之器也，苟不伐則無求，無求 則不爭。

——《天子之義第二》

本義 君主必須敬重不自誇的人，因為不自誇的人是君主所寶貴的人才。 如能不自誇，說明他就沒有奢望，沒有奢望就不會和別人相爭。

今解 "不自誇"能被君王看重，是因為不自誇的人重在實際行動，重在 腳踏實地地幹事，而不是與別人爭高下。

國中之聽，必得其情，軍旅之聽， 必得其宜，故材技不相掩。

——《天子之義第二》

本義 朝廷聽取這些人的意見，一定能掌握真實情況；軍隊裏能聽取這些 人的意見，事情就會得到妥善處理。這樣有才技的人就不致被埋 沒了。

今解 提出了"不伐之士"的重要性，既有利於朝廷的正確決策，又有利 於軍隊妥善處理事情。賢才可以被任用，國家就會變得昌盛。

從命為士上賞，犯命為士上戮， 故勇力不相犯。

——《天子之義第二》

本義 對服從命令的人，上級要給予獎勵，對於違抗命令的人，上級要給 予制裁，這樣，有勇力的人就不敢違抗命令了。

今解 強調了賞善罰惡的重要性。聽從命令，服從指揮是軍人的天職，而 違抗命令，擅自行動則會給軍隊、國家帶來不可估量的損失，對於 這樣的人必須加以懲治。

事極修，則百官給矣，教極省， 則民興良矣，習慣成，則民體 俗矣，教化之至也。

——《天子之義第二》

本義 各項事業治理得好，各級官吏就盡到職責了；教育內容簡明扼要， 民眾就容易學得好；習慣一經養成，民眾就會按習俗行事了。這就 是教化的最大成效。

今解　提出了教民化俗的重要性。教育要依據民眾的特點，靈活有效地採取一些措施，讓民眾在輕鬆的接觸中就學到知識，培養興趣，最終達到教民化俗的目的。

古者，逐奔不遠，縱綏不及，不遠則難誘，不及則難陷。 ——《天子之義第二》

本義　古人用兵，追擊敗逃的敵人不過遠，追蹤主動退卻的敵人不迫近。不過遠就不易被敵人誘騙，不迫近就不易陷入敵人的圈套。

今解　提出古人用兵的策略。敵人誘之以利，我們應不為之所動，才能不至於陷入危險。不能只貪圖眼前利益而使自己身陷牢籠，更不能貪圖一時的快樂而使自己終身痛苦。

兵不雜則不利。 ——《天子之義第二》

本義　各種兵器不配合使用，就不能發揮威力。

今解　優秀的將帥在於能使各種兵器都發揮它的長處，避開它的不足，這樣方能發揮兵器的威力，進退自如，不為兵器所羈。

師多務威則民詘，少威則民不勝。 ——《天子之義第二》

本義　民：庶民，戰時就是軍隊中的士卒。詘：同“屈”，壓抑。民詘：就是士卒受到壓抑。治軍過於威嚴，士卒就會受到壓抑；缺少威嚴，就難以指揮士卒克敵制勝。

今解　強調治理軍隊不僅僅只有威嚴，還要施以仁愛。太嚴，則會使士兵受到壓抑，產生厭惡感，不嚴就會喪失威信。“威嚴”與“仁愛”二者要有度，找到其最佳契合點，才能克敵制勝。

軍旅以舒為主，舒則民力足。 ——《天子之義第二》

本義　舒：徐緩。軍隊行動，以從容不迫為主，從容不迫就能保持士卒力量的充沛。

今解　這是早期方陣戰術進攻的特點。由於採用龐大的戰車和步兵結合方陣隊形，要維持隊形不亂，就必須在前進中不斷整頓行列，即使交戰也要"徒不趨，車不馳"。與後來主張兵貴神速不同。

賞不逾時，欲民速得為善之利也；罰不遷列，欲民速睹為不善之害也。

——《天子之義第二》

本義 獎賞不要過時，為的是使民眾迅速得到做好事的利益；懲罰要就地執行，為的是使民眾迅速看到做壞事的惡果。

今解 主張獎勵和懲罰應該迅速，獎勵是為了表揚為善的，同時鼓勵民眾積極向善。而懲罰是為了打擊做惡的，讓那些企圖以身試法的人懸崖勒馬。

大捷不賞，上下皆不伐善。上苟不伐善，則不驕矣，下苟不伐善，必亡等矣。

——《天子之義第二》

本義 大勝之後不頒發獎賞，上下就不會誇功。上級如果不誇功，就不會驕傲了；下級如果不誇功，就不會向上比了。

今解 顯示出《司馬法》中對於軍隊勝利之後"獎賞"的一種態度。不進行獎賞，可以使將帥和士卒都認為取得勝利只是自己分內職責，沒有必要誇耀甚麼，從而能使將士沒有過分的奢求，專心於本職工作。

大敗不誅，上下皆以不善在己。上苟以不善在己，必悔其過，下苟以不善在己，必遠其罪。

——《天子之義第二》

本義 大敗之後不執行懲罰，上下都會認為錯誤是在自己。上級如果認為錯誤是在自己，必定決心改正錯誤；下級如果認為錯誤在自己，就必定不犯錯誤。

今解 勝敗乃兵家常事，獎賞勝者或懲罰敗者並不是十分重要的，而最重要的是要總結其成敗的原因，從中吸取教訓，讓每一位將士都明白成功是自己的功勞，失敗是自身的錯誤。

將也，心也，眾也，心也。 ——《定爵第三》

本義 將帥的意志和士卒的意志必須統一。

今解 將帥的意志和士卒意志的統一，是取得戰爭勝利的重要保證。從來沒有將士不和而能在戰場上取勝的例子。

教惟豫，戰惟節。 ——《定爵第三》

本義 訓練重在平時，作戰重在指揮。

今解 只有注重平時的訓練，加強其戰鬥力，在戰場上將帥才能靈活自如地指揮作戰，猶如學習，既要注重平時的學習，又要注重對知識的運用，這樣才算是善學者。

將軍，身也，卒，支也，伍，指姆也。 ——《定爵第三》

本義 把將軍、卒、伍比作身體的一部分，說明只有協調一致，才能行動自如。

今解 同樣強調了將軍、士卒和伍的一致性，他們是完整統一、不可分割的，只有協調一致，在戰場中才能進則同進，退則同退，應對自如。

凡戰，智也。鬥，勇也。陳，巧也。 ——《定爵第三》

本義 作戰指揮要用智謀，戰鬥行動要靠勇敢，軍隊佈陣要巧妙靈活。

今解 指出軍隊作戰中，"戰"、"鬥"、"陳"的不同，概括比較精到。沒有謀略的指揮家只能是魯莽的，戰爭也必然是失敗的；不勇敢的軍隊在戰場上只有退卻，決不可能戰勝對方；若佈陣是笨重的，只能是以己所短攻敵所長，結果是非常明白的。

用其所欲，行其所能，廢其不欲不能。 ——《定爵第三》

本義 力求實現自己的意圖，也要量力而行，不要去做違反自己意圖和力所不及的事。

今解　力圖實現自己的目的，要量力而行，不能以卵擊石。所謂量力而行，就是在遵循客觀規律的基礎上，依據自己的實際能力來行事。

作兵義，作事時，使人惠，見敵靜，見亂暇，見危難無忘其眾。

——《定爵第三》

本義　興兵要合乎正義，做事要抓住時機，用人要使恩惠，遇敵必須沉着，遇混亂必須從容，遇危險和艱難不要忘掉部隊。

今解　指出軍隊中應該注意的事情，合乎正義才能得到國民的理解和支援，把握時機才能先發制人，冷靜才能運用謀略，靜中求勝。而時刻以軍隊為慮，以國家為慮，將士才能奮不顧身。

居國惠以信，在軍廣以武，刃上果以敏。

——《定爵第三》

本義　治國要施恩惠講信用，治軍要寬厚要威嚴，臨陣要果斷要敏捷。

今解　概括了為國、治軍、作戰中的不同要求。治理國家要使民眾得到實惠，受到民眾的衷心擁護和信任；治理軍隊既要以威嚴來樹立威信，又要以寬厚贏得士卒的信任和理解；而對敵人，要敏捷果敢，要英勇善戰。

居國和，在軍法，刃上察。

——《定爵第三》

本義　治國要上下和睦，治軍要法令嚴明，臨陣要明察情況。

今解　同樣指出為國、治軍、作戰要注意的事情。國內和睦，才能上下一致，同心協力共同發展；以法治軍才能紀律嚴明，既無犯法之士，又無違令之禁；作戰能明察情況，才能臨陣不亂，從容應敵，求得戰爭勝利。

物既章，目乃明。慮既定，心乃強。

——《定爵第三》

本義　物：指旗幟。旗幟鮮明，部隊才看得清楚。作戰計劃已經確定，決心就應堅定。

今解 旗幟鮮明，部隊才能有前進的方向，才能在戰鬥中有行動的目標。
而作戰計劃一經決定，就必須堅決貫徹執行，而不能猶豫不決，似
是而非。

容色積威，不過改意。 ——《定爵第三》

本義 和顏悅色地講道理或嚴厲地予以管教，都不過是為了使人改惡從
善。

今解 無論是和顏悅色地講，還是嚴厲地教訓，都只是希望人能夠改惡從
善的一種方式而已。

唯仁有親。有仁無信，反敗厥身。 ——《定爵第三》

本義 只有仁愛，才能使人親近，但是只講仁愛而不講信義，反會使自己
遭到失敗。

今解 講仁愛的人，能夠讓人感到平易近人，令人感到親切，因此值得信
賴。但是只講仁愛而失去信用，卻令自己處在困厄之境。

凡戰之道，位欲嚴，政欲栗，力欲窕，氣欲閒，心欲一。 ——《嚴位第四》

本義 栗：通"慄"，畏懼、森嚴的意思。作戰的一般原則，戰鬥隊形中
士卒的位置要嚴格規定，號令要森嚴，行動要敏捷，士氣要沉着，
意志要統一。

今解 指出作戰的基本要求，官兵應各司其職，協調一致，統一行動，決
不可以憑藉一時的豪氣，而不顧整個部隊的組織和紀律。

遠者視之則不畏，邇者勿視則不散。 ——《嚴位第四》

本義 邇：近。對遠處的敵人觀察清楚了就不會惶恐；對近處的敵人，要
目中無敵，就會集中精力進行戰鬥。

今解 訓練士卒的一種辦法。能夠在戰略上蔑視敵人，視其為無形，戰術
上要重視敵人，以敵為重，才能集中精力全力以赴地去攻擊敵人。

人戒分日；人禁不息，不可以分食；方其疑惑，可師可服。

——《嚴位第四》

本義　對小部隊下達的號令，半天以內就要執行；對個別人員下達的禁令，要立即執行，甚至不等吃完飯就要執行；要乘敵人尚在疑惑不定的時候，用兵襲擊，可以征服他。

今解　強調了要迅速地作出反應，不能在時間上有所拖延。這樣在戰鬥中，才能抓住有利時機，給敵人以致命打擊。

以力久，以氣勝。

——《嚴位第四》

本義　凡兵力充實就能持久，士氣旺盛就能取勝。

今解　指出兵力和士氣是軍隊能夠取勝的兩項重要條件。這就要求將帥要善於鼓舞士氣，使軍隊具有旺盛的戰鬥力，並且能夠充分調動士卒，使其成為一個完整的整體，具有堅強的實力，在戰爭中取得勝利。

人有勝心，惟敵之視。人有畏心，惟畏之視。兩心交定，兩利若一。兩為之職，惟權視之。

——《嚴位第四》

本義　人們都有了求勝之心，這時就應該着重研究敵情。人們都存畏懼之心，這時就應着重研究他們是畏懼甚麼？把求勝之心和畏懼之心都研究清楚，把兩方面的有利條件都發揮出來。而對這兩方面情況的掌握，就全在於將帥的權衡。

今解　強調了將帥的重要作用，將帥要能夠根據彼此的情況，全面地去權衡戰鬥的利弊，從而作出正確決定。

敬則慊，率則服。

——《嚴位第四》

本義　凡是作戰，謹慎從事就能達到目的，以身作則就能服眾。

今解　強調"慎戰"和"為人表率"的重要作用。要根據實際情況，進行充分準備，堅決有序地進行戰爭，而不能盲目行動，輕率攻敵。

以輕行輕則危，以重行重則無功，以輕行重則敗，以重行輕則戰。故戰，相為輕重。

——《嚴位第四》

本義 使用小部隊對敵可能有危險，使用大部隊對敵可能不成功，使用小部隊對敵大部隊就要失敗，使用大部隊對敵小部隊就要迅速決戰。所以作戰是雙方兵力的對比和較量。

今解 這一觀點有些偏頗，太多地注重了兵力數量對比在戰爭中的作用，而忽視了軍隊中官兵的戰鬥力，以及戰術的運用同樣對戰爭勝負有重要影響。

舍謹甲兵，行慎行列，戰謹進止。

——《嚴位第四》

本義 駐軍時要注意嚴整戰備，行軍時要注意行動整齊，作戰時要注意進止有節。

今解 這是早期戰爭的要求。但隨着經濟的發展和騎兵的投入使用等，這一戰略要求就顯得陳舊，不合時宜了。

凡馬車堅，甲兵利，輕乃重。

——《嚴位第四》

本義 只要兵車堅固，甲冑兵器精良，雖是小部隊也能起大部隊的作用。

今解 這裏強調了軍隊裝備的重要作用，同樣有些偏頗。

上同無獲，上專多死，上生多疑，上死不勝。

——《嚴位第四》

本義 將領喜歡隨聲附和，就不會有所成就；將領喜歡專橫武斷，就會多有殺戮；將領貪生怕死，就會疑慮重重；將領只知拼命，就不能取得勝利。

今解 指出將領所應警戒的幾種行為。要求有所作為的將領不能隨聲附和，應根據實際情況，作出自己的主觀判斷；更不能專斷自私貪生怕死，要具有博大的胸懷，遠大的目標，決不能為了蠅頭小利而喪失大局。

教約人輕死，道約人死正。 ——《嚴位第四》

本義 一般作戰，用法令約束人，只能使人不敢怕死；用道義感動人，才能使人們願意為正義而死。

今解 提倡用道義來約束軍隊，才能治理出無所畏懼，奮勇拼搏的軍隊，而用簡單的法令來約束，只能使士卒被動地進行戰鬥。

三軍之戒，無過三日；一卒之警，無過分日；一人之禁，無過瞬息。 ——《嚴位第四》

本義 對全軍下達的命令，三天之內就要貫徹執行；對百人小部隊下達的命令，半天以內就要執行；對個別人員的指示，要立即執行。

今解 強調下達的命令要準確及時地執行。只有準確及時，才能抓住有利戰機，全面有效地去攻擊敵人，給敵人以致命打擊。

凡大善用本，其次用末。 ——《嚴位第四》

本義 本：根本。末：末端。這裏本指謀略，末指攻、伐、擊、刺等。進行戰爭，最好的方法是用謀略取勝，其次才是用攻戰取勝。

今解 強調用謀略取勝才是"大善"。這與"上戰伐謀"的意思是一致的，這種思想觀點的提出比先前只注重軍隊力量對比的戰法有較大進步，它要求應該充分發揮人的主觀能動性，依靠智謀來取得事半功倍的效果。

執略守微，本末惟權。 ——《嚴位第四》

本義 必須掌握全局的形勢，抓住具體環節，（以決定）是用謀略取勝還是以攻戰取勝，這是作戰時應該權衡的問題。

今解 只有依據戰場的全局情況，分析敵對雙方的力量對比，才能作出正確決策，採取有效的攻擊辦法，打擊敵人。

凡勝，三軍一人，勝。 ——《嚴位第四》

本義 凡是勝利，都是由於全軍團結得像一個人，才能取勝。

今解 強調了軍隊官兵團結統一，協調一致在戰鬥中的決定作用。官兵團結，才能發揮重要的作用，才能互相配合，發揮出其長處，攻敵於無形。

凡戰，非陳之難，使人可陳難，非使可陳難，使人可用難，非知之難，行之難。
— 《嚴位第四》

本義 一般作戰，不是佈陣難，而是使吏卒熟悉陣法難，不是使吏卒熟悉陣法難，而是使他們靈活運用難。總之，不是懂得陣法難，而是實際運用難。

今解 強調在戰爭中實際運用戰術的重要性，它不只是要求人能夠紙上談兵，誇誇其談，而是要依據實際情況，靈活有效地採取措施，準確及時地攻擊敵人。

凡戰，既固勿重。重進勿盡，凡盡危。
— 《嚴位第四》

本義 凡是作戰，戰鬥力強就不要過於持重。即使兵力雄厚，進攻時也不要把力量一次用盡，凡是把力量用盡了的都很危險。

今解 要能根據自己兵力的強弱進行戰鬥，要注意保存後備力量，不能全部都用上。同時也強調了在戰鬥中應該靈活有效地作戰，不能太過持重。

人方有性，性州異，教成俗，俗州異，道化俗。
— 《嚴位第四》

本義 各地的人各有其性格，性格隨各州而不同，教化可以形成習俗，習俗也是各處不同，通過道德的教化就能統一習俗。

今解 強調道德教化在化俗中的作用，這也在治軍中有所體現。既要注重紀律，使士卒有令必行，同時更要以道德來教化士卒，使其忠心執行命令。

凡眾寡，既勝若否。
— 《嚴位第四》

本義 不論兵力大小，打了勝仗就要和沒有打勝仗一樣不驕不懈。

今解 打了勝仗，要不驕不躁，如同沒有打勝一樣。要善於總結經驗，作充分準備，以便將來取得更大勝利。

心中仁，行中義，堪物智也，堪大勇也，堪久信也。

——《嚴位第四》

本義 思想要合乎仁愛，行為要合乎道義，處理事物要智慧，制服強敵要靠勇敢，長久地贏得人心要靠信任。

今解 我們國家是禮儀之邦，向來注重禮儀，行事要合乎仁，講究義，就連行軍打仗也要遵循仁義原則，這樣堪稱大智、大勇，才能長久被信任。

讓以和，人以洽，自予以不循，爭賢以為人，說其心，效其力。

——《嚴位第四》

本義 謙遜而和藹，上下因而融洽，自己承擔錯誤，而把榮譽讓給別人，就能使士卒悅服，樂於效力。

今解 行軍打仗，講究士氣。唯有上下團結一致，長官善待士兵，領導有方，才能使士卒心悅誠服，樂於為其效力。

凡戰，擊其微靜，避其強靜；擊其疲勞，避其閒窕；擊其大懼，避其小懼，自古之政也。

——《嚴位第四》

本義 凡是作戰，要進攻兵力弱小而故作鎮靜的敵人，避開兵力強大而沉着鎮靜的敵人；進攻疲勞沮喪的敵人，避開安閒輕銳的敵人；進攻非常恐懼的敵人，避開有所戒備的敵人，這些都是自古以來治軍作戰的辦法。

今解 攻打敵人虛弱之處，是用兵作戰的方法之一，但具體用來又各不相同。避實擊虛，知己知彼，方能百戰不殆。

凡戰之道，用寡固，用眾治，寡利煩，眾利正。

——《用眾第五》

本義 指揮作戰的要領，兵力弱小應力求營陣鞏固，兵力強大應力求嚴

整不亂。兵力弱小利於變化莫測出奇制勝，兵力強大利於正規作
戰。

今解 揚長避短，根據自己實際情況作出佈置，做到胸有成竹，不論用兵
還是經商、行事，道理相同。所以用兵時，若兵力弱小，應力求鞏
固陣營；兵力強大，應力求嚴整不亂，這樣便能取勝。

凡戰，設而觀其作，視敵而舉。 ——《用眾第五》

本義 一般作戰，先擺好陣勢，不忙於作戰，看敵人怎樣行動，再採取相
應的行動。

今解 作戰要做周密計劃，精心佈置，不忙於應戰，要做好充分準備，靜
觀敵人行動，然後採取相應的行動。

攻則屯而伺之。 ——《用眾第五》

本義 屯：聚擊，集中兵力的意思。如果敵人進攻，就看準敵人的破綻去
打擊他。

今解 集中兵力攻打敵人破綻之處，使之方寸大亂，然後各個擊破，定能
大勝。

進退以觀其固，危而觀其懼，靜 而觀其怠，動而觀其疑，襲而觀 其治。 ——《用眾第五》

本義 用忽進忽退的行動，以觀察敵人的陣勢是否穩固；迫近威脅敵人，
看敵人是否恐懼；按兵不動，看敵人是否懈怠；進行佯動，看敵人
是否疑惑；突然襲擊，看敵人陣容是否整治。

今解 兩軍對壘，應運用自己的聰明才智，探其虛實，尋求攻破之法，或
進退，或靜觀，或襲之。

擊其疑，加其卒，致其屈。 ——《用眾第五》

本義 在敵人猶豫不決的時候打擊他，乘敵人倉促無備的時候進攻他，使
敵人戰鬥力無法施展。

今解 在勢均力敵之際，機遇對每方來說都至關重要，誰先抓住時機，誰就能趁其猶豫不決、倉促無備時攻之，使之無法發揮戰鬥力。

襲其規，因其不避，阻其圖，奪其慮，乘其懼。

——《用眾第五》

本義 襲擊敵人並打亂他的部署，利用敵人冒險輕進的錯誤，阻止他實現企圖，粉碎他既定的計劃，乘他軍心恐慌時殲滅他。

今解 趁敵之不備之時，襲擊他，打亂他的佈陣。並能抓住敵人每一次失誤，阻止他的企圖的實現，粉碎他的作戰計劃，乘其軍心恐慌之時一舉殲滅他。

凡從奔勿息，敵人或止於路則慮之。

——《用眾第五》

本義 追潰敗的敵人，一定不要讓他停息，敵人如果在中途停止，就要慎重考慮他的企圖。

今解 面對敵人氣勢洶洶來犯，作好迎戰的準備，敵人潰敗則要奮力追擊，不讓他有喘息的機會，若敵人潰敗逃跑中途停止，則要考慮其目的。

凡近敵都，必有進路，退，必有反慮。

——《用眾第五》

本義 迫近敵人都城的時候，一定要先研究好進軍的道路。退卻的時候，也一定要預先考慮好後退的方案。

今解 在攻打敵人的都城時，一定要認真策劃好進攻路線與撤退方案，因為敵人之都，是敵人熟悉之處，所以要考慮好，作好充分準備。

凡戰，先則弊，後則懾，息則怠，不息亦弊，息久亦反其懾。

——《用眾第五》

本義 作戰，行動過早易使兵力疲憊，行動過遲易使軍心畏怯，只注意休息會使軍隊懈怠，總不休息必然使軍隊疲困，休息久了軍隊會產生怯戰心理。

今解 做事講究恰到好處，點到為止，要掌握分寸。作戰過早或過遲，休息不好或過多，都對行軍不利。

書親絕，是謂絕顧之慮。選良次兵，是謂益人之強。棄任節食，是謂開人之意。

——《用眾第五》

本義 禁絕士卒和親人通信，以斷絕他們思家的念頭。選拔優秀人才，授予兵器，以提高軍隊的戰鬥力。捨棄笨重裝備，少帶糧食，以激發士卒死戰的決心。

今解 作戰方法固然重要，但是軍隊裝備、士兵選拔以及士兵的精神狀態，都會影響到作戰，一支精良的部隊，是一支綜合素質較高的軍隊，古人已認識到這點，實為可貴。

《六韜》

　　《六韜》是中國古代著名兵書，宋代頒定的"武經七書"之一，舊題周呂尚撰。呂尚，字子牙，原姓姜，周人稱之為師尚父或太公望，為周初軍事家、謀略家。但歷代學者考證，認為就書中內容及文字結構而論，都不是殷周之際的作品，而是後人所偽託。約成書於戰國時期。

　　關於《六韜》的篇目，《漢書·藝文志》著錄為 85 篇，今存宋刻"武經七書"本只 60 篇，分為 6 卷，包括《文韜》、《武韜》、《龍韜》、《虎韜》、《豹韜》、《犬韜》。

　　《六韜》"規模闊大，本末兼該"，內容非常豐富。《文韜》主要講述了治國用人的政治戰略；《武韜》着重論述了如何用兵的軍事戰略；《龍韜》闡述了軍隊的組織、獎懲、將帥的選拔和修養、軍事秘密通訊、奇兵的運用、偵伺敵軍的方法以及兵農合一的思想；《虎韜》主要講述了各種特殊天候、地形及其他不利條件情況下的進攻和防禦戰術，並記述了古代武器裝備的種類、形制、配製、作用和一般佈陣原則；《豹韜》主要講述森林、山地、河流、險隘地區作戰和防敵突襲、夜襲以及遭遇戰的戰術；《犬韜》主要論述了軍隊的指揮調動、擊敵時機、練兵方法、步車騎兵的組織協調和各自的戰法等等。

　　《六韜》繼承了它以前的兵家的優秀思想，又兼採諸子之長，所以思想內容很豐富。在政治戰略思想方面主張"同天下"、"天下同利"，反覆強調"天下非一人之天下，乃天下人之天下"，"同天下之利者則得天下，擅天下之利者則失天下"。"重民"、"利民"，認為天下是屬於民眾的，因此"取天下"必須得到民眾的擁護，強調"國之大務"在於"愛民"，要使"萬民富樂而無飢寒之色"。"善於不爭"，"削心約志"，其實質是輕徭薄賦，要求君主清靜寡慾，不與民爭利，"無取民者，民利之"，最後達到"取民"的目的。認為"上賢下不肖"是治國之要道，具體闡述了舉賢的標準和方法，明確提出了不能重用的 13 種奸人，即"六賊七害"；認為"凡用賞者貴信，用罰者貴必”，提出了“殺貴大，賞貴小”的重要原則。

在軍事方面，主張“伐亂禁暴”、“上戰無與戰”，強調“知己知彼”、“密察敵人之機”、“形人而我無形”、“先見弱於敵”。要求戰爭指導者能依據實際情況，靈活運用戰術打擊敵人。他重視客觀環境對戰術的影響，特別是地形、天候對戰術的影響。它總結了各兵種的特點，具體指導他們採取有效的戰略戰術；重視對兵器的使用，取其所長，避其所短，真正做到人盡其材、物盡其用。而對於秘密通訊，也作了詳細的説明。另外對將帥也提出了一定的要求，並提出了考察將帥的 8 條方法，即所謂的“八徵”。

在軍事哲理方面，《六韜》具有樸素的唯物主義思想，它一方面反對巫祝卜筮迷信活動，把它列為必須禁止的“七害”之一，另一方面又主張用天命鬼神去迷惑敵人，“依託鬼神，以惑眾心”。它具有樸素的辯證法思想，初步認識到了矛盾的對立和轉化，提出了“極反其常”的重要辯證法命題，對古代辯證法思想有重要貢獻。它的許多軍事思想都是建立在這一思想基礎之上的，如“夫存者非存，在於慮亡；樂者非樂，在於慮殃”，“大智不智，大謀不謀，大勇不勇，大利不利”，“太強必折，太張必缺”，“攻強以強”，“無取於民者，取民者也”等等。

釣有三權：祿等以權；死等以權；官等以權。 ——《文師》

本義 君主收羅人才就像釣魚一樣，操有三種權術：用厚祿收羅人才；用重賞收買死士；把不同的官位授予不同的人才。

今解 這裏用比喻的方法，形象地指明了君主統治天下的三種慣用手段，含有強烈的諷刺意味。

言語應對者，情之飾也；言至情者，事之極也。 ——《文師》

本義 言語應付，是把真情掩飾起來了；能説真情實話，才是好事情。

今解 常言道：言為心聲。但實際上，表裏不一，言行不一致的情況卻經常發生。這也從一個側面反映了社會的複雜、人事關係的難以預料。

惟仁人能受正諫，不惡至情。 ——《文師》

本義 只有仁德的人，才能接受最直率的規勸，才不厭惡真情實話。

今解 這説明"勸諫"與"受諫"是缺一不可的。唐太宗賢德，魏征得以暢其心懷，進行勸諫，君臣俱以美名傳世；紂王無道，雖比干至賢至忠，但也難奏其效，唯死而已。

以餌取魚，魚可殺；以祿取人，人可竭；以家取國，國可拔；以國取天下，天下可畢。 ——《文師》

本義 用香餌釣魚，魚可供烹食；以爵祿取人，人可竭盡其力；以家為基礎而取國，國可為你所有；以國為基礎而取天下，天下可全部征服。

今解 出發點不同，手段不同，收到的效果迥然不同。這裏強調了君主治理天下，首先要具備開闊的眼界與氣魄。

曼曼綿綿，其聚必散；嘿嘿昧昧，其光必遠。 ——《文師》

本義 嘿：通"默"。幅員廣大，歷時頗久的商王朝，它所積聚起來的東

西終歸要煙消雲散；不聲不響，暗中準備的周國，它的光輝必定會
普照四方。

今解　這段話包涵有樸素的唯物辯證思想，深刻地點出了朝代的更替是歷
史的必然，這在當時是十分難能可貴的。

天下非一人之天下，乃天下人之天下也。

——《文師》

今解　這句話能在當時條件下提出，實屬不易。它表明中國民眾的民主觀
念由來已久，民眾為爭取民主自由的鬥爭從來就沒有停止過。

同天下之利者則得天下，擅天下之利者則失天下。

——《文師》

本義　擅：專，獨攬。能和天下人同享天下利益的，就可以取得天下；獨
佔天下利益的，就會失掉天下。

今解　這與“得道多助，失道寡助”所闡釋的道理基本一致，告誡君王
要體察民情，不要驕奢淫逸，唯我獨尊，濫用職權，否則必將失去
天下。

天有時，地有時，能與人共之者，仁也，仁之所在，天下歸之。

——《文師》

本義　天有四時，地有財富，能和民眾共同享受的就是仁愛，誰有仁愛，
天下就歸誰。

今解　這裏宣揚了儒家“仁”的思想，主張用“博愛”的精神去治理國家。
這在當時是不可能辦到的事，但它的歷史進步性卻是顯而易見的。

君不肖，則國危而民亂；君賢聖，則國安而民治，禍福在君不在天時。

——《盈虛》

本義　君主不賢則國家危亡而民眾變亂；君主賢明則國家太平而民眾安
定。所以國家禍福在於君主賢與不賢，而不在於天命的變化。

今解 這裏包含有樸素的唯物思想，一針見血地指明了國家危亂與君主有極大關聯，明顯地摒棄了"天命論"思想，具有歷史進步性。

所憎者，有功必賞；所愛者，有罪必罰。
——《盈虛》

本義 對厭惡的人，他有功必賞；對喜愛的人，他有罪必罰。

今解 為政者不應將個人愛憎、個人私利包容在國家治理當中，要實事求是。只有這樣才能做到政紀澄清、賢愚分明、國泰民安。這種思想在今天仍值得從政者借鑒。

利而無害，成而無敗，先而無殺，與而無奪，樂而無苦，喜而無怒。
——《國務》

本義 要給與民眾利益而不要損害他們，要促進民眾生產而不要破壞他們，要保護民眾生命而不要殺害他們，要給與民眾實惠而不要掠奪他們，要使民眾安樂而不使他們痛苦，要使民眾喜悅而不使他們憤怒。

今解 這實際上是宣揚了一種"民為貴、君為輕"的思想，指明了君主統治國家要處處為民眾的利益着想，以民眾的利益為根本。這種思想具有顯明的歷史進步性。

勿妄而許，勿逆而拒。
——《大禮》

本義 不要輕率接受，不要簡單拒絕。

今解 因時而為，因事而定，具體問題具體分析，這永遠是辦事的準則。反之，輕率、盲目則是辦事的大敵。

為上惟臨，為下惟沉，臨而無遠，沉而無隱。
——《大禮》

本義 作為君主，最重要的是能洞察下情；作為臣民，最重要是能謙恭馴服。

今解 它雖然指明了君主與臣民在國家治理中都負有責任，需要雙方互相了解、配合，但是要求民眾馴服的做法卻明顯地帶有歷史局限性。

安徐而靜，柔節先定，善與而不爭，虛心平志，待物以正。

——《大禮》

本義 君主要安詳穩健而氣質寧靜，要柔和有節而胸有成竹，要善於與臣民協商問題而不固執己見，對人要謙虛而無私，處事要公正而不偏。

今解 這是對賢明君主的期望，同時也是一般人為人處事的理想境界。它體現着中國古代哲學中的"中和之美"原則，即對"過"與"不及"都反對，嚮往一種和諧協調的關係。

高山仰止，不可極也；深淵度之，不可測也。

——《大禮》

本義 君主要像高山那樣，使人仰慕效法；要像深淵那樣，使人莫測其深。

今解 這是在故意製造君主神秘論，使得君主有一種君臨天下、威儀四海的形象，以便對臣民實行統治，臣民們也由此服服貼貼，聽從頤使，從而達到天下太平。這種思想具有一定的歷史局限性。

以天下之目視，則無不見也；以天下之耳聽，則無不聞也；以天下之心慮，則無不知也。

——《大禮》

本義 如果能使天下人的眼睛都去看，就沒有看不見的事物；使天下人的耳朵都去聽，就沒有聽不到的消息；使天下人的頭腦都去考慮，就沒有考慮不周的事情。

今解 事在人為，沒有辦不到的事情。但是由於各方面條件的限制，我們總是面臨着許多困難，這就要求我們在處理事情的過程中，一定要從不同角度、不同立場進行多方面的考慮，不要老是以自己的觀點壓抑他人思想。

目貴明，耳貴聰，心貴智。

——《大禮》

本義 眼睛貴在能看清事物，耳朵貴在能聽到消息，頭腦貴在能考慮周詳。

今解　耳目口鼻各司一職，富賤尊卑各佔一行。評價人的作用與地位，應該因人而異，因事而論，牢牢把握住他的本質，不能一概而論。是眼睛，就用眼的標準去衡量；是耳朵，就用耳的標準去衡量，絕不可相互混淆。

義勝慾則昌，慾勝義則亡，敬勝怠則吉，怠勝敬則滅。
——《大禮》

本義　正義勝過私慾，國家就昌盛；私慾勝過正義，國家就衰亡；勤懇勝過懈怠，國家就吉祥；懈怠勝過勤懇，國家就會滅亡。

今解　這是對君主行為的一種期望，更是對社會風尚的一種普遍嚮往。要求正義、勤懇，反對私慾、懈怠，這自古以來都是一種立國、立身的準則，值得我們借鑒。

臣無富於君，都無大於國。
——《六守》

本義　臣民不得富於君主，城邑不得大於國都。

今解　作臣民的不能比君主更富裕，普通城邑不得比國都更繁華、闊大，這是在竭力維護國君權威。古語曾有：功高不可震主。說的也是這個意思。

無疏其親，無怠其眾，撫其左右，御其四旁。
——《守土》

本義　不可疏遠家族，不可怠慢民眾，安撫近部，控制四方。

今解　治理國家，如果能做到使國內民眾擁護、國外邦交正常，那麼這個國家就能在安定、和平的環境中得到正常發展。遍觀古今中外的朝代興衰更替，莫不體現這一思想。凡興旺、發達的朝代，都能做到內外安定。而衰亡、敗落的朝代莫不是內憂外患交併，終至滅亡。

日中必彗，操刀必割，執斧必伐。
——《守土》

本義　彗：曝曬。太陽到了中午，要抓緊時間曝曬；拿起刀子就要抓住時機宰割；拿起斧子就要抓住時機砍伐。

今解　該幹甚麼事，就應抓緊時間，一鼓作氣幹完，最要不得的是幹這件事時還考慮那件事，優柔寡斷，這樣就會把許多大好時光白白浪費掉，到頭來一事無成。

涓涓不塞，將為江河；熒熒不救，炎炎奈何；兩葉不去，將用斧柯。 ——《守土》

本義　細小的水流不堵塞，就將擴展為江河；微弱的火星不撲滅，將會釀成熊熊大火；剛萌芽的兩片嫩葉不擷除，將來就必須用斧頭去砍。

今解　海水不擇細流，乃成其大；泰山不讓寸土，乃就其高。這說的是一種由小變大、由弱成強的道理，告誡人們不要忽視小事物、小現象，而要重視它。星星之火還可燎原呢。

疏其親則害，失其眾則敗。 ——《守土》

本義　疏遠了宗親就會受害，失去了人心就會失敗。

今解　"得道多助，失道寡助"，寡助者則必定敗身亡國，這是千古的教訓。不管做人還是治國必須有一種內外和諧的環境，才能得到發展。唐王朝的前期內外安定，則繁榮昌盛，到了後期內亂外擾以至亡國。

順者任之以德，逆者絕之以力。 ——《守土》

本義　對於順從你的人，要給予恩德而信任他；對於反對你的人，要用武力消滅他。

今解　這與"順我者昌，逆我者亡"說的是一回事，說到底是一種霸權主義、強權政治的行徑。老子天下第一，凡事以我的意志為轉移。這種做法不可提倡。

故春道生，萬物榮；夏道長，萬物成；秋道斂，萬物盈；冬道藏，萬物尋。 ——《守國》

本義　春天的規律是滋生，萬物都欣欣向榮；夏天的規律是成長，萬物都

繁榮昌盛；秋天的規律是收穫，萬物都飽滿成熟；冬天的規律是收
藏，萬物都潛藏不動。

今解 世界萬物看似雜亂無章，其實是有規律的，就好像春、夏、秋、冬
四季，各有自己的規律。我們絕不可逆規律行事，那樣，吃虧的永
遠是我們自己。

盈則藏，藏則復起，莫知所終，
莫知所始。 ——《守國》

本義 萬物成熟應收藏起來，收藏起來（明年又）播種生長，（循環往復）
沒有終點，也沒有起點。

今解 自然界的基本規律就是周而復始，循環代謝，這看似重複，其實是
一種發展過程。就像我們人一樣，子子孫孫，繁衍了幾千年，而且
還要無限期地繁衍下去。

天下治，仁聖藏；天下亂，仁聖昌。 ——《守國》

本義 天下大治，仁人聖主就隱而不露；天下大亂，仁人聖主就撥亂反
正，建功立業。

今解 "亂世出英豪"，"時事造英雄"，社會的需要、環境的要求是造就人
才最主要的條件。因此，我們一定不要脫離社會、脫離時代，緊緊
把握住時代的脈搏，使自己順應時勢脫穎而出。

極反其常，莫進而爭，莫退而讓。 ——《守國》

本義 當天下已恢復正常時，既不要進而爭功，也不要退而讓位。

今解 這裏說的還是一種順應時代潮流的思想，同時也包含一定的"中
庸"思想，即不要逆歷史潮流而動。天下已恢復正常，激進爭功易
成為眾矢之的；反之，若急欲退身讓位，也會引起人們的猜忌。

王人者，上賢，下不肖，取誠信，
去詐偽，禁暴亂，止奢侈。 ——《上賢》

本義 作為君主，應當推崇德才兼備的人，抑制無德無才的人，任用忠誠

信實的人，除去奸詐虛偽的人，嚴禁暴亂的行為，制止奢侈的風氣。

今解 崇賢尚德，任用誠信之人，這是君主的一條重要治國方略。周武王禮賢下士任用姜尚，劉備三顧茅廬盛請孔明，以此皆成大業。

無智略權謀，而以重賞尊爵之故，強勇輕戰，僥倖於外，王者慎勿使為將。 ——《上賢》

本義 沒有智略權謀，為了獲得重賞高官，而強橫恃勇，輕率赴戰，企圖僥倖立功的人，君主切勿用他做將帥。

今解 短兵相搏可恃勇，重兵之戰必資謀。沒有真才實學，沒有統兵打仗的實踐經驗，而僅靠一己之勇就想取勝，那是癡心妄想。楚王項羽力大無窮，武功蓋世，然不用智謀，魯莽專橫，終致敗在劉邦之手。

有名無實，出入異言，掩善揚惡，進退為巧，王者慎勿與謀。 ——《上賢》

本義 對於有名無實、當面一套背後一套、掩人之善、揚人之惡、到處鑽營取巧的人，君主必須慎重，不能與他共謀大事。

今解 君主必須任用忠信之人，這樣方能於國於民有利；而對那些誇誇其談、有名無實之人必須慎而又慎。這些人只知道為自己謀實利，根本不去想別人會怎樣、國家將如何。

可怒而不怒，奸臣乃作；可殺而不殺，大賊乃發；兵勢不行，敵國乃強。 ——《上賢》

本義 君主對應該斥責的人而不斥責，奸臣就會興風作浪；當殺的而不殺，大亂隨着就會發生；該用兵討伐的而不討伐，敵國就會強大起來。

今解 優柔寡斷乃為政之大敵，該責不責，該斬不斬，該伐不伐，那麼必遺後患，就如養虎存患、自挖陷阱一樣，吃虧的最終是你自己，這很值得我們借鑒。

夫王者之道如龍首，高居而遠望，深視而審聽，示其形，隱其情；若天之高不可及也，若淵之深不可測也。

——《上賢》

本義 做君主的方法是像龍頭一樣，高瞻遠矚，洞察一切，深刻地觀察問題，審慎地聽取意見，儀表莊嚴肅穆，衷情隱而不露。使人覺得他像天那樣高而不可窮極，像淵那樣深而不可測量。

今解 作為一名日理萬機、統治一國的君主，能夠居高臨下、高瞻遠矚地考慮問題，是非常必要的，但是因此製造玄秘之態又是大可不必的。

舉賢而不能用，是有舉賢之名，而無用賢之實也。

——《舉賢》

本義 選拔出賢能但不加以利用，這是有舉賢的虛名，而無用賢的實效！

今解 "舉"的目的在於"用"，舉而不用，形如虛設，沒有任何實用價值，不會收到任何效果。戰國四公子舉賢之名貫通古今，他們的門下食客雲集，而真正得到任用的卻寥寥無幾，結果可想而知。

君以世俗之所譽者為賢，以世俗之所毀者為不肖，則多黨者進，少黨者退。

——《舉賢》

本義 如果君主認為眾人所稱讚的是賢人，眾人所詆毀的是不賢的人，那麼黨羽多的就會被任用，黨羽少的就會被排擠。

今解 君主任人，必須具有慧眼識珠的能力。必須根據國家利益，慎重地進行考慮，不能僅僅因為別人的議論就輕率下結論，這樣的結果只能如木偶一樣受人操縱、被人矇騙。

賞一以勸百，罰一以懲眾。

——《賞罰》

本義 獎賞一人以鼓勵百人，懲罰一人來警戒眾人。

今解 賞、罰的作用不僅僅在於它們本身，而在於勸示旁人。殺雞給猴看，說的就是這個道理。孫武曾受命為吳王訓練女妃，女妃恃君無

恐，不聽號令，孫武重責兩位領頭女妃，得以整肅軍紀，旁人再不
敢胡作非為，因此收到好的效果，受到吳王賞識任用。

用之在於機，顯之在於勢，成之在於君。

——《兵道》

本義　運用這種（統一意志的）力量在於不失時機，發揮這種力量在於因
勢利導，能否具有這種力量在於君主的所作所為。

今解　機不可失，時不再來，把握住機會，因勢利導，那麼多大的問題也
會迎刃而解，多麼險峻的問題也會化險為夷。但是把這種力量的掌
握權最終歸結在君主一人之手的說法，則具有歷史局限性。

夫存者非存，在於慮亡；樂者非樂，在於慮殃。

——《兵道》

本義　國家能否長存，在於能否居安思危；君主能否長樂，在於能否樂不
忘憂。

今解　"禍兮，福之所倚；福兮，禍之所伏"。事情沒有一成不變之理，總
是互相轉化的，恰如"塞翁失馬，焉知非福"。做人或治國總得居
安思危，樂不忘憂，作長遠之計，這樣才能有所為，也有所不為，
才能享受長久的幸福安寧。

兵勝之術，密察敵人之機而速乘其利，復疾擊其不意。

——《兵道》

本義　作戰取勝的方法在於周密探明敵情，抓住有利的時機，而出其不意
地打擊他。

今解　知己知彼，方能百戰不殆；機而不失，乘一總萬，才能抓住主動
權，立於不敗之地。戰場上的情況總是瞬息萬變，稍有不慎，時
機溜走，情況就會急轉直下，勝敗難料。

王其修德以下賢，惠民以觀天道。

——《發啟》

本義　君主要修德，要禮賢下士，要施惠於民，以觀察天道的吉凶。

今解 花香而蜂蝶自聚。君主只有進行自我修養，禮賢下士，有求賢之舉，賢士才會雲集。周武王修才修德，奮發圖強，禮請姜尚執國，遍請天下英才，因此，國力大振。終於打敗了紂王，得以統一天下，建立大業。

天道無殃，不可先倡；人道無災，不可先謀。

—《發啟》

本義 當天道還沒有災害徵兆的時候，不可先倡導征討；人道沒有出現混亂的時候，不可策劃興師。

今解 順應時勢，認清勢頭再行動，這是正確的。我們不論幹甚麼事，都絕不可逆時代潮流而動。但把這種勢頭徵兆歸結為天意的說法，帶有明顯的唯心主義。

必見其陽，又見其陰，乃知其心；必見其外，又見其內，乃知其意；必見其疏，又見其親，乃知其情。

—《發啟》

本義 既要看到他公開的言行，又要發現他秘密的活動，才能知道他的想法；既要看到他表面的行動，又要知道他內心的謀劃，才能了解他的意圖；既要看到他疏遠甚麼人，又看到他親近甚麼人，才能掌握他情感上的傾向性。

今解 要想真正認識一個人，了解一個人，必須既要觀察他外在的行為，又要盡力了解他內心的活動。否則，不能算真正認識一個人。

行其道，道可致也；從其門，門可入也；立其禮，禮可成也；爭其強，強可勝也。

—《發啟》

本義 執行弔民伐罪的政治主張就可取得成功；遵循統一天下的路線前進，統一的目的就可達到；順應民意建立軍隊和國家的制度，新的制度就能建立起來；爭取建立優勢力量，就可用於戰勝強大的敵人。

今解 無論治國亦或做人，道路的選擇至關重要。只要能順應時勢，採取

正確的方略，那麼取勝是必然的，但若方略不正，背道而馳則前途
定然困難重重。

與人同病相救，同情相成，同惡相助，同好相趨。

——《發啟》

本義 能與人同疾苦就能互相救援，同理想就能互相成全，同憎惡就能互相幫助，同愛好就有共同的追求。

今解 從古至今，人們都倍加推崇手足之情、朋友之誼，因為志同道合的朋友能夠推心置腹、患難與共。

大智不智，大謀不謀，大勇不勇，大利不利。

——《發啟》

本義 有大智的人不誇耀他的智慧，有深謀的人不暴露他的謀略，有大勇的人不只憑血氣之勇，圖大利的人不只顧自己的利益。

今解 海不顯其闊，山不誇其高。真正的賢士從不誇誇其談，但卻總能顯名於外。諸葛亮深居茅廬而時人盡知，劉備三請出山；趙括自認有勇有謀，誇飾其能，結果是紙上談兵，落個身敗名裂的結局。

利天下者，天下啟之；害天下者，天下閉之。

——《發啟》

本義 啟：打開，此指歡迎。為天下謀利益者，天下人都歡迎他；使天下人受害者，天下人都反對他。

今解 天下非一人之天下，乃天下人之天下。為天下人謀利益者，天下人當然歡迎他。周召二公以天下利益為重，不謀私利，共商大計，受天下人稱頌。而謀害天下人利益者，天下人當然反對他。妲己助紂為虐，殘害生民，理所當然受到人們的唾棄。

若同舟而濟，濟則皆同其利，敗則皆同其害。

——《發啟》

本義 （想取得天下的人）就像同船渡河一樣，渡過了，大家就達到了共

同的目的；失敗了，大家都受害。

今解　同舟共渡，到達對岸是共同的目標，也是利益所在，如周武王伐
紂，勝利了，大家共用和平安寧的生活。

鷙鳥將擊，卑飛斂翼；猛獸將搏，弭耳俯伏；聖人將動，必有愚色。
—— 《發啟》

本義　鷙鳥：兇猛的鳥。斂：收縮。弭：平息，引申為收斂、服貼。猛禽
將要襲擊目標，必先斂翅低飛；猛獸將要捕捉獵物，必先貼耳伏
地；聖人將要採取行動，先示人愚鈍的樣子。

今解　本段以比興的手法，先寫鳥獸預發時的模樣，用來引出聖人將出時
的情狀。

大明發而萬物皆照，大義發而萬物皆利，大兵發而萬物皆服。
—— 《發啟》

本義　日月當空就能普照萬物，採取正義的行動對萬民有利，大軍出動就
能使天下降服。

今解　採取正義的行動將對萬民有利，這是非常正確的。如周武王順應時
勢，討伐無道的昏君殷紂王，建立周朝，使天下共用太平，是正義
的行動。因此大軍出動之時，紂王軍隊聞風降服。

何憂何嗇，萬物皆得；何嗇何憂，萬物皆遒。
—— 《文啟》

本義　憂：憂慮。嗇：通"塞"，即阻塞，制止。遒：強勁，堅固。聖人
無須去憂慮甚麼，也無須去制止甚麼，萬物自會各得其所；不去制
止甚麼，不去憂慮甚麼，萬物自會繁榮滋長。

今解　這裏包含着道家的"無為"思想，意即不必加以人為的干涉，讓天
下萬物順其自然，自由地發展。

政之所施，莫知其化，時之所在，莫知其移。
—— 《文啟》

本義　政令的推行，要在不知不覺中潛移默化地進行，就像時間在不知不

覺中自然推移一樣。

今解　這種思想是較為可行的。國家的政令關係國計民生，要注意連續性，循序漸進性，如果急行急止，則容易引起社會的波動、國家的混亂。

夫天地不自明，故能長生；聖人不自明，故能明彰。
——《文啟》

本義　天地不須宣告自己的規律，萬物就會按其規律生長；聖人不須宣告無為而治的思想，而自會顯示出其輝煌的成就。

今解　天地萬物的規律是協調一致、互相統一的，並不是誰適合誰，誰服從誰的關係。而以此來炫耀聖人的功德，故弄神秘色彩是不可取的。

天有常形，民有常生，與天下共其生而天下靜矣。
——《文啟》

本義　天有一定的變化規律，人有經常從事的生業，能與民眾共安生業，天下就會安靜。

今解　國家大計，重在安民。能急民之所急，想民之所想，與民眾共謀生計，這樣的君主是賢明的君主，這樣的國家才能長治久安。

夫民化而從政，是以天無為而成事，民無與而自富，此聖人之德也。
——《文啟》

本義　從：順從。政：政令。民眾被潛移默化而服從法令；上天"無為"卻能生長萬物；民眾不需要施與，生活自能富裕。這就是聖人的德政。

今解　這裏所講的潛移默化地施行法令，不擾民乏民的思想有積極的一面，但一味推崇"無為而治"，讓民眾如同草木一樣自生自滅，順應自然，具有消極影響。

因其所喜，以順其志，彼將生驕，必有奸事，苟能因之，必能去之。
——《文伐》

本義　依照敵人的喜好，順從他的心願，使他滋長驕傲情緒而去做邪惡的事情，我方再巧妙地加以利用，就必能將他除掉。

今解　驕兵必敗，這是兵家常理。順應敵人的情況，並加以誘導，滋長他的惡習，腐化他的戰鬥力，然後再進攻他，就能收到事半功倍的效果，這是有效的軍事策略。

親其所愛，以分其威。一人兩心，其中必衰。廷無忠臣，社稷必危。

—《文伐》

本義　拉攏敵君的近臣，以削弱敵國的力量。敵之近臣既然懷有二心，其忠誠程度必然降低。敵人朝中沒有了忠臣，他的國家就必定會處於危亡的境地。

今解　柱之將腐，廈必將傾。拉攏敵國近臣，使之內部發生變亂，然後再從外部進攻。這樣內外夾攻，必然會收到好的效果，比之單一從外面強攻要省時省力。

夫攻強必養之使強，益之使張，太強必折，太張必缺。

—《三疑》

本義　張：開弓拉緊，這裏用來比喻驕傲自大的意思。要進攻強敵，必先助長他的恃強蠻橫，使他更加倡狂自大。過於強橫，必遭挫折；過於驕傲，必致失誤。

今解　月盈則虧，弓滿將折。這裏包含有一種辯證轉化的思想，即事情發展到一定階段，必然向其相反的方向發展。在軍事上，避其鋒銳的做法是十分可取的。

攻強以強；離親以親；散眾以眾。

—《三疑》

本義　要進攻強大的敵人，必先助長他的強暴；要離間敵人親信，必先收買敵人親信；要瓦解敵人軍隊，必先收攬敵國民心。

今解　射敵先射馬，擒賊先擒王，攻擊敵人必先攻其要害。對方強大則誘使其變化，離間其親信，收買其民心，這好像拆一間大廈，必須先破壞其主要支柱方能收到實效。

既離其親，必使遠民，勿使知謀，
扶而納之，莫覺其意，然後可成。
——《三疑》

本義　既已離間了他的親信，也就會使他疏遠民眾，不讓他發覺這是計謀，推推拉拉地把他引入了我們的圈套，而他還不明白我們的意圖，然後就可成事了。

今解　兵不厭詐，使用謀略誘惑敵人，在不知不覺中讓敵人中了圈套，然後見機行事，必然收到事半功倍的效果。此所謂設餌誘虎，則可讓其自入深淵。

惠施於民，必無愛財，民如牛馬，
數餵食之，從而愛之。
——《三疑》

本義　餵：餵養。施恩惠於民眾，不要吝惜財物；民眾和牛馬一樣，經常餵養他們，就能使他們和你親近。

今解　既然君主的目標在於奪取天下，那麼就不要吝嗇財物，要與民眾共用，這是正確的。但把民眾比作牛馬，妄圖用小恩小惠的手法加以拉攏，這是有其局限性的。

心以啟智，智以啟財，財以啟眾，
眾以啟賢，賢之有啟，以王天下。
——《三疑》

本義　思考研究可以產生智慧，智慧可以產生財富，財富可以養育民眾，民眾中就可以湧現賢才，大批賢才湧現出來，就可以輔佐君主統治天下。

今解　不論在軍事上還是在政治上，倡導運用智慧、謀略都是正確的。用智慧、謀略可以統治國家、教育民眾、創造財富。

凡舉兵帥師，以將為命，命在通
達，不守一術，因能授職，各取
所長，隨時變化，以為紀綱。
——《王翼》

本義　用兵時軍隊都以將帥作為司令。司令，重在通曉和掌握全面情況，而不在於精通專項技術。他應該量才錄用，取其專長，使之根據情況變化處理各項事務，這是統帥軍隊的根本所在。

今解 專才可為將，通才乃為帥。沒有全面淵博的知識，是不可能掌握一個龐大的軍隊的，因為軍隊就是由各種專業人才組合而成的。

勇則不可犯，智則不可亂，仁則愛人，信則不欺，忠則無二心。
——《論將》

本義 勇敢就不可侵犯，明智就不可擾亂，仁慈就能愛民從而得眾心，誠信就不欺騙別人，忠實就能一心為國。

今解 這是為君為臣應該具備的素質，也是做人應有的品質。有了這些品質，為君可以統服四方，為臣可以建功立業，留名後世。遍觀古今賢君名臣，其莫不如此。

兵者，國之大事，存亡之道，命在於將。
——《論將》

本義 戰爭，是國家的大事，它關係着國家的存亡，國家的命運就掌握在將帥的手裏。

今解 戰爭是國家面臨的生死存亡的大事，有時候，一場戰役的勝負就可決定一個國家的存亡。垓下之戰，結束了楚漢之爭；官渡之戰，導致袁紹從此一蹶不振，而曹操從此雄霸中原。

兵不兩勝，亦不兩敗。
——《論將》

本義 戰爭的雙方不可能都取得勝利，也不可能都失敗。

今解 戰場無亞軍。在棋盤上可有冠軍、亞軍之分，而真正的戰場只有勝敗之說，勝者王侯敗者寇。所以，必須慎重對待戰爭，絕不可存僥倖之心。

見其虛則進，見其實則止，勿以三軍為眾而輕敵，勿以受命為重而必死，勿以身貴而賤人，勿以獨見而違眾，勿以辯說為必然。
——《立將》

本義 見敵虛弱就前進，見敵堅強就停止，不要以為我軍眾多就輕敵，不

要以為任務重大就拼命，不要以為身居高位就能輕視別人，不要固
執己見違背眾意，不要把詭辯遊説當成真理。

今解 知己知彼，方能百戰不殆。戰爭是敵我雙方的事情，絕不可隨心所
欲而不顧及對方，否則易處於被動地位。因此，應就雙方情況作綜
合分析，有利於我方，則進；不利於我方，就退。而不可固執己
見，輕舉妄動。

國不可從外治，
軍不可從中御。

——《立將》

本義 國事不應受外部的干預，作戰不能由君主在朝廷內遙控指揮。

今解 常言道：將在外君命有所不受。戰爭是件大事情，是敵我雙方綜合
實力的較量。戰場情況瞬息萬變，時機稍有把握不準，戰局便會急
轉直下，而君主遠在朝廷之內，難以了解得十分詳盡，因此，戰場
上的事不能處處受君主牽制。

二心不可以事君，
疑志不可以應敵。

——《立將》

本義 臣懷二心就不能忠心耿耿地侍奉君主，將帥受君命的牽制，疑慮重
重就不能專心專意地去對付敵人。

今解 專心致志，事事可成；三心二意則一事無成。三國時的諸葛亮，在
劉備活着的時候，可謂用兵如神，志得意滿，而到了後期輔佐劉禪
的時候就有點力不從心。雖然四處出擊，但實際上是處於被動局面
的。為甚麼呢？他的精力被蜀國政事牽扯得太多了。

勢因於敵家之動，變生
於兩陣之間，奇正發於
無窮之源。

——《軍勢》

本義 作戰的形勢是隨着敵人的行動而變化的，隨機應變產生於兩軍對陣
的時候，奇正的運用來源於將帥的智慧與思慮。

今解 戰場上一定要相機而動，處處觀察敵情，根據敵方情況制定我方策
略，做到以己之長制彼之短，只有這樣，才能控制戰場主動權。

至事不語，用兵不言，且事之至者，其言不足聽也，兵之用者，其狀不足見也，倏而往，忽而來，能獨專而不制者兵也。

——《軍勢》

本義　機要的大事不能洩露，用兵的策略不可外傳，重大的決策不容紛紛議論，作戰的行動不可暴露於敵，忽往忽來，獨斷專行而不受制於人，這是用兵的重要原則。

今解　古往今來，軍事策略、軍事行動等都是重大機密，絕不可輕易洩露，如果你的策略、行動被敵方所掌握，那麼你將處處受制於人，必敗無疑。

善戰者，不待張軍；善除患者，理於未生；善勝敵者，勝於無形；上戰無與戰。

——《軍勢》

本義　善於用兵的人，取勝於展開軍隊之前；善於除害的人，消滅禍患於萌芽之前；善於取勝的人，取勝於無形之中；最好的作戰是不戰而屈人之兵。

今解　運籌於帷幄之中，決勝於千里之外。用兵打仗，重在方略計謀、排兵佈陣，這樣才能收到事半功倍的效果。

事莫大於必克；用莫大於玄默；動莫神於不意；謀莫善於不識。

——《軍勢》

本義　用兵最重要的是所攻必克，作戰最重要的是保守機密，行動最重要的是出其不意，計謀最重要的是不被識破。

今解　攻無不克，戰無不勝，這是用兵之道；行軍作戰重在保守機密，出其不意，攻其不備；用計謀一定不要被對方所識破，否則就會受制於人。

未見形而戰，雖眾必敗。

——《軍勢》

本義　沒有摸清敵人情況就去作戰，雖然軍隊眾多，也必定失敗。

今解 官渡之戰，袁紹軍隊十分強大，但他頤指氣使，目中無人，不去確切了解曹操的軍情，而自認為不管對方如何變化，勝的一方總會是自己，結果卻大敗而逃，從此一蹶不振。

善戰者，居之不擾，見勝則起，不勝則止。 ——《軍勢》

本義 善於打仗的人，軍隊處於待機狀態時不受干擾，看到有勝利把握就進攻，沒有勝利把握就停止。

今解 善於打仗的人，相機而動，絕不盲目出擊，也不受任何外界干擾。就如螳螂捕食，獵物不出現或不方便捕食時就蟄伏不動，一旦時機成熟，則飛撲上去，一般情況下總是不會有閃失。

智者從之而不釋，巧者一決而不猶豫，是以疾雷不及掩耳，迅電不及瞑目，赴之若驚，用之若狂，當之者破，近之者亡，孰能禦之。 ——《軍勢》

本義 明智的將帥抓住戰機就不放過，機智的指揮者，一經決定就不猶豫。所以才能像迅雷一樣使人不及掩耳，像閃電一樣使人不及閉眼，前進如驚馬奔馳，戰鬥如狂風驟雨，阻擋他就被擊破，靠近他就被消滅，誰能抵抗得了這種軍隊呢？

今解 機不可失，時不再來。鴻門宴上，項羽優柔寡斷，坐失良機，以至放虎歸山，讓劉邦逃回了軍營。劉邦強大了以後，一鼓作氣打敗了他。

得賢將者，兵強國昌；不得賢將者，兵弱國亡。 ——《奇兵》

本義 有了精明能幹的將帥，就會兵強國昌；沒有精明能幹的將帥，就會兵弱國亡。

今解 千軍易得，一將難求。沒有張良這樣的人才輔佐，恐怕劉邦不會那麼容易坐上皇帝寶座。

古之善戰者非能戰於天上，非能戰於地下，其成與敗，皆由神勢，得之者昌，失之者亡。

——《奇兵》

本義　古代善於用兵的人並不是能戰於天上，也不是能戰於地下，其成功與失敗，都在於能否造成神妙莫測的態勢，得此勢的就勝利，不得此勢的就失敗。

今解　善於作戰的人，總是善於轉換戰爭態勢，變劣勢為優勢。在空城計中，諸葛亮一方本來危機四伏，面臨覆滅之災，但諸葛亮故擺空城，迷惑對方，使對方驚疑而退。

不知戰攻之策，不可以語敵；不能分移，不可以語奇；不通治亂，不可以語變。

——《奇兵》

本義　不懂攻戰的策略，就談不上對敵作戰；不會機動使用兵力，就談不上出奇制勝；不精通軍隊的治理，就談不上應變。

今解　將帥要領導軍隊獲勝，必須高屋建瓴具有統觀全局的能力。就如老鷹捕食，居高臨下，四處觀察，瞅準機會，急衝而下，無論獵物如何躲閃總能先其變化制服牠。

將者人之司命，三軍與之俱治，與之俱亂。

——《奇兵》

本義　將帥是軍隊的主宰，將帥精明軍隊就嚴整，將帥無能軍隊就混亂。

今解　將帥是軍隊的主腦，如同人之頭腦一般，如果頭腦清晰精明，那麼行為舉止必定有禮有止、穩重大方；反之則一定舉止失當、貽笑大方。

勝負之徵，精神先見，明將察之，其敗在人。

——《兵征》

本義　勝敗的徵候，首先在敵人精神上表現出來，明智的將帥是能夠察覺的，而精神效果又反映在人的行為上。

今解 無論戰場上亦或商場上，最重要的防線是精神防線，一旦精神崩潰，萬物俱毀。因此，觀察敵方軍隊戰鬥力的強弱，首先要觀察他們精神狀態是否穩定。淝水之戰，東晉將帥在戰前就已分析出對方人心不一、貌合神離，表面強大，實則是紙老虎一個，因此敢於以小擊大。

必出之道，器械為寶，勇鬥為首。
——《必出》

本義 衝出敵人的包圍，兵器器材最為重要，而且首先必須奮勇戰鬥。

今解 一夫當關，萬夫莫開，利在地形。平原交戰，騎兵為要，説的是兵種器材的優越性。但不管何優何利，首要的是軍隊必須奮勇作戰，沒有作戰的勇氣與精神，一切都形同虛設，發揮不了任何作用。

凡三軍，以戒為固，以怠為敗。
——《金鼓》

本義 凡軍隊，有戒備就能鞏固，若鬆懈就要失敗。

今解 軍隊像人一樣，精神集中，那麼力量凝聚，就能應付得了突然的變化；如若鬆懈，就會手忙腳亂，一塌糊塗。官渡之戰，袁紹軍隊守備鬆懈，被曹操燒毀了烏巢軍糧，結果軍心動搖，最後一敗塗地。

將必上知天道，下知地理，中知人事。
——《壘虛》

本義 為將帥的必須上知「天道」，下知「地理」，中知「人事」。

今解 將帥必須具有縱觀全局的能力，必須具有淵博的知識和綜合分析問題的能力。戰場上，要想贏得主動，就必須盡力搶佔天時、地利、人和的優勢，否則，容易處於被動地位。

望其壘，即知其虛實；望其士卒，則知其去來。
——《壘虛》

本義 瞭望敵人的營壘，就知道他內部的虛實；觀察士卒的動態，就知道他調動的情況。

今解 戰爭雙方對壘作戰，必須注意觀察對方的一舉一動，做到敵動我動、敵變我變，相機而發，有所針對。心動則神變，說的就是內心變化了，那麼在外表上也一定會有所顯現。軍隊也一樣，一定要能通過對外觀情形的觀察判斷其內部變動。

太疾則前後不相次，不相次則行陣必亂。

——《壘虛》

本義 太忙亂，他的前後就沒有秩序，沒秩序，行列就會混亂。

今解 忙則出錯，忙則容易導致混亂。因此，不論作戰還是辦事，一定要做到有條不紊，一定要做到有秩有序，不給對方以任何可趁之機。

微號相知，令人滅火，鼓音皆止，中外相應，期約皆當，三軍疾戰，敵必敗亡。

——《敵強》

本義 部隊都佩帶暗號，互相識別，撲滅火炬，停息鼓音，以保內外策應，大家都按預先約定的信號準確執行，全軍猛烈的戰鬥，敵必敗亡。

今解 部隊行動重在有秩有序，協調一致，以使任務順利完成。佩帶暗號以及其他標誌，可以使部隊內部互相識別而不致出現混亂。古代戰爭常擺大陣，因此非常講究旗色服飾的區別。

事大國之君，下鄰國之士，厚其幣，卑其辭，如此則得大國之與，鄰國之助矣！

——《少眾》

本義 敬事大國君王，禮交鄰國賢士，多送錢財，言辭謙遜，就能與大國結盟，得到鄰國的援助了。

今解 錢可通神，這句話雖不完全正確，但卻有一定道理，特別是禮交大國君王，聘請賢士，多以錢幣作為進見之禮而後再作進一步打算。戰國時期諸侯紛爭，遊說之士望風而行，這種方法也就用得特別廣泛。

凡用兵之法，三軍之眾，必有分合之變。

——《分合》

本義 用兵的方法，由於三軍眾多，必然有分散和集中作戰部署上的變化。

今解 用兵之道，貴在分合自如。特別是大兵團作戰，一定要有分散作戰能力和集中攻堅的優勢，而且要分散作戰與集中作戰相結合，做到優勢互用，攻守兼備。《水滸傳》中的英雄們作戰最精於此道，因此他們幾乎戰無不勝。

步貴知變動，車貴知地形，騎貴知別徑奇道，三軍同名而異用也。

——《戰車》

本義 步兵作戰貴在熟悉情況變化，車兵作戰貴在熟悉地形狀況，騎兵作戰貴在熟悉別道捷徑，車騎步同是作戰部隊而用法不同。

今解 兵種不同，作戰條件自然有別，互相混淆，則容易自己牽制自己。赤壁之戰，本來是水戰，而曹操卻要在水上創造陸地條件，讓步兵、騎兵如在陸地上一樣，能夠不暈船，且行動自如，結果被周瑜一把火燒得一敗塗地。

《吳 子》

　　《吳子》是中國古代著名兵書，宋代頒定的“武經七書”之一，
吳起撰。吳起，戰國時衛國人，生年不詳，卒於公元前 381 年。吳
起重名輕利，敢於改革，善於用兵，是戰國時期著名的軍事家、政
治家。

　　《吳子》成書於戰國時期，書中反映了戰國時期的軍事特點，
是經後人整理的吳起軍事思想的記錄。今本《吳子》約 5000 字，
共 6 篇：《圖國》主要圍繞“內修文德，外治武備”的戰略主張，
論述經國治軍“必須先教百姓，親萬民”，修德行仁，明恥教戰，
任賢使能，“簡募良材，以備不虞”，並對戰爭的起因和種類進
行了初步探討；《料敵》主要從戰略的高度分析敵方的優劣短
長，論述了偵察敵情的要領及對不同情況下的不同敵手的作戰方
法；《治兵》主要論述訓練、行軍、宿營及保養軍馬的原則和方
法，提出了“以治為勝”，“教戒為先”、“用兵之害，猶豫最大；
三軍之災，生於狐疑”等著名觀點；《論將》主要論述將帥在治
國統軍中的重要性和應具備的條件，以及觀察分析敵情優劣的要
領。《應變》主要講述隨機應變的戰術思想，論述了遭遇強敵，
敵眾我寡，敵據險堅守等情況下的應急方法和谷戰、水戰、車
戰、攻城戰等作戰要領；《勵士》主要論述獎有功激無功，鼓舞
部隊士氣。

　　《吳子》是“武經七書”之一，向與《孫子》並稱，軍事思想頗
為豐富。概括起來主要有以下幾點：一、“內修文德，外治武備”
的戰略思想。他強調首先搞好國內政治，“教百姓，親萬民”，修德
行仁，達到國家和軍隊內部的協調統一，才可對外用兵；同時又
強調必須加強國家的軍事力量，要“簡募良材，以備不虞”，“先戒
為寶”。二、隨機應變的戰術思想。《吳子》十分重視戰爭中各種事
物的差別和變化，強調要偵察了解敵方軍隊素質、將帥特點、所佔
天時、地利、人和的情況，掌握戰場的變化，根據不同的情況採取
不同的作戰方法。並總結出了在何種情況下“擊之勿疑”、“急擊勿

疑",在何種情況下"避之勿疑"等帶有規律性的戰術原則。三、"以治為勝","教戒為先"的治軍思想。他認為軍隊能否打勝仗,不完全取決於數量上的優勢,重要的是依靠軍隊的質量。兵"不在乎眾","以治為勝"。要求把軍隊訓練成"居則有禮,動則有威,進不可當,退不可追"的軍隊,要發揮士卒的各自特點,使其"樂聞"、"樂戰"、"樂死"。要求將帥要有優良品德和深邃的謀略,具備"理、備、果、戒、約"五個條件,懂得用兵"四機"。強調"進有重賞,退有重刑,行之以信",以鼓勵士兵。四、樸素的軍事哲學思想。吳子對戰爭的實質有了樸素的認識,他把戰爭發生的原因歸納為五條:"一曰爭名,二曰爭利,三曰積惡,四曰內亂,五曰因饑。"並認為戰爭具有義兵、強兵、剛兵、暴兵、逆兵等不同性質。他樸素地認識到戰爭具有兩重性,在對各國的政治、經濟、民情和軍隊分析時,既看到了他們的長處、強處,又看到了他們的短處、弱處。他認識到了事物的發展變化,尤其是事物會向其反面轉化,認為打勝仗孕育着未來的災禍,"以數勝得天下者稀,以亡者眾"。

明主鑒茲，必內修文德，外治武備。
故當敵而不進，無逮於義矣；僵屍而
哀之，無逮於仁矣。　　　　　——《圖國》

本義 逮：及，相關。僵：倒。賢明的君主鑒於這些，一定要對內修明
文德，對外加強武備。所以面對敵人的侵犯而不去抗擊，算不上
"義"；只知為倒下的屍體而哀傷，算不上"仁"。

今解 "落後就要捱打"，"貧窮就要受欺"。只有"內修文德，外治武備"
才是富國強民之路。回想舊中國百年屈辱的歷史，聯想當今國際
社會一些強國的霸權行徑，我們必須富強起來，否則就會永遠處在
"僵屍而哀"的時代。

吳子曰："昔之圖國家者，必先
教百姓而親萬民。有四不和：
不和於國，不可以出軍；不和
於軍，不可以出陣；不和於陣，
不可以出戰；不和於戰，不可
以決勝。"　　　　　——《圖國》

本義 百姓：春秋前期對貴族的稱呼，戰國時一般指平民。謀劃治理國家
的人，必定先教化百姓而親近萬民。注意四種不和的情況：國內意
志不統一，不可以出兵打仗；軍隊內部不團結，不可以臨陣對敵；
臨陣對敵行動不一致，不可以進行戰鬥；戰鬥動作不協調，不能奪
取勝利。

今解 吳起認為戰爭是政治的繼續，戰爭是為政治服務的。戰爭正是所謂
"圖國家"的一種手段。這是對戰爭作用的正確認識。四種不和的
情況指出了戰前準備和動員的重要性。

民知君之愛其命，惜其死，若此
之至，而與之臨戰，則士以盡死
為榮，退生為辱矣。　　　　　——《圖國》

本義 至：達到一定程度。讓民眾知道君主愛惜他們的生命，憐惜他們的
死亡，達到這種程度，然後率領他們進行戰爭，那麼將士就會以前

進拼死為光榮，後退貪生為恥辱。

今解　中國古代兵書在論述決定戰爭勝負的三個因素"天時、地利、人和"時，一向把"人和"作為最主要的因素。如越王勾踐臥薪嚐膽從而鼓起軍隊士氣，反敗為勝。但是吳起還只是站在統治階層的立場上，為他們出謀劃策，把民眾作為爭奪利益的工具。這是他的局限。

聖人綏之以道，理之以義，動之以禮，撫之以仁。此四德者，修之則興，廢之則衰，故成湯討桀而夏民喜悅，周武伐紂而殷人不非。舉順天人，故能然矣。

——《圖國》

本義　綏：引導。道：指正確的政治主張。禮：指符合一定階層利益的禮法、法規。仁：仁愛，這裏是指新興統治階層的仁愛。非：非難，反對。順天：指順應客觀形勢。賢明的君主用正確的政治主張去引導國家，用正確的道德標準去治理政事，用禮法和法規去指導行動，用仁愛去安撫民眾。這四種道德培養起來國家就興旺，廢除了國家就衰敗。所以商湯討伐夏桀，夏朝民眾很高興；周武討伐殷紂，殷商之民並不反對。這是由於他們順應了民眾的願望和當時的客觀形勢。

今解　戰爭在本質上是殘酷的。它以殺戮為手段從而達到目的。從這個意義上說，戰爭與"道"、"義"、"禮"、"仁"是格格不入的。而具備了這四種道德的"正義之師"卻是無往而不勝的。商湯伐桀、周武滅紂是明顯的例證。中國有句古話叫做"多行不義必自斃"，無論是做人、治國、打仗都是如此。

天下戰國，五勝者禍，四勝者弊，三勝者霸，二勝者王，一勝者帝。是以數勝得天下者稀，以亡者眾。

——《圖國》

本義　戰國：這裏指發動戰爭的國家。弊：疲弊，困乏。發動戰爭的國家，經過五次戰爭取得勝利的，會招來禍患；四次戰爭取勝的，國力疲弊；三次戰爭取勝的，僅能稱霸；兩次戰爭取勝的，可以稱王；一次戰爭取勝的，才能成就帝業。因此，依靠不斷發動戰爭而奪得天下的很少，亡國的倒是很多。

今解 中華民族是一個多災多難的民族。外族的入侵，内部的傾軋使得中國民眾對戰爭有着切膚之痛。《吳子》雖是一部兵書，但它對當時那些熱衷於追名逐利，窮兵黷武的貴族提出了嚴正的警告："數勝得天下者稀，以亡者眾。"

凡兵之所起者有五：一曰爭名，二曰爭利，三曰積惡，四曰內亂，五曰因饑。其名又有五：一曰義兵，二曰強兵，三曰剛兵，四曰暴兵，五曰逆兵。

——《圖國》

本義 兵：這裏指戰爭。爭名：爭王霸之名，這裏指新興統治階層的統一戰爭。義兵：禁止強暴之兵。強兵：仗勢欺人之兵。剛兵：剛愎自用之兵。暴兵：貪財掠奪之兵。逆兵：不得人心之兵。引起戰爭的原因有五種：一是爭奪王霸之名，二是進行掠奪，三是積累了仇恨，四是內亂，五是國內饑荒。興兵進行戰爭也有五種情況：一是義兵，二是強兵，三是剛兵，四是暴兵，五是逆兵。

今解 對於戰爭的起源，歷來眾説紛紜。孔子説："人生有喜怒，故兵之所作與民皆生。"這是為他的"性善"説服務的。而吳起的"爭名、爭利、積惡、內亂、饑荒"為義戰大造輿論，是具有進步意義的。

君能使賢者居上，不肖者處下，則陣已定矣。民安其田宅，親其有司，則守已固矣。百姓皆是吾君，而非鄰國，則戰已勝矣。

——《圖國》

本義 有司：負責專職的官吏。使賢德的人地位高於不賢之人則形勢就穩定。使民眾都安居樂業，親近自己的官吏，守備就穩固；民眾都擁護自己的國君，而反對鄰國，戰爭就已經有勝利的把握了。

今解 吳起是新興統治階層的代言人。他用"法家"的思想統一軍隊。堅持把治軍原則同進行正義戰爭、建立新制度聯繫起來。他主張的

"選賢任能、與民休養、團結人民"三個治軍原則是服從於法家的政治路線的。這與孫子的"不戰而屈人之兵"有異曲同工之妙。

然一軍之中，必有虎賁之士；力輕扛鼎，足輕戎馬，搴旗斬將，必有能者。若此之等，選而別之，愛而貴之，是謂軍命。

——《料敵》

本義 虎賁：指勇士。搴：拔取。然而我軍之中一定會有力大無比的勇士，他們能行善走，拔旗斬將。對這樣的人一定要認真選拔，發揮他們的長處，給以重任。這些人是軍隊的命脈。

今解 這段話體現了吳起重視人才的觀點。他認為應當"因材而用、賞罰分明"，這在那個時代是很可貴的。歷史無數次地證明，人，才是戰爭勝負的關鍵因素，項羽因剛愎自用最終敗亡，而劉邦因知人善任最終成就帝業。以古鑒今，人才的爭奪、人才的培養對中華民族的順利發展起着至關重要的作用。

見可而進，知難而退也。

——《料敵》

本義 要善於捕捉戰機，見到有勝利的把握就進攻，知道難以取勝就退走。

今解 儒家主張一切都應該遵循禮法，連打仗也要打"堂堂之陣"，吳起這種堅持從戰爭實際出發，量敵而用兵、見機行事、知難而退的靈活戰術是對儒家機械呆板、墨守成規的戰略戰術的有力批判。

敵人之來，蕩蕩無慮，旌旗煩亂，人馬數顧，一可擊十，必使無措。

——《料敵》

本義 蕩蕩：散漫的樣子。敵人前來，如果行動散慢而沒有深謀遠慮，部隊混亂，人馬東張西望，在這種情況下，以一擊十，必能使敵人倉皇無措。

今解 "驕兵必敗"可以概括這句話的意思。各國的寓言和童話中都有諷刺驕傲者的故事。在戰爭中驕傲同樣可以帶來滅頂之災。袁紹在官渡之戰中因輕敵自滿被曹操以少勝多，打得一蹶不振。關羽因驕傲自負落得敗走麥城。

諸侯未會，君臣未和，溝壘未
成，禁令未施，三軍匈匈，欲前
不能，欲去不敢，以半擊倍，百
戰不殆。
——《料敵》

本義 諸侯：指敵人的盟軍。匈匈：喧囂，驚懼。敵人的盟軍還沒有彙
集，國內上下意見沒有統一，工事構築沒有完成，號令還沒有下
達，軍心驚懼，想前進不能，想後退不敢，在這種情況下，以半擊
倍，百戰不殆。

今解 強調了要集中自己所有力量打敗敵人的重要性。粟裕大將說過，強
大而未展開之敵人，其實和弱小是一樣的。吳起這段話指出在戰爭
中要抓住時機，看準敵人的薄弱環節，果斷出擊。

武侯問曰："兵何以為勝？"起
對曰："以治為勝。"
——《治兵》

本義 治：安定，指統治秩序的鞏固。武侯問："打仗靠甚麼取勝呢？"
吳起回答說："靠統治階層統治秩序的鞏固取勝。"

今解 任何事物都有"標"、"本"兩面。戰爭打贏了，這是"標"，是表面
的現象。它的"本"在於統治秩序的安定，國力的富強。在當時生
產力極不發達的情況下吳起一眼看穿了決定戰爭勝負的原因，不愧
為一位天才的軍事家。

治者，居則有禮，動則有威，進不
可當，退不可追，前卻有節，左右
應麾，雖絕成陣，雖散成行。
——《治兵》

本義 當：擋。節：節制。麾：古代用以指揮軍隊的旗幟，這裏作指揮
講。秩序在軍隊中穩固了，平時就會紀律嚴明，戰時就有壓倒一切
的強大威力，前進時沒有人能夠阻擋，後退時沒有人敢於追趕。前
進和後退非常協調，左右移動都聽指揮，雖然處於危險的境地陣容
也很嚴整，雖然處在被分割的狀況，行列也不會混亂。

今解 軍隊貴在紀律嚴明，行動一致。正確、成熟的指導思想，訓練有
素、臨危不驚的作風正是一支優秀的軍隊所應具備的。

與之安，與之危，其眾可合而不可離，可用而不可疲，投之所往，天下莫當，名曰父子之兵。

——《治兵》

本義 投：使用。當：同"擋"。全軍上下，能同安樂，共危難，始終團結如一而不會分裂，鬥志旺盛而不會疲勞。這樣的軍隊就能指到哪裏，打到哪裏，沒有誰能夠阻擋他們的前進。這就是通常所說的上下一心，親密團結的軍隊。

今解 "淝水之戰"中苻堅因軍心渙散而招致失敗。而謝石、謝玄因為軍隊內部同仇敵愾而取得了這次以少勝多的著名戰役的勝利。吳起認識到軍隊內部團結的重要性，並形象地稱作"父子兵"，影響是深遠的。

上令既廢，以居則亂，以戰則敗。

——《治兵》

本義 居：這裏指防守。上級指揮失靈了，用以防守，就會不戰而亂；用以進攻，就必然會打敗仗。

今解 軍人的天職是服從命令，但也因此出現了不少"盲從"的現象，中國古代的軍事家說"將在外，君命有所不受"。因而一個有能力的指揮員應該將這二者有機地結合，既做到"上令下通"，又做到實事求是不盲從。

凡兵戰之場，立屍之地，必死則生，幸生則死。

——《治兵》

本義 立屍：流血犧牲。幸生：姑息，貪圖生路。凡屬戰場，都是流血犧牲的地方，只有不怕犧牲，勇敢殺敵，才能奪取勝利，保存自己；如果貪生怕死，不敢殺敵，就會招致失敗，就會死亡。

今解 項羽"破釜沉舟"一舉擊潰秦軍主力、韓信"背水一戰"而大獲全勝驗證了"必死則生，幸生則死"的正確性。日常生活中也常有"置之死地而後生"的例子。要擺脫平庸、乏味的生活就要拿出"必死則生"的精神來，敢闖敢幹。

其善將者，如坐漏船之中，伏燒屋之下，使智者不及謀，勇者不及怒，受敵可也。故曰：用兵之害，猶豫最大；三軍之災，生於狐疑。

——《治兵》

> **本義** 將：率領。善將：指善於帶兵打仗。狐疑：多疑。善於帶兵作戰的將領，就像處理坐在漏水的船上，伏在着火的屋子裏的情況那樣迅速果斷。使得敵軍有智慧的人來不及謀劃，勇敢的人來不及施展本領，這樣就可以對敵作戰，去奪取勝利了。所以說用兵最大的禍害就是不果斷，軍隊最大的災難產生於多疑不定。

> **今解** "空城計"是老幼皆知的一個故事。諸葛亮和司馬懿就是果斷將領和狐疑將領的代表。而諸葛亮的果斷是在司馬懿多疑的基礎上形成的，司馬懿的多疑也是由諸葛亮的嚴肅謹慎造成的。可見果斷不是武斷，多疑不是瞎猜，要因人、因事而異。

夫人常死其所不能，敗其所不便。故用兵之法，教戒為先。

——《治兵》

> **本義** 不便：不便當，不熟悉。教戒：教誨，訓戒。人在戰鬥中往往犧牲於本領不強，失敗於技術不熟。所以用兵的方法，首先是加強訓練。

> **今解** 吳起具有樸素的唯物主義思想。他反對儒家那種靠"天命"的戰爭觀，而是從實際出發闡明軍隊的勝利來自平時刻苦的訓練。正所謂"平時多流汗，戰時少流血"。吳起的這個觀點是有進步意義的。

教戰之令，短者持矛戟，長者持弓弩，強者持旌旗，勇者持金鼓，弱者給廝養，智者為謀主。

——《治兵》

> **本義** 廝養：給養，這裏指後勤保障。要有計劃地訓練部隊，明確地規定作戰的號令：身體矮小的拿矛戟，身體高大的用弓弩，強壯的扛大旗，勇敢的操金鼓，老弱的管給養，有智謀的當謀士。

> **今解** "人盡其材、物盡其用"是一種理想。在現實中總是有很多不合理

的因素影響着人發揮他的才能。吳起這段話表明了他的用人觀點：不分貴賤，以才錄用。

夫總文武者，軍之將也。兼剛柔者，兵之事也。 ——《論將》

本義 總文武：兼通，既懂得政治，又懂得軍事。兼剛柔：有勇有謀。文武雙全的人，才能擔任軍隊的將領。有勇有謀的人，才能統率軍隊作戰。

今解 在吳起之前大概還沒有人把政治能力也作為對將領的一個衡量標準。吳起要求一個將領既要有勇又要有謀，既要懂政治又要懂軍事，是複合型的人才。在這方面拿破侖是一個典型。當年拿破侖得到無數青年的崇拜，和他的能力比較全面有密切關係。

將之所慎者五：一曰理，二曰備，三曰果，四曰戒，五曰約。 ——《論將》

本義 將領應該具備下列五點：一是"理"，即高度的組織指揮能力。二是"備"，即警惕、防備觀念。三是"果"，即堅強的決心和必勝的信念。四是"武"，即戒驕戒躁。五是"約"，即法令簡約明瞭。

今解 這五個條件是吳起為將多年的經驗總結。"理"是一個將領能力高下的體現。一個組織能力不強的將領顯然難以取得戰鬥的勝利。"備"、"果"、"戒"是面對敵人的一種心理狀態，它可以影響戰爭的勝負。"約"是帶兵的方法，要求簡單、實用。

師出之日，有死之榮，無生之辱。 ——《論將》

本義 將帥要忠於職守，從出兵的那一天起，就下定決心，寧可光榮戰死，決不忍辱偷生。

今解 中華民族近代以來屢遭強寇欺凌。雖然由於古代王朝的腐朽、沒落，中國軍隊屢遭失敗，但是將士們浴血奮戰，如林則徐、鄧子龍、陳化成、鄧世昌這些民族英雄，他們英勇不屈的精神和吳起的"有死之榮，無生之辱"的精神是一脈相承的。他們是中華民族的脊樑。

凡兵有四機：一曰氣機，二曰地機，三曰事機，四曰力機。

——《論將》

本義　氣機：士氣。地機：指利用有利地形。事機：用計謀。力機：指集中兵力。用兵作戰有四個關鍵問題：一是"氣機"，即全軍上下士氣的高低要靠將帥掌握、調理；二是"地機"，即選擇狹路險道，高山要塞設防，要利用有利地形；三是"事機"，即通過用計謀使敵人不戰自亂；四是"力機"，即使戰車牢固，戰船輕便，士兵熟悉陣法，戰馬熟練奔馳，動作快速以集中兵力。

今解　孫武所謂"知己知彼，百戰不殆"與吳起"四機"同出一轍。"氣機"、"地機"、"力機"將自己部隊的戰鬥力發揮到極致，"事機"最大程度地削弱敵人的戰鬥力。

其威、德、仁、勇，必足以率下安眾，怖敵決疑。施令而下不敢犯，所在而寇不敢敵。得之國強，去之國亡，是謂良將。

——《論將》

本義　怖：使……恐怖。敵：侵犯。將領的威嚴、品德、仁慈、勇敢必須足以統率部下，安撫士兵，威懾敵軍，決斷疑難。下達命令，部屬不敢違犯；鎮守一處地方，敵人不敢入侵。得到他，國家富強；失去他，國家衰亡。這才叫良將。

今解　這段話談的是將領在軍隊中的威信問題。在階層社會中不可能產生真正"愛兵如子"和"身先士卒"的將帥，這是由他們的階層地位決定的。"得之國強，去之國亡"也過分地誇大了將帥的作用。

耳威於聲，不可不清；目威於色，不可不明；心威於刑，不可不嚴。

——《論將》

本義　聲：指軍中鼓、金、鐸等用發聲來指揮軍隊。色：指揮軍隊所用的旗幟。心：思想。聽覺統一於聲音，所以聲音不可不清晰；視覺統一於顏色，所以顏色不可不鮮明；思想統一於刑罰，所以刑罰不可不嚴明。

今解　吳起是法家代表人物之一。在這段話中他表達了要用嚴刑峻法統一思想觀念的想法。這在戰爭連綿不斷的春秋戰國時代是有進步意義的。它為政治上的統一奠定了思想基礎。但這種嚴刑苛政也束縛了思想的自由發展。

將之所麾，莫不從移；將之所指，莫不前死。

——《論將》

本義 將領下達命令，沒有不按照命令行動的；將領所指向的地方，沒有不勇敢向前殺敵的。

今解 南宋岳家軍，在戰場上把強悍的金兵打得一敗再敗，憑的就是這種"將之所麾，莫不從移；將之所指，莫不前死"的嚴明紀律。

凡戰之要，必先占其將而察其才。因形用權，則不勞而功舉。

——《論將》

本義 占：了解。權：權謀。作戰最重要的是，首先了解敵人的將領和考察他的才能，再根據不同的特點採取相應的對策，這樣就會費力不多而得到成功。

今解 杜甫的"擒賊先擒王"思想和吳起的"占其將而察其才"不謀而合。這說明吳起具有軍事家的敏銳眼光和務實精神。他抓住了事物的主要矛盾，並且能夠"因形用權"，從實際出發，使得原則性和靈活性得到有機結合。無怪乎他與諸侯大戰七十六仗，全勝六十四仗。

一坐一起，其政以理，其追北佯為不及，其見利佯為不知，如此將者，名為智將，勿與戰矣。

——《論將》

本義 政：政令，此處指指揮。追北：追擊敗兵。一舉一動，指揮都很得當，追擊我方逃兵假裝追不上，看見財物也好像沒看到，像這樣的將領是高明的將領，不要輕率地同他作戰。

今解 這段話是吳起論述觀察敵將才能的方法。他的標準只有一條：紀律是否嚴明。吳起之所以把紀律看得如此重要，這源於他的法家思想。他認為將領一定要用統一的思想統帥自己的軍隊。而這種統帥的外在表現就是紀律嚴明、令行禁止。

三軍服威，士卒用命，則戰無強敵，攻無堅陣矣。

——《應變》

本義　威：威嚴，這裏指將領的指揮。全軍服從指揮，士兵不貪生怕死，這樣就沒有戰勝不了的強敵，攻克不了的堅固陣地。

今解　吳起在魏國為將，當時魏國國小力微，但是吳起卻有用暴力統一天下的雄心壯志和氣魄。這和他重視人的主觀能動性，把人作為戰爭勝負的最關鍵因素是分不開的。雖然由於種種原因，吳起統一天下的理想沒有實現，但是他主張進行革命戰爭，主張推翻舊制度，建立新制度是符合歷史發展要求的。

以一擊十，莫善於阨；以十擊百，莫善於險；以千擊萬，莫善於阻。

——《應變》

本義　阨：狹窄的道路。險：險要的山地。阻：天險。以一擊十最好是利用狹窄的道路；以十擊百，最好是利用險要的山地；以千擊萬，最好利用或憑藉天險。

今解　戰爭的勝負是各種情況綜合起來的結果。在《吳子》中強調最多的是人的因素，然而他也沒有忽視"天時、地利"的因素。吳起主張在地勢險要之地打伏擊戰，以達到以少勝多、以弱勝強的目的。

武侯問曰："敵近而薄我，欲去無路，我眾甚懼，為之奈何？"起對曰："為此之術，若我眾彼寡，分而乘之，彼眾我寡，以方從之。從之無息，雖眾可服。"

——《應變》

本義　薄：脅迫，侮辱。方：指方陣。方陣是古代步兵的一種戰鬥隊形，有利於集中兵力。武侯問："敵人臨近而脅迫我，想擺脫他又沒有道路，我軍非常恐懼，應該怎麼辦？"吳起說："對待這種情況的辦法是，如果我眾敵寡，就分成幾路攻擊他；如果敵眾我寡，就用方陣同他戰鬥，連續不斷地戰鬥下去，敵人雖多也可取得勝利。"

今解 《吳子》中闡發了許多著名的戰略戰術原則。這一段話就提出了集中優勢兵力和敵人作戰的重要性。這個思想後來被廣泛地應用到戰爭中。

凡攻敵圍城之道，城邑既破，
各入其宮，御其祿秩，收其器
物。軍之所至，無刊其木，發
其屋，取其粟，殺其六畜，燔
其積聚，示民無殘心。其有請
降，許而安之。

——《應變》

本義 宮：指宮府。御：掌管。祿秩：俸祿和職位。刊：砍伐。發：拆毀。燔：燒。軍隊攻佔敵人城鎮時應注意的政策是：打下敵人城鎮後，要分別接近它的各個機關，控制它的官吏，留用它的人員，接收它的武器和物資。軍隊所到之處，不准隨便砍伐樹木、拆毀房屋、搶奪糧食、宰殺牲畜、焚燒倉庫，用這些向民眾表明沒有殘忍之心。敵人有請求投誠的，要允許並安置他們。

今解 有戰爭就會有破壞，雖然戰爭的目的有所不同，吳起是當時新興的古代統治階層的代表，他們在當時是先進生產力和生產關係的維護者。他們的戰爭是為了推翻舊制度，建立新制度。吳起這段關於戰爭後善後處理的論述，體現了他戰爭服務於政治的戰爭觀。

夫發號佈令而人樂聞，興師動眾
而人樂戰，交兵接刃而人樂死，
人主之所恃也。

——《勵士》

本義 聞：聽從。恃：依賴。發號施令，人們樂於聽從；出兵作戰，人們樂於戰鬥；衝鋒陷陣，人們樂於犧牲。這三點才是君主打仗所應該依賴的。

今解 吳起這段話提出了"得民心"問題。雖然階層地位的差別使統治者不可能從民眾的根本利益出發來對待戰爭。但在當時條件下他們代表着新興的生產關係，在推翻舊制度上和民眾有着共同的願望。因而戰爭依賴民眾的觀點是有進步意義的。

若車不得車，騎不得騎，徒不得徒，雖破軍皆無功！

——《勵士》

本義　車：名詞作動詞，車戰。騎：騎兵戰。徒：步戰。如果車戰的不能繳獲敵人的戰車，騎戰的不能俘獲敵人的騎兵，步戰的不能俘獲敵人的步兵，雖然擊潰了敵人，但不能算有功。

今解　吳起主張打殲滅戰，反對打擊潰戰。一切軍事的指導原則都基於這樣一個基本原則，那就是盡可能保存自己力量，消滅敵人力量，而消滅敵人力量最有效的辦法是打殲滅戰。因此吳起主張"車得車、騎得騎、徒得徒"徹底消滅敵人力量。

《尉繚子》

　　《尉繚子》是中國古代著名兵書，宋代頒定的"武經七書"之一，尉繚撰。尉繚其人史書記載非常簡略，因此，《尉繚子》一書的作者究竟是怎樣的一個人，至今尚無定論。

　　《尉繚子》今傳世本共 24 篇，其篇目和主要內容是：《天官第一》，主要論述戰爭中"天官時日，不若人事"的道理，批駁唯心主義的天命論；《兵談第二》，主要論述立邑、土地、人口、糧食與固國勝敵的相互關係，說明"戰勝於外，備主於內"，"兵勝於朝廷"的道理，提出了治國治兵的一些方法和對將帥的要求等；《制談第三》，主要論述政治制度和軍事制度與戰爭性質的關係，提出"凡兵，制必先定"，"修吾號令，明吾刑賞，使天下非農無所得食，非戰無所得爵"等治軍、治國方法；《戰威第四》着重論述高昂的士氣對於取得戰爭勝利的重大作用，以及激勵部隊士氣的方法；《攻權第五》，着重論述進攻的戰略戰術，強調戰前要有充分的思想、組織準備，要善於選擇敵人的弱點發起進攻；《守權第六》主要論述防守中的守城法則；《十二陵第七》總結了治軍的正反十二條經驗；《武議第八》，內容很豐富，論述了戰爭的性質、目的和物質基礎，將領的作用、條件和權力，刑賞的原則等；《將理第九》，着重說明執法不公會影響國計民生，造成軍需匱乏，使國家危險的道理；《原官第十》，主要敍述國家分官設職的重要性，以及君臣職能和施政辦法；《治本第十一》，主要論述治國要以耕織為本，提出了"往世不可及，來世不可待"的進步觀點；《戰權第十二》，主要闡述懂得戰爭權謀的重要性；《重刑令第十三》，主要講懲處戰敗投降、逃跑將吏的刑罰措施；《伍制令第十四》，主要講軍隊的連保制度及嚴格軍紀、防止奸細的重要意義；《分塞令第十五》，主要講軍隊營區的劃分、建設和管理條例；《束伍令第十六》，主要講戰場上的賞罰制度和各級軍吏的懲處許可權;《經卒令第十七》,主要講戰鬥組織、編隊、佩戴標識符號及對戰鬥勝利的意義;《勒卒令第十八》,主要講金、鼓、鈴、旗四種指揮工具的作用和指揮方法,以及軍事訓練和正確指揮的重要性;《將令第十九》,主要講將軍受命的鄭重和將令的威嚴;《踵軍令第二十》,主要闡述戰鬥的編組、各自的任務和行動部署,提出了"欲戰先安內"的觀點;《兵教上第二十一》,主要敍述部隊訓練的方法、步驟和訓練中的獎懲制度等;《兵教下第二十二》,主要闡述國君必勝之道和有關行軍作戰訓練的問題;《兵令上第二十三》,主要討論政治與軍事的關係及列陣交鋒的內容和要求等,提出"以武為植,以文為種"的觀點;《兵令下第二十四》,主要講述戰場紀律條令及嚴格執行條令與戰爭勝利的關係。

《尉繚子》繼承並發展了《孫子》、《吳子》等的軍事思想,具有戰國時代的特點。它具有樸素的唯物主義戰爭觀。反對用唯心主義的天命觀指導戰爭,提出"天官時日,不若人事"的進步觀點。它認為戰爭有正義與不正義之分,反對不義之戰,支援正義戰爭。在戰略上它提出了許多精闢的見解,這集中反映在它對軍事與政治、經濟的關係的論述方面,它把軍事和政治形象地比喻為"植"、"種"和"表"、"裏",指出"兵者,以武為植,以文為種。武為表,文為裏……文所以視利害,辨安危;武所以犯強敵,力攻守也"。意思是政治是根本,軍事是從屬於政治的。他認為經濟是治國之本,是進行戰爭的物質基礎,主張發展耕織。

《尉繚子》注重戰前思想、物質和組織的準備,主張"權敵審將,而後用兵","凡興師,必審內外之權,以計其去,兵有備闕,糧食有餘不足,校所出入之路,然後興師伐亂,必能入之"。注重奇正的靈活運用,認為"故正兵貴先,奇兵貴後,或先或後,制敵者也"。主張集中,認為"專一則勝,離散則敗"。進攻時,主張出其不意,先發制人;防守時,主張守軍和援軍要"中外相應",守與攻相結合。

　　《尉繚子》的治軍思想很豐富，重視將帥的政治品德和個人模範作用，要求將帥秉公執法，恩威並施，吃苦在前，臨戰忘身，為人表率；重視部隊的行政建設，制定了較完備的戰鬥、內務、紀律條令，是研究先秦軍制史的重要資料；注重軍隊的訓練，論述了訓練的目的、方法、步驟及訓練中的獎懲制度，提出從最基層起逐級教訓，最後合練的訓練方法；重視賞罰，在書中記述的各種條令條例中都有賞罰的具體規定和要求。

建城稱地，以城稱人，以人稱粟。 ——《兵談第二》

本義 城邑的興建要和土地面積的大小相適應，城邑的大小要和人口的多少相適應，人口的多少要與糧食的供應相適應。

今解 這裏提出了城市的建設要與土地、人口以及糧食的供應相適應。對我們今天城市建設也有借鑒意義。如地區小而城市的規模又較大，則很難負載城市正常運轉，人多而後備供應不足，則會進一步制約城市的發展和繁榮。

戰勝於外，備主於內，勝備相應，猶合符節，無異故也。 ——《兵談第二》

本義 能夠戰勝敵人於國外，主要在於國內有充分的準備，勝利和準備的一致性就像符節的相吻合一樣，這是兩者之間沒有差異的緣故。

今解 充分的準備是取得戰爭勝利的關鍵，這裏的準備包括戰略上的準備，也包括戰術上的準備。而充分的準備是我們取得事業成功的基礎，也是"機遇"降臨的必然前提。

夫土廣而任則國富，民眾而治則國治。 ——《兵談第二》

本義 土地廣大而又能充分利用，國家就富足；人口眾多而又有良好的組織，國家就安定。

今解 土地是人類賴以生存的基礎，充分發展和利用土地可以擴大我們的生存環境，豐富我們的生活，而廣大民眾能安定有序地生活就會更充分地利用土地，使國家繁榮和穩定。

不暴甲而勝者，主勝也；陣而勝者，將勝也。 ——《兵談第二》

本義 不使用武力就取得的勝利，是君主在政治上的勝利；經過戰爭而取得的勝利，是將帥在指揮上的勝利。

今解 這裏指出兩種戰爭勝利的方式，肯定了"主勝"。認為只有通過內修政治，仁政愛民，才能戰勝於朝廷，使四方皆服。而對於"將勝"則是不得已而為之的，"將勝"只反映出將帥的英明，軍士的奮勇。

兵起，非可以忿也。見勝則興，不見勝則止。

——《兵談第二》

本義 進行戰爭，是不能意氣用事的。預計有勝利的把握就採取行動，預計沒有勝利的把握就堅決停止。

今解 戰爭是達到其政治目的的一種手段，只有胸有成竹，有了必勝的把握才發動它，否則後果不堪設想。三國時的劉備為替關羽報仇，實現當初結義的誓言，大興疲憊之師。結果只能以失敗告終，從此蜀軍大傷元氣，一蹶不振，最終被魏國滅亡。

患在百里之內，不起一日之師；患在千里之內，不起一月之師；患在四海之內，不起一歲之師。

——《兵談第二》

本義 禍患發生在百里之內，不要只作一天的戰鬥準備；禍患發生在千里之內，不要只作一月的準備；禍患發生在四海之內，不要只作一年的準備。

今解 平息禍患要進行多方面的準備，要依據禍患發生的地點、禍患的規模等而定，不應草率行事。否則不僅不能"以戰止戰"，反而會給國家和民眾帶來更大的混亂和傷害。

寬不可激而怒；清不可事以財。

——《兵談第二》

本義 要氣量寬大，不可因刺激而發怒；要清正廉潔，不可被金錢所誘惑。

今解 這是對將帥的一個要求。將帥既要有博大的胸懷，不為些許小事所羈絆；又要光明磊落，清正廉潔，不被金錢美女所引誘。這樣才能認清形勢，依據事實，客觀公正地作出判斷，才能在戰爭中統觀全局取得勝利。

制先定，則士不亂，士不亂，則刑乃明。

——《制談第三》

本義 各種制度建立了，士卒就不會混亂；士卒不混亂，紀律就嚴明了。

今解 這裏強調了訂立制度的重要性。只有制度嚴密，責任明確，士卒才能有所依託，才能明白該幹的和不該幹的，這樣，軍隊自然有良好的秩序。同理如果國家的各項法規、條例制訂得嚴密，那麼就不會給那些貪贓枉法的人有可乘之機，國家就會健康有序地運轉。

鼓鳴旗麾，先登者，未嘗非多力國士也，先死者，亦未嘗非多力國士也。

——《制談第三》

本義 當擊鼓揮旗發起進攻時，首先登上敵人城堡的，往往是那些樂於為國出力的勇士；首先戰死的，也往往是那些為國出力的勇士。

今解 只有保衛國家才是勇士心中的目標，為國出力雖死無悔；只有保家衛國才能激發勇士心中深深的愛國之情，才能使戰士在戰鬥中勇往直前，奮不顧身。

明賞於前，決罰於後，是以發能中利，動則有功。

——《制談第三》

本義 既有明確的獎賞鼓勵於前，又有堅決的懲罰督促於後，所以出兵就能取勝，行動就能成功。

今解 這裏強調了獎懲制度的重要作用。俗語說：重賞之下必有勇夫。是以"發能中利，動則有功"，而懲罰督促於後，必然是人人向前，個個爭先。

誅一人無失刑，父不敢捨子，子不敢捨父，況國人乎！

——《制談第三》

本義 如果做到一個違法者也不放過，那麼即使是父親也不敢放過兒子，兒子也不敢放過父親，何況對於一般的人呢！

今解 這要求法律的公正嚴肅性，決不因父親有權，兒子違法就可以被赦免，這樣就可以盡可能避免包庇犯罪分子、縱容犯罪分子為非作歹，從而有利於維護法律的嚴肅性、公正性。

便吾器用，養吾武勇，發之如鳥擊，如赴千仞之谿。

——《制談第三》

本義 改善我們的武器裝備，培養我們的戰鬥能力，軍隊一旦出動，就像鷙鳥捕食那樣兇猛，像傾瀉到深谷的急流那樣勢不可當。

今解 軍隊具有堅強的戰鬥力，不僅依靠將帥的正確指揮，更要有士兵的旺盛精力，過硬的殺敵本領，以及充分的武器裝備，只有這樣，軍隊才能形成勢如破竹之勢，銳不可當。

吾用天下之用為用，吾制天下之制為制。

——《制談第三》

本義 利用天下的財富充實我們的國力，參考天下的制度來修訂我們的制度。

今解 借鑒優秀的東西為我所用，必然會增強自身的力量。我們今天提出的"古為今用，洋為中用"的口號，正是要充分學習和利用一切先進的東西來增強我們的綜合國力，發展我們的國家。

民言有可以勝敵者，毋許其空言，必試其能戰也。

——《制談第三》

本義 如果有人說他有制勝敵人的辦法，可不能輕信他的空話，必須在實踐中考驗他。

今解 表面的言談不足以表明他的真才實學，只有在實踐中才能驗證他的學識，"紙上談兵"的故事可謂無人不知。趙括自以為善於用兵，平時誇誇其談，而在真正的戰場上卻手足無措，只能血灑疆場，全軍覆滅。

雖戰勝而國益弱，得地而國益貧，由國中之制弊矣。

——《制談第三》

本義 即使僥倖獲勝，國家也會因此更加衰弱，即使攻佔了別國的土地，國家也會因此而更加貧窮，這些都是由於國家制度有弊病。

今解 這裏揭示出這樣一個問題，即使你兵力強大，戰場取得勝利，然而國內的隱患重重，獲得土地財物也不能成為增強自身國力的基礎，反而成為國家新的禍患根源，雖勝亦不勝。

夫將之所以戰者，民也；民之所以戰者，氣也。氣實則鬥，氣奪則走。

——《戰威第四》

本義 將帥所賴以作戰的是軍隊，軍隊所賴以作戰的是士氣。士氣旺盛就勇於戰鬥，士氣低落就會潰敗。

今解 在戰場上，將、民、氣是戰爭能夠取勝的決定因素。三者有機結合，既有英明的將帥，又有殺敵本領過硬的士卒，還有旺盛的戰鬥力，則無堅不摧，無往而不勝。如若結合不好，則會逢敵必敗。

上無疑令則眾不二聽；動無疑事則眾不二志。

——《戰威第四》

本義 上級沒有可疑的命令，大眾也就不會無所適從；行動沒有猶豫不定的事情，大眾就不會三心二意。

今解 在軍隊中，必須要有嚴格統一的命令，才能行動一致。事情必須早先決定，才能擺脫猶豫，思想達到一致。而作為領導或一般的民眾，說話必須堅定，別人才能信服。

未有不信其心而能得其力者，未有不得其力而能致其死戰者也。

——《戰威第四》

本義 從來就沒有不取得大眾衷心信任，而能得到他們自願效力的；也沒有不取得大眾自願效力，而能使他們拼命作戰的。

今解 無論是在戰場上，還是在一般的人際交往中，只有你樹立威信，具有號召力，別人才能為你效力，"士為知己者死"。這裏的"知己"就應該是值得信任的，能夠理解你的人。

國必有禮信親愛之義，則可以飢
易飽。國必有孝慈廉恥之俗，則
可以死易生。

——《戰威第四》

本義 一個國家必須有崇禮守信相親相愛的風氣，民眾才能忍飢捱餓克服困難。國家必須有孝順慈愛廉潔知恥的習俗，民眾才能不惜犧牲去捍衛國家。

今解 一個國家，一個民族只有具有一定的民族精神，具有能夠約束全體民眾的道德準則，才能克服重重困難，捍衛國家的領土、主權和利益。

戰者，必本乎率身以勵眾士，如
心之使四肢也。

——《戰威第四》

本義 將帥指揮作戰，必須用自己的表率行為來激勵部隊，這樣才能像頭腦指揮四肢一樣的靈活自如。

今解 將帥應該成為軍士學習的楷模，應該與軍士同甘共苦，才能真正得到軍士的信任和理解，才能有為其獻身的士卒，而其指揮戰鬥也可以隨心所欲，靈活自如了。

志不勵，則士不死節，士不死節，
則眾不戰。

——《戰威第四》

本義 戰鬥意志不加激勵，士兵就不會為國家效死，士兵不為國家效死，部隊就沒有作戰能力。

今解 決定戰爭勝負的重要因素是人，所謂“天時不如地利，地利不如人和”。軍隊中將士的同仇敵愾，協調一致將會使軍隊充分發揮其戰鬥力。而在現代生產中，管理者只有充分調動人的積極性，發揮他們的聰明才智，才能更好地創造財富。

夫以居攻出，則居欲重，陳欲堅，
發欲畢，鬥欲齊。

——《戰威第四》

本義 要由防禦轉入進攻，防禦就要穩定，陣地就要堅固，發起進攻要使用全部力量，戰鬥行動要協調一致。

今解 防禦與進攻是戰爭表現出的兩種形式，二者結合得當就會在戰場上來去自如，出可以攻，退可以守。而這其中，進攻時尤其要慎重，不僅要有穩固的後方基礎，還要出擊時全力以赴，敏捷快速地去攻擊敵人。

王國富民，霸國富士，僅存之國富大夫，亡國富倉府。所謂上滿下漏，患無所救。

——《戰威第四》

本義 實行王道的國家，注意增加民眾的收入；實行霸道的國家，注意增加士的待遇；沒落的國家，只圖增加中、上層貴族的財富；瀕於滅亡的國家，只圖增加君王自己的庫存財物。所以說，只滿足上層而忽略下層，其禍患是無法挽救的。

今解 這裏精闢地概括了行不同政策的國家，其產生的結果不同。只有重視下層民眾利益的君王，才能使社會長治久安，才能使國家富裕強大。

夫勤勞之師，將不先己。

——《戰威第四》

本義 勤勞的軍隊將帥與士卒同甘共苦，不先顧自己。

今解 在軍隊中，將帥與士卒同甘苦；而在戰場上，他們將會共患難。居於高位的人總能與下層民眾同甘苦，共同去體驗生活，那麼他們所能得到的不只是個人的幸福，也有國家的長治、穩定和繁榮。

天時不如地利，地利不如人和。聖人所貴，人事而已。

——《戰威第四》

本義 天時有利不如地形有利，地形有利不如人心和睦。聖人所重視的，只在人的作為罷了。

今解 人心和睦不僅是在戰場上，而且在現代社會生產中都有着重要的作用。人心和，則世事明。人心和睦就可以避免那些沒有必要的扯皮吵鬧，人們便可以利用有限的時間去幹一些有意義的事情了。

兵以靜勝，國以專勝。 ——《攻權第五》

本義 軍隊以沉着冷靜制勝，國家以統一團結制勝。

今解 這裏談到軍隊和國家能夠制勝的法寶。軍隊面對的不管是強大兇猛的敵人，還是弱小疲憊的敵人，均須沉着冷靜，否則將會不攻自亂。而國家則需要團結一致，君民共同建設。如若全國一盤散沙，各自為政，必然會缺乏防禦力，給外國勢力以可乘之機。

力分者弱，心疑者背。 ——《攻權第五》

本義 部署分散，力量就會削弱；軍心動搖，士氣就會渙散。

今解 俗語說，單則易折，重則難摧，團結才有力量，而分散則只能使自身力量削弱。只有有堅定信念的軍隊，才能百折不撓。如果思想動搖，軍心渙散，只會未見敵而先潰逃。

將帥者心也，群下者支節也。其心動以誠，則支節必力，其心動以疑，則支節必背。 ——《攻權第五》

本義 將帥好比人的首腦，部屬好比人的四肢，首腦的心意堅定，四肢的動作必然有力，首腦的心思猶豫，四肢的動作必然遲疑。

今解 強調了將帥在軍隊中的核心作用。他們的言語命令必須堅定有力，才能給人以信心，激勵士卒的士氣。如若將帥遲疑不決，就會令軍士對其產生不信任感，那麼士氣低落，將不戰而敗。

夫民無兩畏也。畏我侮敵，畏敵侮我。見侮者敗，立威者勝。 ——《攻權第五》

本義 士卒是不會既畏懼敵人又畏懼自己將帥的。畏懼自己的將帥就會蔑視敵人，畏懼敵人就會蔑視自己的將帥。將帥被士卒蔑視，作戰就會失敗；將帥在士卒中有威信，作戰就能勝利。

今解 優秀的指揮員能夠在軍中樹立威信，使士兵畏懼他，而在戰場上靈活自如地指揮士兵奮勇殺敵，這樣的軍隊才能不敗。

夫不愛説其心者，不我用也；不嚴畏其心者，不我舉也。

——《攻權第五》

本義　如果不能以愛撫使士卒悦服，士卒就不會為我所用；如果不能以威信使士卒畏威，士卒就不會聽我指揮。

今解　"愛"與"嚴"是立軍的重要原則，將帥平時要愛撫士卒，做到以情動人，以心服人，並且在訓練中樹立威信，才能使士卒為我所用，甘心聽從指揮。這對管理者而言同樣有借鑒作用。

愛在下順，威在上立，愛故不二，威故不犯。

——《攻權第五》

本義　愛撫在於使下級馴服，威信在於上級自己樹立。愛撫能使士卒不懷二心，威信能使下級不敢違令。

今解　這裏強調了"愛"與"威"的重要作用，它能使下級既不懷二心，又不敢違令。這是對領導的一項重要要求，一方面要注意日常生活的關心體貼，另一方面，在工作中要嚴格要求，才能使下屬自願為你服務。

戰不必勝，不可以言戰，攻不必拔，不可以言攻。

——《攻權第五》

本義　作戰沒有必勝的把握，就不可輕言作戰，攻城沒有必取的把握，就不可以輕言攻城。

今解　這裏體現了《尉繚子》的一個重要思想，即"慎戰"的思想。強調只有經過充分的準備、嚴密的偵察、權衡利弊之後才可以進行交戰。

信在期前，事在未兆。

——《攻權第五》

本義　威信在於平素樹立，事變要在事前預見。

今解　人們應該在日常生活中樹立自己的威信，善於從事情的細微之處觀察到它的變化。人常説"書到用時方恨少"，我們應注重平時的學習積累，在作文説話時信手拈來，隨口道出。

眾已聚不虛散，兵已出不徒歸。 ——《攻權第五》

本義 士卒一經集中，就不能隨便解散，軍隊一經出動，就不能無功而返。

今解 士氣強弱是影響戰爭勝負的重要因素。而隨便解散軍隊，進攻的部隊無功而返，均會給出征的士兵以沉重打擊，使得士氣低落，從而不利於軍隊的戰鬥。

求敵若求亡子，擊敵若救溺人。 ——《攻權第五》

本義 尋求敵人要像尋求丟失的孩子那樣志在必得，進攻敵人要像搶救落水的人那樣奮不顧身。

今解 體現了對敵作戰的重要原則，必須堅決有力地攻擊敵人，使敵人無喘息之工，更無還手之力。

分險者無戰心，挑戰者無全氣，鬥戰者無勝兵。 ——《攻權第五》

本義 分兵守險的，不會有決戰的意圖；進行挑戰的，不會使用全部兵力；魯莽作戰的，不會有把握取得勝利。

今解 這裏分析了擔任不同戰略任務的軍隊。既有分兵防守的，也有進行挑戰的，還有魯莽作戰的，這就要求將帥能夠針對敵人的優缺點，分兵佈陣迎擊敵人。

爭必當待之，息必當備之。 ——《攻權第五》

本義 發動戰爭，必須看準時機；戰爭結束，還應當戒備。

今解 這體現了作戰的重要原則，發動戰爭要乘機而行，攻其不備，而取得戰爭勝利後還要加強自身的戒備，不要被勝利衝昏了頭腦。

兵有勝於朝廷，有勝於原野，有勝於市井。 ——《攻權第五》

本義 戰爭有靠謀略取勝的，有靠野戰取勝的，有靠強攻城鎮取勝的。

今解 強調了戰爭取勝的幾種情況：即有勝於朝廷的，是依靠謀略，內修政治，達到不戰而屈人之兵；有依靠野戰取勝的；還有依靠強攻城鎮取勝的。

鬥則得，服則失，幸以不敗，此不意彼驚懼而曲勝之也。
——《攻權第五》

本義 要敢於戰鬥才能勝利，屈服退讓就會失敗，即使僥倖不敗，也是由於敵人意外地發生驚慌而偶然勝利的。

今解 體現了戰鬥中"勇者勝，怯者敗"的特點。將士英勇奮戰，個個爭先，必將會取勝。屈服退讓只能助長對方的氣焰，損傷自己的士氣，結果大多會失敗。

權敵審將，而後舉兵。
——《攻權第五》

本義 戰前要分析敵人的虛實，察明敵將的才能，然後才能起兵。

今解 所謂知彼知己，百戰不殆。只有充分了解對方，進行有針對、有準備的戰爭，才能盡可能戰勝對方。

凡集兵，千里者旬日，百里者一日，必集敵境。
——《攻權第五》

本義 大凡集中軍隊，遠隔千里的，不能超過十天的時間；相距百里的，不能超過一天的時間，而且必須集中在敵人邊境附近。

今解 反映了聚集軍隊必須快速。只有快速地聚集部隊，才能抓住戰機，不失時機地出擊，取得勝利。

夫城邑空虛而資盡者，我因其虛而攻之。
——《攻權第五》

本義 對城邑空虛而資財窮盡的敵人，我應乘虛攻擊他。

今解 體現了"乘虛而入"的作戰原則。只有避重就輕，出其不意，攻其不備，才能盡可能地擴大戰果。

凡守者，進不郭圍，退不亭障，
以禦戰，非善者也。

——《守權第六》

本義 圍：通"禦"。凡是守城的軍隊，不在外城迎擊敵人，不固守城郊
險要據點，這樣進行防禦戰鬥，不是好的辦法。

今解 防守作戰，軍隊應該據住險要多重設防，才能來去自如，避免了
四面受敵的危險。不能僅僅固守城池，那將陷入"四面楚歌"的
境地。

出者不守，守者不出。

——《守權第六》

本義 出擊部隊不擔任守備任務，守備部隊不擔任出擊任務。

今解 這裏體現了軍隊的分工嚴格，有其好處。出擊的部隊沒有守備的任
務就可以毫無顧慮地去攻擊敵人，而守備部隊則可以嚴陣以待，盡
心竭力地去守衛。

必鼓其豪傑雄俊，堅甲利兵、勁
弩強矢並於前，么麼毀瘠者並於
後。

——《守權第六》

本義 么（yāo）：同"幺"，幼小。麼：細小。毀：殘廢。瘠：瘦弱。在危
急關頭，必須勉勵豪傑英雄率領精銳部隊，使用精良武器，奮力
戰鬥於前，使老幼殘弱者並力支援於後（才有希望堅持下去打開局
面）。

今解 身陷困境的部隊所應採取的策略是：勇者在前，奮勇殺敵，鼓舞士
氣，殘弱者在後，鼓勵支援前面的勇士，這樣可以各盡所能，團結
一致地打破危險的局面。

凡兵不攻無過之戰，不殺無罪之
人。

——《武議第八》

本義 凡是用兵，不要進攻無過的國家，不要殺害無辜的民眾。

今解 提出了用兵的原則。大凡用兵，不能根據自己的心意隨意進攻別
人，而應依據他人的功過是非來確定。

兵者，所以誅暴亂，禁不義也。 ——《武議第八》

本義 戰爭的目的是平定暴亂，制止不義行為。

今解 這裏指出了戰爭的一個積極作用。戰爭應該是一種維護和平，制止不義的行為，而不能恃強凌弱，成為統治者滿足個人私慾的工具。

萬乘農戰，千乘救守，百乘事養。 ——《武議第八》

本義 萬乘之國實行農戰結合（以足食足兵），千乘之國要能自救自守，百乘之國要能自給自足。

今解 發動戰爭要有堅強的後備基礎，要有充分的物質供應和力量的支援。國家大小有差異，而他們的後備補給必須依據其自身的情況採取不同的措施。

夫出不足戰，入不足守者，治之以市。 ——《武議第八》

本義 （在國防經濟上）如果進不足以戰勝敵人，退不足以進行固守，那麼就應該用發展集市貿易的辦法來解決。

今解 這裏提出了解決戰守矛盾的方法。只有發展自身的經濟，增強自身的物質供應能力才能善戰。這對中國的國防建設尤有借鑒意義。只有發展經濟，增強自身的綜合國力，才能建設現代化的國防。

是興亡安危，在於枹端，奈何無重將也。 ——《武議第八》

本義 枹（fú）：鼓槌。國家的興亡安危，在於將帥的指揮是否得當，這怎能不使人重視將帥的作用呢？

今解 這裏指出了將帥在戰場上的重要作用，他關係着軍隊的安危、國家的興亡，他的建議有時會使軍隊陷於絕地，有時會使軍隊絕處逢生。

起兵，直使甲冑生蟣者，必為吾所效
用也。鷙鳥逐雀，有襲人之懷，入人
之室者，非出生，後有憚也。　　——《武議第八》

本義 進行戰爭，能使軍隊堅持長久作戰的，必然是由於軍令嚴明官兵不
得不為我效力的緣故。譬如兇猛的鳥追逐小雀，有時竟使小雀竄入
人們的懷中，闖進人家的室內。這並不是牠願意捨生就死，而是怕
後面的兇鳥追上來的緣故。

今解 說明紀律嚴明，制度嚴格能夠使士卒為我所用，奮勇殺敵。士卒決
不會因些許小事而脫離部隊。這裏強調了治軍嚴明的重要作用。

良馬有策，遠道可致。賢士有合，
大道可明。　　——《武議第八》

本義 良馬得到鞭策就可以日行千里。賢士得到重用，就可使政治昌明。

今解 運用比興手法，說明賢士的重要作用，他可以使國家昌明，使經濟
獲得全面發展。

兵者，兇器也，爭者，逆德也，將
者，死官也，故不得已而用之。　　——《武議第八》

本義 武器是殺人的兇器，戰爭是暴力的行動，將帥是掌握生殺的官吏，
所以只在不得已的情況下才能使用它們。

今解 指出發動戰爭是在不得已的情況下進行的，並且認為武器、戰爭、
將帥均是惡行，具有進步意義。

一人之兵，如狼如虎，如風如雨，
如雷如霆，震震冥冥，天下皆驚。　　——《武議第八》

本義 萬眾一心的軍隊，行動起來就像虎狼般的勇敢，風雨般的急驟，雷
電般的突然，聲勢浩大，行動莫測，使天下驚懼。

今解 指出了團結對敵的威力，既勇猛，又迅速，而且令人高深莫測。抗
日戰爭時期，正是由於全國民眾的團結一致，同仇敵愾，趕走了兇
惡的日本侵略軍。

勝兵似水，夫水至柔弱者也，然所觸丘陵必為之崩，無異也，性專而觸誠也。

——《武議第八》

本義 勝利的軍隊像水一樣，水看來是最柔弱的，它所沖擊的地方，山陵也會崩塌，這不是別的原因，而是由於水總是流向一個方向，不斷沖刷的結果。

今解 所謂以柔克剛，以弱勝強，就是由於柔的事物、弱的東西能夠利用巧妙的辦法，持久地專注於某一事物而最終獲得了勝利。善戰的軍隊能綜合多種因素獲得勝利。水滴石穿，繩鋸木斷也說的是這個道理。

乞人之死不索尊，竭人之力不責禮。

——《武議第八》

本義 凡是要求人家為你效死，就不能要求人家對你畢恭畢敬；要求人家竭盡全力，就不能講究那些繁文縟節。

今解 這對於我們現代任用人才也有借鑒意義。我們希望所用人才能夠盡其所能工作，就不能太多地苛求於他的言行，而應包容他的一些缺點。

將受命之日忘其家，張軍宿野忘其親，援枹而鼓忘其身。

——《武議第八》

本義 將帥奉命出征的時候，就忘掉自己的家庭；帶領軍隊到達戰場的時候，就忘掉自己的親屬；臨陣指揮的時候，就忘掉自己的安危。

今解 這裏提出了對將帥的要求。只有"忘其家"、"忘其親"、"忘其身"，才能在戰場上無所畏懼，專心致志地進行戰鬥。

望敵在前，因其所長而用之，敵白者堊之，赤者赭之。

——《武議第八》

本義 堊：白土，此指白色。與敵人接近時，應根據敵人的特點來接近他，如果敵人使用白色標記，我也用白色標記來欺騙他，敵人用紅色標記，我也用紅色標記迷惑他。

今解　針對敵人的特點，採用疑兵制勝，使敵軍防不勝防，這要求將帥能
　　　從表面一致性中看出差異，相機而動。

材士則是矣，非吾令也。　　　　　——《武議第八》

本義　他誠然是有本領的，但他違背了我的命令。

今解　這說明在戰場上，不是靠某個勇士的奮勇殺敵來爭取勝利，而是依
　　　據全軍的協調一致作戰取勝，依據全軍的聽從號令來取勝。

凡將理官也，萬物之主也，不私 於一人。　　　　　——《將理第九》

本義　將帥是掌管刑法的官吏，也是一切事務的主宰者，不應偏袒任何
　　　人。

今解　將帥在戰場上具有重要的作用，他不能因人有才就偏袒，更不能因
　　　人無能而去用刑。公平、嚴正執法，才能樹立將帥的威信，才能有
　　　為其死命的士卒。

夫能無私於一人，故萬物至而制 之，萬物至而命之。　　　　——《將理第九》

本義　由於不偏袒任何人，所以任何事情發生，都能公平裁決，任何情況
　　　出現，都能正確處理。

今解　這對於當今的執法者尤其具有借鑒意義，決不能因犯法者是王孫公
　　　子便去袒護他。心底無私天地寬，執法者只有內心沒有私心雜念，
　　　才能腰杆挺直，公平正確地處理任何事情。

知國有無之數，用其仂也。知彼弱 者，強之體也，知彼動者，靜之決 也。　　　　　——《原官第十》

本義　仂：零數，餘數。了解國家資財的多少，這是（量入為出）節約開
　　　支的根據。了解國家的薄弱環節，這是彌補弱點，變弱為強的依

據。預見國家可能發生的動亂，這是防患於未然安定國家的決定因
素。

今解　充分地了解自身，是進行正確決策的基礎。大至國家，小到我們的
個人生活，全面了解個人的實力，才能有針對性地提高自己。

夫謂治者，使民無私也。民無私則天下為一家，而無私耕私織，共寒其寒，共飢其飢。

——《治本第十一》

本義　所謂良好的政治，在於教育民眾不自私。如果民眾不自私，天下就
像一家人一樣，而不必進行私耕私織，大家把別人的寒冷當作自己
的寒冷，把別人的飢餓當作自己的飢餓。

今解　良好的政治是使全國民眾不自私，能夠分享共有成果，能"共寒其
寒，共飢其飢"。這是一種理想社會，與當時的社會生活是完全不
相適應的。

民有輕佻，則慾心興，爭奪之患起矣。

——《治本第十一》

本義　如果民眾不安分，私慾就會產生，爭權奪利的禍患就隨之而起了。

今解　這裏把私慾的產生、爭權奪利、禍患興起的原因，歸結為民眾的不
安分，是錯誤的。其真正的根源在於經濟的不發展，財產分配的不
合理。而民眾發展私耕、私織就是去發展經濟，縮小與統治者在物
質擁有上的差距，求得社會的穩定。

善政執其制，使民無私，為下不敢私，則無為非者矣。

——《治本第十一》

本義　好的政治就是堅持法制，教育民眾不自私，大家不自私，就沒有為
非作歹的人了。

今解　這裏強調堅持法制的重要性，對我們今天建設法制社會具有重要意
義。我們應該依據法律，嚴格按照法律的程式辦事，以避免許多違
法事件的發生。

蒼蒼之天，莫知其極？帝王之君，誰為法則？往世不可及，來世不可待，求己者也。

——《治本第十一》

本義 藍藍的天空，誰知道它的邊際？五帝三王的政治，誰的方式可供效法呢？過去的時代不可能重現，未來的理想也不能只靠等待，只有求之於自己的創造。

今解 蒼天雲闊，無人知其邊際，五帝三王都曾輝煌一時，但今天又能效法誰的政治呢？只有依靠自身的力量去創造生活，創造未來，才能無愧於祖先，無愧於歷史，無愧於自身。

野物不為犧牲，雜學不為通儒。

——《治本第十一》

本義 不能把野生的動物作為祭品，不能把雜湊的學說當成真才實學。

今解 這裏強調了只有正統的事物，才能擔當正式的任務。山貓野獸來祭奠祖先，只能是對祖先的蔑視。旁門雜學只是歪門小道，並不是真正的學問。這裏顯示出對於正統之外事物的輕視。

百里之海，不能飲一夫，三尺之泉，足止三軍渴。

——《治本第十一》

本義 百里寬的大海，不夠一個貪得無厭的人喝，三尺深的小泉，卻夠三軍之眾解渴。

今解 人的貪慾是無法填滿的溝壑，而貪慾的旺盛必然導致個人的覆滅。現代的許多貪官污吏，為了貪圖個人的私利，滿足其一時的快樂，最終受到了民眾的懲罰。

慾生於無度，邪生於無禁。

——《治本第十一》

本義 人的私慾產生於沒有節制，邪惡產生於禁止不力。

今解 每個人都有其合理的慾望，理智的人能夠節制自己的私慾，能知足常樂。昏聵的人則放縱自己的慾望，為了滿足個人的私慾，甚至不擇手段，最終走上邪路，這時慾望也就成為了罪惡。

夫禁必以武而成，賞必以文而成。 ——《治本第十一》

本義 禁止壞人壞事，必須使用強制手段才能成功；獎勵好人好事，必須結合教育才能奏效。

今解 用武力可以暫時阻止惡的行動，而對其心理上的攻擊才能使他們徹底地與壞事告別，所謂攻心為上，攻城為下，就是這個道理。獎勵好人好事，才能更有效地教育普通人在實際生活中多做好事。

千人而成權，萬人而成武。 ——《戰權第十二》

本義 兵力小的可用權謀取勝，兵力大的可用武力取勝。

今解 敵強智取，敵弱則強攻。只有依據自身力量，在了解對方的基礎上，確定正確的戰略戰術原則，才能攻無不克，戰無不勝。不能只是魯莽作戰，那樣受傷的是自己。

權先加人者，敵不力交，武先加人者，敵無威接，故兵貴先。 ——《戰權第十二》

本義 先敵使用權謀，敵人有力量也無法使用；先敵使用武力，敵人有力量也無法抗拒，所以用兵最好先發制人。

今解 體現了“先發制人”的重要軍事原則。先發制人，後發制於人。只有先發制人，才能實現自己的戰略意圖，同時打亂對方的戰略部署，而取得勝利。後發則會被敵所制，失去戰機。

夫精誠在乎神明，戰權在乎道之所極。 ——《戰權第十二》

本義 精細周刊的謀略在於明察敵我雙方情況，機動權變的指揮在於實際運用作戰原則。

今解 全面地了解對方，搜集與其有關的各種資訊，才能有效地制定戰略計劃。而靈活地運用戰術，就會給敵人以致命打擊。

有者無之，無者有之，安所信之。 ——《戰權第十二》

本義 有力量裝作沒有力量，沒有力量卻裝作有力量，敵人怎麼能摸清我們的真實情況呢？

今解 體現了重要的軍事原則，設立疑兵讓敵人摸不清頭腦，使敵軍既不知何時出擊，也不知該擊在何處，更不知自己是否有力量擊敗對手。這樣迷惑敵人，更有利於實施自己的戰略部署，打擊敵人。

先王之所傳聞者，任正去詐，存其慈順，決無留刑。
——《戰權第十二》

本義 先王之所以為後世傳頌，在於能任用正直的人，清除奸詐的人，保護善良恭順的人，（而對於那些觸犯刑法的人）決不留情。

今解 先王能傳頌於後世，正是因為他的英明決策。他能夠任賢治國，能夠從民眾的利益出發，制定策略。而對那些妨害國家安全與生存的人則給予堅決的打擊。

求而從之，見而加之，主人不敢當而陵之，必喪其權。
——《戰權第十二》

本義 如果敵人求戰，我就應戰，或者見到敵人就去進攻，或者我軍的力量本來不能阻擋敵人的進攻，而又輕率地交戰，都必然會喪失戰爭的主動權。

今解 這裏從反面來強調"慎戰"的重要性。不能由於敵人的挑釁就去倉促應戰，更不能見到一些微利就去謀取，這都會喪失戰機。應注重謀術的運用，充分全面地考慮之後再去應戰。

意往而不疑則從之，奪敵而無前則加之，明視而高居則威之。
——《戰權第十二》

本義 軍隊鬥志昂揚而毫不猶豫，就同敵人進行作戰；敵人動搖而又不敢前進，就乘機發動進攻；明瞭敵情而又居高臨下，就利用威勢壓倒敵人。

今解 "一鼓作氣，再而衰，三而竭"，就是要利用我軍旺盛的士氣，去攻擊敵人衰落的士氣，同時要因地因時而動。

其言無謹，偷矣；其陵犯無節，
破矣；水漬雷擊，三軍亂矣。 ——《戰權第十二》

> **本義** 軍隊言語不謹慎，就會泄密；作戰行動無節制，就會失敗；士兵散漫急躁不受約束，就會潰亂。

> **今解** 指出了軍隊應該注意的三件事情：士卒既要言語謹慎，又要遵守紀律，聽從指揮，這樣才能避免不戰而敗的結局。

高之以廊廟之論，重之以受命之
論，銳之以逾垠之論，則敵國可
不戰而服。 ——《戰權第十二》

> **本義** 朝廷的決策要高明，將帥的選擇要慎重，進入敵人國境要迅速，這樣就可以不經戰鬥而使敵國屈服了。

> **今解** 這是最高明的戰爭，不戰而屈人之兵。如何能達到這樣的效果呢？就在於其國內政治修明，軍隊訓練有素，作戰能力強。正是以其強大的政治、經濟、軍事的威懾力，使敵國不戰而屈服。

刑重則內畏，內畏則外堅矣。 ——《重刑令第十三》

> **本義** 刑罰重則人心畏刑，人心畏刑就會堅強對敵了。

> **今解** 這裏強調了嚴於刑罰的作用，它能使士兵畏懼刑罰而奮勇對敵。

內無干令犯禁，則外無不獲之奸。 ——《分塞令第十五》

> **本義** 內部沒有觸犯禁令的人，外來的奸細也就不難查獲了。

> **今解** 通過採取一系列的措施，既可防止內部人員違法犯罪，又可打擊和查獲外來的奸細，從而可獲得社會的穩定和民眾生活的安定。

鼓之前如雷霆，動如風雨，莫敢
當其前，莫敢躡其後，言有經也。 ——《經卒令第十七》

> **本義** 命令一下，軍隊前進就像雷霆那樣迅速，衝擊就像風雨那樣猛烈，沒有哪個敵人敢於在前面阻擋，也沒有哪個敵人敢於在後面尾隨，

這就說明了"經卒令"的重大作用。

今解　"經卒令"在戰鬥中具有重要作用，它可使軍隊行動迅速、猛烈，
銳不可當。它是治理好一支優良善戰軍隊的一種手段。

夫蚤決先定，若計不先定，慮
不蚤決，則進退不定，疑生必敗。
——《勒卒令第十八》

本義　用兵必須提早下定決心，預先確定作戰計劃。如果計劃不預先制
定，決心不及早下定，就會進退不定，疑慮叢生，這樣必然招致
失敗。

今解　說明早作計劃，及早作出決定的重要性。提前做出決定有助於作戰
的周密指揮和行動有序，避免狐疑，這樣打擊敵人才能堅決有力。

凡明刑罰，正勸賞，必在乎兵教
之法。
——《兵教上第二十一》

本義　要想做到刑罰嚴明，獎賞公平，必須在軍隊平時訓練中實施。

今解　說明平時訓練中應該明確貫徹賞罰制度的重要性。只有讓士兵在平
時就具有賞罰觀念，才能在執行任務的時候做到公正嚴明，讓人心
服口服。

戰勝在乎立威，立威在乎戮力，
戮力在乎正罰。
——《兵教上第二十一》

本義　戰勝敵人在於能樹立軍威，樹立軍威在於使人同心協力，使人同心
協力在於刑罰公正。

今解　這裏強調了刑罰公正的重要性。刑罰公正，才能使士兵心服口服，
才能在士兵中樹立威信，才能使官兵協調一致，共同對付敵人。

令民背國門之限，決死生之分，
教之死而不疑者，有以也。
——《兵教上第二十一》

本義　要使士兵出國作戰，在生死關頭毫不猶豫地犧牲生命，靠的就是賞
罰嚴明。

同樣強調刑罰嚴明的重要作用。這裏正是強調法制在治軍中的重要
地位，它能使軍隊協同作戰，能使士卒無所畏懼，英勇奮戰。

舉功別德，明如白黑，令民從上令。如四肢應心也。

——《兵教上第二十一》

本義 提拔有功的人，表揚有德的人，功過是非黑白分明，這就能使士兵
按照上級的命令行動，如四肢聽從頭腦的指揮一樣靈活。

今解 同樣說明獎懲嚴明帶來的效果。軍隊中將帥能夠獎勵有功的，懲治
為惡的，做到賞罰分明，必然使士卒信服，進而在軍中樹立威信，
在戰鬥中才能靈活自如地指揮軍隊。

人君有必勝之道，故能並兼廣大，以一其制度，則威加天下。

——《兵教下第二十二》

本義 人君掌握了必勝的方法，就能兼併廣大的土地，實行統一的制度，
從而威震天下。

今解 這裏所謂的必勝方法，就是要修明政治，任用賢才，發展經濟，同
時注重部隊建設，增強部隊的戰鬥力。這樣國力必然強盛，威名也
必將遠揚，結果自然"並兼廣大"，"威加天下"。

為將忘家，踰跟忘親，指敵忘身，必死則生，急勝為下。

——《兵教下第二十二》

本義 受命為將要忘掉家庭，出國作戰要忘掉父母，臨陣殺敵要忘掉自
己。只有抱必死的決心，才可以求得生存，急於求勝是不好的。

今解 "忘家"、"忘親"、"忘身"解除了後顧之憂，就能在戰場上專心致
志對敵。破釜沉舟，斷絕一切退路才能拼力殺敵，也才能置之死地
而後生，但也要沉着冷靜不能急躁。

百人被刃，陷行亂陣。千人被刃，擒敵殺將。萬人被刃，橫行天下。

——《兵教下第二十二》

本義 百人死戰，就可以摧破敵陣。千人死戰，就可以擒敵殺將。萬人死

戰，就可以橫行天下。

今解 俗語説"一人拼命萬人難敵"，"狼牙山五壯士"正是以他們毫不怕
死的精神才迎戰了數以千計的敵人。也正是他們的英勇抗戰、毫不
畏懼的精神鼓舞、激勵着每一位祖國的熱血男兒。

賞如山，罰如溪。 ——《兵教下第二十二》

本義 獎勵好人好事，要像高山那樣的堅定不移，懲罰壞人壞事，要像溪
水那樣通行無阻。

今解 獎勵與懲罰不應依據一時的好惡來行事，而要建立成一貫的制度堅
決地去貫徹。即獎勵好人好事能夠像高山那樣穩固不移，而對壞人
壞事的懲罰則要像溪水那樣通行無阻。

太上無過，其次補過，使人無得私語。 ——《兵教下第二十二》

本義 執行賞罰最重要的是不發生差錯，其次是有了差錯及時糾正，這就
不會使人背後議論了。

今解 執行賞罰最重要的是能夠賞罰嚴明，決不能有功而受罰、有錯而受
獎。在執行的過程中，難免失誤，重要的是敢於糾正自己的過失，
這樣才能增加別人對你的信任，也避免了別人在背後議論你。

凡興師必審內外之權，以計其去。 ——《兵教下第二十二》

本義 興兵作戰，必須仔細研究敵我形勢的變化，以計劃軍隊的行動。

今解 作為將帥應善於權敵審將，了解國內的虛實情況、國外的援兵問
題，這樣在全面深刻地了解自身的情況下，再去權衡敵人，計較去
留，才能百戰不殆。同時也應發展地看問題，能夠隨着發展了的形
勢採取靈活的戰術。

日暮路遠，還有剗氣，師老將貪，爭掠易敗。 ——《兵教下第二十二》

本義 成功無望，還師罷軍，挫傷士氣，久戰疲憊，將帥貪功，士卒劫

掠，就很容易被戰敗了。

今解 分列了戰爭失敗的幾種因素，將帥要善於認清形勢，分析利弊，避免在戰場中使用困兵、貪兵和亂兵。

傷氣敗軍，曲謀敗國。　　　　——《兵教下第二十二》

本義 士氣低落，軍隊就會失敗；謀略錯誤，國家就會敗亡。

今解 謀略和士氣是部隊能夠取勝的重要因素。士氣旺盛，軍隊的戰鬥力就強，如若士氣低落，不戰就有敗軍之象，而謀略錯誤、方針錯誤則會使國家敗亡。

兵者，以武為植，以文為種。武為表，文為裏。能審此二者，知勝敗矣。　　——《兵令上第二十三》

本義 戰爭這個問題，軍事是手段，政治是目的。軍事是現象，政治是本質。能弄清二者的關係，就懂得勝敗的道理。

今解 着重討論軍事和政治的關係問題。軍事是實現政治目的的一種手段，表面的軍事背後均有深刻的政治背景。

文所以視利害，辨安危；武所以犯強敵，力攻守也。　　——《兵令上第二十三》

本義 政治是用來明察利害，辨明安危的；軍事是用來戰勝強敵，保衛國家的。

今解 進一步談到了軍事和政治的關係，它們儘管分工不同，但是它們所要達到的最終目的是一致的，都是求得國家的安全和主權的統一。

專一則勝，離散則敗。　　　　——《兵令上第二十三》

本義 意志統一就能勝利，離心離德就會失敗。

今解 強調了同心同德，協同作戰的重要性。意志統一，協調一致就會形成一股合力，要比單個力量的簡單相加更為強大，因此在戰鬥中能夠取勝。而分散則只能是單個人的力量，這樣鬥爭的結果只能是失敗。

陳以密則固，鋒以疏則達。

——《兵令上第二十三》

本義 陳：通"陣"。佈陣隊形密集有利於鞏固，行列疏散則便於使用兵器。

今解 尺有所短，寸有所長，也就是説各種事物都不是完滿無缺的，都有其優點也有其不足，排兵佈陣也同樣是如此。佈陣隊形密集儘管有利於鞏固，卻不便於使用兵器，而疏散則又不夠鞏固。所謂白璧無瑕是為最好，但只因有瑕才為真玉。

安靜則治，暴疾則亂。

——《兵令上第二十三》

本義 將帥沉着，軍隊就會嚴整；將帥急躁，軍隊就會混亂。

今解 顯示了將帥在軍隊中的重要作用。將帥是軍隊的旗幟和方向，他的言行會指引軍隊走向勝利或者陷入困境。將帥沉着穩健，善於謀略，就能給人以信心，使軍心有所依託。將帥暴躁不安，則會令士卒失去信心，軍心動搖。

軍之利害，在國之名實。今名在官，而實在家，官不得其實，家不得其名。

——《兵令下第二十四》

本義 軍隊的利害得失，在於國家的編制名額與實際人數是否相符。現在不少士兵的名字列在軍隊，而本人卻在家中，軍隊沒有實際的兵員，家中沒有本人的名字。

今解 指出了軍隊出現的一種弊端——名實不符，或者有名無實，或者有實無名。這將會給國家和軍隊帶來嚴重的損害。

聚卒為軍，有空名而無實，外不足以禦敵，內不足以守國，此軍之所以不給，將之所以奪威也。

——《兵令下第二十四》

本義 國家調集士兵編成軍隊，如果只有空的名額而無實際的兵員，對外不足以抵抗敵人，對內不足以守衛國家。這就是軍隊之所以戰鬥力不強，將帥之所以喪失威望的緣故。

今解　指出名實不符、有名無實所帶來的危害，使部隊既不能守衛國家，又不能抗擊敵人，而將帥也由此喪失威望。

百萬之眾不用命，不如萬人之鬥也。萬人之鬥不用命，不如百人之奮也。

——《兵令下第二十四》

本義　百萬之眾如不貫徹執行命令，還抵不上一萬人齊心協力去戰鬥。用萬人進行戰鬥，如果不貫徹執行命令，還抵不上百人齊心戰鬥。

今解　說明軍隊進行戰鬥必須嚴格執行軍令，按照軍事紀律辦事，決不能擅自行動。軍隊不只在於人多，而在於能嚴格執行軍令。這樣才能形成完整的整體，才能在戰鬥中取得勝利。否則，人越多越亂，也越容易失敗。

賞如日月，信如四時，令如斧鉞，制如干將，士卒不用命者，未之有也。

——《兵令下第二十四》

本義　獎賞要像日月當空那樣光明，守信要像四時交替那樣準確，號令要像斧鉞那樣威嚴，決斷要像干將那樣銳利。這樣，士兵不服從命令的，就不會有了。

今解　在軍隊中，賞罰必須嚴明，號令必須有力果決，將帥才能指揮有力，士卒方才信服。這樣的部隊才能形成堅強的整體，才能有力地攻擊敵人。

《素書》

　　《素書》是中國古代流傳下來的著名兵書。舊題漢黃石公撰，其實黃石公當屬秦末漢初隱士，相傳黃石公演天理而成《素書》，於坯橋之上密授張良。張良僅用其中十分之一二便幫助劉邦滅了項羽而建立了漢朝，且張良功成身退，做到了明哲保身。張良死後500年，有盜發張良墓者，於玉枕中獲此書，上有秘戒：“不許傳於不道、不神、不聖、不賢之人。若非其人，必受天殃。”然也有人認為《素書》非黃石公親撰，應當為後人託黃石公名而作。

　　《素書》一卷，僅千餘字。有原始、正道、求人之志、本德宗道、遵義、安禮等六章。主要思想是以道、德、仁、義、禮為一體，主張卑謙損節、相機行事，有助於兵家領兵作戰。漢代黃老思想對軍事理論的影響，在此書中可略見一斑。

夫道、德、仁、義、禮，五者一體也。

——《原始章第一》

今解 道、德、仁、義、禮五個範疇，無論道家、儒家還是其他用於治國興邦的思想體系，無不將此作為根本。老子說：由於世風日下，人們距離天道本有的和諧完美越來越遠，人心日益喪失先天的淳樸自然，矯情偽飾成了人們必備的假面具，所以才不得不用倫理道德教育世人。當用道德教育也不起作用時，只好提倡仁愛。當人們的仁愛之心也日益淡薄時，就呼喚要有正義。當正義感也不為人們所重時，就只能用法規性的禮制來約束民眾了。因此，道、德、仁、義、禮這五個方面是天道的統一體。

義者，人之所宜，賞善罰惡，以立功立事。

——《原始章第一》

本義 義：理之所在謂之義。

今解 如果說"仁"是指人和人的親和關係，那麼"義"則是指人們的行為規範。行為適宜，符合標準，也就是所謂辦事要公正。衡量辦事是否公正，大眾的目光自然會不約而同地集中在當權者的身上。而有職有權的人公正與否，突出表現在是否賞罰分明。只有賞罰得宜，才會發揮民眾的聰明才智，使大家爭相建功立業，使國家事業興旺發達。理和義是統一的，只有按照真理判斷、處理事務，才會體現出仁義。賞善罰惡，是正義的基本原則；能否建功立業，則是檢驗正義是否得到落實的標準。

賢人君子，明於盛衰之道，通乎成敗之數，審乎治亂之勢，達乎去就之理。

——《原始章第一》

今解 大凡以高尚道德為立身處世原則的偉大人物，在其走上社會施展抱負時，就已經對歷史的發展規律了然於胸，既能預測未來的趨勢，又能洞悉興亡、治亂的玄機了。由於對主觀和客觀規律、時事變幻的奧秘洞若觀火，所以天下的興亡彷彿就掌握在他的手中一般。

行足以為儀表，智足以決嫌疑，信可以使守約，廉可以使分財——此人之豪也。

——《正道章第二》

今解 行為能夠被人奉為楷模，起到表率作用；在功名利祿、是非恩怨面前，能夠保持清醒的頭腦，識大體，顧大局，能以大智判斷、處理這些很容易使人身敗名裂的問題；說一不二，一諾千金，誠實守信；重義輕財，一心為公，能與下屬有福同享，同甘共苦。具備這些品質的，就是人中之"豪"。美色、功利、私情等都有可能使人喪失理智，然而真正的智者是不會為這些迷惑的，而且只有真正的智者才能在這些誘惑面前保持冷靜和清醒。

絕嗜禁慾，所以除累。

——《求人之志章第三》

今解 人生在世，難以杜絕的慾望和弊處唯獨酒色財氣。這四樣東西實為傷身、敗德、破家、亡國之物。要完全禁絕這些慾求也是不現實的，連孔聖人都說："飲食男女，人之大慾存焉。"然而適當節制一些慾望總還是能做到的。廣廈千間，居之不過七尺；山珍海味，食之無非一飽。人生一世，本身所需甚少，只因一個"貪"字，便使許許多多的人演出了一幕幕身敗名裂的悲劇。

避嫌遠疑，所以不誤。

——《求人之志章第三》

今解 古語說："李下不整冠，瓜田不納履。"日常行止尚且如此，更何況辦大事呢？所以人們要在行動上遠避嫌疑。這樣做一是為了不節外生枝，干擾做大事；二是為了遠禍消災，避免給自己一世英名帶來污損。

高行微言，所以修身。

——《求人之志章第三》

今解 老子說："大直若屈，大巧若拙，大辯若訥。"使行為高尚，少說大話，這是加強自身修養的一個重要方法。

恭敬謙讓，所以自守。

今解 古人有詩云："我有一言君記取，天地人神都喜謙。"勤儉是立身持家的根本，謙虛是品德才智的標誌。人立身處世只有採取謙虛恭謹的態度，不與人發生無謂的爭執，方能使自己遠禍自守，終身平安。

謀深計遠，所以不窮。

今解 真正具備大智慧的人，沒有一個不是虛懷若谷、清雅脫俗的。只有這樣，才能奠定堅實的道德基礎。進而再深謀遠慮，運籌帷幄，退則自保，進則成事。管仲的政治謀略雖然可以"九合諸侯，一匡天下"，但因道德的根基不深厚，故爾缺少統一天下的大志，使孔子惋惜不已。至於商鞅和漢武帝時的桑弘羊，則謀略有餘，仁義不足，二人都死於非命，終不能自保，所以還算不上真正的謀略之士。所以說，謀略應該建立在立德的基礎之上。如果缺少德，僅靠謀略是靠不住的。老子說大智若愚，最高的謀略是不用謀略，也有這方面的意思。

推古驗今，所以不惑。

本義 推：推論。驗：驗證。

今解 以古為鏡，可以知興替。因為歷史經驗都是以無數苦難甚至生命為代價證明過了的。社會的生活方式儘管日新月異，但社會的發展規律是永遠不會改變的。所以有作為的人必須要認真研究古人的行為得失，具備了豐富的學識方能推斷出歷史發展的趨勢，做到順時而變。

孜孜淑淑，所以保終。

本義 孜孜：指十分勤奮。淑淑：善之又善。

今解 一般來說，創業艱難，守業更難，唯有勤勉奮發，修身治事精益求精，才能在自身修養上和事業功名上有所成就，才能永遠立於不敗之地。

安莫安於忍辱。

——《本德宗道章第四》

今解 能夠忍受得了小的屈辱，才能永遠自安而無禍。王安石說："莫大之禍，起於須臾之不忍。"所以民間自來就有"和為貴，忍最高"這樣的勸世良言。人是感情動物，內心活動如潮起潮伏，瞬息即變，如若自己能夠克制自己的憤怒情緒，就可能轉禍為福，否則往往會因一把怒火而危及自身。尤其是身處高位之人，如果該忍處不忍，後果不堪設想。作為一個真正的政治家，則必須具備三忍：容忍，隱忍，不忍。人雖然也有所不忍，但明智者必須要處理好忍與不忍之間的分寸，而這個分寸往往是最難掌握的。

先莫先於修德。

——《本德宗道章第四》

今解 作為人，首要的是應該修養自己的操守和德行。道德是否高尚，既關係到自身的人品修養，也關係到事業的成功。作為一個領導人，要想使下屬忠心擁護，則必須首先能讓人心悅誠服。而要達到這一目的，就一定要自身具備好的德行。

吉莫吉於知足。

——《本德宗道章第四》

本義 吉：吉祥。

今解 對於一個人來說，最可以使自己遠禍的辦法莫過於知足而不貪。廣廈千間，夜眠七尺；珍饈百味，不過一飽。人生所需，其實甚少。懂得這一點常識，人才會除卻諸多煩惱。俗話說：知足者常樂。知足不光心理上可以達到平衡，而且不會因為貪慾引出麻煩來，所以說知足是莫大之吉祥。

苦莫苦於多願。

——《本德宗道章第四》

今解 人應該學會豁達，對於身外之物，來就來，去就去，無須牽掛。范仲淹"不以物喜，不以己悲"，財物的聚散多寡不值得人為之大喜大悲。佛門認為有求皆苦，人的各種煩惱莫不是因為人願望渴求太多而苦難纏身。儒家以為無慾則剛，恭謙儉讓，對人不求名，對物不求奢，是為君子。道家則根本以無慾無求、一身傲骨、兩袖清風遨

遊人間。人心不足，慾海難填，然而其結果只能有如秦皇漢武，身
雖尊貴，心中煩惱卻頗多。清心寡慾，貧賤如此，富貴也應如此。

病莫病於無常。

——《本德宗道章第四》

今解　天地萬物之所以永恆，是因為它有自己不變的規律。如果強行打破
它，就會受到規律的懲罰。人若無視自然規律，不正常生活，時間
長了自然會生病。當然，這裏的病不光是指人生理上的病，主要是
言明做人如果不守一定之規，無論在哪一方面都會發生問題。

短莫短於苟得。

——《本德宗道章第四》

今解　以不義的手段得來的東西必將很快喪失。身處平安之地而不忘危
難，現在擁有的東西能夠珍惜，不是自己應該得到的東西不去貪
求，這樣的人才會天長地久。孔子曾以“富貴無常”告誡王公，勉
勵百姓。所以古人說：不苟取，禍不苟免。只有憑自己的勞動得來
的財富，才會享用得心安理得，才不至於使自己敗亡。

幽莫幽於貪鄙。

——《本德宗道章第四》

今解　人生的悲劇大多起源於一個“貪”字。貪財，貪色，貪酒……貪的
結果，輕則神志昏昏，重則無法無天、不擇手段。如欲一生平安
首先必須從戒貪做起。另外，有貪心的人都是卑鄙小人，為君子所
不齒。

孤莫孤於自恃。

——《本德宗道章第四》

今解　自恃則氣驕於外而善不入耳，不聞善則孤而無助。有才華的人最容
易犯的一個錯誤就是恃才自傲。世上好驕傲的只有兩種人：一是真
有才華的人，因而目中無人；另一種其實腹中空空，無德無能，只
好以傲慢來維持其心理平衡。對於後一種人，無話可說；對於恃才
自傲的人，只能說：自傲其實本身就是一種無見識的表現。你看不
起人家，擋得住人家不理你嗎？這句古語應成為所有恃才自傲者的
座右銘：“水唯善下方成海，山不矜高自極天。”

以明示下者暗。

——《遵義章第五》

今解 聖賢之道，內明外晦。事事明察，則是不會用人的表現。水至清則無魚，人至察則無友。當領導的，明於內而憨於外，則時時主動；否則，下邊的人都不滿意你，你這領導就不好當了。

有過不知者蔽。

——《遵義章第五》

今解 有過不自知是最愚蠢的人。最聰明的人是看到別人的過失，引以為戒，主動克服自身的類似不足；比較聰明的人是自己犯了錯誤能自覺改正；至於有了錯誤仍執迷不悟、一錯到底的，那就是愚者了。

迷而不返者惑。

——《遵義章第五》

今解 人之迷惑都是自己迷惑自己。人常說："酒不醉人人自醉。"人心本自清靜，無奈想法不對，意志不堅，經受不住外物的誘惑。一人迷途，九牛難拔，可不慎哉！

以言取怨者禍。

——《遵義章第五》

今解 用言語取怨於別人的，容易惹禍。事情還沒有做，就開始滿天吹牛，口出狂言，那麼事情能不能辦成的主動權就在人而不在我；相反，事情成功後，再相機設詞，主動權就在我不在人。這是就一般事理而言。如果事關重大，那就是禍福攸關的問題了。此"禍從口出，病從口入"謂也。

好直辱人者殃。

——《遵義章第五》

今解 說話不講究方式，常侮辱別人，這樣的人沒有好結果。所以人的一言一行都要注意方式方法。

慢其所敬者凶。

——《遵義章第五》

今解 對應該尊重的賢能或老者，如果慢待了，說明你的修養不到位。這是很危險的事情。這也是儒家的思想,人不光講究"仁"、"義",還要講究"禮"。

親讒遠忠者亡。

——《遵義章第五》

今解 讒者合意使人多悅,忠者逆意使人多怨。所以歷史上因親小人、遠賢臣而敗亡的教訓太多了。雖然沒有一個當皇帝的不知道"親賢臣、遠小人"則事業成、國家興,但實際上卻沒有幾個能做到,為甚麼?就因為小人善拍馬屁,賢臣好進忠言。小人於國於民有害,但能讓主上舒服;忠臣於國於民有利,但往往掃了君王的興。伍子胥、屈原的悲劇人人皆知。

略己而責人者不治。

——《遵義章第五》

今解 對己寬容,對人嚴厲,對自己的缺點過失千方百計找理由辯解,而對別人的失誤卻不加體諒,一味責備求全,這樣的領導人違背了一條重要的謀略原則:寬則得眾。所以甚麼事情也不會辦好,甚至會給自己招來禍端。

多許小與者怨。

——《遵義章第五》

今解 人應重自己的諾言,答應的多,兌現的少,這是與人結恨記仇的一個重要原因。

薄施厚望者不報。

——《遵義章第五》

今解 老子說:施恩不要心裏老想着讓人報答,接受了別人的恩惠卻要時時記在心上,這樣才會減少煩惱。許多人怨恨人情淡薄、好心不得好報,甚至做了好事反而與人結怨。原因就在於做了點好事,就天天盼着人家報答,否則就怨恨不已,惡言惡語。他們不明白,施而不報是常情,薄施厚望則有違天理。

貴而忘賤者不久。

——《遵義章第五》

今解 富貴了,有權了,就翻臉不認人,這樣的人是不會長久的。這是一種典型的小人得志心態。他們不明白，貴賤榮辱是時運機遇造成的，並不是他們真得比別人高明多少。倘若因此而目空一切，即使榮華富貴，也會轉眼即逝。在這個問題上，要學習天地聖人的那種氣度：在天地聖人眼裏，萬物也好，人也好，都不過是來去匆匆的小蟲小草；可以保護他們，養育他們，至於他們如何對待自己、回報自己，從不放在心上。苟如此，怨恨之情從何而來？

念舊怨而棄新功者凶。

——《遵義章第五》

今解 人有一點壞處耿耿於懷，即使後來有恩於自己也不能釋然，這種人不但不會有成就，而且會惹禍的。漢高祖不計較與雍齒有私仇，仍然封他為什方侯；唐太宗不在意魏征曾是李建成的老師，仍然任命他為宰相，這都是成大事業者的氣量。那種念念不忘別人的小錯，非要以眼還眼、以牙還牙方解心頭之恨的做法，是十足的小人行徑，這種人是成不了大器的。

用人不正者殆。

——《遵義章第五》

今解 選賢任能自古以來都頗受治國者重視，領導所重用的人如果不正派，那就危險了。

聞善忽略、記過不忘者暴。

——《遵義章第五》

今解 聽到正確的意見不採納，有了過錯抓住不放，這是殘暴的表現。這種人也屬於小人之列，是與帝王韜略背道而馳的。

聽讒而美，聞諫而仇者亡。

——《遵義章第五》

今解 當領導的最容易犯的過失有三條：一是好諛，二是好貨，三是好色。英明的領導人可以避免珍寶美色的誘惑，但最難避免的是喜歡別人阿諛奉承。往往最初有所警覺，日久天長，慢慢就習慣了。最後聽不到唱讚歌，就開始生氣。到了對歌功頌德者重用、對犯顏直諫者仇恨的地步，就要亡國了。

自疑不信人，自信不疑人。 ——《安禮章第六》

今解 對自己都懷疑的人，絕不會相信別人；有自信心的人，絕不會輕易懷疑別人。自疑疑人，是由於對局勢不清，情況不明；自信信人，是由於對全局了然於胸，有成就事業的能力。

枉士無正友，曲上無直下。 ——《安禮章第六》

今解 常言道：物以類聚，人以群分。人品、行為不端正的人，所結交的朋友大多也是不三不四的人。又有言曰：上有所好，下有所效。居高位者品德不佳，邪僻放浪，身邊總要聚集一些投其所好的奸佞小人或臭味相投的怪誕之徒。楚王好細腰，宮人多餓死；漢元帝庸弱無能，才導致弘恭、石顯這兩個奸宦專權誤國；宋徽宗愛蹴鞠，因重用高俅而客死他鄉；唐敬宗的宰相李逢吉死黨有八人，另有附庸八人，凡有求於李逢吉的，必先通過這十六人，所以被稱為"八關"、"十六子"……一部"二十五史"，此類事例比比皆是。

地薄者大物不產，水淺者大魚不游，樹禿者大禽不棲，林疏者大獸不居。 ——《安禮章第六》

今解 這裏用自然現象進一步說明假如上自朝廷下至地方的有權勢者不具備振興國家的品德和謀略，就必然不會吸引大批人才，正像貧瘠的土地不產寶物，一窪淺水養不住大魚，無枝之木大禽不依，疏落之林猛獸不居一樣。法天像地的聖賢自然不會流連於危亂之邦，淺薄無知的小人當然不會有甚麼品德而言。因此這樣的國家是不可能治理好的。

山峭者崩，澤滿者溢。 ——《安禮章第六》

今解 山陸峭則崩，水太滿則溢，這是自然常理。這一句以此來警戒為人切勿得意忘形，以免到手的權勢、財富、功名轉眼逝去。當人處在危難困苦之時，大多數人會警策奮發、勵精圖治；一旦願望實現，便會驕橫妄為。因此古今英雄，善始者多，善終者少；創業者眾，守成者鮮。這也許是人性之固有的弱點吧。故爾古人提出："聰明廣智，守以愚；多聞博辯，守以儉；武力多勇，守以畏；富貴廣大，守以狹；德施天下，守以讓。"以此作為矯正人性這一弱點之方法，不可不用心體味。

與覆車同軌者傾，與亡國同事者滅。 ——《安禮章第六》

今解 跟隨前面翻了的車走同一條道，也會翻車；做與前代亡國之君同樣事的，也會亡國。漢武帝不記取秦始皇因求仙而死於途中的教訓，幾乎使國家遭殃，幸虧他在晚年有所悔悟；唐昭宗不以漢末宦官專權為鑒，同樣導致了唐王朝的滅亡。

見已生者慎將生，惡其跡者須避之。 ——《安禮章第六》

今解 知道已經發生過的不幸事故，發現類似情況有重演的可能，就應當慎重地防範它，把它消滅在萌芽狀態；厭惡前人有過的劣跡，就應當盡力避免重蹈覆轍。最徹底乾淨的辦法就是根本不生這樣的念頭，根本就不去做。

務善策者無惡事，無遠慮者有近憂。 ——《安禮章第六》

今解 人生在世，立身為本，處事為用。立身要以仁德為根基，處事要以謀略為手段。以仁德為出發點，同時又要善用權謀，有了機會，可以追求成功；如若時運不至，亦可安身自保，不至於有甚麼險惡的事發生。只圖眼前利益，沒有長遠謀慮的人，連眼前的憂患也無法避免。俗語云：人無遠慮，必有近憂；但行好事，莫問前程。講的也正是這個意思。

重可使守固，不可使臨陣。貪可使攻取，不可使分陣。廉可使守主，不可使應機。 ——《安禮章第六》

今解 穩重守信的將領，可以讓他堅守陣地，不宜讓他去衝鋒陷陣；貪功逞強的將領，可以讓他去攻堅掠陣，但不可讓他獨率一軍守護營罍；清廉公正的人，可以任命他在主上的身邊為官，但不宜派他處理需要隨機應變的事情。有的人善於謀略，有的人善於規劃，有的人安穩如山，有的人銳意進取，有的人忠誠剛直。尺有所短，寸有所長，知人善任，量才而用，是任何領導人物都必須牢牢把握的最高的領導藝術。

同惡相黨，同愛相求。　　　——《安禮章第六》

今解　為非作歹，陰謀不軌的黨徒肯定要拉幫結夥；有相同愛好的人，自然會互相訪求。據說商紂王的奸臣惡黨數以萬計；春秋時期的盜蹠聚眾九千；晉惠帝愛財，身邊的宦官全是一幫巧取豪奪的貪官污吏；秦武王好武，大力士任鄙、孟賁個個能加官晉爵……大凡有不良愛好的人，性情一般來說都比較偏激怪誕，這種人往往會心被物牽、智為慾迷，做出愚蠢之事來。

同美相妒，同智相謀。　　　——《安禮章第六》

今解　同為傾城傾國之貌的佳麗，彼此總要爭風吃醋；才智同樣卓絕的人，雙方一定會先是一比高下，進而互相殘殺。各朝各代，粉陣廝殺、智者火拼的悲劇實在太多了。這既是人性之弱點，同時也是自然之道。智者只能有所認識，從而避免此類不幸在自己身邊發生。

同貴相害，同利相忌。　　　——《安禮章第六》

今解　具有同等權勢地位的人，互相排擠，彼此傾軋，甚至不擇手段地以死相拼。在艱難困苦的時候，還可相互扶持幫助。一旦有些許利益在眼前，就開始相互中傷誹謗，雙方都變成了眼紅心黑的冤家對頭。難道權力、財富真的是人性的腐蝕劑嗎？我們不否認好利是人性之自然，但智者亦可超脫其外，並非人人皆然。

同類相依，同義相親，同難相濟，
同道相成。　　　——《安禮章第六》

今解　同一類東西能夠互相依存，利益共同體中的各個方面容易相互親近。處在困難中的人們，很容易和舟共濟，以期共渡難關。國與國之間或同僚之間如果體制相同或政見一致，就會互相結為同盟。六國聯合起來抗秦，是因為都感覺到了同一敵人的威脅；劉備和孫權聯合抗曹，並不是吳蜀兩國真的那麼友好。真正的原因是同樣的利害和命運迫使他們不得不這樣做，根本不是出於甚麼仁義。因危難而結成的聯盟不會長久，但基於志同道合的真誠團結必定長久。